科学出版社“十三五”普通高等教育本科规划教材

供针灸、推拿、康复、骨伤等专业用

刺法灸法学

冯淑兰　贾春生　主　编

科　学　出　版　社
北　京

内 容 简 介

本教材为科学出版社“十三五”普通高等教育本科规划教材之一，全书内容共分上、下两篇。上篇为理论部分，共分为六章。第一章刺法灸法学概论；第二章介绍毫针刺法基本知识、操作基本功、定穴与揣穴、针刺方法、临床应用、异常情况的预防与处理和历代医篇论刺灸法等内容；第三章介绍灸法、拔罐法及刮痧法内容；第四章介绍三棱针、皮肤针、皮内针、鍉针、火针和芒针特殊针具刺法操作及临床应用；第五章介绍电针、穴位注射、穴位贴敷、穴位红外线照射、穴位磁疗、穴位激光照射、穴位离子导入和微波针灸等腧穴特种疗法；第六章介绍耳针、头皮针、腕踝针、眼针和腹针等常用微针系统诊疗法。并附有介绍浮针、脐针、筋针疗法及反映点针灸的诊疗操作与临床应用。下篇主要为针灸技能实训指导，供教师操作示范与学生动手实践之用，分为实训指导和实训考核评分两部分。

本教材可供针灸、推拿、康复、骨伤等相关专业师生使用。

图书在版编目（CIP）数据

刺法灸法学 / 冯淑兰，贾春生主编 . — 北京：科学出版社，2017.6
科学出版社“十三五”普通高等教育本科规划教材
ISBN 978-7-03-053623-5

Ⅰ . ①刺… Ⅱ . ①冯… ②贾… Ⅲ . ①刺法 – 中医学院 – 教材 ②灸法 – 中医学院 – 教材 Ⅳ . ① R245

中国版本图书馆 CIP 数据核字（2017）第 137550 号

责任编辑：郭海燕 / 责任校对：李 影
责任印制：赵 博 / 封面设计：陈 敬

科学出版社 出版
北京东黄城根北街 16 号
邮政编码：100717
http://www.sciencep.com

北京九州迅驰传媒文化有限公司印刷

科学出版社发行 各地新华书店经销

*

2017 年 8 月第 一 版 开本：787×1092 1/16
2025 年 1 月第四次印刷 印张：18 3/4
字数：445 000

定价：59.80 元

（如有印装质量问题，我社负责调换）

《刺法灸法学》编委会

主　　编　冯淑兰　贾春生

主　　审　赖新生

副 主 编　胡幼平　王升旭　陈美仁　杜艳军
沈　巍　李　铁　范郁山　雷正权

编　　委（按姓氏笔画排序）

王升旭（南方医科大学）
王述菊（湖北中医药大学）
冯玲媚（贵阳中医学院）
冯淑兰（广州中医药大学）
刘　荣（广州中医药大学）
刘　娟（陕西中医药大学）
刘农虞（南京中医药大学）
邢海娇（河北中医学院）
李　铁（长春中医药大学）
杜广中（山东大学）
杜艳军（湖北中医药大学）
杨志新（承德医学院）
杨宗保（厦门大学）
沈　巍（海南医学院）
陈美仁（湖南中医药高等专科学校）
范郁山（广西中医药大学）
郁　洁（湖南中医药大学）
郑明常（河南中医药大学）
郑美凤（福建中医药大学）
金观源（美国国际整体医学研究所）
胡幼平（成都中医药大学）
徐世芬（上海中医药大学）
贾春生（河北中医学院）
郭锡全（广州中医药大学）
韩德雄（浙江中医药大学）
雷正权（陕西中医药大学）
潘兴芳（天津中医药大学）
薛　聆（山西中医药大学）

学术秘书　韦　皓（广州中医药大学）

编写说明

《刺法灸法学》为针灸推拿学专业的主干课程。刺法灸法是集各种刺灸方法于一体的针灸分支学科，刺灸方法作为针灸治疗疾病的具体实施手段，是临床针灸医师必须掌握的基本技能。每一种刺灸方法都有其各自不同的操作步骤和实施过程。因此，必须要依靠反复的实践操作训练来掌握，通过不断的实践操作训练，可使学生对各种刺灸方法的操作流程愈加明晰。刺法灸法临床技能实训是学生熟练掌握各种刺灸方法，提高针灸临床技能的必要手段，所以教材编写的核心内容为临床常用的各种针灸技术和操作技能，同时涵盖古今各种针灸技术方法的作用原理和临床应用情况。

本教材组织全国从事刺灸法教学和临床一线的针灸专家共同编写，并和新的针灸国家标准保持一致，使教材更能体现针灸临床需要，特点更加鲜明。编写着力构建具有针灸推拿专业特色和专科层次特点的课程体系，以各种刺灸方法的操作技能为根本，与中医执业医师资格考试和中医执业助理医师资格考试新大纲紧密结合，力求满足学科、教学和临床三方面的需求，符合本门课程教学及专业培养目标的要求。

本教材的创新点体现在：将毫针技术部分的行针手法与补泻手法按照临床实际的操作，进行了重新的梳理，强调古今针法的融合，体现了继承与发展的统一；从现阶段医疗保健工作的实际需要出发，同时根据目前刺法灸法的临床应用发展，补充了热敏灸、天灸、脐针、筋针、浮针疗法的内容。在下篇针灸技能实训指导中，从教学实际情况出发，对实践操作技能训练的内容，确定了切实可行的教学实训项目，使教学实践具有很强的操作性。另外，本教材建有配套电子课程，拍摄了各种刺灸法操作视频和彩图，增加了教材的直观性和可视性，想要了解具体资源请登陆中科云平台 www.coursegate. cn。本教材适用于针灸推拿学专业本科学生，也可供其他各级各类专业学生学习参考。

本教材上篇：刺法灸法学概论部分由贾春生、李铁、杨宗保编写。毫针的基本知识、毫针操作基本功及针刺方法由杜艳军编写，定穴与揣穴由王述菊编写，针刺补泻及毫针刺法的临床常用由胡幼平编写，针刺异常情况的预防与处理由陈美仁编写，历代医籍论刺法由杨宗保、杨志新、陈美仁、雷正权共同编写。灸法、拔罐法、刮痧法由贾春生、范郁山、邢海娇编写，热敏灸部分由冯淑兰编写。其他针具刺法中，三棱针法、挑治法由冯淑兰编写，皮肤针法由郭锡全编写，皮内针法、鍉针法由沈巍编写，火针法由冯玲娟编写，芒针法由刘娟编写。腧穴特种疗法中，电针法由郁洁编写，穴法注射法由李铁编写，穴法埋线法由郑美凤编写，穴法贴敷及天灸由刘荣编写，穴位红外线照射、穴位激光照射法由杜广中编写，穴位磁疗法由冯淑兰编写，穴位离子导入法由韩德雄编写，微波针灸法由徐世芬编写。常用微针系统诊疗法由薛聆、刘农虞、郑明常、潘兴芳、王升旭分别负责耳针、头皮针、腕踝针、眼针及腹针编写。浮针法由冯淑兰编写，脐针由刘荣编写，筋针疗法由刘农虞编写，反映点针灸由金观源编写。下篇实训部分由相应书稿作者进行编写。

在编写过程中，我们力求贴近教学、临床一线工作的实际需要，但由于现代临床中刺灸方法的发展更新很快，难免有不尽全面之处，敬请各位教师和学生在使用本教材过程中提出宝贵意见，以便修改提高。

《刺法灸法学》编委会

2017年6月

目　录

上篇　理论部分

下篇 实训部分

上篇 理论部分

第一章　刺法灸法学概论

刺法灸法学是掌握针灸基本技能的学科，在长期的医疗实践中，积累了丰富的临床经验和理论知识，使刺法灸法的内容不断充实，理论不断完善，为本学科的发展奠定了理论和实践基础。

第一节　刺法灸法学概述

一、刺法灸法学的定义

刺法灸法学是研究以防治疾病为目的的各种刺灸技术的操作方法、临床应用及作用原理的一门学科。

刺法，古称“砭刺”，后又称“针法”，即是指采用不同针具或非针具，运用各种手法刺激人体的一定部位，以调整阴阳、防治疾病的方法；灸法，古称“灸焫”，又称“艾灸”，是指采用艾绒或其他药物制成的灸炷或灸条，点燃后熏熨体表的一定部位，或采用其他光、电等刺激体表一定的部位，以防治疾病的方法。研究刺法、灸法及在此基础上发展起来的各种特种治疗技术的理论及其临床使用方法的学科，即称刺法灸法学。

二、刺法灸法学的内容

（一）针刺技术

针刺技术是各种不同针具的操作技术方法，简称针法，其中有毫针、三棱针、皮肤针、皮内针、鍉针、火针、芒针等临床操作技术。

1. 毫针

毫针是临床最常用的针具。其技术方法可分为毫针刺法和针刺手法两大部分。毫针刺法，以毫针基本操作技术为主，包括针具的选择和质量检查，针刺前准备，进针、行针、留针和出针的方法，以及针刺操作过程中可能出现的异常情况处理等内容。毫针刺法的临床应用，可以采用各种深浅刺法、多针刺法、透穴刺法、运动针刺法等；在不同的腧穴部位，要根据具体情况，应用不同的针刺深度、角度和方向，亦即本书“分部腧穴针刺操作”内容。

针刺手法，包括得气法、行气法、补泻法和各种相应的单式、复式手法。所谓手法，即徒手操作的技术方法。得气法，包括候气、催气、守气、调气等技术方法和操作过程，其目的是为了针刺得气。得气是毫针操作技术的基本要求，是获得临床疗效的必要前提，是行气法、补泻法的基础针刺感应。在得气基础上，为了达到“气至病所”目的，可以施用各种行气法。若有显著的虚实寒热证候，又应采取各种补泻手法。

2. 特殊针具

特殊针具是除毫针之外，目前针灸临床主要使用的针具。如三棱针可用以放血、挑刺；皮肤针可用以叩刺皮肤；皮内针为埋针的针具，有延长刺激效应的作用；鍉针可用以按压腧穴，有调养脉气的作用；火针是用火烧红针尖，刺入腧穴，对痹证、痿证和一些皮肤病（如疣、痣）有特殊作用；芒针用以深刺经脉腧穴，有透穴强刺激的作用性质。由于这些针具、针法各不相同，在主治范围和作用原理上也有相应区别，可以弥补毫针单一针具的不足，在临床上应当辨证施术。

（二）灸法技术

灸法技术是用艾绒或其他非艾灸材烧灼、熏熨腧穴和病变部位的技术方法。

1. 艾灸法

艾灸法是以艾绒为灸材施灸的方法，包括艾炷灸、艾条灸、温针灸、温灸器灸等内容。艾炷灸是将艾绒制成圆锥形艾团施灸的方法，有直接灸和间接灸两种。艾条灸是将艾绒用纸包裹成长条形的艾条（艾卷）进行施灸的方法，分为悬起灸和实按灸两种。

此外，还可采用毫针留针时在针尾裹艾点燃的温针灸法，以及用多种温灸器施灸的温灸器灸法。由于这些方法安全简便，目前在临床上应用尤其普遍。

2. 非艾灸法

非艾灸法是用艾绒以外的灸材进行施灸的方法，包括灯火灸、药线灸、药笔灸等。这些方法大多采用易燃药物进行施灸，属灸法技术范畴。历史上还有一种用药物贴敷使皮肤发泡的治疗方法，称为天灸，实际应属“穴位贴敷法”范畴，本书将在第五章进行介绍。

（三）微针系统疗法

通过现代针灸实践发现，在人体的某些特定部位（如耳郭、头皮、腕踝、眼、腹部等）分布有与全身各部相对应的穴位系统，在临床上可选取相应的穴位或反应点（如耳穴、头皮针治疗线、腕踝针进针点、眼穴、腹部穴位等）进行针刺治疗，获取治疗效果。由于各特定部位的作用机制不同，形成了不同的特定部位刺激方法和临床应用。

（四）腧穴特种疗法

腧穴特种疗法是采用电、光、声、磁、热和药物刺激腧穴以防治疾病的针灸技术。由于这些方法是在传统针灸技术基础上发展而成的，都通过刺激经络腧穴来达到扶正祛邪、通调经脉作用，目前仍归属于刺灸法的内容范畴。在临床上，较常用的是穴位脉冲电刺激（又称电针）、穴位贴敷、穴位注射（又称水针）等。

三、刺法灸法学的技术特点

刺法灸法学具有临床技能训练和临床应用两方面技术特点。

（一）刺灸法的临床技能训练

刺灸法包括了各种不同刺激方法、作用强度、操作部位的腧穴刺激技术。作为临床应用的每一种针灸技术，都有其各自不同的操作方法和施术过程。其应用正确与否，直接影响针灸治疗的安全性和有效性。从根本上说，刺灸法的学习和应用是一个长期的循序渐进的实践过程。熟练掌握各种刺灸技术的步骤方法和技术过程，是针灸治疗的重要环节。因此，要求每个同学必须在刺灸法学习过程和技能训练中，逐步达到熟练掌握，灵活应用。应该说这是刺灸法的重要特点。

（二）刺灸法的临床应用

尽管各种针灸技术都是通过经络腧穴刺激作用来达到治疗效果，发挥其调整机体功能状态作用的治疗方法，但在作用部位、刺激强度、感应性质和疗效原理等方面又有所不同。例如，针刺以机械刺激为主，适于临床大多数病症；艾灸以温热刺激和药性作用为主，主要用于寒证、虚证；三棱针放血刺激强，作用于浅表血络，适于青壮年、实热证；而皮肤针叩刺，刺激较弱，作用于十二皮部，尤宜于老人、小儿、体弱者。因此，认真掌握刺灸诸法的治疗作用、适应范围和选穴配方原则，从而在临床随宜而施，是刺灸法在临床治疗上的又一重要特点。

总之，针灸要取得疗效，正确地选取穴位是基础，熟练而准确的刺法灸法操作是关键。刺法灸法学是针灸基础理论与临床治疗之间的桥梁，针灸治疗疾病的过程就是刺法与灸法的具体实施过程。刺灸方法应用正确与否直接关系到疗效的优劣，故如何正确并熟练地掌握刺灸方法就成为学习好针灸的关键。

四、刺法灸法学的课程特点

刺法灸法学是连接针灸基础与针灸临床的一门桥梁课程，与经络腧穴学和针灸治疗学密不可分，共同构成针灸学课程的主体内容。它集合了古今刺灸法的基本理论、基本技能和临床应用等方面的内容。刺灸法是针灸临床必须掌握的基本技能和治疗方法，是阐明经络理论、获取腧穴功用的技术基础，是影响针灸效应和提高治疗效果的重要手段。针灸要取得疗效，正确地选取穴位是基础，正确而熟练的刺法灸法操作是关键。

第二节　刺法、灸法、拔罐法、刮痧法的形成与发展

一、刺法的起源、形成与发展

自人类的双手能够制造简单的劳动工具，即从类人猿进化为人类时，刺法也就随之开始萌芽了。针刺需用一定的工具，古代最早的针具称为“砭石”。随着生产力的不断发展，针具也不断改进，针刺的方法也日趋多样化。

（一）针具的起源与发展

远古，我们的祖先为了生活的需要，利用一些简单的、不加磨制的石块作为生活和日常

的用具，这就是旧石器时代。后来，勤劳的祖先，在不断的劳动中，又逐渐能够加工制造各种不同形状的石斧、石刀和石针等工具，演进到新石器时代。

1. 砭石的应用

砭石，就是古代的石器。《说文解字》说："砭，以石刺病也"，砭是指用细滑光洁的小石块磨制而成，用于医疗的原始工具，可以看作是最初的"针"。有关砭石的记载很多，如《山海经·东山经》曰："高氏之山，其上多玉，其下多箴石"，晋·郭璞注："可以为砥（砭）针，治痈肿者"，《素问·异法方宜论》曰："东方之域……其病皆为痈疡，其治宜砭石"，唐·王冰注："砭石，谓以石为针也"，《素问·宝命全形论》曰："制砭石大小"，南北朝·全元起注："砭石者，是古外治之法，有三名，一针石、二砭石、三镵石，其实一也，古来未能铸铁，故用石为针"，《灵枢·玉版》曰："故其已成脓血者，其唯砭石铍锋之所取也"，《礼记·内则》注："古者，以石为箴，所以刺病"。这些记载都说明，"砭石"起源于新石器时代，最初是用来划破痈肿、排脓、放血的工具，后来逐渐发展成为针灸治疗的工具。为适应穿刺或切割的需要，砭石的形状亦趋多样化，或者有锋，或者有刃，故又称针石或镵石。

砭石的实物，近年在考古工作中有了新的发现。其形状有刀形、针形、剑形等，多出土于新石器时代到春秋战国时代（公元前 770 ～公元 221 年）。如 1963 年在内蒙古自治区多伦旗头道洼新石器时代遗址出土了 1 根磨制的石针，长 4.5cm，一端有锋，呈四棱锥形；一端扁平有弧刃，刃宽 0.4cm；中身有四棱略扁，横断面呈矩形。经考古与医史工作者鉴定，这枚石针出于距今 1 万年前至 4000 年前的新石器时代，认为它是针刺的原始工具——砭石。其四棱锥形的一端，与目前常用的三棱针具有同样特征，可以刺进软组织以放血；弧刃的一端，可以切开痈肿以排脓；针身略扁，可使指持端正，适于纵向切割，这恰恰有力地证实了文献的考证。又如山东省微山县两城山出土的东汉画像石有 4 块刻有半人半鸟的神物，手握一针形器物，刺向患者肢体。根据出土文物和文献记载证实，"砭石者，亦从东方来"（《素问·异法方宜论》），砭石发明于我国东部的山东一带，后来才逐渐推广到各地。

2. 九针的创制

适于临床针刺的工具，经历了一个较长的演变过程。据考证，大约在山顶洞人时期，已能制造较为精细的骨针。在距今六七千年前的新石器时代遗址中，曾发现有不少各种形状的骨针。有的一端磨尖，有的两端都磨尖，可用于结网缝纫，也可用作针刺、挑治。古汉字"箴"就是用竹制成的针，说明当时竹针的存在。仰韶文化时期黄河流域发展了彩陶文化，用破碎的陶片来代替砭石进行临床医疗更加便利。直至目前，广西民间还流行陶针疗法，可能是古代遗风和民俗。

金属针具的应用，开始于青铜器时代。1978 年内蒙古自治区达拉特旗发现了 1 枚青铜针，其针身呈四棱形，横断面呈菱形，与头道洼发现的砭石形状大小相似。而后冶铁术的发明，为金属针具的工艺改进提供了技术基础。《黄帝内经》（简称《内经》）多篇述及了九针的形制和用途，如《灵枢》"九针十二原"、"九针论"、"官针"、"刺节真邪"和《素问》"针解篇"、"异法方宜论"等。九针即九种不同形制和用途的金属针具，包括镵针、圆针、鍉针、锋针、铍针、圆利针、毫针、长针、大针等（图 1-1）。

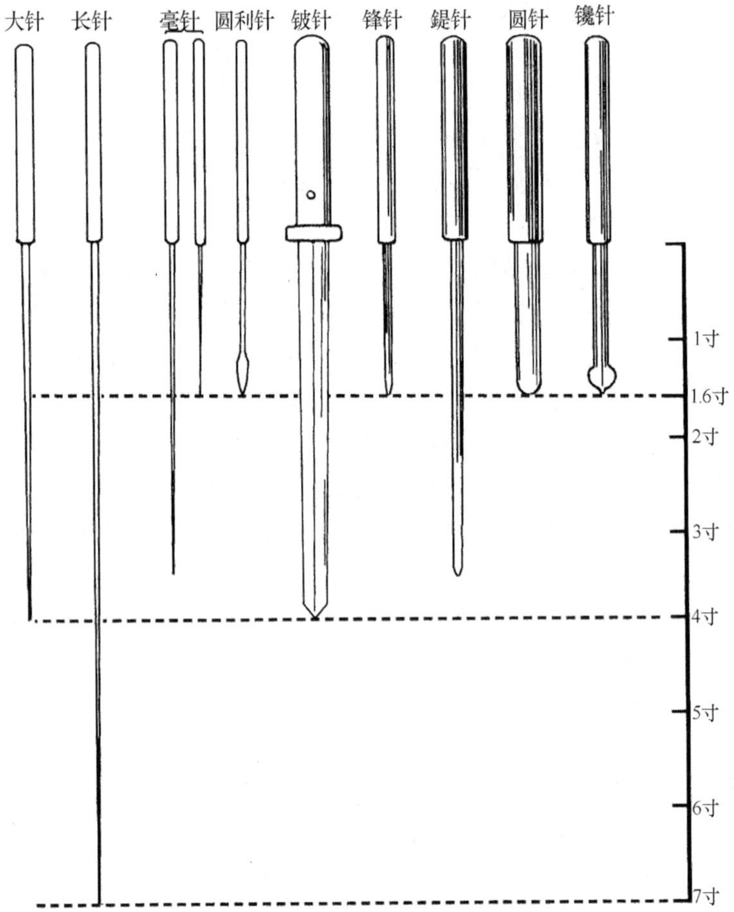

图 1-1　九针图

《灵枢·官针》云："九针之立，各有所为，长短大小，各有所施"，说明了这几种针具形制用途不同的情况。兹将有关内容归纳列表于下，以示说明（表 1-1）。

表 1-1　古代九针形制和用途

名称	尺寸	形状	应用	治疗作用
镵针	1.6 寸	头大末锐，去末寸半，卒锐之，形如箭头	浅刺皮肤	泻阳分邪气，泻热
圆针	1.6 寸	身如圆柱，针尖卵形	按摩分肉之间	治分肉之间的病症
鍉针	3.5 寸	针身较大，针头如黍粟状，圆而微尖	按压经脉外部（按脉勿陷）而令邪出	治虚弱者
锋针	1.6 寸	针身圆柱形，针头锐利，三面有锋棱	刺出血（即三棱针）	治痈热、痼疾
铍针	长 4 寸、宽 2.5 分	形如剑，锋利	切开排脓	治痈肿已成脓
圆利针	1.6 寸	圆而且锐，针头微大，针身反小	锐利粗针，用于速刺	治暴痹急性病症
毫针	3.6 寸	纤细如毫毛，针尖如蚊虻喙	应用最广，用治寒热痛痹	扶正祛邪，治疗常见病症
长针	7 寸	针身最长，针锋锐利	用于肌肉肥厚处	治深邪远痹
大针	4 寸	针尖如挺，其锋微圆	用于针刺	治关节积液

除骨、竹、陶、铜、铁、钢制成针具之外，还有用金、银制成的。如1968年河北满城西汉刘胜墓出土的金针4枚、银针5枚（已残缺），就是古代金属针具的实证。唐·孙思邈《备急千金要方》卷二十九“用针略例”，有毫针、锋针、大针、火针、白针、温针等多种，其用法和适应证不同，可以说是九针的发展。师怀堂在古代九针基础上，创制了“新九针”，其工艺材料和形制有不少改进，同时也扩大了针具的相应用途。

3. 现代针具

近现代，金属针具在材质和形状上得到了很大的革新和发展。民国时期，毫针的材质不外乎铜、铁、金、银之类，形状也较为粗大。1953年，在承澹盦先生的倡导下，我国开始研制出不锈钢质的针灸针。不锈钢针灸针的针身更细，光洁度更高，刺入时减轻了患者的痛苦，并且一次多针患者也能耐受，提高了临床疗效。20世纪末至21世纪初，人们对医疗安全、无菌操作方面的意识日益提高，针灸操作的规范与标准化受到重视，我国又推出了一次性无菌针灸针。一次性无菌针灸针是经过特殊方法灭菌的毫针，使用时不需再行灭菌消毒，即拆即用，用后即弃。一次性针灸针的推广和使用受到了广大患者的欢迎，也促进了传统针灸的国际传播。

随着生产工具制造技术的提高和改进，针刺工具根据不同用途又发展了许多种类的针具。其中由九针演变而来的三棱针、皮肤针、火针等针具，丰富了古今针具的内涵。此外，现代医家以中医理论为指导，先后开发了锋勾针、粗针、浮针等特种针具，并形成特殊的针刺疗法。

（二）刺法的形成与发展

以砭石刺病的方法是针刺疗法的前身，原始的刺法较为简单，只是用于放血排脓。随着针刺工具的改革，针刺的方法也不断丰富。早期的医学著作《内经》总结了上古以来的针刺方法，其论述是颇为精辟的。在刺法方面提到“九刺”、“十二刺”和“五刺”等，在补泻手法方面提到徐疾补泻、呼吸补泻、捻转补泻、迎随补泻、提插补泻和开阖补泻等，为后世的针刺方法奠定了基础。继而《难经》又有所阐发，并强调指出了针刺时双手协作的重要性，对后世影响颇大。晋唐至宋在针刺手法方面一直是阐述《内经》和《难经》之说，到了金元时代又提出了子午流注按时取穴的时间针法学说。窦汉卿的《针经指南》创造了“针刺十四法”，目前大部分有实用价值。明初陈会的《神应经》提出了“催气手法”，现仍适用于临床。徐凤的《金针赋》又提出了一整套的复式补泻手法，对“烧山火”和“透天凉”也作了系统论述。其后，高武的《针灸聚英》、汪机的《针灸问对》记载的针刺手法，都是在《金针赋》的基础上发挥撰成。杨继洲的《针灸大成》又采集明代以前有关针灸手法的精华提出“刺有大小”，有“大补、大泻”、“平补、平泻”、“下针十二法”和“八法”，临床上较为多用。清代中叶以后，针灸医学渐趋衰落，针刺手法亦无进展。

20世纪50年代后，针灸学术有了很大的发展。针刺手法的研究也步入了一个新的历史时期，从文献考察到临床观察，从实验研究到规律性的探索均做了大量的工作。目前传统针刺手法越来越受到应有的重视，因为它与针刺治疗的效果有着直接的关系，对阐明经络理论和针麻原理都是十分有益的。此外，针刺的方法在结合了物理治疗和药物注射等法后，也获得了新的发展。应用较广泛的有针刺与电相结合的电针、电热针、穴位电兴奋、微波针灸；与光相结合的红外线照射、激光针；与声相结合的声波电针；与磁相结合的磁疗仪、电磁针，以及小剂量药物作穴位注射的水针和穴位埋线、结扎、割治等。一些以一定部位为选穴范围的刺法也有所发展，应用较广泛的有耳针、头针、腕踝针，其他如面针、鼻针、手针等。这些方法不仅扩大了针刺治疗的范围，而且推动了针灸医学的发展。

二、灸法的起源、形成与发展

灸法和刺法一样，是针灸技术和临床方法的主要内容。从某种意义来说，灸法较刺法安全简便，易于推行，在很长一段时间内颇为盛行。诚如陈延之所云："夫针术须师乃行，其灸则凡人所施"（《医心方》卷二），可见其义。灸法从古至今，经历由渐而盛、由盛而衰的过程，值得针灸界同仁认真思索和探求。

（一）灸法的起源

灸法是古代流传下来的温热疗法，火的历史在我国可以追溯到50万年前的"北京人"或80万年前的"蓝田"时代，乃至更远。据考古学的研究，在北京周口店发掘的含骨化石地层中，就发现有遗留的灰烬和烧过的动物骨骼或土石。早在大约5万年前的原始氏族公社时期，我们的祖先就懂得了用火来取暖、熟食，尤其是1.8万年前的"山顶洞人"已掌握了人工取火的方法。火的发现和使用，对人类的生活和繁衍有着非常重大的意义，同时也为灸法创造了必要的条件。由此可见，灸法是随着火的应用而萌芽，并在其应用和实践中不断发现的。

古人在煨火取暖时，由于偶然被火灼伤而解除了某种病痛，从而得到了烧灼可以治病的启示，这就是灸法的起源。

"灸"字《说文解字》解释作"灼"，是灼体疗病之意。起初也可能采用树枝、柴草取火来作熏、熨、灼、烫以消除病痛，以后才逐渐选用"艾"为主要灸材。艾，自古以来，就以一种野生植物在我国广大的土地上到处生长，因其气味芳香，性温易燃，且火力缓和，于是便取代一般的树枝燃料，而成为灸法的最好材料。据《左传》记载，鲁成公10年（公元前581年），晋景公病，延秦国太医令医缓来诊，医缓说："疾不可为也，在肓之上，膏之下，攻之不可，达之不及，药不治焉"。晋朝杜预注解："攻"指艾灸，"达"指针刺。汉代张仲景的著述，有"可火"与"不可火"的记载，其所言之"火"，亦指艾灸。

（二）灸法的形成与发展

灸法治疗疾病，已有悠久的历史。最初是单纯的灸法，多采用直接灸，且艾炷较大、壮数较多。现代灸法则有了长足进展，为了减轻患者接受灸疗的痛苦，多采用小炷少壮灸，并衍化出多种灸法，如艾条灸、药条灸（包括太乙神针、雷火神针等）、温灸器灸、温针灸、天灸、灯火灸等。根据病情不同，还常采用间接灸法，所隔物品多为姜片、蒜片、食盐、豉饼、附子饼等。

三、拔罐法的起源、形成与发展

拔罐疗法也称瘀血疗法，古代有以兽角或者竹筒为工具的，故又称之为"角法"、"吸筒法"。据初步考察，大约在公元前3世纪医学上就有拔罐的疗法。最早的文字记载见于湖南马王堆汉墓出土的《五十二病方》中，即已有以兽角治疗痔疾的记载。

两晋医学家葛洪在《肘后备急方》中提到过“角法”，并对其禁忌证有了比较成熟的见解，比单纯“角法”有了提高和发展。

至唐代，又有竹罐治疗疾病的记载。王焘在《外台秘要》中进一步阐述了拔罐疗法的应用。唐代的“太医署”将学生分科，专门将“角法”单列为一科，学制三年，在理论、操作和临床等方面形成了比较完整的技术。

宋代医学家亦以竹筒为工具，而将拔罐的适应证扩大到内科疾病，如《苏沈良方》中记载用火筒法治疗久咳。明代医家申斗垣《外科启玄》中的“吸法”，“煮竹筒法”将中药煮竹筒用于临床，把辨证用药与拔罐疗法结合在一起，提高了疗效。

清代，拔罐疗法得以丰富和推广，所治病症也从单一的外科发展到内科。清代医家吴谦在《医宗金鉴·外科心法要诀》中记载拔罐配合中医，针刺治疗的方法。清代医药学家赵学敏曾应用拔罐疗法治疗风寒头痛及眩晕、风痹、腹痛等症。吴尚先在《理瀹骈文》也记载了风邪头痛、破伤风等内科疾病的治疗方法。

四、刮痧法的起源、形成与发展

刮痧疗法的历史悠久，人们在患病时，本能地用手或者石片抚摩、捶击身体的某一部位，有时竟然能使疾病得到缓解。通过长期的实践与积累，逐步形成了砭石治病的方法，这也是“刮痧”疗法的雏形。

后世医家在此基础上逐渐丰富了刮痧疗法，做了很多论述。唐代就有人们用苎麻刮治痧病的记载。宋代著作《保赤推拿法》记载：“刮者，医指挨皮肤，略加力而下也”，多用于治疗痧症。元明时期，刮痧疗法得到了进一步的发展，传统刮痧疗法在世间得到了广泛的应用，如用瓷调羹醮香油刮背使邪气随降的方法。元·危亦林在《世医得效方》中就对“搅肠沙”进行了论述：“心腹绞痛，冷汗出，胀闷欲绝，俗谓搅肠沙。”王肯堂《证治准绳》、龚廷贤《寿世保元》、张景岳《景岳全书》等著作都记载了有关痧症及治痧的经验。所有这些对后世刮痧疗法的发展都具有很重要的意义。

元明以后，民间治疗痧病的经验逐渐引起医家的关注。到了清代，刮痧疗法更加成熟，出现了第一部刮痧专著，即郭志邃的《痧胀玉衡》。此书从痧的病源、流行、表现、分类、刮痧方法、工具及综合治疗方法等方面均做了较为详细的论述，如在治疗方面指出：“背脊颈骨上下，及胸前胁肋，两背肩痧，用铜钱蘸香油刮之。头额腿上痧，用棉沙线或麻线蘸香油刮之。大小腹软肉内痧，用食盐以手擦之。”此后又出现了另一部刮痧专著——陆乐山的《养生镜》。两部著作奠定了刮痧疗法成为一门专科技术的基石，此后论述痧病的专著日渐增多，出现了《七十二种痧症救治法》等10余部专著，刮痧医术也大量散见于其他医学著作中。

第三节　刺灸法的效应特异性与量学要素

刺灸法是针灸学的重要组成部分，是针灸治疗疾病所采取的具体手段，为临床取效的关键环节。不同的刺灸方法具有各自不同的临床效应——针法与灸法有别，不同针法、灸法之间有别，即使是针灸医师使用最普遍的毫针刺法，亦因其针具、针刺角度与方向、行针手法、刺激参数等不同而效应迥异。针灸的临床疗效不仅取决于机体的功能状态和针灸处方所选取的经络、腧穴，也与不同刺灸法因其临床效应各异而对应不同的最佳适应证或病症阶段密切相关，即刺灸法与其效应之间存在着一定的对应关系，这种对应关系并非仅仅是一对一的，它可以是一对多，亦可是多对一、多对多。此特异性的内涵包括不同种类的刺灸方法之间，如毫针刺法与灸法之间；也包括同种刺灸方法中多种不同具体方法之间，如毫针单针刺法与齐刺法、温和灸与长蛇灸之间；还包括对于同一刺灸法的不同参数的选择，如针具规格、刺法、行针手法（或电针参数）、留针、治疗时程等。

所谓刺灸法的量学要素，是指与刺灸法刺激量及效应密切相关的量学因素。刺法量学要素包括针刺的刺激强度和针刺间隔时间等，其中刺激强度又与针刺作用力大小、作用力的方向、作用力的幅度等有关；包括艾炷的大小和壮数、艾条施灸的距离、施灸时间的长短等。这些量学要素都与病种和患者具体情况密切相关，在临床中注意针对不同患者确定相应的刺灸法量学方案，才能够提高治疗效果。

第四节　刺灸法的宜忌

一、施术部位的宜忌

施术部位的宜忌是指某些适合或禁止刺灸施术的腧穴和部位，明确刺灸施术部位的宜忌可以提高针灸施术的安全性，防止针灸意外的发生。古人明确提出禁针腧穴11个，即脑户、水分、神阙、五里、承筋、三阳络、膻中、云门、气冲、巨骨、督俞，如《针灸资生经·第三·头部中行十穴》言："脑户一名合颅，在枕骨上强间后寸半，禁针，针令人哑"；确定禁灸腧穴14个，即经渠、天府、风府、哑门、膝眼、丝竹空、头维、人迎、渊腋、承光、脊中、乳中、睛明、下关，如《针灸资生经·第一·面第四行左右十穴》言："丝竹空二穴，一名目髎……禁灸，使人目小，又令目无所见"；详列谨慎针刺的腧穴6个，即颅息、臂臑、然谷、瘛脉、缺盆、上关；谨慎施灸的腧穴15个，即天牖、少商、尺泽、攒竹、迎香、肩井、少海、素髎、白环俞、心俞、阴市、臑会、百会、大杼、耳门，如《针灸资生经·第一·面第二行左右十穴》言："攒竹二穴。一名始光，一名光明，一名员柱。在两眉头少陷宛宛中，不宜灸"；《针灸资生经·第一·侧颈部左右十八穴》言："缺盆二穴，一名天盖。在肩下横骨陷中……不宜刺太深，使人逆息也"。

古人在提出针灸施术部位宜忌的同时，亦提出应灵活变通、不拘泥于旧制的观点，指出针灸禁忌腧穴应当"权其缓急"、"岂可泥不可灸之说而坐受毙耶"，值得今人借鉴参考。

二、患者体质的宜忌

古人很早便提出应根据患者体质进行针灸操作，如《圣济总录》云："老壮不同，强弱异禀，灼治之法，夫岂一端。若夫阳病灸之则为大逆，是以伤寒者谓微数之脉、即汗后之脉、浮热三者悉不可灸。"《金匮玉函经》云："不须灸而强与灸之，令人火邪入腹，干错五脏，重加其烦而死；须灸而不与灸之者，令人冷结重凝，久而弥固气上冲心，无地消散病篇而死。”

《灵枢·逆顺肥瘦》指出了对不同体质的患者进行针刺的原则，至今在临床上仍有指导意义。如“年质壮大，血气充盈，肤革坚固，因加以邪，刺此者，深而留之，此肥人也”，“瘦人者，皮薄色少，肉廉廉然，薄唇轻言，其血清气滑，易脱于气，易损于血，刺此者，浅而疾之”，“婴儿者，其肉脆，血少气弱，刺此者，以毫刺，浅刺而疾拔针，日再可也”，分别对肥瘦、常人、壮人、婴儿等不同体质者的针刺宜忌进行了详细阐述。

艾灸适宜于虚寒性体质，如手脚冰凉、精力不济、易受寒、怕冷、腹泻等，或者是因为受到寒湿或寒邪而导致疼痛的人群，对阴虚阳亢、邪热内盛、热症和实症等人群不适合。如《外台秘要》中指出：“凡灸有生热，候人盛衰及老小也。衰老者少灸，盛壮强实者多灸”。有出血性体质的患者，或常有自发性出血，损伤后不易止血者，不宜针刺。此外，孕妇及有习惯性流产病史者，应慎用针刺。

三、病情性质的宜忌

疾病具有其自身的发病与发展特点，疾病的轻重缓急直接影响着针灸治疗方案的选择。《针灸问对》云：“大抵不可刺者宜灸之，一则沉寒痼疾，二则无脉知阳绝，三则腹皮急而阳陷地，舍此三者余替不可灸”。《圣济总录》云：“用灸之理，凡以温之而已，着病有因寒而得，或阴症多寒，或是风寒湿痹，或是上实下虚，厥逆之疾与乎痨伤痛疽及妇女血气虚寒，婴孺疮疾之属，并可用矣”。《针灸资生经》认为应“当随病症针灸之”，而不应盲目施以刺灸法。《针灸资生经·第七·伤寒》曰：“凡治伤寒，惟阴证可灸，余皆当针”。灸法虽有助阳生热之用，但有伤津耗液之虞，“阳证不可灸”，而阴虚燥盛之证亦要慎用。《针灸资生经》言：“凡内损，唾血不足，外无膏泽，地五会主之，刺入三分。特忌灸”。古人认为应根据温病的发病时间确定针刺时机，如《针灸资生经·第七·伤寒》言：“凡温病身热五日以上，汗不出，刺太泉留针一时取针，若未满五日者，禁针”，防止针刺过早引邪入里加重病情。

四、刺灸时间的宜忌

（一）针灸时机

人与天地相参、与日月相应的天人相应观贯穿于中医发展的始终。《备急千金要方》云：“欲行针灸，先知行年宜忌及人神所在，不与禁忌相应即可，故男忌除，女忌破……有杂忌旁通，又有所谓血支血忌之类”，指出针刺行灸应当熟知每一年的行年宜忌和人神节制，循宜避忌，“选天德、月德等日”进行服药针灸。《针灸资生经》认为施灸的时机选择应注意“日正午以后乃可灸……午前平旦谷气虚，令人癫眩，不可针灸”。但同时指出：“若人病卒暴，宜急疗，亦不拘此”，认为如果遇到急危重症，不必拘避天人禁忌。古人认为，刺灸时天气的变化会影响患者机体内部阴阳的消长平衡，医者应当根据气象变化进行针灸，如《太平圣惠方》云：“灸时若遇阴雾、大风雪、猛雨、炎暑、雷电、虹霓暂停，候晴明即再灸”。今人对于天时禁忌应灵活变通，不必拘泥于古人所论而盲目相天时而施术。

（二）留针时间的长短

诸多临床研究表明，针刺时留针可以加强治疗的效果。当针刺施术后，患者由于体质原因或病情等因素而未得气者，通过留针可以有候气、催气、促进得气的重要作用。所以《针灸素问·离合真邪论》云："静以久留，以气至为故"。《素问·针解》曰："刺实须其虚，留针阴气隆至，乃去针也；刺虚须其实者，阳气隆至、针下热乃去针也"。可见，留针静候可以使阴气或阳气隆至，临床上许多患者针感也是随着留针逐渐加强的。

临床留针不能盲目，应视患者病情、体质、所取经穴、时间等诸多因素选择性的留针，否则不仅浪费时间，有时还会加重病情，如《灵枢·小针解》云："脉口气内绝不至，反取其外之病处与阳经之合，有留针以致阳气，阳气至则内重竭，重竭则死矣"。

根据历代文献及现代研究，留针时间应该是不定时的，但历代医家各有主张，取穴留针各有所规。以《针灸甲乙经》为例，在所列腧穴中，注明留针的有149穴，最短留一呼，最长留二十呼。目前临床上留针时间虽然不等，但以10 ～ 30分钟者居多。从临床实际出发，特别是在门诊量等各方面条件限制下，以保证疗效为前提，以"气至"不定时值的随机性为参考，设定一个时间约量是必要的，目前临床留针大多以30分钟为宜。

五、特殊情况的宜忌

由于患者特别是小儿和妇女生理、病理特点的不同，其体质具有明显的差异，故针灸施术亦具有特殊情况。《备急千金要方》云："凡言壮数者，若丁壮、病根深笃可倍于方数，老少羸弱可减半……小儿七日以上周年以还不过七壮，炷如雀屎"，指出施灸之时应根据患者的体质强弱辨证施灸，并强调小儿的施灸刺激量应当减量。如言："肺中风者……视目下鼻上两边下行至口，色白者，尚可治，急灸肺俞百壮，服续命汤，小儿减之"。

在《针灸资生经》中，王执中基于对小儿特殊解剖结构的认识，指出某些腧穴应当慎针刺，如言："囟会……若八岁以下，不得针，缘囟门未合，刺之，不幸令人夭"。《针灸资生经》针对妇女妊娠前后特殊的体质状况，指出相关腧穴针灸施术禁忌。该书引述《太平圣惠方》所云："凡怀孕，不论数月，不宜灸"，指出妇人怀孕之时，应慎重施灸。王执中根据三阴交、石门、关元等诸穴的穴性特点，指出："石门忌灸，绝孕"。《明堂灸经》云："怀胎必不针关元，若针而落胎，胎多不出，针外昆仑立出。阴交灸多，绝孕"；并结合临床医案，言："昔宋太子善医术，出苑遇一妊妇……针之泻三阴交，补合谷，应针而落……故妊娠不可刺"，对三阴交和合谷等诸穴在妊娠之时慎用针灸之术进行了强调。这些针对特殊情况的论述至今仍具有相当的临床意义，值得针灸从业者重视和借鉴。

第五节　患者体位的选择

一、选择体位的重要性

体位是针灸施术的前提。体位正确与否是影响疗效的因素之一。在对患者进行针灸操作时要选用既方便进针，患者又能持久、舒适的体位。常用的有俯伏、侧卧、仰卧、坐位等体位。凡初诊、体弱者不宜采用坐位，防止出现晕针。《标幽赋》云：“大抵取穴之法，必有分寸，先审其意，次观肉分，或屈伸而得之，或平直而安定”。《灵枢·本输》云：“刺犊鼻者，屈不能伸。刺内关者，伸不能屈。”《备急千金要方》云：“凡点灸法，皆须平直，四体无使倾侧，灸时孔穴不正，无益于事，徒破孔肉耳，若坐点则坐灸之，卧点则卧灸之，立点则立灸之。反此，亦不得其穴矣。”

针灸体位是穴区体表定位准确的基础，每一穴区都有它相对的特异性。所以临床针灸时，穴区的位置应力求准确。穴区的直观部位在皮部，体位改变，穴区的皮部亦随之变化。故体位不正确，穴区的体表定位亦随之出现差异。如针刺承山时，正确的体位应当是：俯卧，足挺掌，跖屈向上，足背部稍垫起。这时，此穴区体表定位，正在小腿后面中央由腓肠肌收缩而造成的“人”字尖凹陷处，即委中穴下八寸。如果只采取俯卧，使足部自然伸展的体位，此穴区的体表定位就不在委中穴下八寸了。故而，在针灸时某一关节部位屈曲与伸展，某一肌群部位的紧张与松弛，颈部的俯首与仰首，眼区的睁眼与合眼，口区的张口与闭口，前臂的握拳与伸掌等局部体位变化，对某一穴区都应有适合的要求。这样，才能使穴区体表定位更为正确。

二、临床刺灸时常用体位

（1）仰卧位：适用于前身部的腧穴。一般情况下，施针时对患者选取仰卧位最好。仰卧位舒适自然，全身放松，不易疲劳，易于持久（图 1-2）。

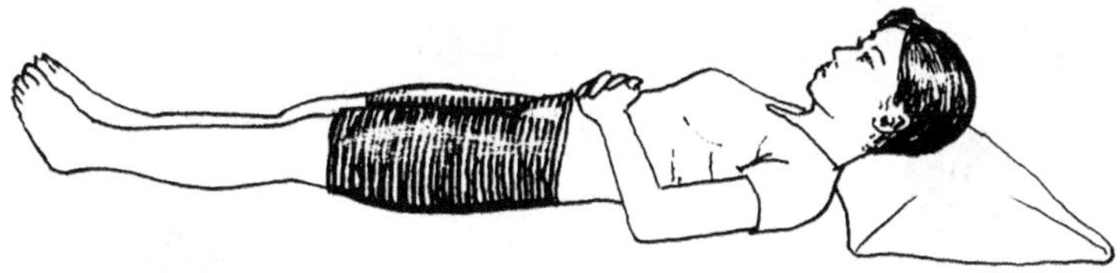

图 1-2　仰卧位

（2）俯卧位：适用于后身部的腧穴（图 1-3）。

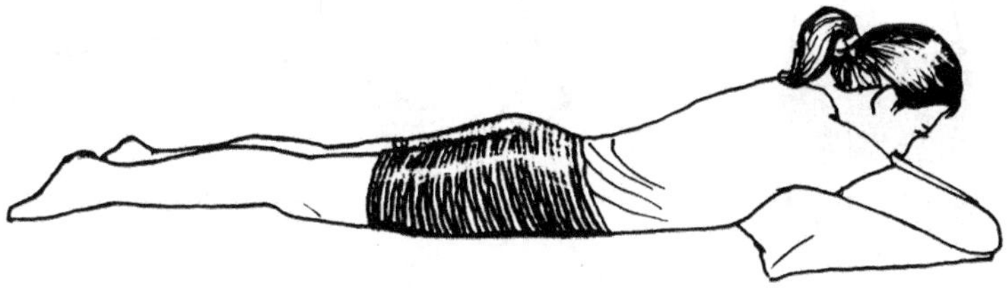

图 1-3　俯卧位

（3）侧卧位：适用于侧身部的腧穴（图 1-4）。

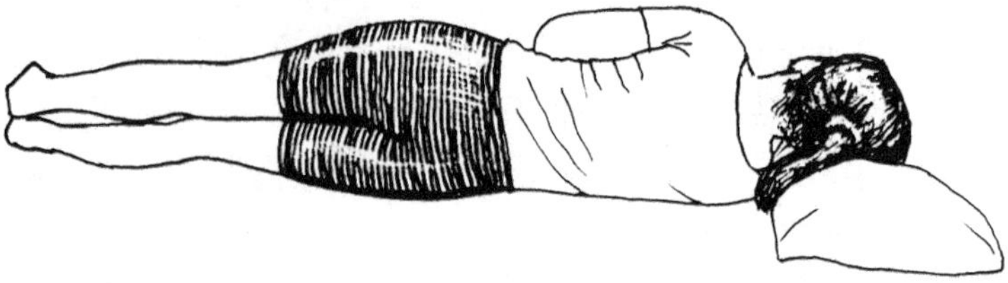

图 1-4　侧卧位

（4）仰靠坐位：适用于前头、颜面、颈前和上胸部的腧穴（图 1-5）。

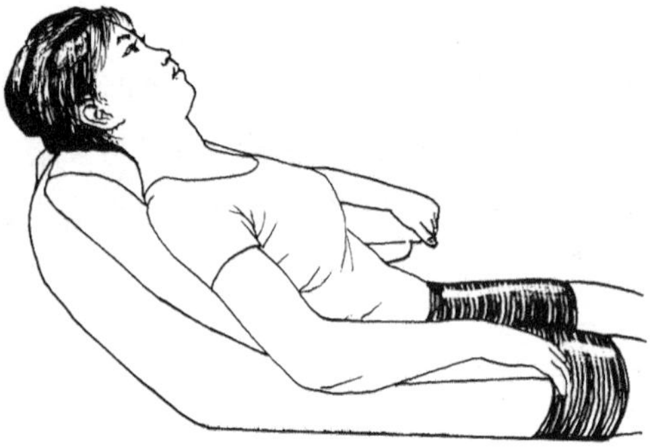

图 1-5　仰靠坐位

（5）俯伏坐位：适用于头顶、后头、项背部的腧穴（图 1-6）。
（6）侧伏坐位：适用于侧头、面颊、颈侧、耳部的腧穴（图 1-7）。

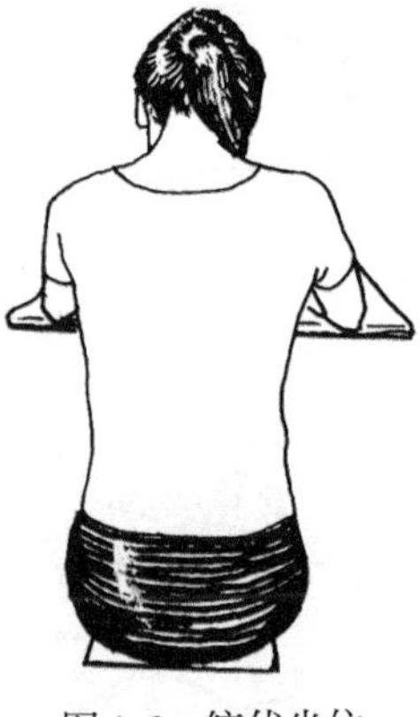

图 1-6　俯伏坐位

图 1-7　侧伏坐位

第六节　消毒制度

针灸临床治疗过程中的严格消毒灭菌工作，是必须执行的操作规范。消毒包括针具的消毒、医者双手的消毒、患者施术部位的消毒和治疗室内的消毒。

一、针具消毒

为了避免临床上的交叉感染，提倡使用1次性针刺器具，它是在普通毫针或三棱针基础上，由塑料或铂金等材料加封、灭菌而制成。应用此种针具，不需要再消毒，但应注意在包装盒上注明的保质期内使用。即使针具需要反复应用，也应注意每位患者的针具专用，不得用于他人。每次用完后，用70%或75%的酒精擦拭、整理后装于干净的玻璃管或针盒内，标明患者姓名后进行消毒处理。消毒方法，可选择酒精浸泡或高压蒸汽锅消毒。用过的针具不能随便丢弃，应放在专用的容器内，等待专门部门收回处理。

二、医者双手消毒

医者的手在施术前，需用肥皂水刷洗干净，并用75%酒精棉球，或0.5%的碘伏棉球涂擦后，方可持针操作。

三、施术部位消毒

在患者需要针刺的穴位皮肤上用75%的酒精棉球，或0.5%的碘伏棉球擦拭即可。擦拭时应从中点向外环绕进行。最好先用2%的碘酒涂擦穴位皮肤，稍干后再用75%的酒精棉球，由内向外环绕脱碘。穴位皮肤消毒后，注意保持洁净，避免接触污物，以防污染。

四、针灸治疗室内的消毒

治疗台上用的床垫、枕巾、毛毯、垫席等物品，要按时换洗晾晒，如采用一人一用的消毒垫布、垫纸、枕巾则更好。治疗室也应定期消毒净化，保持空气流通，环境卫生洁净。

思考题

（1）刺法灸法学的概念是什么？

（2）刺法灸法学都包括哪些具体内容？

（3）如何结合施术部位、患者体质、病情性质和时间选择刺灸法的操作？

第二章　毫针刺法

《标幽赋》云："观夫九针之法，毫针最微，七星上应，众穴主持"。毫针精细纤巧，为古代"九针"之一。因其适用于全身任何穴位，是古今针灸临床应用最为广泛的针具之一。

毫针刺法是针灸临床所必须掌握的基本技术，包括基本操作技术和临床常用刺法，其中基本操作技术又包括毫针的持针、进针、行针、留针、出针等。每一环节、每一种方法都有严格的操作规程和明确的目的要求，其中以针刺的术式、手法、量度、得气等关键性技术尤为重要。

第一节　毫针的基本知识

一、毫针的构成

（一）制针材料

毫针是用金属制成的，其中以不锈钢为制针材料者最常用。不锈钢毫针针体挺直滑利，具有较高的强度和韧性，耐高热、防锈，不易被化学物品腐蚀等特点，故目前被临床广泛采用。此外，也有用其他金属制作的毫针，如金针、银针，其传热、导电性能虽优于不锈钢针，但针体强度和韧性远不如不锈钢针，加之价格昂贵，除特殊需要外，一般临床较少应用。

（二）毫针结构

毫针的结构，分为针尖、针身、针根、针柄、针尾5个部分（图2-1）。

（1）针尖：是针身的尖端锋锐部分，亦称针芒。

（2）针身：是针尖至针柄间的主体部分，又称针体。

（3）针根：是针身与针柄分界的部分。

（4）针柄：是针根至针尾的部分，也是医者持针操作的部位。

（5）针尾：是针柄的末端部分。

（三）毫针的分类

根据毫针针柄与针尾的构成和形状的不同（图2-2），可分为4类：

（1）环柄针：又称圈柄针，即针柄用镀银或经氧化处理的金属丝缠绕成环形的毫针。

（2）花柄针：又称盘龙针，即针柄中间用两根金属丝交叉缠绕呈盘龙形的毫针。

（3）平柄针：又称平头针，即针柄用金属丝缠绕，末端不做收尾处理，其尾部平针柄的毫针。

（4）管柄针：即用金属薄片或树脂材料制成管状针柄的毫针。

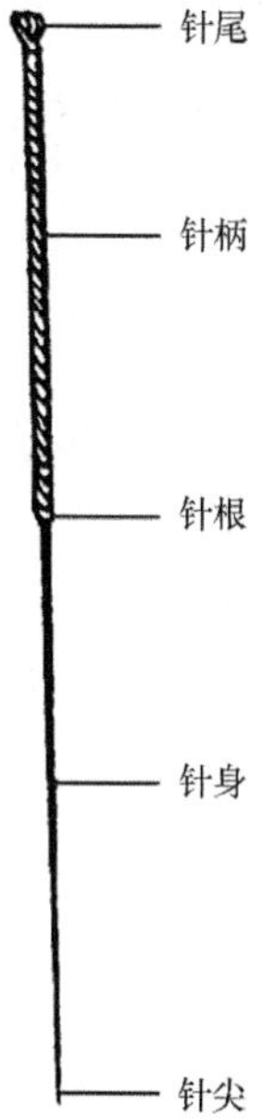

图 2-1　毫针结构

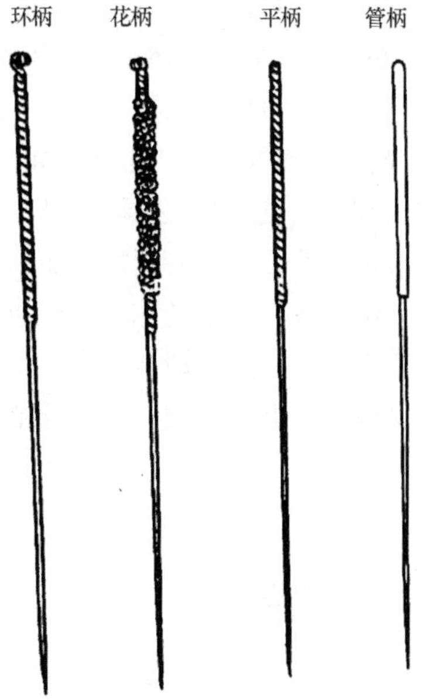

图 2-2　毫针分类

二、毫针的规格

毫针的不同规格，主要以针身的直径和长度区分。

毫针的粗细规格，见表 2-1。

表 2-1　毫针的粗细规格表

直径（mm）	0.45	0.42	0.38	0.34	0.32	0.30	0.28	0.26	0.24	0.22	0.20
号数	26	27	28	29	30	31	32	33	34	35	36

毫针的长短规格，见表 2-2。

表 2-2　毫针的长短规格表

寸	0.5	1	1.5	2	3	4	5
毫米	13	25	40	50	75	100	125

临床一般以粗细为 0.30 ~ 0.45mm（26 ~ 30 号）和长短为 25 ~ 75mm（1 ~ 3 寸）者最常用。短毫针主要用于部位肌肉浅薄的腧穴或在浅刺时应用，长毫针多用于肌肉丰厚部位的腧穴，或深刺或透刺时使用；毫针的粗细与针刺的刺激强度有关，供辨证施治时选用。

三、毫针的选择

（一）针具质量的选择

衡量毫针的质量，主要看针具的“质”与“形”。

质，是指制针选料的优劣。不锈钢针，根据中华人民共和国国家标准 GB2024-1994 关于针灸针的规定，不锈钢毫针的针体应以 GB ／ T4240 中规定的 $OCr_{19}Ni_{9}$ 或其他奥氏体不锈钢丝制成者为优。针柄的材料未做统一规定，如采用塑料，必须用医用无毒塑料。

形，是指毫针的形状、造型。在具体选择时应注意以下几点。

（1）针尖要端正不偏，尖中带圆，圆而不钝，形如“松针”，锐利适度，光洁度高。

（2）针身要光滑挺直，圆正匀称，坚韧而富有弹性。

（3）针根要牢固平整，光滑清洁。

（4）针柄的金属丝要缠绕均匀，与针身结合牢固，针柄的长短、粗细要适中，便于持针操作。

（5）针尾要规范整洁。

（二）针具规格的选择

《灵枢·官针》指出：“九针之宜，各有所为，长短大小，各有所施也。不得其用，病弗能移”，说明不同针具有其各自的特点和作用。就毫针而言，临床应用时可根据患者的体质、体形、年龄、病情、腧穴部位和选用刺法等不同，选用长短、粗细不同规格的毫针。

四、毫针的检查

目前按照国际标准的要求，应使用一次性无菌针灸针。但在使用前仍需严格检查针尖、针身、针根和针柄等，同时要注意检查其包装及有效期，在有效期内，包装完好者方可使用。如发现有损坏等不合格者，应予剔除。

第二节　毫针操作基本功

毫针操作基本功训练是学习针刺操作的基础与重要环节，是保证进针快，透皮不痛，行针自如，施行手法顺畅，有效调整经气，取得良好临床疗效的基础。

一、技法训练

技法训练主要是指力和手法的练习。指力是指手指的力度和控针的能力，手法是指各种针刺操作的规范性、协调性和灵活度。毫针针身细软，若无一定的指力或熟练的手法，很难顺利进针和随意进行捻转、提插等各种手法。良好的指力是掌握好针刺手法的基础，手法的娴熟是针刺的必备条件，只有加强两者的训练，促进手指力度和灵活度的协调性，做到“手如握虎”，“强而不猛，迅而不躁，轻而不漂，和而不滞”，才能将手法运用自如。

1. 纸垫练针法

用松软的细草纸或毛边纸，折叠成厚 2 ~ 3cm，长和宽分别为 8cm、5cm 的纸垫，外用棉线呈“井”字形扎紧。在此纸垫上可练习进针指力和捻转动作。

练习时，一手拿住纸垫，一手如执笔式持针，使针身垂直于纸垫上，当针尖抵于纸垫后，拇、食、中三指捻转针柄，将针刺入纸垫内，同时手指向下渐加一定压力，待刺透纸垫背面后，再捻转退针；另换一处如前再刺。如此反复练习至针身可以垂直刺入纸垫，并能保持针身不弯、不摇摆、进退深浅自如时，说明指力已达到基本要求。练针必须循序渐进，先用短针，后用长针。

做捻转练习时，可将针刺入纸垫后，在原处不停地来回做拇指与食、中两指的前后交替捻转针柄的动作。要求捻转的角度均匀，运动灵活，快慢自如，一般每分钟可捻转 150 次。纸垫练针初期，可用 1.0 ~ 1.5 寸长的短毫针，待有了一定的指力和手法基本功后，再用 2.0 ~ 3.0 寸长的毫针练习。同时，还应进行双手行针的练习，以适应临床持续运针的需要（图 2-3）。

2. 棉球练针法

取棉絮一团，用棉线缠绕，外紧内松，做成直径为 6 ~ 7cm 的圆球，外包白布一层缝制，即可练针。因棉球松软，可以练习提插、捻转、进针、出针等各种毫针操作手法的模拟动作。作提插练针时，以执毛笔式持针，将针刺入棉球，在原处做上提下插的动作，要求深浅适宜，幅度均匀，针身垂直。在此基础上，可将提插与捻转动作配合练习，要求提插幅度上下一致，捻转角度来回一致，操作频率快慢一致，达到动作协调、得心应手、手法熟练的程度（图 2-4）。

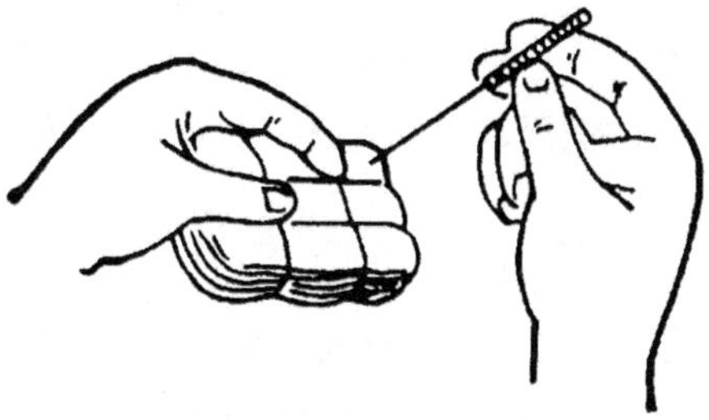

图 2-3　纸垫练针法

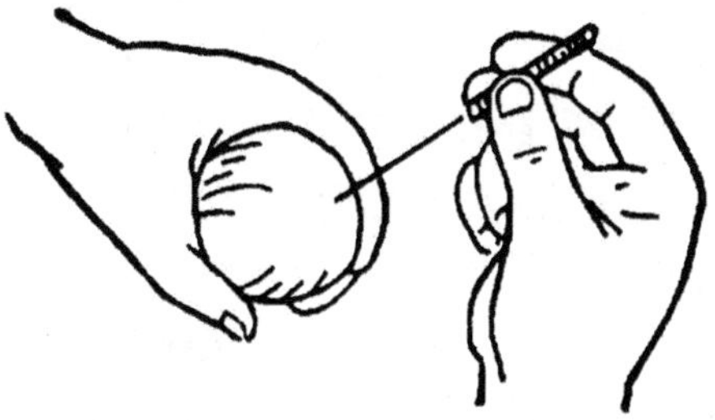

图 2-4　棉球练针法

3. 自身练针法

通过纸垫、棉球等物体练针，具有了一定的指力基础后，可以在自己身上进行试针练习，以亲身体会进针、行针、得气的感觉。在自身练针时，常选用合谷、曲池、足三里等穴位，要求逐渐做到进针无痛或微痛，针身挺直不弯，刺入顺利，提插、捻转行针自如，用力均匀，手法熟练。同时，要仔细体会指力与进针、手法与得气的关系，以及持针手指的感觉和受刺部位的感觉。

4. 相互练针法

在自身练习比较成熟的基础上，模拟临床实际，两人交叉进行试针练习。要求从实际出发，按照规范操作方法，相互交替对练，练习内容与“自身练针法”相同。相互试针练习时，要学习对方的优点，指出不足的环节，共同进步提高，以便临床实际操作时心中有数，真正提高毫针刺法的基本技能。

二、内功训练

内功训练旨在练意、练气，将意气内养与指力练习相结合，使神易聚于指，气易注于指，意气相随，内气外发，增强得气，提高疗效。

内功练习首推气功，分为静功、动功两大类。静功是采取坐、卧、站等外表上静的姿势，运用松、静、守、息等方法，着重身体内部的锻炼；动功是采取意、气相结合的各种肢体运动及自我按摩、拍击等方法，以锻炼内脏、筋骨、肌肤。练气功要注意把握三个要领，即调节呼吸（调息）、动作（调身）、意念（调心）结合。通过气功锻炼，掌握意、气、力三者的密切关系，以身注掌、以掌注指，推进掌指力量。

其次太极拳、华佗五禽戏、易筋经等也是练意气的有效方法。其原理与气功相似，均需调心、调神、调意，讲究意到、气到、力到，拳掌与意识结合，与呼吸配合。动作刚柔相济，动中求静，虚中有实，实中有虚，令肢体灵活，经络通畅，气血调和，阴阳平衡。《素问·宝命全形论》云："针有悬布天下者五……一曰治神，二曰知养身……"清·周树冬《金针梅花诗抄》说："养身者却病强身也，以不病之身方可治有病之人。"长期习之，精神充沛，内气贯足，在针刺时必然能巧妙地调动全身各方面的力量，使之到达指端施于针下。

第三节　定穴与揣穴

针刺前，医者必须将施术的腧穴位置定准。医者以手指在腧穴处进行揣摸、按压，以取定腧穴的方法，称为"揣穴"。揣穴为"下手八法"（《针灸大成》）之一，是确定腧穴正确位置、利于进针的准备工作。《灵枢·杂病》中"按已刺"的论述，其中的"按"就是在针刺施术前进行腧穴揣穴定位的方法。

窦汉卿在《针经指南·标幽赋》中以赋文的形式概括总结了揣穴定位的方法："大抵取穴之法，必有分寸，先审自意，次观肉分；或伸屈而得之，或平直而安定。在阳部筋骨之侧，陷下为真；在阴分郄腘之间，动脉相应。取五穴用一穴而必端，取三经用一经而可正"。针灸临床中，揣穴定位的准确性是针灸取得疗效的关键。《针灸大成》亦指出："凡点穴，以手揣摸其处，按而正之，以大指爪切掐其穴，于中庶得，进退方有准"。

一、操作方法

1. 指切揣穴法

用左手拇指指甲置于穴位上，用力掐之，以宣散气血、避免疼痛、固定穴位，即指切揣穴法（图 2-5）。

2. 按压揣穴法

肌肉丰满松弛处，可用左手五指排开向下用力按压，将肌肉压平，以防移位，便于进针。如中脘穴位于腹部肌肉松弛之处，可将中指按压该处，其他四指排开将腹部压平（图 2-6）。

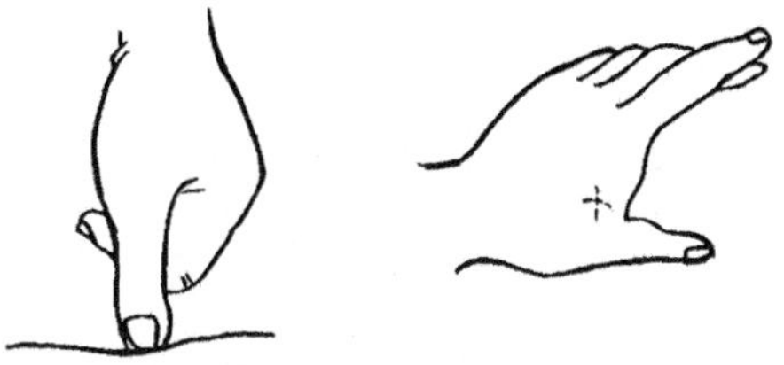

图 2-5　指切揣穴法

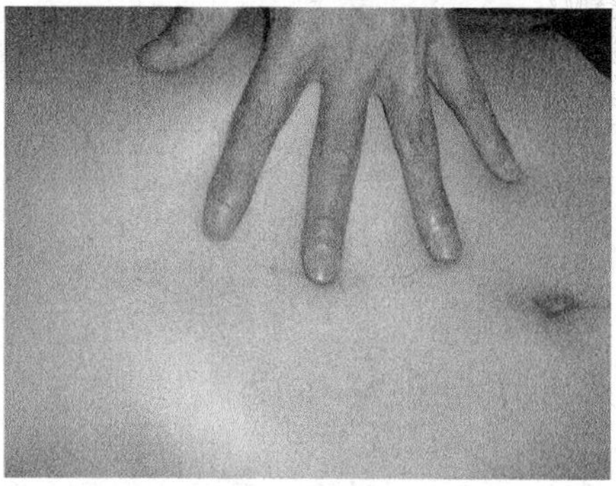

图 2-6　按压揣穴法

3. 分拨揣穴法

如遇肌腱、血管处，要用手指向前后或左右推拨，使其分开，从而按定穴位。如内关穴，可用左手拇指按定其穴，将肌腱和血管拨开，同时要找到局部酸麻感（图 2-7）。

4. 旋转揣穴法

如遇骨骼、肌腱、血管覆盖处，令患者将有关部位旋转，使其穴位充分暴露。如揣养老穴，医者手指按在其尺骨小头最高点，嘱患者掌心转向胸部，尺骨小头桡侧显露出凹陷即为本穴（图 2-8）。

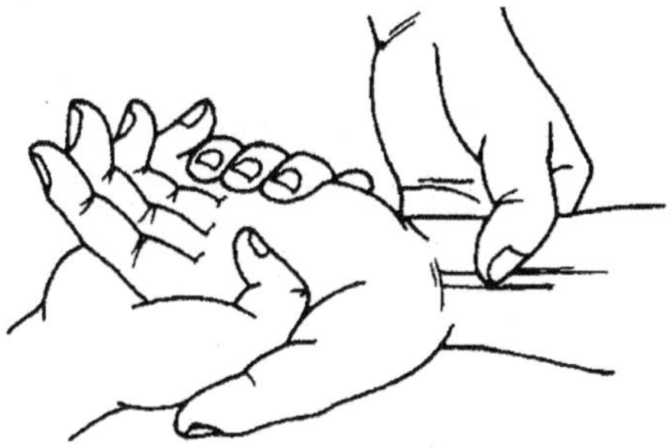

图 2-7　分拨揣穴法

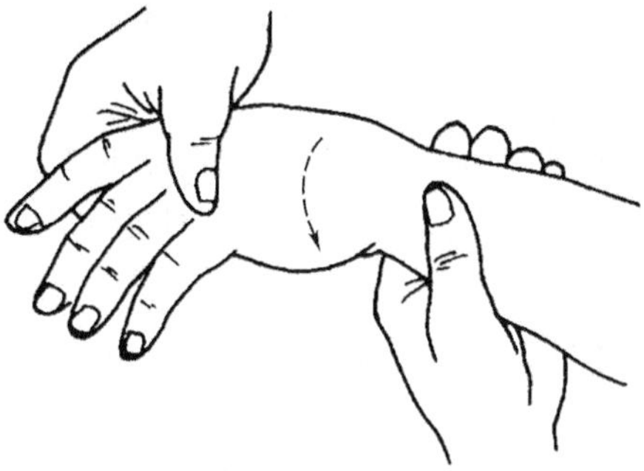

图 2-8　旋转揣穴法

5. 滚摇揣穴法

遇到关节处，用左手拇指掐住穴位，右手牵拉患者肢体远端，行左右或者上下滚摇，使其关节松弛，指下便可揣定穴位。如阳池穴，以左手拇指紧掐其穴，右手握住患者四指，用轻微力量牵拉并左右滚摇，使穴显于指下（图 2-9）。

6. 升降揣穴法

如遇伸屈关节才能较好显露穴位时，应采取本法使肢体关节上下活动（升降）以显露穴位。如解溪穴，用左手固定肢体，拇指紧掐其穴，右手握住足尖，上下摇动，以松动踝关节，揣定是穴。

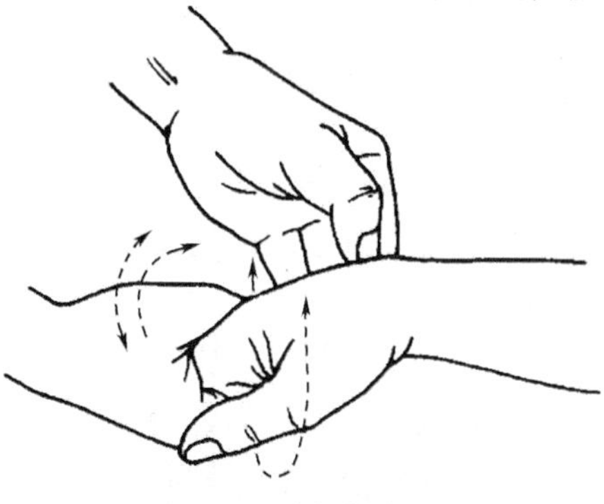

图 2-9　滚摇揣穴法

7. 滚摇升降揣穴法

如遇到伸屈关节、推拨肌腱才能显露穴位时，用手握住关节向左右滚摇，前后屈伸，并推拨穴周组织，使其显于指下。如肩髃穴，左手拇指紧掐其穴，右手托握肘关节，上下抬举，左右滚摇活动，即可使穴位显于指下。

二、临床应用

1. 正确取穴定位

在掌握骨度分寸、同身寸与解剖标志的基础上，运用揣穴法对腧穴定位有重要意义。尤其是肌腱、血管、骨骼、关节等处的穴位，用本法可避免损伤上述组织，便于进针。

2. 了解局部特征

用揣穴法按压、触摸、爪切、分拨腧穴局部，可体察该穴解剖特征，如肌肉之厚薄、血管肌腱之走向、骨骼关节的间隙，对掌握进针角度、方向、深浅，避免进针和行针时的疼痛，防止针刺出血、血肿、滞针、弯针等有一定作用。尤其在关刺、恢刺、短刺、输刺等刺筋、刺骨法时，必须先用揣穴法。

3. 协助经络切诊

揣穴时，术者指下可体会到经络穴位皮下之异常感觉，如松弛虚软、紧张坚硬、包块结节和条索状物，结合问诊则可进行经络诊断，指导临床取穴和施术。

第四节 针刺方法

毫针刺法是针灸医者必须熟练掌握的基本操作技术，涉及持针、进针、行针、留针、出针等针刺各个环节，且每个环节的具体操作有着严格的操作规程和很高的技术要求。

一、持针法

持针法是医者握持毫针，保持针身端直坚挺，以便于针刺的方法。临床上持针方法各异，但“持针之道，坚者为宝”（《灵枢·九针十二原》）是持针法的总则。

（一）“刺手”与“押手”

“刺手”是指持针进行操作的手，多为右手；“押手”是指辅助完成针刺各个环节操作的手，多为左手。

刺手的作用主要是掌握针具，施行手法操作，力求进针指力运于针尖，行针提插捻转自如，出针轻缓等。押手的作用，主要是固定腧穴，协助刺手进针以减少刺痛，并协助激发经气与调控针感。

《灵枢·九针十二原》记述“右主推之，左持而御之”；《难经·七十八难》说：“知为针者信其左，不知为针信其右。”《针经指南·标幽赋》更进一步阐述其义：“左手重而多按，欲令气散，右手轻而徐入，不痛之因。”不仅强调了针刺过程中对于刺手、押手的不同运用，而且强调在进行针刺操作时，刺手、押手的协同操作，紧密配合对于医者熟练实施毫针基本操作技术具有十分重要的作用。

（二）持针姿势

持针的姿势，状如执持毛笔，故称为执毛笔式持针法。根据用指多少、握持部位及双手的配合，可分为二指持针法、三指持针法、四指持针法、持针身法、双手持针法，其中三指持针法临床最为常用。

1. 二指持针法

二指持针法指医者用刺手拇、食两指指腹捏住针柄，或用拇指指腹与食指桡侧指端捏住针柄的握持方法（图 2-10）。此法一般适用于较短的毫针。

2. 三指持针法

三指持针法医者用刺手拇、食、中指指腹捏持针柄或针身，拇指在内，食指、中指在外，三指协同的握持方法（图 2-11）。此法适用于各种长度的针具。

3. 四指持针法

四指持针法医者用刺手拇、食、中指指腹捏持针柄，以无名指抵住针身的握持方法（图 2-12）。此法适用于较长的毫针。

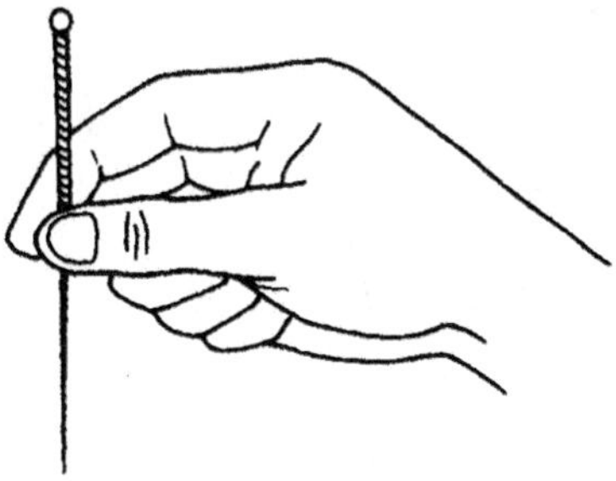

图 2-10　二指持针法

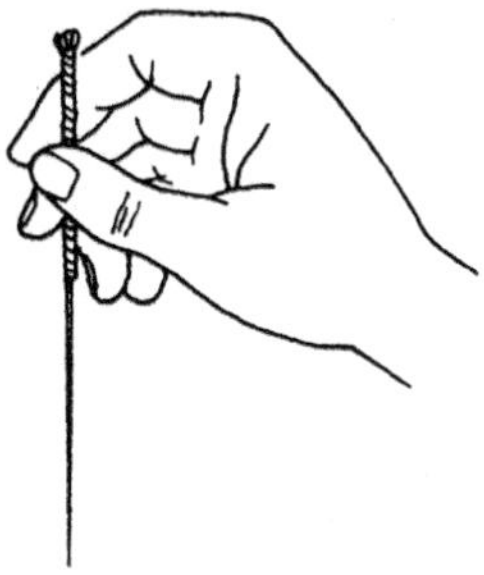

图 2-11　三指持针法

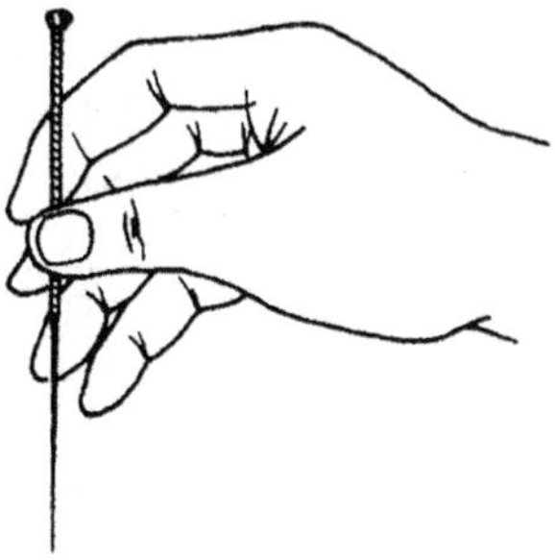

图 2-12　四指持针法

4. 持针身法

持针身法指用拇、食两指末节指腹借助无菌干棉球，以裹针身近针尖部位的握持方法（图 2-13）。此法适用于较长的针具。

5. 双手持针法

双手持针法指医者用刺手拇、食、中三指指腹捏持针柄，押手拇、食两指借助无菌干棉球裹夹针身近针尖部分的握持方法（图 2-14）。此法适用于长针。

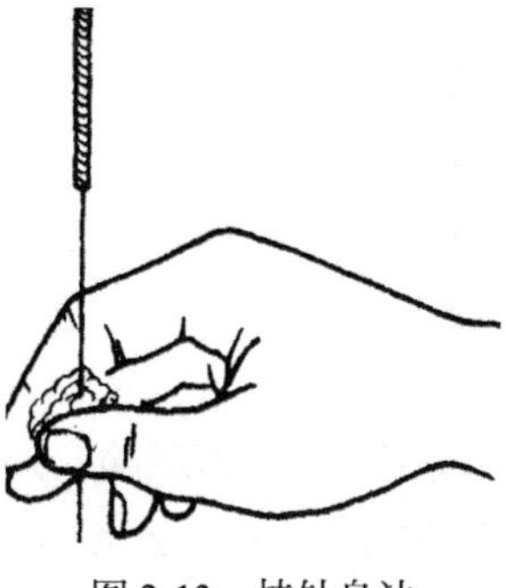

图 2-13　持针身法

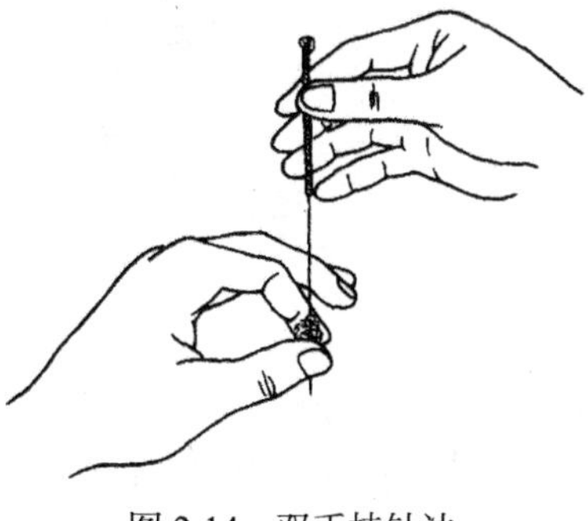

图 2-14　双手持针法

二、进针法

进针法是医者采用各种方法将毫针刺入腧穴皮下的操作方法。进针法的选用主要根据针刺部位的解剖特点及医者的经验而定，一般以“无菌”操作、“无痛或微痛”进针为基本原则。常用的进针法有以下几种：

（一）以刺手、押手配合方式分类

1. 单手进针法

单手进针法指医者用刺手拇、食指持针，中指指端紧靠穴位，指腹抵住针体下段，当拇、食指向下用力按压时，中指随之屈曲，将针迅速刺入穴位（图 2-15）。此法多适用于短针。

2. 双手进针法

双手进针法指医者以押手或按压或爪切穴位，刺手持针刺入，双手配合进针的操作方法。

（1）指切进针法：又称爪切进针法，用押手拇指或食指的指甲切按腧穴皮肤，刺手持针，针尖紧靠押手指甲缘将针迅速刺入（图 2-16）。此法多适宜于短针。

图 2-15　单手进针法

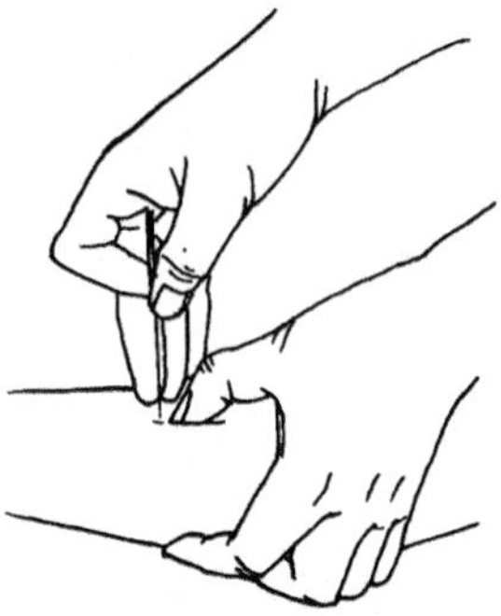

图 2-16　指切进针法

（2）夹持进针法：押手拇、食二指持无菌干棉球裹于针身下端，微露针尖并抵于腧穴表面，刺手拇、食、中三指捏持针柄，双手协调配合将针迅速刺入腧穴（图 2-17）。此法多适用于长针。

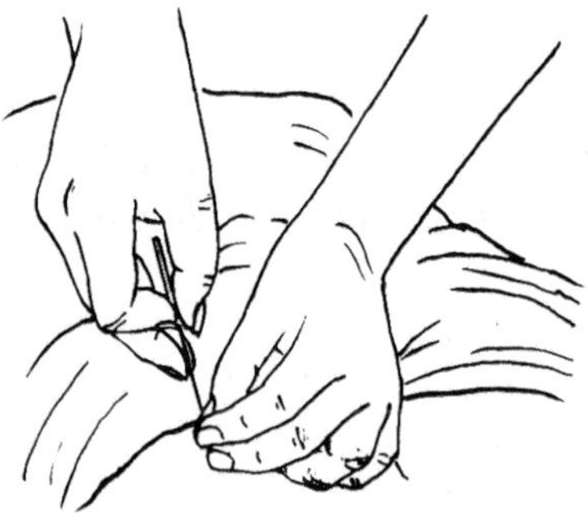

图 2-17　夹持进针法

（3）舒张进针法：押手拇、食二指或食、中二指固定、撑开所刺腧穴部位周围的皮肤，刺手拇、食二指捏持针柄，从押手拇、食二指或食、中二指的中间迅速刺入腧穴（图 2-18）。此法主要用于皮肤松弛部位的腧穴。

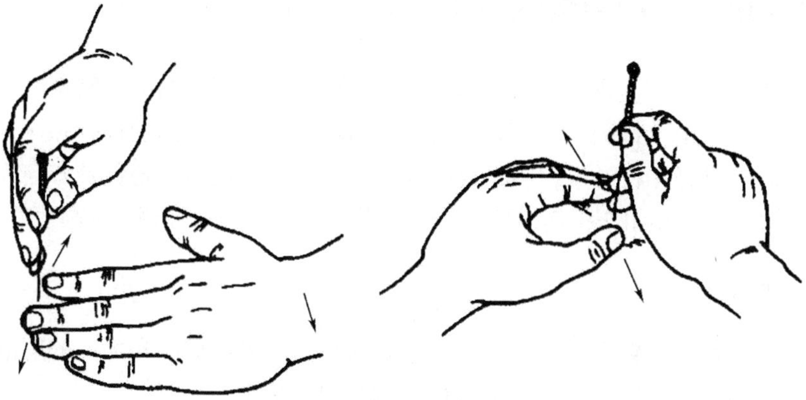

图 2-18　舒张进针法

（4）提捏进针法：押手拇、食二指微微提捏起腧穴两旁的皮肤，刺手拇、食二指捏持针柄，从提捏起的腧穴上端迅速将针刺入（图 2-19），此法主要用于皮肉浅薄部位的腧穴。

3. 管针进针法

将针预先插入用玻璃、塑料或金属制成的比针短 7.5mm（3 分）左右的小针管内，触及腧穴表面皮肤；押手压紧针管，刺手食指对准针柄拍击，使针尖迅速刺入皮肤，然后取下针管，再将针刺入穴内（图 2-20）。也有用安装弹簧的特制进针器进针者。此法多用于儿童和惧针患者。

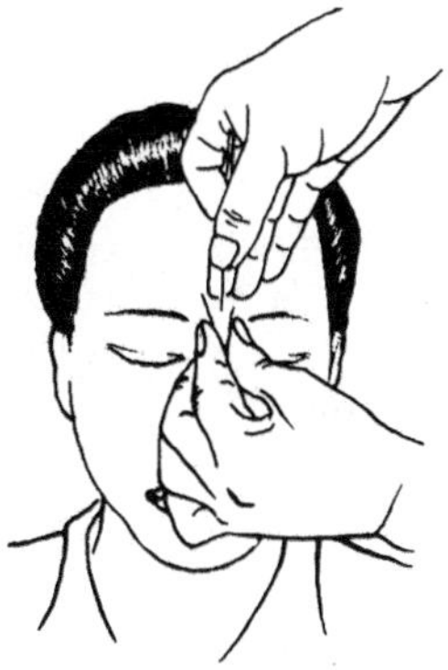

图 2-19　提捏进针法

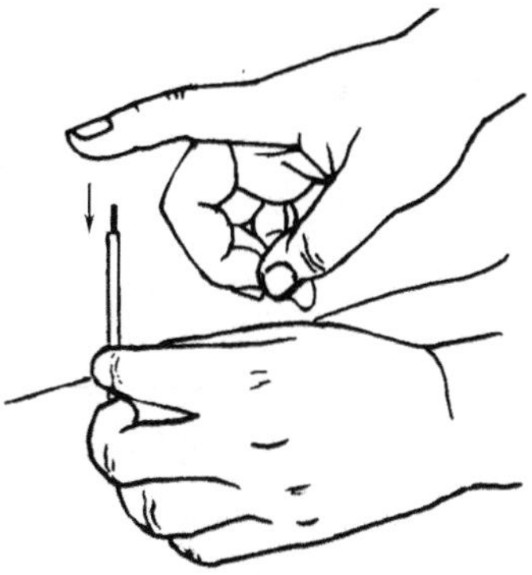

图 2-20　管针进针法

（二）以进针速度分类

1. 快速进针法

医者用刺手拇、食指捏住针体下端，微露针尖贴近穴位表面，利用腕力迅速将针刺入穴位。此法多适用于肌肉丰厚部位。

2. 缓慢进针法

医者用押手固定于穴位周边，刺手持针或捻或压，将针缓慢刺入穴位。此法多适用于眼区等危险区域的穴位。

以上各种进针法，在临床应用时需根据腧穴所在部位的解剖特点、针刺深度、手法要求，以及针具长短等具体情况，以便于进针、易于得气、避免痛感为目的，灵活选用相应的进针法。

三、针刺的角度、方向和深度

针刺疗效的取得，不仅取决于腧穴体表定位的准确，还与恰当的针刺角度、方向、深度密切相关。同一腧穴由于针刺角度、方向与深度的不同，会有不同的针刺感应，临床效应也各不相同。因此在进针和行针过程中，合理选择进针角度、适时调整针刺方向、控制针刺深度既可以避免进针疼痛和组织损伤，更有助于获得、维持或加强针感，提高疗效。

（一）针刺角度

针刺角度是指针刺时针身与皮肤表面所形成的夹角，可根据腧穴部位的解剖特点和针刺治疗要求而确定。一般分为直刺、斜刺和平刺三种（图 2-21）。

1. 直刺

直刺是针身与皮肤表面呈 90° 垂直刺入。此法适用于人体大部分腧穴，浅刺与深刺均可。

2. 斜刺

斜刺是针身与皮肤表面呈 45° 左右倾斜刺入。此法适用于骨骼边缘或内有重要脏器不宜直刺、深刺的腧穴，如需避开血管、肌腱时也可用此法。

3. 平刺

平刺即横刺、沿皮刺，是针身与皮肤表面呈 15° 左右或沿皮以更小的角度刺入。此法适用于皮薄肉少部位的腧穴，如头部的腧穴等。

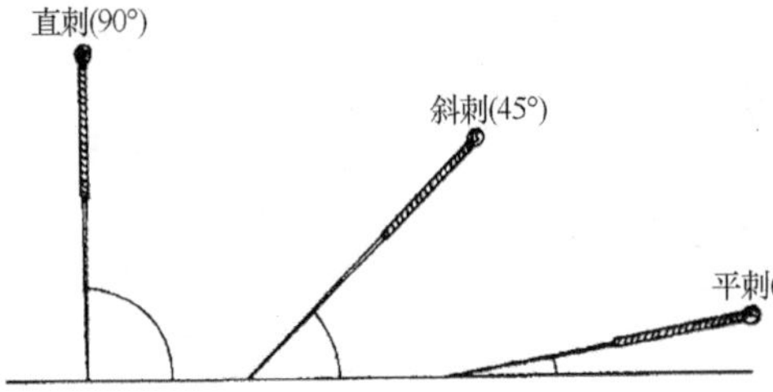

图 2-21　针刺的角度

（二）针刺方向

针刺方向指针刺时针尖的朝向。一般需根据经脉循行方向、腧穴分布部位和要求达到的组织结构等情况而定。

1. 依经脉循行定方向

可按照“迎随补泻”的要求，针刺时结合经脉循行方向，或顺经而刺，或逆经而刺，从而达到针刺补泻的目的。

2. 依腧穴定方向

针刺时，为保证针刺的安全，应依据针刺腧穴所在部位的解剖特点确定针刺的方向，如针刺哑门穴时，针尖应朝向下颌方向缓慢刺入；针刺背俞穴时针尖宜指向脊柱。

3. 依病情治疗需要定方向

为了使“气至病所”，在针刺时针尖应朝向病痛部位，如内关穴治疗心律失常时，针尖须朝上。

（三）针刺深度

针刺深度指针身刺入穴位内的深度。《针灸甲乙经·卷三》中有342穴针刺深度的记述，后世医家大多以此为据确定针刺深度。随着解剖学的发展，临床上穴位的刺入深度有增无减。《素问·刺要论》云："病有浮沉，刺有浅深，各至其理，无过其道。"必须指出，针刺深浅主要根据腧穴部位的解剖特点和疾病治疗需要确定，同时还要结合患者年龄、体质、时令等因素综合考虑。其基本原则应以既有针感，又能保证安全为准。

1. 依据腧穴部位定深浅

一般肌肉浅薄或内有重要脏器处宜浅刺；肌肉丰厚之处宜深刺，即"穴浅则浅刺，穴深则深刺"。

2. 依据病情性质定深浅

阳证、表证、新病宜浅刺；阴证、里证、久病宜深刺。

3. 依据年龄定深浅

年老体弱，气血衰退，小儿娇嫩，稚阴稚阳，均不宜深刺；中青年身强体壮者，可适当深刺。

4. 依据体质体形定深浅

形瘦体弱者，宜浅刺；形盛体强者，可适当深刺。故《灵枢·终始》说："凡刺之法，必察其形气"。

5. 依据季节、时令定深浅

不同的季节可采用不同的针刺深浅。一般来说，"春夏宜刺浅，秋冬宜刺深"。

6. 依据得气与补泻要求定深浅

针刺后浅部不得气，宜插针至深部以催气；深部不得气，宜提针至浅部以引气。有些补泻方法强调针刺时先浅后深或先深后浅。

四、行针手法

毫针刺入体内后，为使患者产生针刺感应，或进一步调整针感的强弱，或使针感向某一方向扩散、传导而采取的操作方法，称为"行针"，亦称"运针"。行针手法包括基本手法和辅助手法两类。

（一）基本手法

基本手法包括提插法和捻转法两种，两者既可单独应用，又可配合使用。

1. 提插法

提插法指将针刺入腧穴一定深度后，施以上提下插的操作手法。将针向上引退为提，将针向下刺入为插，如此反复地做上下纵向运动就构成了提插法（图2-22）。

提插幅度的大小、层次的变化、频率的快慢和操作时间的长短，应根据患者的体质、病情、腧穴部位和针刺目的等灵活掌握。使用提插法时的指力一定要均匀一致，幅度不宜过大，一般以3 ~ 5分为宜，频率不宜过快，每分钟60 ~ 120次，保持针身垂直，不改变针刺角度、方向。通常认为行针时提插的幅度大，频率快，刺激量就大；反之，提插的幅度小，频率慢，刺激量就小。

2. 捻转法

捻转法指将针刺入腧穴一定深度后，施以向前、后捻转动作，使针在腧穴内反复前后来回旋转的行针手法（图 2-23）。

捻转角度的大小、频率的快慢、时间的长短等，需根据患者的体质、病情、腧穴的部位、针刺目的等具体情况而定。使用捻转法时，指力要均匀，角度要适当，一般应掌握在180° 左右，不能过度单向捻针，否则针身易被肌纤维等缠绕，引起局部疼痛，导致滞针而使出针困难。一般认为捻转角度大，频率快，其刺激量就大；捻转角度小，频率慢，其刺激量则小。

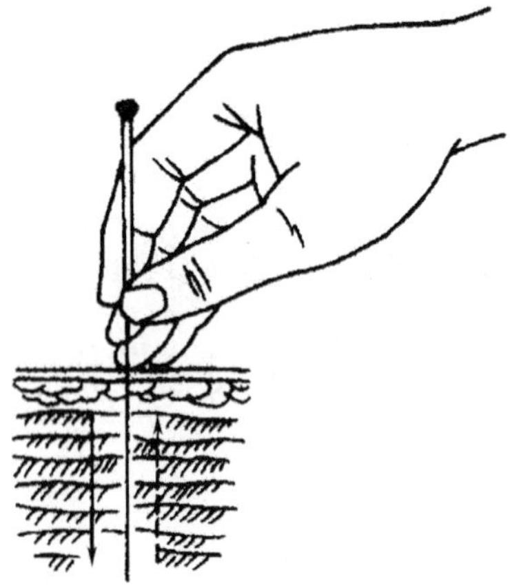
图 2-22　提插法

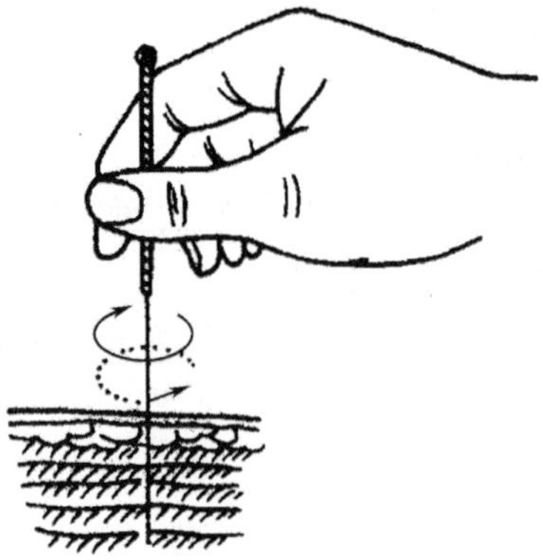
图 2-23　捻转法

（二）辅助手法

行针辅助手法，是行针基本手法的补充，是以促使得气、加强针刺感应和行气为目的的操作手法。临床常用的行针辅助手法有以下八种：

1. 循法

循法指医者用食指沿着经络上下轻轻循按，或以指腹沿经络叩击，以推动气血，激发经气，促使气至的方法（图 2-24）。《针灸大成》指出：“凡下针，若气不至，用指于所属部分经络之路，上下左右循之，使气血往来，上下均匀，针下自然气至沉紧。”

2. 弹法

在留针过程中，医者以手指轻弹针尾或针柄，使针体微微振动，以加强针感，促使气行的方法称为弹法（图 2-25）。《素问·离合真邪论》有“弹而怒之”，《针灸问对》曰：“如气不行，将针轻弹之，使气速行。”《针灸大成》亦言：“弹而努之，此则先弹针头，待气至。”

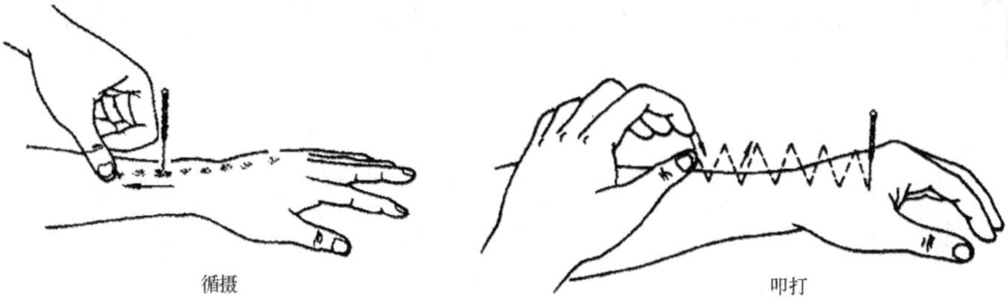

图 2-24　循法

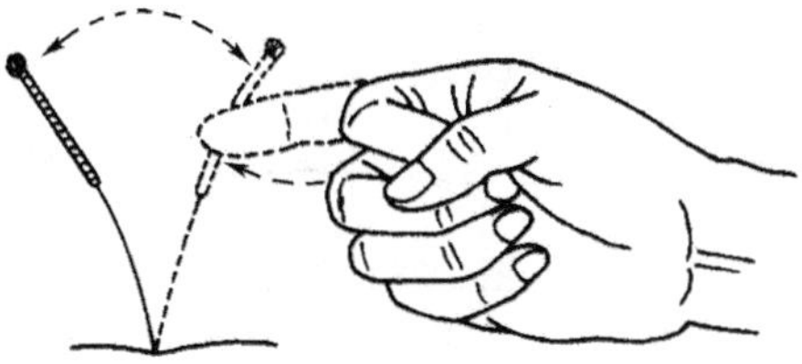

图 2-25　弹法

3. 刮法

毫针刺入一定深度后，医者以拇指或食指的指腹抵住针尾，用拇指、食指或中指指甲，由下而上或由上而下频频刮动针柄，或者用拇指、中指固定针柄，以食指指尖由上至下刮动针柄的方法称为刮法（图 2-26）。本法在针刺不得气时用之可激发经气，如已得气者可以加强针刺感应的传导和扩散。

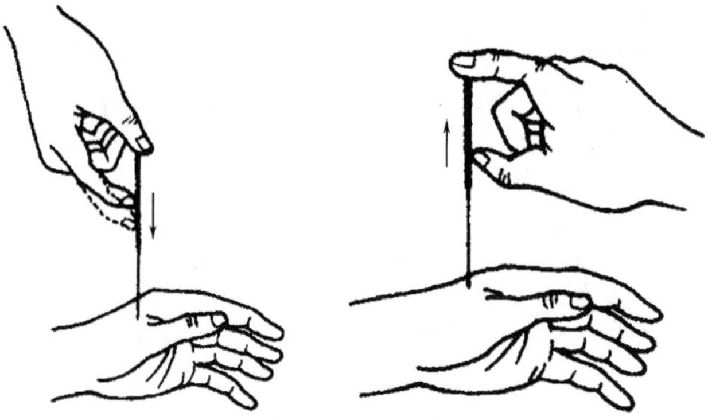

图 2-26　刮法

4. 摇法

毫针刺入一定深度后，医者刺手手持针柄，将针轻轻摇动的方法称摇法（图 2-27）。《针灸问对》有“摇以行气”的记载，在《针灸大成》亦载有“针摇者：凡出针三部，欲泻之际，每一部摇一次……庶使孔穴开大也”。其法有二：一是直立针身而摇，以泻实清热；二是卧倒针身而摇，使经气向一定方向传导。

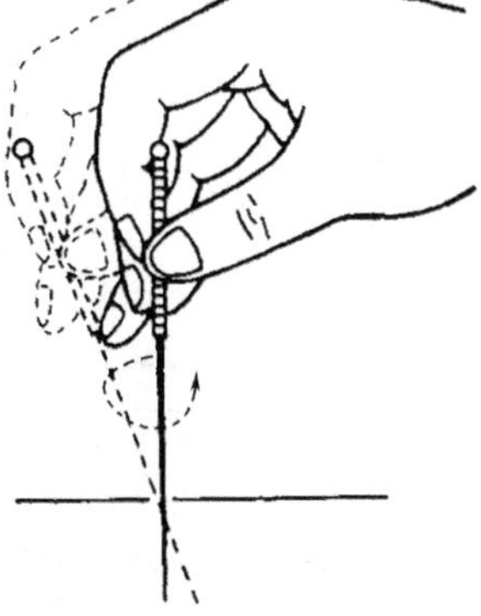

图 2-27　摇法

5. 飞法

医者用刺手拇、食两指持针，细细捻搓数次，然后张开两指，一搓一放，反复数次，状如飞鸟展翅，故称飞法（图 2-28）。《医学入门》载：“以大指次指捻针，连搓三下，如手颤之状，谓之飞。”本法的作用在于催气、行气，并使针刺感应增强，适用于肌肉丰厚部位的腧穴。

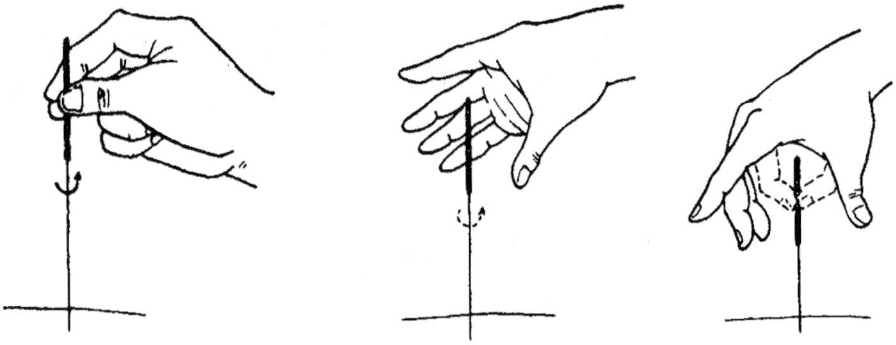

图 2-28　飞法

6. 震颤法

针刺入一定深度后，医者刺手拇、食、中三指夹持针柄，用小幅度、快频率的提插、捻转手法，使针身轻微震颤的方法称震颤法（图 2-29）。本法可促使针下得气，增强针刺感应。

7. 搓法

搓法指针刺入一定深度后，医者持针柄反复做单向捻转，如搓线状，使肌纤维适度地缠绕针体的方法（图 2-30）。《针灸问对》说：“搓，下针之后，将针或内或外，如搓线之状，勿转太紧，令人肥肉缠针，难以进退。”本法有催气、加强针感的作用。

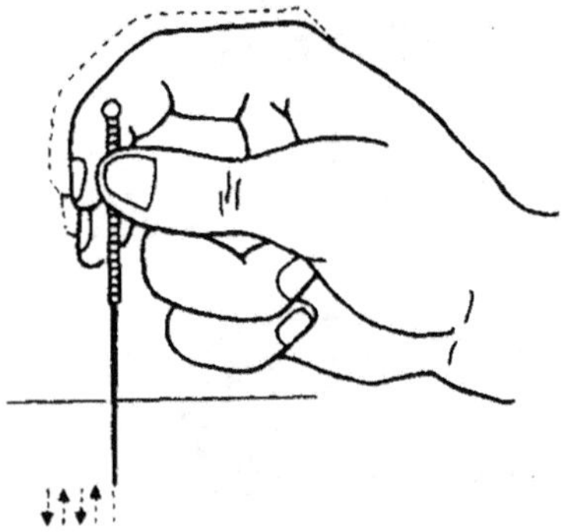

图 2-29　震颤法

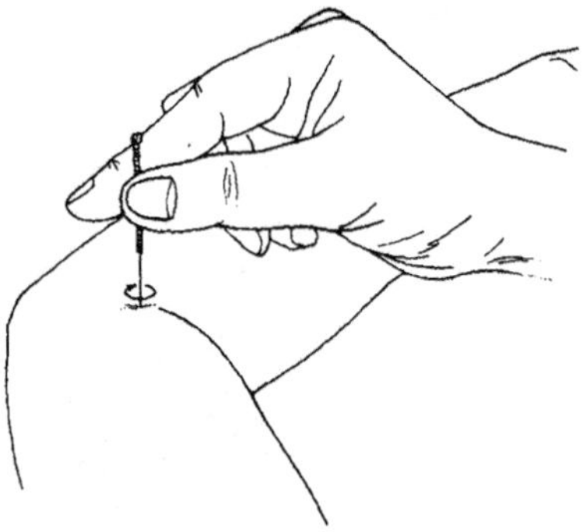

图 2-30　搓法

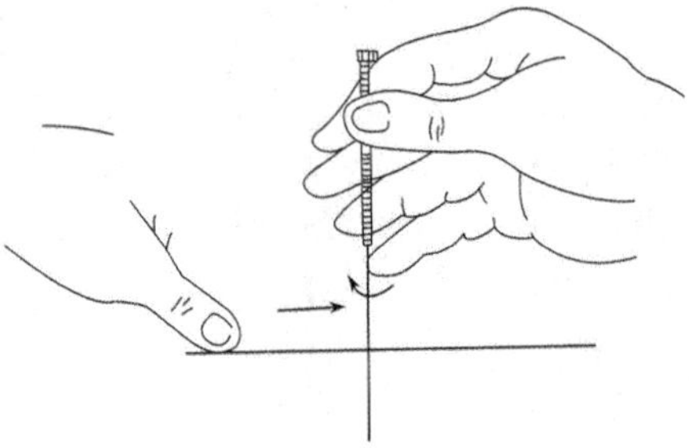

图 2-31　按法

8. 按法

按法指针刺得气后，医者用押手按压所刺腧穴的上方或下方，以控制针感走向的方法（图 2-31）。《针灸问对》中的“行针之时，开其上气，闭其下气，气必上行；开其下气，闭其上气，气必下行。如刺手足，欲使气上行，以指下抑之；使气下行，以指上抑之”即是此法。本法具有行气的作用。

五、留针法与出针法

（一）留针法

将针刺入腧穴得气后或施行手法后，使针留置穴内一段时间的方法称为留针法。留针的目的是为了加强针刺的作用和便于继续行针施术。留针方法可分为静留针法和动留针法两种，临床中留针与否及选用何种留针方法要根据患者的疾病性质和身体状况灵活选用。

1. 静留针法

静留针法指将针刺入穴位内，静置一段时间，期间不施行任何针刺手法的留针方法。《素问·离合真邪论》说："静以久留，以气至为故，如待所贵，不知日暮"，即是此法。静留针法，又可根据病症情况的不同，分别采取短时间静留针法和长时间静留针法。短时间静留针法，即留针 20 ~ 30 分钟，为临床所常用；长时间静留针法，可静留针几小时，甚而几十小时，现多以皮内针埋藏的方式代替。

2. 动留针法

动留针法指在留针期间，间歇进行行针操作、施以针刺手法的方法。可根据患者病情和留针时间的长短，每隔 5 ~ 10 分钟行针 1 次。该方法有助于保持或加强针感。

留针与否和留针时间的长短主要依病情而定。慢性病患者一般采用静留针法，体弱不耐针刺者可短时间静留针，顽固性病证可采取长时间静留针法。如果针刺已经达到治疗目的，仍留针而不去则会损伤正气，正所谓"刺之害，中而不去则精泻"。同时在留针期间，注意保证患者姿势舒适、平稳，注意保暖，要密切注意患者的面色和表情以防晕针。

（二）出针法

出针，又称起针、退针，是毫针基本操作技术的最后环节，是针刺达到要求后将针取出的方法。出针时，医者先以押手持无菌干棉球轻轻按压于针刺部位，刺手持针做轻微地提捻动作，感觉针下松动后，将针缓慢退至皮下，再将针迅速退出；然后用消毒干棉球按压针孔片刻。如刺针深度较浅，针下无紧涩感，也可迅速将针退出。

《金针赋》云："出针贵缓，太急伤气。"《医经小学》云："出针不可猛出，必须作三四次，徐徐转而出之则无血，若猛出必见血也。"《针灸大成》亦云："凡持针欲出之时，待针下气缓不沉紧，便觉轻滑，用指捻针，如拔虎尾之状也。"以上均说明出针应根据患者病症虚实、体质强弱、针刺深浅和腧穴特点等具体情况而灵活操作，以免影响疗效，甚或引起出血、血肿、针刺后遗感等不良后果。

出针当重视先后顺序，一般而言，出针应按"先上后下、先内后外"的顺序进行。出针后应注意观察有无出血，尤其是头皮、眼眶等易出血的部位，出针后应用干棉球按压片刻，以免出血或血肿。出针后还要检查、核对针数有否遗漏，并及时处理针刺后遗感，嘱患者稍事休息，待患者气息调匀、情绪稳定后方可离开。

六、治神与守神

治神与守神包括医者与患者两个方面。一是指医者专心致志于针刺治疗的全过程；二是指患者专心入微配合完成医者的治疗。治神、守神是针刺治疗的前提与根本，贯穿整个针刺治疗过程，并且直接影响针刺疗效。

“神”是指人体生命活动的外在表现，是人体精神意识、思维活动及脏腑、气血、津液活动外在表现的高度概括。《素问·宝命全形论》曰：“凡刺之真，必先治神。”《灵枢·本神》曰：“凡刺之法，先必本于神。”二者都明确指出治神的必要。《灵枢·九针十二原》曰：“粗守形，上守神”，指出守神的重要性。针刺必须以“神”为根本，强调“神”在针刺治疗中的作用。治神与守神不仅影响针刺临床疗效，也是衡量针灸医生水平高低的标准。

1. 治神

治神要始终贯穿于针刺操作的全过程。治神法要根据患者心理状态变化而施，掌握其情绪心态之根结加以调摄，进行言语疏导。《灵枢·师传》说：“告之以其败，语之以其善，导之以其所便，开之以其所苦。”患者与医者之间如此感情交流，心心相印，配合默契，对提高临床疗效大有裨益。

治神意在得气。主要通过医者意念集中，并且根据患者精神、意识及全身情况进行施针，目的是为得气。同时，患者也需要心平气和，思想集中于医者施术之处，促使针下得气甚而气至病所。《灵枢·官能》说：“用针之要，勿忘其神。”治神的关键是医者认真审视患者机体强弱、病位深浅、邪正盛衰、气血虚实、阴阳失衡而决断用针，方能得气取效。

2. 守神

守神意在守住所得之气。当针刺已经得气后需要守气，勿使气散，以增强针刺疗效。守神涵盖医者和患者两个方面。其一，要求医者专心体察针下感应，并根据患者神气变化及时施以手法；其二，要求患者专心体会针刺感应，以配合医者行针，促使气至病所，达到增强疗效的目的。《素问·宝命全形论》说：“如临深渊，手如握虎，神无营于众物。”《标幽赋》说：“目无外视，手如握虎，心无内慕，如待贵人。”古人十分强调医者在针刺过程中需要全神贯注。《灵枢·本神》又说：“是故用针者，察观病人之态，以知精神魂魄之存亡得失之意”，即强调守神是医者通过观察患者的反应，掌握其脏腑精气的盛衰，把握适当的时机施以相应的针刺方法，以维系针下所得之气。

现代医家提出，基于“神”的理论，应赋予治神与守神具体内容，使其具有可操作性。即医生在实施手法的同时，应指导患者活动相关部位和（或）精神活动。通过调动患者自身治疗疾病的潜能，共同达到治疗的目的。

七、得气、候气、催气、守气、行气

（一）得气

1. 得气的概念

“得气”一词首见于《素问·离合真邪论》“吸则内针，无令气忤，静以久留，无令邪布，吸则转针，以得气为故”。得气是指医者将毫针刺入腧穴一定深度后，施以一定的行针手法，使针刺部位产生经气感应，这种针下的经气感应又称“气至”或“针感”。临床上可以通过患者对针刺的反应与医者手下的感觉两方面加以判定。由此可见，得气是针刺过程中医患双方的同步感应。

2. 得气指征

得气的指征，一是患者对针刺的感觉和反应，另一是医者刺手指下的感觉。

（1）自觉指征：是指接受针刺者的主观感觉和反应；主要有酸、麻、胀、重、凉、热、触电感、跳跃感、蚁走感、气流感、水波感和不自主的肢体活动，以及特殊情况下的疼痛感等。感觉的性质与机体反应性、疾病的性质和针刺部位密切有关。一般是敏感强壮者反应强，迟钝虚弱者反应弱。指趾末端多痛；四肢肌肉丰厚处多酸、麻、胀、重，易出现触电感、向上下传导，远端放散等；腹部多为沉压感；腰背多酸胀感。寒证、虚证为阴，得气后多为酸麻痒；热证、实证为阳，得气后多为胀、触电样感觉。总之，因人、因时、因病而异，无固定的形式和统一的指征。

（2）他觉指征：是施针者感觉和观察到的现象。针刺得气后，针下可由原来的轻松虚滑，慢慢地变为沉紧，出现如鱼吞钩饵等手感；用手触摸腧穴周围，可感到肌肉由原来的松弛变为紧张，有的还会感到肌肉跳跃或蠕动，某些原来因病而痉挛的肌肉可由紧张变为松弛等，得气后患者常会感到舒适，由蹙眉、咧嘴、呼喊等痛苦表情转为平静，有的人所针局部或经脉循行部位还会出现出汗、红晕、汗毛竖立、起鸡皮疙瘩等现象。

3. 针刺得气的作用

得气是针刺产生治疗作用的关键，是判定医者针刺操作正确与否、患者经气盛衰、疾病预后转归、临床治疗效果有无的重要依据，也是针刺过程中进一步实施手法的基础。

（1）得气是针灸取效的基础：《灵枢·九针十二原》指出：“刺之要，气至而有效”，表明针刺的根本作用在于通过针刺腧穴，激发经气、疏通经络、调整阴阳、补虚泻实。针下得气，说明经气通畅、气血调和，神气游行出入自如。

（2）得气是应用补泻的前提：《灵枢·终始》指出：“邪气来也紧而疾，谷气来也徐而和。”《针灸大成》指出：“若针下气至，当察其邪正，分清虚实”，说明针下之经气感应当有正、邪之分。故只有在得气的基础上，才能分辨正邪，而有针对性地施用不同补泻方法。

（3）得气是判定正邪的依据：针下得气的迟速是判断机体正气盛衰和病情轻重的重要依据。《针灸大成》指出：“针若得气速，则病易痊而效亦速也；若气来迟，则病难愈而有不治之忧。”由此可见得气迅速者，正气相对充足，经气旺盛，机体反应灵敏，见效较快，预后较好。如《标幽赋》所云：“气速至而速效，气迟至而不治。”反之，正气虚损，经气衰弱，机体反应迟缓，得气慢，则疾病缠绵难愈，且预后较差。

4. 影响得气的因素

一般情况下，取穴得当，针刺方向、角度、深浅适宜，多会出现得气感应。否则就应当探究未能得气的根源，采取相应的方法，以促使得气。影响针刺得气的因素主要包括以下几个方面。

（1）医者因素：主要与取穴失准，行针手法不熟练，针刺角度、方向、深浅把握不当，医者注意力不集中等原因关系密切，要及时加以纠正。

（2）患者因素：主要与患者个体禀赋、体格强弱及机体状态等原因关系密切。一般来说，新病、体形强壮者，得气较快；久病体衰，得气较慢或较弱。实证得气较快，虚证得气较慢。

（3）环境因素：主要与四时节气、雨雪阴晴、冷暖燥湿等原因关系密切。一般而言，天气清爽、室温适宜、干湿适度时针刺易于得气；反之得气较慢或不易得气。如《素问·八正神明论》所云：“天温日明，则人血淖液而卫气浮，故血易泻，气易行；天寒日阴，则人血凝泣而卫气沉……是以因天时而调血气也。”

（二）候气法

候气法就是针刺入穴后，留针等待经气而至的方法，又称留针候气法。进针后气不至，留针片刻，有候气、待气而至的作用。《素问·离合真邪论》说：“静以久留，以气至为故，如待所贵，不知日暮。”候气时，可以安静等待较长时间，也可以间歇地运针，施以各种催气手法，直到气至而方休。

（三）催气法

催气法就是针刺入穴后，通过一些手法，催促经气速至针下的方法。如《神应经》说：“用大指及食指持针，细细动摇进退搓捻其针，如手颤之状，谓之催气。”临床常用的催气方法有下面几种：

1. 搜气法

如针入所需深度后，尚不得气或气至不明显，可将针退至浅层，改变针刺方向，再行针刺。如仍不得气，再向前后或左右有目的地反复进退搜索，以催其气至。

2. 循摄法

针后气至不畅，或得气后瞬即消失，可用手指于所针腧穴附近向上下或左右循按、爪摄或叩击，以催引其气至。

3. 弹震法

弹是用手指弹动针柄，促其气至，使针下沉紧；震是用右手半握拳状将中指突出，敲震穴位周围，或用手指弹震，以激发经气促使气至。

另外，在临床上使用摇、搓、捻、飞、刮等方法，常常也能达到催气的目的。

（四）守气法

守气法就是针下得气之后使气留守勿去的方法。本法可使已经出现的得气感保持一定的强度和时间。《灵枢·小针解》有：“上守机者，知守气也。机之动不离其空中者，知气之虚实，用针之徐疾也。空中之机清静以微者，针以得气，密意守气勿失也。”针家有“得气容易守气难”之说，得气后若随意改变针尖部位，或盲目提插，很容易使已出现的得气感应消失，故必须细心体察，密意守之。此时宜手不离针，或用拇食两指持针不动，保持着针尖不要偏离已得气的部位，或在原位施以轻巧的手法。常用的守气方法有：

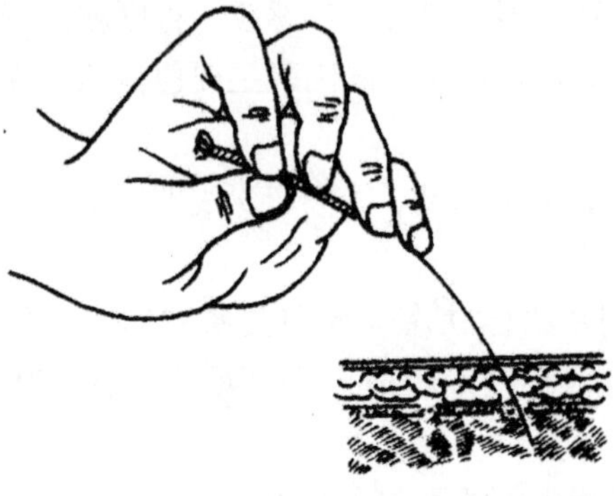

图 2-32　推弩法

1. 推弩法

推弩法即将针尖顶住有感应的部位，推弩针柄，或用拇指向前或向后捻住针柄，不使针尖脱离经气感应处，稍待一会儿，以保持感应时间延长（图 2-32）。

2. 搬垫法

搬垫法即在针下得气后，患者有舒适感觉时，医者刺手将针柄搬向一方，用手指垫在针体与被针穴位之间，顶住有感觉的部位。如用拇指搬针，即用食指垫针。反之，用食指搬针，即用拇指垫针，以加大经气感应。如配合补泻者，用于补法时，针尖要往里按着，搬垫的角度要小；用于泻法时，针尖要往外提着，搬垫角度要大（图 2-33）。

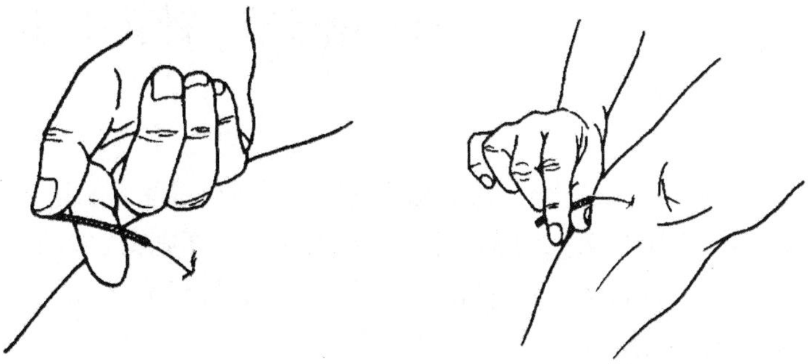

图 2-33 搬垫法

（五）行气法

行气法是针刺得气后，进一步使气循经而行，乃至达到病所的方法，又称运气法、气至病所法等。操作时可采用按、弩、针向行气和飞经走气、通经接气等法，促使和引导经气上下游走沿经脉循行路线向患病之处传导。《针灸大成・经络迎随设为问答》的“有病远道者，必服气直到病所”，即是言此。临床实践显示，针刺感应通过一定方向和距离，达到患病之处后，常会收到良好效果。反之，针刺感应不能达到病所者，疗效则差。临床常用的行气方法有：

1. 循摄法

循摄法常用于经气不足，气行缓慢的病例。施术时，用左手食、中、无名指平按在所针穴位的经脉通路上，顺着经脉循行的方向，上下往来轻柔循摄，以使气行加速，气至病所。《金针赋》云：“循而摄之，行气之法。”

2. 逼针法

逼针法指得气后如气不行或气行不远，可将针尖于得气之处，压住不动，欲使经气向上行时，针尖略朝向上方。欲气向下行时，针尖略朝向下方。医者施术时，要集中精神，意守于针，停留片刻以逼使经气运行。《席弘赋》指出：“逼针泻气便须吸，若补随呼气自调”，说明施用行气手法时要配合呼吸进行。

3. 推气法

推气法指得气后，若气行不远时，可用拇食指将针由得气处轻轻提起，使针尖朝向意欲行气的方向，拇指向前均匀而有力地推捻针柄，当拇指推至指腹后横纹时，即轻轻退后然后再用力向前推第二次。如此反复施术，直至针下之气至病所。《金针赋》中“动而进之，催针之法”，《针经指南》中“推之则行”，均与此法相近。

4. 按截法

针刺得气后，右手握住针柄，左手按压针穴的上方，然后施以捻转、提插等手法，可使经气下行；反之，按压针穴下方，可使经气上行。《金针赋》说：“按之在前，使气在后；按之在后，使气在前”，即是此法（图 2-34）。

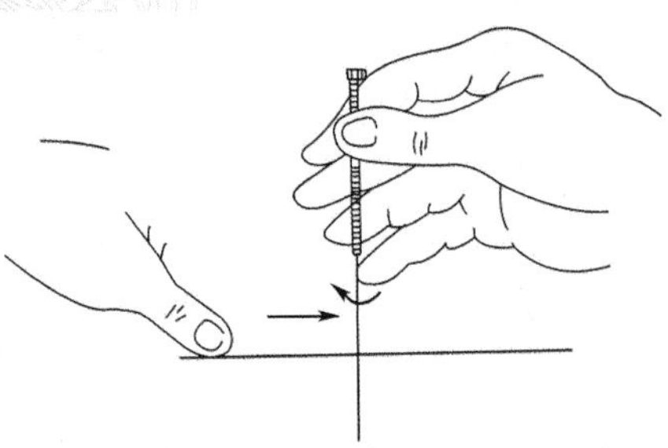

图 2-34　按截法

此外，飞经走气四法即青龙摆尾、白虎摇头、苍龟探穴、赤凤迎源，也可用于行气。

第五节　针刺补泻与手法

针刺补泻是针刺治病的重要环节之一，是毫针刺法的核心内容。针刺补泻理论的建立源于《黄帝内经》，如《灵枢·经脉》说："盛则泻之，虚则补之，热则疾之，寒则留之，陷下则灸之。"《灵枢·九针十二原》言："虚实之要，九针最妙，补泻之时，以针为之。"《灵枢·终始》说："凡刺之道，气调而止，补阴泻阳，音气益彰。"

一、针刺补泻

（一）针刺补泻的概念

针刺补泻，是指在针刺得气的基础上，采用适当的针刺手法补益正气或疏泄病邪，从而调节人体脏腑经络功能，促使阴阳平衡，恢复人体健康的针刺方法。

中医理论认为"阴平阳秘，精神乃治"。临床实践表明，阴阳平衡与邪正盛衰变化的关系密切，《素问·通评虚实论》曰："邪气盛则实，精气夺则虚。"针刺调节阴阳平衡通过"补虚泻实"来实现，而"补虚泻实"则通过特定的针刺操作手法完成。其中能鼓舞人体正气，使低下的机能状态恢复正常的针刺手法，即为"补法"；能疏泄病邪，使亢进的机能状态恢复正常的针刺手法，即为"泻法"。

（二）针刺补泻的原则

1. 补虚泻实

《灵枢·九针十二原》说："凡用针者，虚则实之，满则泄之，菀陈则除之，邪胜则虚之。"《灵枢·经脉》则说："盛则泻之，虚则补之，热则疾之，寒则留之，陷下则灸之，不盛不虚以经取之。"两者阐释了针刺补泻的基本原则——补虚泻实，同时也说明了针刺补泻一定是通过具体的针刺操作手法来实现的。

2. 补泻先后

虚实夹杂之时，应注意分清正虚与邪实的主次。如邪盛正虚，但正气尚能耐攻，或同时兼顾补虚反会助邪的病症，当先泻后补；正虚邪实，以正虚为主，或因正气过于虚弱，泻法更易伤正的情况下，应先补而后泻。《灵枢·邪气脏腑病形》曰："补泻反，则病益笃。"

虚实相倾、阴阳相移之时，更应注意补泻的先后。《灵枢·终始》曰："阴盛而阳虚，先补其阳，后泻其阴而和之；阴虚而阳盛，先补其阴，后泻其阳而和之。"说明先保正气、后祛邪气，是处理复杂情况的根本所在。

3. 正气为本

《灵枢·根结》说："形气不足，病气不足，此阴阳气俱不足也，不可刺之，刺之则重不足，重不足则阴阳俱竭。”其说明针刺补泻的应用具有一定的适应范围，在人体阴精阳气、形体气血俱虚的情况下，不宜采用针刺补泻，而以药物治疗为主。

（三）针刺补泻的依据

《灵枢·小针解》说：“气盛不可补也……气虚不可泻也。”《灵枢·邪气脏腑病形》言：“补泻反则病益笃”。《难经·七十三难》也说：“补者不可为泻，泻者不可为补。”《难经·八十一难》则说：“无虚虚实实，损不足而益有余。”这些论述，均说明补泻手法的正确应用与否是临床取效的关键，而正确应用补泻手法又必须从临床寻求依据。

（1）辨别虚实：施治前必须通过四诊合参对病症做出正确的判断，辨明虚实，作为针刺补泻的依据。《灵枢·根结》云：“必审五脏变化之病，五脉之应，经络之实虚，皮之柔粗，而后取之也。”人体疾病的虚实变化可表现在脏腑、经络、脉象、皮肤等诸多方面，正如《素问·调经论》所言：“神有余有不足，气有余有不足，血有余有不足，形有余有不足，志有余有不足。”面对一些复杂情况，应综合四诊得到的信息，并遵循《灵枢·通天》所云：“谨诊其阴阳，视其邪正，安容仪，审有余不足，盛则泻之，虚则补之，不盛不虚以经取之。”

《黄帝内经》更强调要将脉象的不同变化，作为确定病症虚实、针刺补泻的依据。譬如《灵枢·九针十二原》云：“凡将用针，必先诊脉，视气之剧易，乃可以治也。”《灵枢·经脉》又云：“经脉者常不可见也，其虚实也，以气口知之。”

（2）审察经络：针刺临床应用补泻手法，还要在脏腑、气血、阴阳、辨证的基础上，注重审察经络的虚实情况。《灵枢·刺节真邪》说：“用针者，必先察其经络之实虚，切而循之，按而弹之，视其应动者，乃后取之而下之。”其说明经络的虚实现象，可以从切循、按弹和针下感应加以辨别。凡表现出麻木、厥冷、陷下、瘦弱、针下空虚和感觉迟钝等现象者，为经脉之虚证；表现出疼痛、红肿、硬结、肥大、针下紧涩和感觉过敏等现象者，为经脉之实证。

审察经络还体现在针刺过程中，细心体察指下气血正邪活动的状态，然后根据经气的虚实情况施行补泻。《灵枢·小针解》曰：“粗守关者，守四肢而不知血气正邪之往来也。上守机者，知守气也……其来不可逢者，气盛不可补也。其往不可追者，气虚不可泻也。”

（3）审察形神：《灵枢·终始》曰：“凡刺之法，必察其形气。”《灵枢·本神》说：“凡刺之法，先必本于神……是故用针者，察观病人之态，以知精、神、魂、魄之存亡，得失之意，五者已伤，针不可以治之也。”其既说明了形神的辨证关系，又强调了形神的把握对临床补泻的重要作用。

《灵枢·寿夭刚柔》曰：“人之生也，有刚有柔，有弱有强，有短有长，有阴有阳。”即是说施治前的观察也应包含对患者素有体质，以及形态强弱、神气盛衰的观察。《灵枢·通天》曰：“盖有太阴之人，少阴之人，太阳之人，少阳之人，阴阳和平之人。凡五人者，其态不同，其筋骨气血各不等。”将个体的体质差异分为“五态”，并指出：“古之善用针艾者，视人五态乃治之，盛者泻之，虚者补之。”在临床上虽然不能机械地拘守“五态”来施行治法，但必须了解患者平素体质的强弱及阴阳属性，作为施治的参考和依据。

（四）影响针刺补泻的因素

（1）机体的功能状态：影响针刺作用效应的决定因素是机体的功能状态。当机体功能状态低下而呈虚证时，针刺可以起到扶正补虚的作用；当机体功能状态亢进，或因实热、邪闭而呈实证时，针刺可以起到清热启闭、祛邪泻实的作用。如胃肠功能亢进而痉挛疼痛时，针刺可解痉止痛；胃肠功能抑制而腹胀纳呆时，针刺可促进胃肠蠕动，消除腹胀，增进食欲。

（2）腧穴相对特异性：腧穴的临床主治功用不仅具有普遍性，还具有一定的相对特异性。诸如关元、气海、命门、膏肓等腧穴，能鼓舞人体正气，促使功能旺盛，具有强壮作用，适于补虚。诸如水沟、委中、十二井、十宣等腧穴，能疏泄病邪，抑制人体功能亢进，具有祛邪作用，适于泻实。当施行针刺补泻时，应结合腧穴作用的相对特异性，有助于取得更好的针刺补泻效果。

（3）针刺手法：患者的功能状态，以及具有特殊作用的腧穴的选择，是影响补泻效果的基础条件，针刺手法是激发、促进腧穴功能特性发挥，改善机体反应状态的手段，是取得补泻效果的关键因素，是临床治疗过程的体现。

同时，不同规格针具的选用，刺入角度、方向与深度的选择，也会影响针刺补泻作用的发挥。

二、针刺补泻手法

（一）单式补泻手法

1. 徐疾补泻

徐疾补泻是主要依据针体在穴位中进内、退外动作的快慢，以及出针、按闭穴位的快慢来区分补泻的针刺手法（图 2-35）。

《灵枢·九针十二原》说：“徐而疾则实，疾而徐则虚”，“刺之微在速迟者，徐疾之意也”，对徐疾补泻提出了基本术式要求，“徐”为缓慢之意，“疾”为快速之意。《灵枢·小针解》说：“徐而疾则实者，言徐内而疾出也，疾而徐则虚者，言疾内而徐出也。”

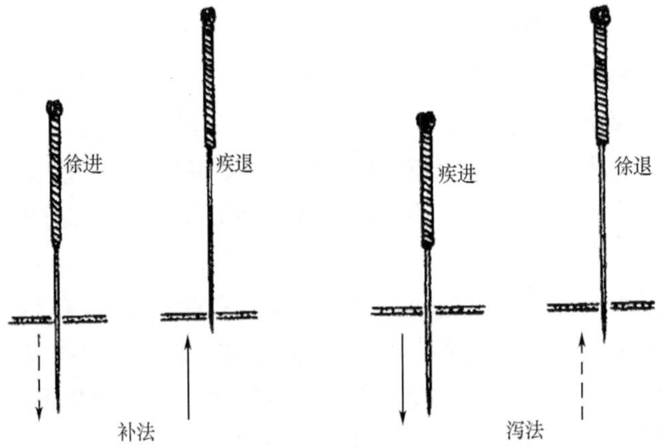

图 2-35　徐疾补泻

进针后，浅层得气，随之缓慢进针至一定深度，再迅速退针至浅层，反复施行；重在徐入，是为补法。快速进针至一定深度，得气后，随之缓慢退针至浅层，反复施行；重在徐出，是为泻法。

本法主要作用为调和阴阳，用于治疗虚寒证或实热证。

注意事项：

（1）徐疾补泻手法中徐、疾只是相对而言，但必须明确区分。

（2）本法可与提插相结合。分层操作时，可按照天、地、人三部进行。补法为三进一退，泻法为一进三退。

2. 提插补泻

提插补泻是主要依据实施提、插手法时用力轻重的变化来区分补泻的针刺手法。

《难经·七十八难》说："得气，因推而内之，是谓补；动而伸之，是谓泻。"李梴《医学入门》说："凡提插，疾提慢按如冰冷，泻也；慢提紧按火烧身，补也。"后世医家根据此说，将提插补泻发展、演变成多种操作方法。

针刺得气后，在针下得气处反复施行小幅度的重插轻提手法，以下插用力为主，为补法；针刺得气后，在针下得气处反复施行小幅度的轻插重提手法，以上提用力为主，为泻法（图 2-36）。

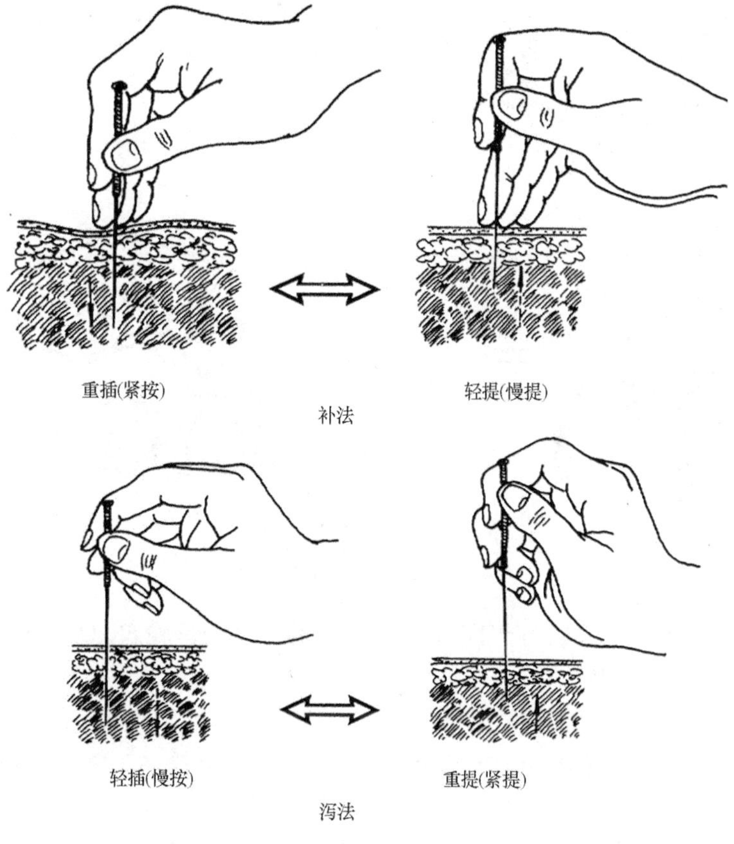

图 2-36　提插补泻

本法可补虚泻实，调和阴阳，有温补凉泻的作用。临床上反复上下提插有助于增强针感。

注意事项：

（1）提插补泻与提插手法的区别：提插手法为针刺基本手法，要求上提与下插在幅度、频率、力量上均匀；提插补泻则强调以提插的轻重来区分补泻。

（2）提插补泻与徐疾补泻的区别：徐疾补泻以进、退针的速度为标准，以纳气入内与引气外出为指导；提插补泻则在针下得气处小幅度提插，以手法轻重为标准，增强针感，为热补凉泻打下基础。

3. 捻转补泻

捻转补泻是主要依据向不同方向捻转时用力轻重的不同以区分补泻的针刺手法。

窦汉卿《针经指南》中“以大指次指相合，大指往上进，谓之左；大指往下退，谓之右”及《针灸大成》中“左转从阳，能行诸阳；右转从阴，能行诸阴”为捻转补泻奠定了基础。

针刺得气后，在针下得气处反复施行捻转手法，拇指向前捻转时用力重（左转），指力下沉，拇指向后还原时用力轻，为补法。针刺得气后，在针下得气处反复施行捻转手法，拇指向后捻转时用力重（右转），指力上浮，拇指向前还原时用力轻，为泻法（图 2-37）。

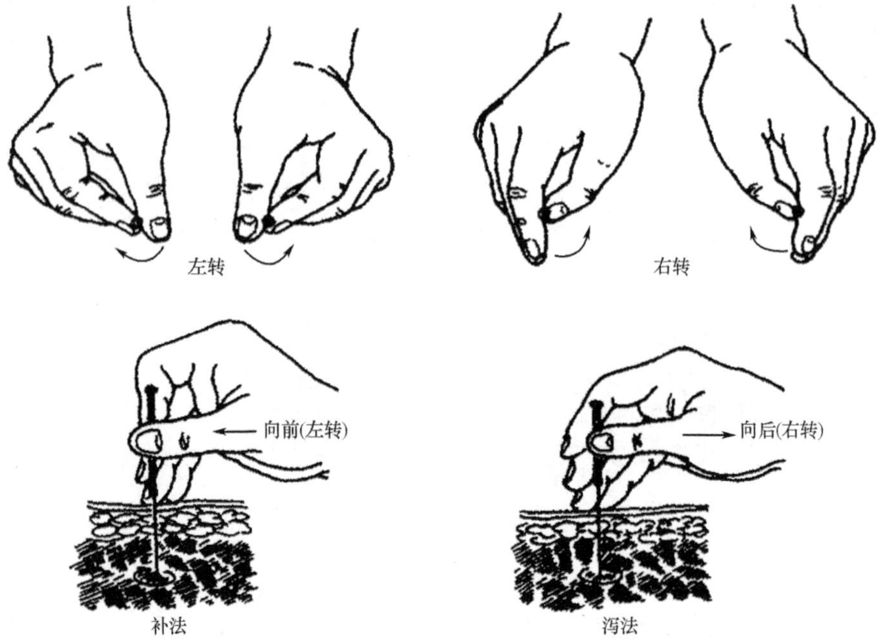

图 2-37　捻转补泻

本法有较好的行气、催气、守气作用。临床上常用于四肢部腧穴，使针感沿一定方向传导，亦可用于保持针感持续不断。

注意事项：

（1）捻转补泻手法的操作须注意针体的还原。不可单向捻动，角度、速度、频率不可过大。无论补泻都需注意指力大小适宜，速度缓急均匀，针体始终保持捻转自如。

（2）捻转补泻与捻转法的区别：捻转法为针刺基本手法，要求针体在穴位内转动的角度、频率一致；捻转补泻法则要求根据不同方向的用力大小不同实现补泻。

4. 迎随补泻

迎随补泻是主要依据针刺方向与经脉气血运行方向的顺逆以区分补泻的针刺手法（图 2-38）。

《灵枢·终始》说：“泻者迎之，补者随之，知迎知随，气可令和。”《难经·七十二难》说：“所谓迎随者，知荣卫之流行，经脉之往来也。随其逆顺而取之，故曰迎随。”后世医家多据此演化成迎随补泻方法。

进针时针尖随着经脉循行方向刺入为补法，针尖迎着经脉循行方向刺入为泻法。

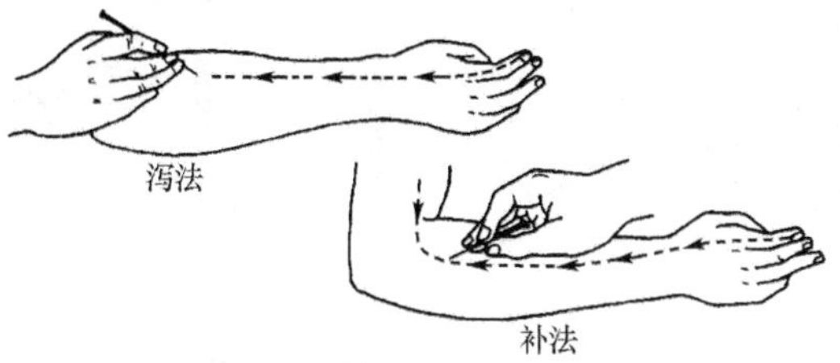

图 2-38　迎随补泻

本法可指具体的针刺补泻手法，即顺经为补，逆经为泻，也可作为一切针刺补泻手法的总则。

5. 呼吸补泻

呼吸补泻是主要依据针刺进退与患者呼吸状态配合以区分补泻的针刺手法（图 2-39）。《针灸大成》中“欲补之时，气出针入，气入针出；欲泻之时，气入入针，气出出针”，即阐明了呼吸补泻的操作要点。

令患者深呼气时进针，得气后，依呼进吸退之法行针，患者深吸气时出针，为补法；令患者深吸气时进针，得气后，依吸进呼退之法行针，患者深呼气时出针，为泻法。

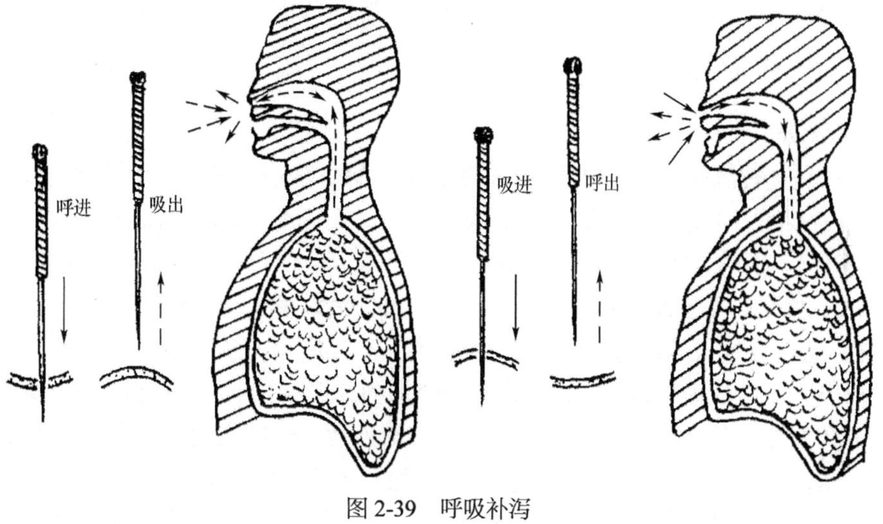

图 2-39　呼吸补泻

本法可调和阴阳、升清降浊、促使营卫气血运行通畅，临床中可与其他补泻手法配合使用。

注意事项：

（1）单纯的呼吸补泻可起到加强补泻疗效的辅助作用。临床中为获得更好的疗效应配合诸如提插、捻转等补泻手法。

（2）呼吸补泻法应令患者做深而徐缓的呼吸。最好医者在操作时能与患者同时调息，可促进得气，提高凉、热感应的成功率。

6. 开阖补泻

开阖补泻是主要依据出针之时，是否按闭针孔以区分补泻的针刺手法（图 2-40）。

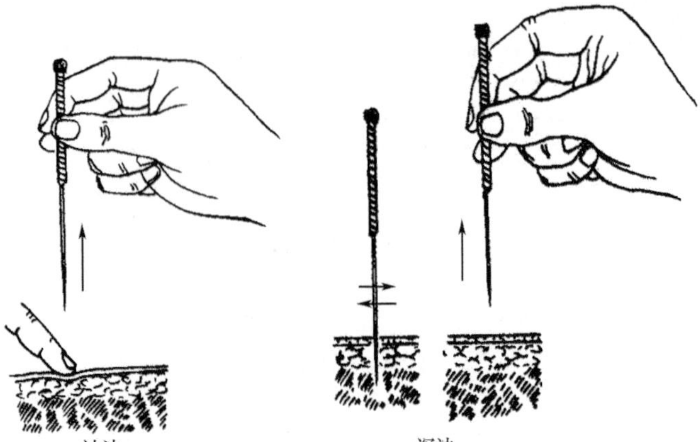

图 2-40　开阖补泻

《素问·刺志论》中“入实者，左手开针空也，入虚者，左手闭针空也”，即是开阖补泻的由来。

缓慢退针，出针后迅速按压针孔片刻，为补法；疾速出针，出针时摇大针孔且不加按压，为泻法。

本法临床中很少单独使用，多与徐疾补泻等法配合使用。

（二）复式补泻手法

1. 烧山火法

烧山火法是一种热补法，是由几种单式补法如呼吸、徐疾、提插、开阖等组成，以针下产生热感为效应指标。通过施行手法，使机体阳气渐隆，热感渐生，阴寒自除，起到补虚的作用。

本法源于《内经》“针下热”的学术思想，其后元·窦汉卿《针经指南》提出“寒热补泻法”，明·泉石心《金针赋》明确提出“烧山火，治顽麻冷痹，先浅后深，用九阳而三进三退，慢提紧按，热至，紧闭插针，除寒之有准”。其后明·杨继洲《针灸大成·三衢杨氏补泻》复提出了：“烧山火能除寒，三进一退热涌涌，鼻吸气一口，呵五口……凡用针之时，须捻运入五分之中，行九阳之数……若得气……渐渐运入一寸之内，三出三入，慢提紧按，若觉针头沉紧，其针插之时，热气复生，冷气自除，未效，依前法再施也。”

（1）操作方法：将所刺腧穴的深度分作浅、中、深三层（天、人、地三部）。

1）进针时，医者重用指切押手。

2）令患者自然地鼻吸口呼，随其呼气时，将针刺入浅层（天部）得气。

3）得气后，重插轻提，连续重复 9 次（行九阳数）。

4）再将针刺入中层（人部），重插轻提，连续重复 9 次（行九阳数）。

5）其后将针刺入深层（地部），重插轻提，连续重复 9 次（行九阳数）。此时，如果针下产生热感，少待片刻。

6）随患者吸气时将针 1 次提到浅层，此为一度。如针下未产生热感可随患者呼气时，再施前法，一般不过三度。

7）手法操作完毕后，留针 15 ~ 20 分钟，待针下松弛时，候患者吸气时将针快速拔出，疾按针孔（图 2-41）。

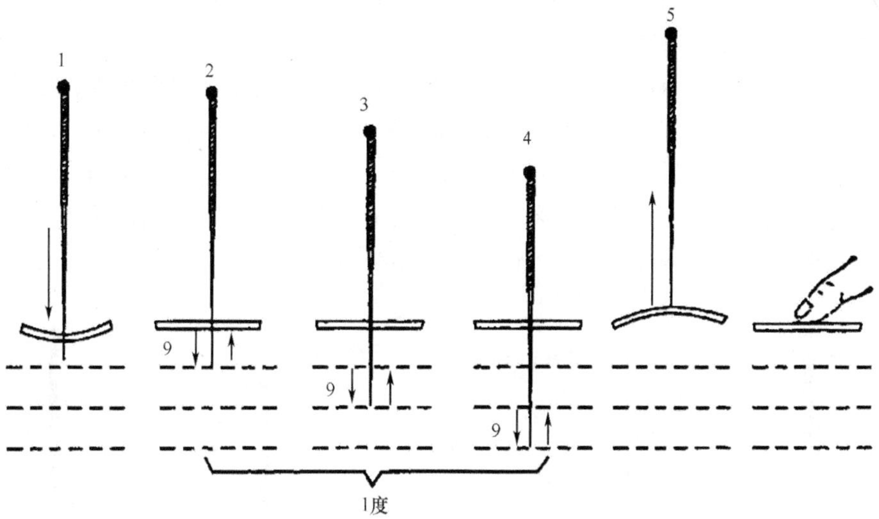

图 2-41　烧山火法

（2）临床应用：临床适用于脾肾阳虚、沉寒痼结、阳气衰微等所致的中风脱证、瘫痪、痿证、寒湿痹证、腹痛、腹泻、阳痿、遗精、内脏下陷等虚寒证（表 2-3）。

表 2-3　烧山火法临床应用举例

常见病症	针刺腧穴
漏肩风	肩髃、条口
胃痛寒证	中脘、关元、内关
痛经寒证	地机、三阴交、中极

（3）注意事项：①烧山火手法一般选用肌肉丰厚处的腧穴。四肢末端或肌肉浅薄处，或有重要脏器、器官、血管、肌腱部位的腧穴则不宜采用此法。②分层要清晰，可通过留在体外针体的长度来判断刺入的深度和层次。③分层手法的操作，可用捻转补法代替提插补法。④当热感在天部或人部出现时（患者自觉皮肤发热或出汗），即不必做完全程，应结束操作。施术适可而止，不可强求热感。一般情况下操作三度即可停止。⑤施术时，术者和患者均应保持安静，注意力集中，细心体会针感。术者不宜暗示患者。

2. 透天凉法

透天凉法是一种凉泻法，是由几种单式泻法如呼吸、徐疾、提插、开阖等组成，以针下产生凉感为效应指标。通过施行手法，使体内阴气渐隆，凉感渐生，邪热得消，而起到泻实的作用。

此法源于《内经》“针下寒”的学术思想，其后元·窦汉卿《针经指南》提出“寒热补泻法”，明·泉石心《金针赋》明确提出：“透天凉，治肌热骨蒸，先深后浅，用六阴而三出三入，紧提慢按，寒至徐徐举针，退热之可凭。”其后明·杨继洲《针灸大成·三衢杨氏补泻》复提出了“透天凉能除热，三退一进冷冰冰，口吸气一口，鼻出五口……凡用针时，进一寸内，行六阴之数……若得气，便退而伸之，退至五分之中，三入三出，紧提慢按，觉针头沉紧，徐徐举之，则凉气自生，热病自除。如不效，依前法再施”。

（1）操作方法：将所刺腧穴分作浅、中、深三层（又称天、人、地三部）。①在进针时，医者轻用押手。②令患者自然地鼻呼口吸，随其吸气将针刺入深层（地部）得气。③得气后，轻插重提，如此 6 次（行六阴数）。④再将针提至中层（人部），轻插重提，如此 6 次（行六阴数）。⑤再将针提至浅层（天部），轻插重提，如此 6 次（行六阴数）。此时，针下产生凉感，称为 1 度。如果针下未出现凉感，可将针一次下插至深部，再施前法。但一般不超过三度。凉感不论在地部、人部或天部出现，可停止手法操作。⑥手法操作结束后，可随患者呼气将针缓慢拔出，不按针孔或缓按针孔（图 2-42）。

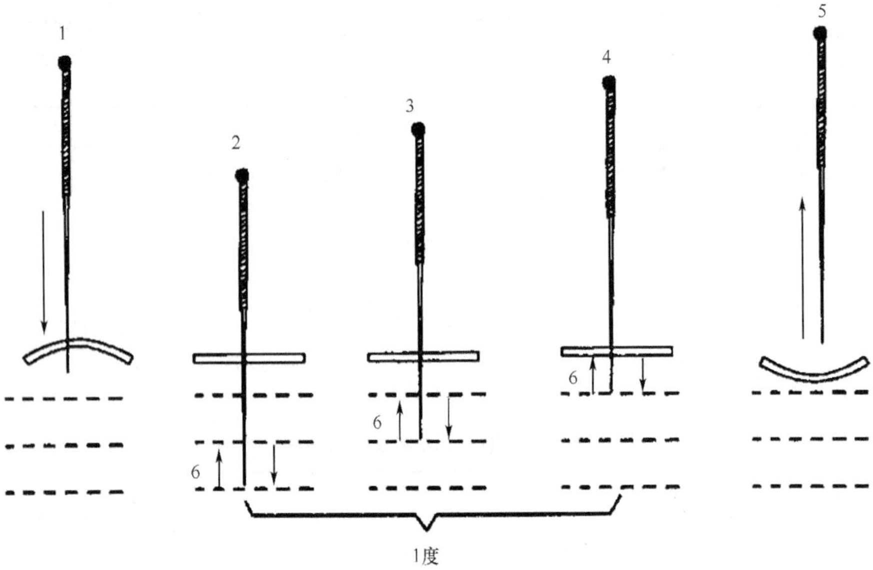

图 2-42 透天凉法

（2）临床应用：临床适用于实热火邪、痰热内盛所致的中风闭证、癫狂、热痹、痈肿、丹毒、咽喉肿痛、齿痛、口臭、聤耳、腹痛、痢疾、高热等实热证。《金针赋》载：“透天凉，治肌热骨蒸”（表 2-4）。

表 2-4 透天凉法临床应用举例

常见病症	针刺腧穴
感冒高热	曲池
痰热咳嗽	孔最
中风闭证	足三里、丰隆

（3）注意事项：① 透天凉手法一般选用肌肉丰厚处的腧穴。四肢末端或肌肉浅薄处，或有重要脏器、器官、血管、肌腱部位的腧穴则不宜采用此法。② 分层要清晰，可通过留在体外针体的长度来判断刺入的深度和层次。③ 分层手法操作，可用捻转泻法代替提插泻法。④ 当凉感在地部或人部出现时（患者自感皮肤发凉或全身凉爽），即不必做完全程，应结束操作。施术适可而止，不可强求凉感。一般情况下操作三度即可停止。⑤ 施术时，术者和患者均应保持安静，注意力集中，细心体会针感。术者不宜暗示患者。

（三）飞经走气四法

飞经走气四法：包括青龙摆尾、白虎摇头、苍龟探穴、赤凤迎源四法。简称“龙虎龟凤”，均属“通经接气之法”。“若关节阻涩，气不过者”，可起“过关过节催运气”的作用。适用于经络气血壅滞之证，或用于在关节附近针刺而不得气者，作为通经接气的催气手法，以促使针感通经过关而达病所。

1. 青龙摆尾法

青龙摆尾法是一种行气手法，是在腧穴浅层以针向行气，并摇摆针柄而组成的手法。在《金针赋》飞经走气四法中列为第一法，即“青龙摆尾，如扶船舵，不进不退，一左一右，慢慢拨动”。

（1）操作方法

1）进针后行基本手法得气，将针提至浅层，按倒针身，以针尖指向病所。

2）持针柄不进不退，向左右（在 45° 角内）慢慢摆动，往返摆针如扶船舵之状，一般左右摆动 9 次。

3）让患者细细体会是否有经气运行的感觉，如有，可停止操作，缓缓将针拔出，疾闭针孔。如没有经气运行的感觉，可再将针柄左右摆动 9 次，如仍不出现气行感觉，可停止操作出针，不可一味强求（图 2-43）。

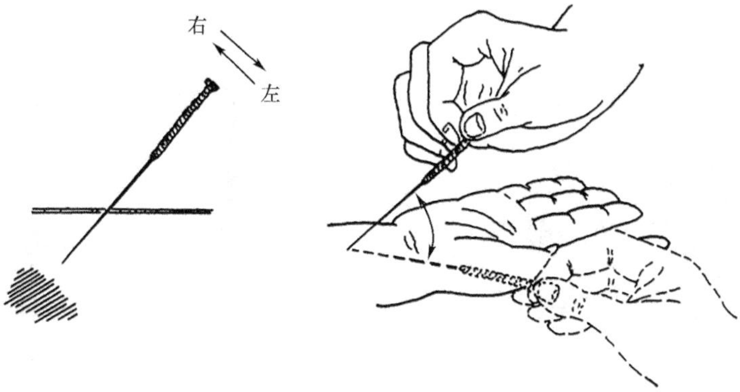

图 2-43　青龙摆尾法

（2）临床应用：如表 2-5 所示。

表 2-5　青龙摆尾法临床应用举例

常见病症	针刺腧穴
胃脘痛	足三里（欲使经气上行至腹部）
肘劳	手三里（欲使经气上行至肘部）
偏头痛	外关（欲使经气上行至侧头部）

（3）注意事项：①本法必须在浅层操作，针体不进不退，动作均匀自然，左右对称，幅度不可忽大忽小，速度宜慢不宜快。②要达到气至病所的效果，其影响因素是多方面的，除与手法的准确和熟练程度有关外，还与患者的体质、疾病的情况等多种因素有密切关系。因此在训练时，如未达到预期的效果，不可灰心，也不能强行反复操作造成腧穴局部的不适感

或后遗疼痛感。

2. 白虎摇头法

白虎摇头法是一种行气手法，是在深层得气后而向外退针时，结合直立针身左右摇针的手法。在《金针赋》飞经走气四法中列为第二法，即“白虎摇头，似手摇铃，退方进圆，兼之左右，摇而振之”。

（1）操作方法

1）可用指切法直刺进针至腧穴深层（地部），行基本手法得气。

2）得气后用拇食指夹持针柄向外退针，随患者呼吸边转边摇动针体：左转一呼一摇，呈半圆形，由右下方摇着进至左上方（进圆）；再右转一吸一摇，呈半方形，由左上方退至右下方（退方）。如此反复数次。

3）左右摇动针体，如手摇铃，期间要有停顿，以使针体振动。边左右摇动边退针至浅层。

4）手法结束后，按常规出针（图 2-44）。

临床也有按以下方法操作：先直刺捻转进针，直达深层（地部），得气后，用中指拨动针身，使针快速左右摇动，如手摇铃一样，边摇边提针；与此同时，于所针腧穴经脉的一端，用左手按压，让此端经脉关闭，使经气沿经脉向另一端传导运行，直达病所（图 2-45）。

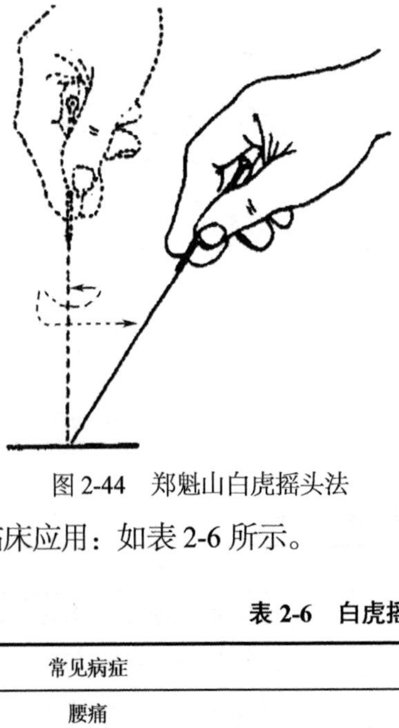

图 2-44　郑魁山白虎摇头法

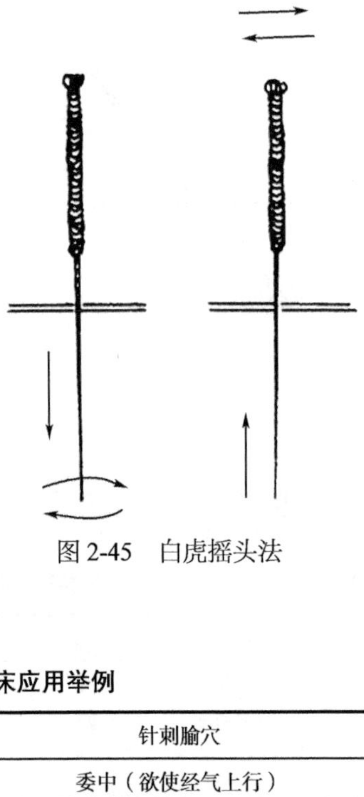

图 2-45　白虎摇头法

（2）临床应用：如表 2-6 所示。

表 2-6　白虎摇头法临床应用举例

常见病症	针刺腧穴
腰痛	委中（欲使经气上行）
膝关节痛	秩边（欲使经气下行）
痔疮	承山（欲使经气上行）

（3）注意事项：左右摇针的动作必须均匀自然，幅度不可忽大忽小，速度不可忽快忽慢。

3. 苍龟探穴法

苍龟探穴法是一种行气手法，是直刺得气后再向上下左右一退三进以搜气的针刺手法。

本法在《金针赋》中列为“飞经走气”第三法，即“苍龟探穴，如入土之象，一退三进，钻剔四方”。

（1）操作方法

1）用夹持法进针至深层，得气后一次将针退至浅层。

2）先向上方斜刺进针，由浅入深，分三部徐徐而行，待针刺得到新的针感时，再一次退至浅层。

3）再向下方斜刺进针，由浅入深，分三部徐徐而行，待针刺得到新的针感时，再一次退至浅层。

4）再向左方斜刺进针，由浅入深，分三部徐徐而行，待针刺得到新的针感时，再一次退至浅层。

5）再向右方斜刺进针，由浅入深，分三部徐徐而行，待针刺得到新的针感时，再一次退至浅层。

6）手法操作结束后，按常规出针（图 2-46）。

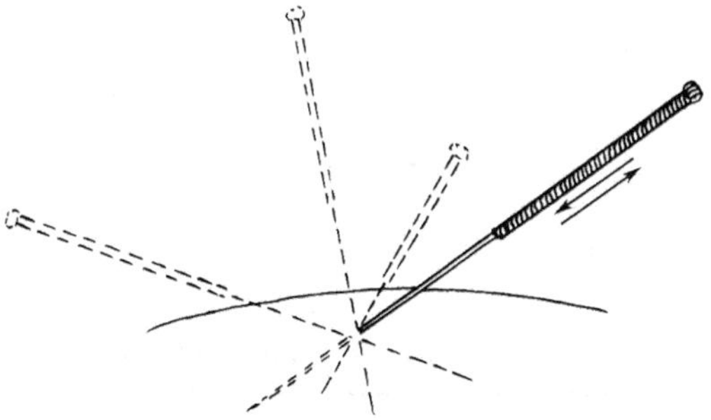

图 2-46　苍龟探穴法

（2）临床应用：如表 2-7 所示。

表 2-7　苍龟探穴法临床应用举例

常见病症	针刺腧穴
坐骨神经痛 梨状肌损伤	环跳（使针感在臀大肌扩散并下行）
肩周炎	肩髃、臂臑（使针感在三角肌扩散）
肘关节痛	曲池（使针感在肘关节局部扩散）

（3）注意事项：本法适宜四肢肌肉丰厚处的腧穴。肌肉浅薄处不宜用，胸腹和背部禁用，以免刺伤脏器。

4. 赤凤迎源法

赤凤迎源法是针刺行气手法的一种，是以飞法为主要特征的针刺手法。在《金针赋》中列为“飞经走气”第四法，即“赤凤迎源，展翅之仪，入针至地，提针至天，候针自摇，复进其原，上下左右，四周飞旋”。

（1）操作方法

1）用押手指切法进针，先直刺进针至深层。

2）退针至浅层，待针下得气，针体自然摇动。

3）插针至中层，然后边提插，边捻转。

4）然后用刺手拇、食两指呈交互状，拇指头向前，食指头向后，将两指弯曲，由针根部用拇指指腹及食指第一节桡侧由下而上呈螺旋式搓摩。两指一搓一放，使针颤抖。反复数次。

5）手法操作结束，按常规出针（图 2-47）。

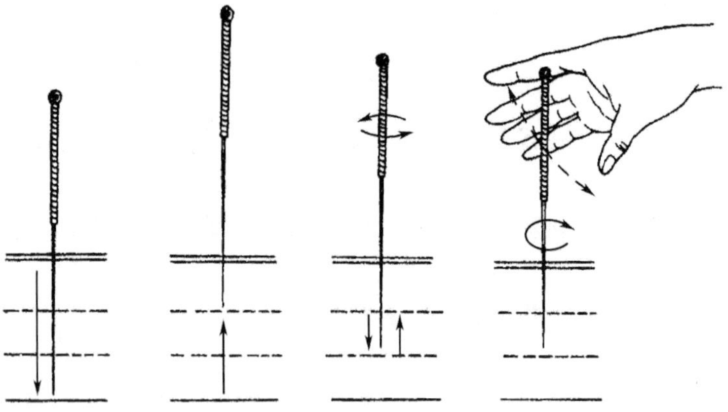

图 2-47　赤凤迎源法

（2）临床应用：如表 2-8 所示 。

表 2-8　赤凤迎源法临床应用举例

常见病症	针刺腧穴
落枕	悬钟
腹痛	足三里、上巨虚、下巨虚
膝关节痛	阴陵泉、阳陵泉

（3）注意事项

1）作两指一搓一放手法时，力度要均匀一致，使指感犹如转针，但针体不能上提。

2）手法宜缓，不宜过猛，过猛易引起滞针或疼痛。

（四）平补平泻

针刺得气后，施行均匀、平和的行针动作即为平补平泻手法。《灵枢·五乱》曰：“徐入徐出，谓之导气，补泻无形，谓之同精，是非有余不足也。”

1. 操作方法

进针至穴位一定深度，用缓慢的速度，均匀平和用力，边捻转、边提插，上提与下插、左转与右转的用力、幅度、频率相等，并注意捻转角度要在 90°～180°，提插幅度尽量要小，从而使针下得气，留针 20～30 分钟，再缓慢平和地将针渐渐退出。

2. 临床应用

平补平泻法适用于虚实兼杂及虚实不太明显的病症，已成为目前临床普遍应用的针刺手法。临床上平补平泻法对许多药物已成瘾的患者，或因药物而产生很大毒副作用却不能停药的患者，以及戒断综合征、疲劳综合征等均可产生很好的疗效。平补平泻法以“适宜的刺激”来提高机体的免疫力，保证身体处于最佳状态，既是一种治病方法，也是一种保健方法。对于现代的“亚健康”状态来说，有很好的发展前景。

3. 注意事项

现在临床的平补平泻手法大多是根据现代神经生理学观点来解释其应用原理的，多取中等强度的刺激量，刺激强度要防止太过易伤正、不足则留邪之弊，以针下气至，切中病机为要。

第六节　毫针刺法的临床应用

一、临床常用刺法

（一）透穴刺法

透穴刺法是针刺时借助不同的针刺角度、方向与深度的调整，以达到一针透达两个或更多穴位的针刺方法。此法又称为“透穴”或“透刺”。

金元时期的医家王国瑞所著的《扁鹊神应针灸玉龙经》有“偏正头风最难医，丝竹金针亦可施，沿皮向后透率谷，一针两穴世间稀”及“口眼㖞斜最可嗟，地仓妙穴连颊车”等记载，即是透刺针法的具体应用。《针经指南》、《针方六集》、《针灸大成》等针灸文献也记录了大量透穴刺法的适应证和操作方法。清代医家周树冬所著的《金针梅花诗钞》中也对透穴进行了全面的论述与总结。

1. 操作方法

（1）直透法：选择肢体阴阳表里相对的两个腧穴，直刺进针，从一侧腧穴刺入后，向对侧腧穴透刺。刺入腧穴得气后，继续行针透刺，直至对侧腧穴，在得气基础上继续实施相关手法（图2-48，表2-9）。

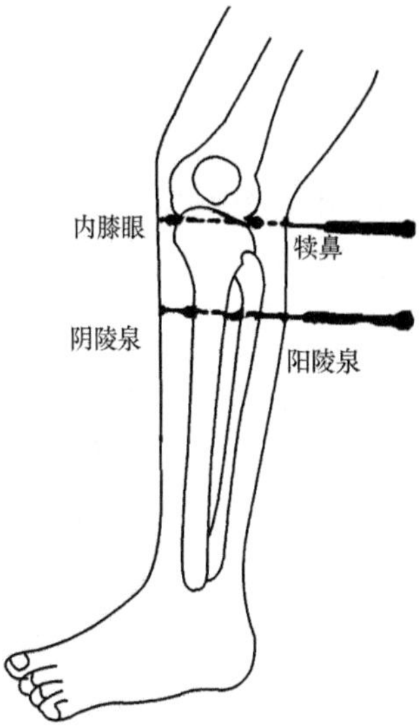

图 2-48　直透法

表 2-9　直透法临床应用举例

常见病症	针刺腧穴
膝痛、胆道疾患	阳陵泉透阴陵泉
偏头痛	三阴交透悬钟
肾虚牙痛、足跟痛	太溪透昆仑
胸胁挫伤	内关透外关
足趾痛	内庭透里内庭

（2）斜透法：选择肢体阴阳表里相对的两个腧穴，从其一腧穴斜刺进针，得气后，再刺达另一腧穴皮下的方法；亦可选择肢体同一层面的两个腧穴，先在其一腧穴直刺进针，

得气后，再斜向刺达另一个腧穴皮下。此法多适用于四肢部位或同一经脉上的腧穴（表2-10，图2-49）。

表2-10　斜透法临床应用举例

常见病症	针刺腧穴
呕吐泛酸	阳陵泉透足三里
肘痹	曲池透手三里
肩痹	条口透承山、肩髎透极泉
癃闭	秩边透水道

图2-49　斜透法

（3）平透法：选择位于肢体同一个层面的两个腧穴，从其一腧穴平刺进针，得气后，刺达第二个腧穴皮下的方法。此法多适用于头面部、胸背及肌肉浅薄部位的腧穴（图2-50，表2-11）。

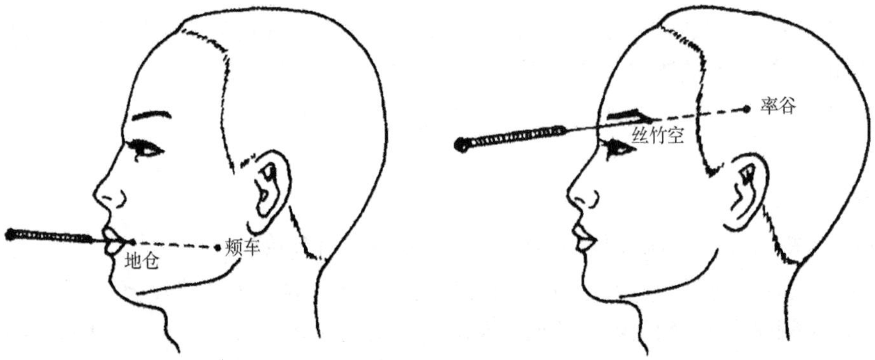

图2-50　平透法

表2-11　平透法临床应用举例

常见病症	针刺腧穴
鼻塞	上星透神庭
巅顶痛	百会透前顶
口眼㖞斜	地仓透颊车
腰痛	肾俞透志室
手臂肿痛	中渚透液门

（4）多向透刺法：选择腧穴较为密集的部位，以其中任一腧穴为进针点，或直刺或斜刺

进针，得气后，将针依次刺向其他腧穴。此法多适用于肌肉丰厚部位的腧穴。

2. 临床应用

透穴刺法具有用针数量少、刺激穴位多、针刺感应强、适应范围广等特点；既可减少进针的疼痛，又有利于多穴位协同增效。此法适用于针灸临床诸如头痛、面神经麻痹、中风偏瘫、胃下垂、子宫下垂、肩关节周围炎、软组织损伤、精神疾病和神经官能症等多种疾病。

3. 注意事项

（1）熟悉腧穴解剖结构，防止针刺异常情况发生。

（2）以针刺得气为度，不宜刺透对侧腧穴皮肤。

（3）透刺过程中的行针手法不宜过强。

（4）透穴刺法留针时间一般为 20 ～ 30 分钟。

（二）局部多针刺法

局部多针刺法，是指针刺时使用多支毫针，以不同的组合与排列方式，同时刺激病变局部或者腧穴，以达到多针协同增效的针刺方法。

《灵枢·官针》记载的“九刺”、“五刺”、“十二刺”等刺法中的傍针刺、齐刺、扬刺、围刺，以及现代临床常用的围刺法等均属于此范畴。

1. 傍针刺法

以病变局部或腧穴为中心，直刺一针，再于其近旁斜向加刺一针，正傍配合，故称傍针刺法（图 2-51）。此法源于《灵枢 · 官针》：“傍针刺者，直刺、傍刺各一，以治留痹久居者也。”

（1）操作方法：一般以痛点或某一腧穴为中心，直刺一针，得气后，再在其旁 0.5 ～ 1 寸处斜向刺入一针，针尖靠近直刺的毫针针尖，两针的针刺深度大致相同。

（2）临床应用：适用于痛点固定、压痛明显、病程日久的病症，如头痛、关节痛、腰背痛、足跟痛、腰椎增生症和肌纤维组织炎等。

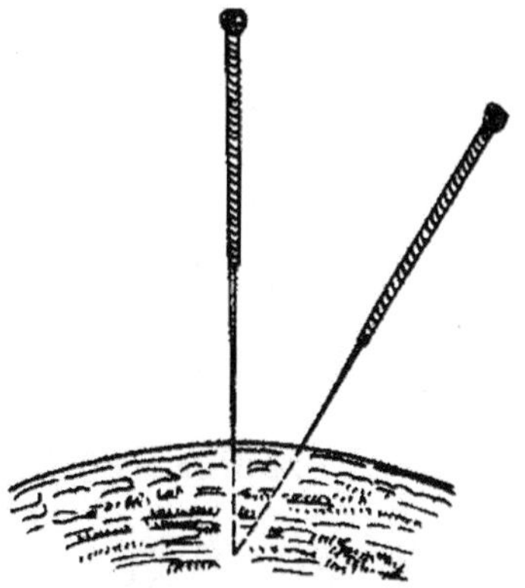

图 2-51　傍针刺法

2. 齐刺法

以病变局部或腧穴为中心，直刺一针，再于其两旁各刺一针，三针齐用，故称齐刺法（图 2-52）。此法源于《灵枢 · 官针》：“齐刺者，直入一，傍入二，以治寒气小深者。或曰三刺，三刺者，治痹气小深者也。”

（1）操作方法：一般以痛点为中心，直刺一针，得气后，再在其两旁（或上下或左右）0.5 ～ 1 寸处斜向刺入两针。针尖靠近直刺的毫针针尖，三针的针刺深度大致相同。

（2）临床应用：与傍针刺法的临床应用相近。

3. 扬刺法

在病变中心部位直刺一针，然后在其四周各浅刺一针，刺的部位较为分散，故称扬刺（图 2-53）。此法源于《灵枢 · 官针》：“扬刺者，正内（纳）一，傍内（纳）四而浮之，以治寒气之博大者也。”

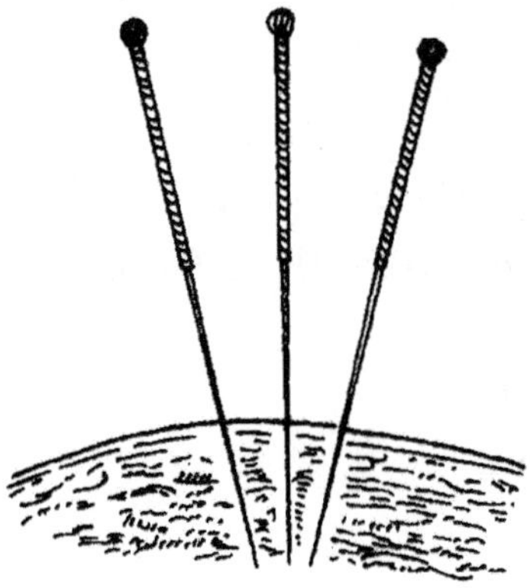

图 2-52　齐刺法

图 2-53　扬刺法

（1）操作方法：选取病变中心部位直刺一针，得气后，再于其上下左右（即病变部位的周边）向病变中心各斜刺一针，五针的针刺深度大致相同。

（2）临床应用：适用于病变范围大、病变位置较浅、寒邪凝滞为主的病症，如风湿痛、皮神经炎和软组织损伤等。近代的梅花针叩刺法即为扬刺法的演变。

4. 围刺法

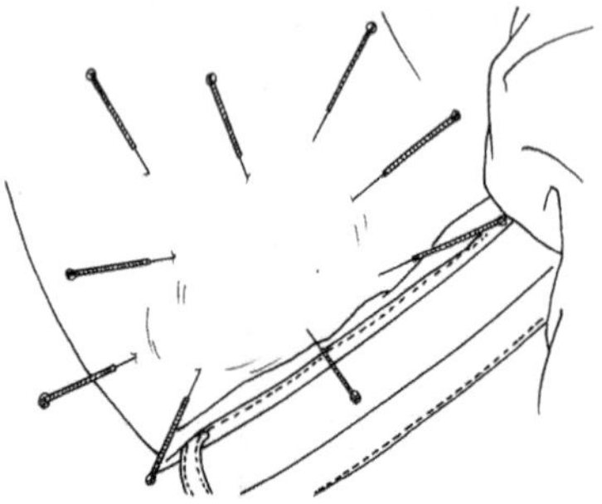

图 2-54　围刺法

围刺法指以病变部位为中心，在其边缘多针直刺或平刺，形成包绕病变之势的多针刺法（图 2-54）。此法由扬刺法发展而来，应用更为广泛。

（1）操作方法：根据病变之大小深浅，选择长短适宜的毫针，围绕病变区域周边，或斜刺或平刺数针，进针深浅与针刺方向可根据病变性质和病灶大小决定。

（2）临床应用：适用于局限性肿块、结节、麻木等病症，以及部分皮肤病变，如四肢关节软组织损伤、肱骨外上髁炎、荨麻疹、带状疱疹等。

（三）部位深浅刺法

部位深浅刺法是指针刺时依据病位不同而施以不同深浅的刺法。《素问·调经论》云："病在脉，调之血；病在血，调之络；病在气，调之卫；病在肉，调之分肉；病在筋，调之筋；病在骨，调之骨。"故《素问·刺齐论》中有刺皮、脉、肉、筋、骨之分。《灵枢·官针》中"五刺"、"九刺"、"刺"之法，部分内容属此范畴。

1. 刺皮法

刺皮法包括毛刺、直针刺、半刺，源于《灵枢·官针》，其记载："毛刺者，刺浮痹皮肤也"，"直针刺者，引皮乃刺之，以治寒气之浅者也"，"半刺者，刺内而急发针，无针伤肉，如拔毛状，以取皮气，此肺之应也"。

（1）操作方法

1）毛刺：一般认为是多针直刺、浅刺皮肤的操作方法。目前临床多使用皮肤针、滚刺筒等进行操作。

2）直针刺：先提捏腧穴两旁皮肤，使其隆起，持针沿皮刺入，再沿皮向病变方向针刺至合适位置的操作方法（图 2-55）。

3）半刺：使用短毫针迅速浅刺透皮，不刺及血络、肌肉，速刺不留针的操作方法（图 2-56）。

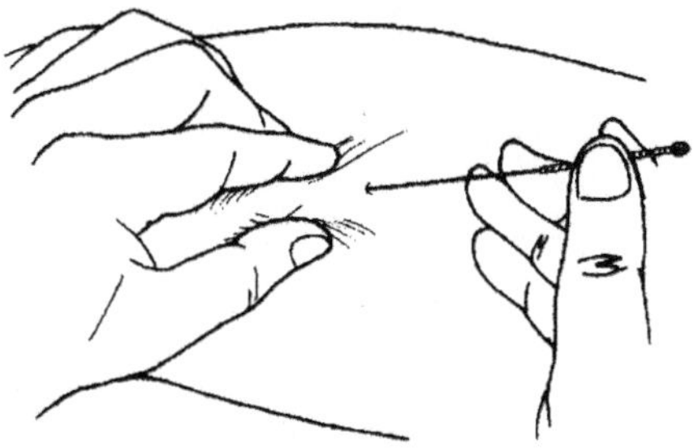

图 2-55　直针刺法

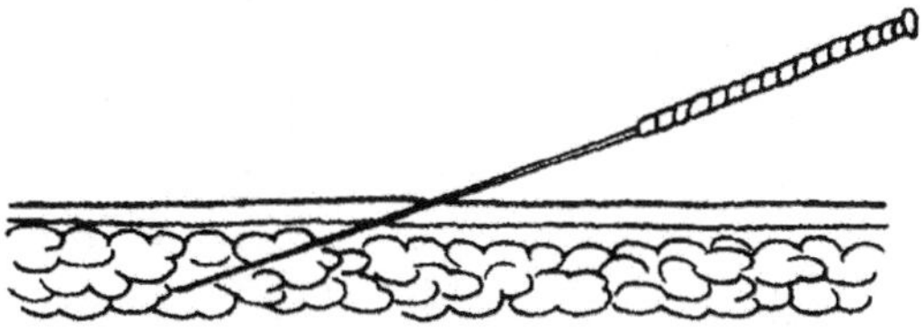

图 2-56　半刺法

（2）临床应用：适用于小儿感冒发热、泄泻、咳喘发作期、肢体麻木、关节扭伤和面瘫等病症。

（3）注意事项：平刺时避免针刺过于表浅，导致针刺疼痛。

2. 刺肉法

刺肉法包括分刺、合谷刺和浮刺等法，源于《灵枢·官针》，其记载："分刺者，刺分肉之间也"，"合谷刺者，左右鸡足，针于分肉之间，以取肌痹"，"浮刺者，傍入而浮之，以治肌急而寒者也"。

（1）操作方法

1）分刺：用毫针直刺穴位肌肉层，施以手法，得气为度，操作幅度控制在肌层间隙的针刺方法（图 2-57）。

2）合谷刺：将毫针先直刺至穴位肌层深处，然后退至浅层，依次分别向左右两旁斜刺，使穴位内针刺痕迹成鸡足状（图 2-58）。

图 2-57　分刺法

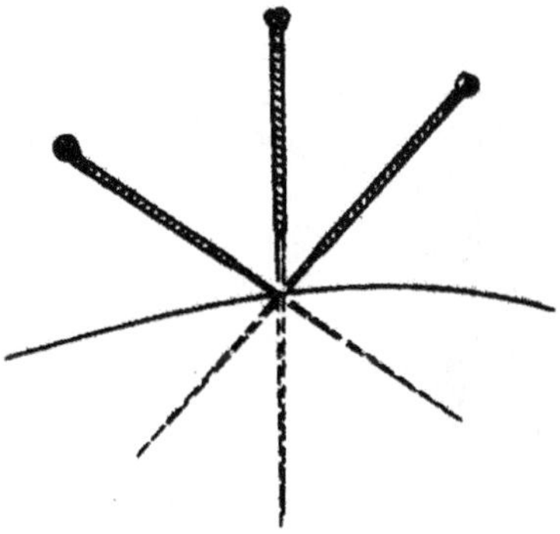

图 2-58　合谷刺法

3）浮刺：将毫针斜刺或沿皮刺入肌肉浅层的针刺方法（图 2-59）。

（2）临床应用：适用于风湿痹痛、重症肌无力、肌肉痉挛、肌肉萎缩、肌筋膜炎等肌肉和软组织损伤疾病。其中痿痹瘫痛多用分刺法，肌肉麻木不仁多用合谷刺法，肌肉拘挛疼痛多用浮刺法。

（3）注意事项：应选择肌肉丰厚部位应用本法，提插等动作要缓和连贯自然。

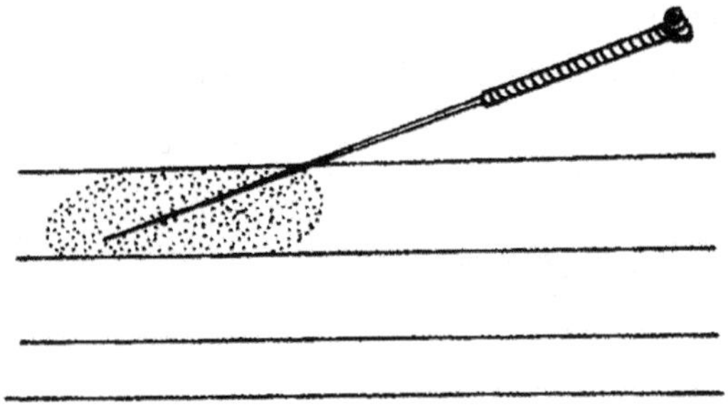

图 2-59　浮刺法

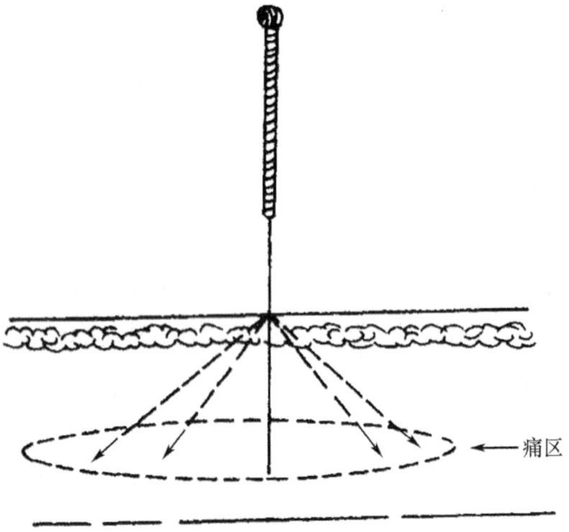

图 2-60　恢刺法

3. 刺筋法

刺筋法包括恢刺和关刺，源于《灵枢·官针》，其记载：“恢刺者，直刺傍之，举之前后恢筋急，以治筋痹也”，“关刺者，直刺左右尽筋上，以取筋痹，慎无出血，此肝之应也，或曰渊刺，一曰岂刺”。

（1）操作方法

1）恢刺：将毫针刺入病变肌腱旁边，捻转提插行针，得气为度，然后将针退至皮下，同时令患者做关节功能活动以配合治疗的针刺方法（图 2-60）。

2）关刺：毫针直刺进针，刺入肌肉附着于关节处的压痛点（图 2-61）。

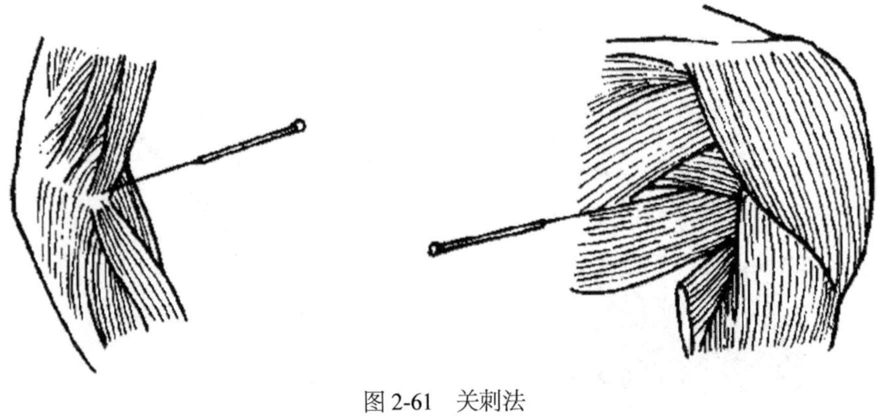

图 2-61　关刺法

（2）临床应用：适用于腱鞘囊肿、肌腱损伤、关节炎等肌腱、韧带和关节疾病。

（3）注意事项：针刺关节周围时应避免刺入关节囊。恢刺时要处理好患者肢体活动与毫针留置位置的关系，以免弯针。

4. 刺骨法

刺骨法包括短刺和输刺，源于《灵枢·官针》，其记载：“短刺者，刺骨痹，稍摇而深之，致针骨所，以上下摩骨也”，“输刺者，直入直出，深内之至骨，以取骨痹”。

（1）操作方法

1）短刺：徐缓进针，边摇动针柄，边逐步深入至骨部，在骨膜处做小幅度提插手法，如摩刮骨状（图 2-62）。

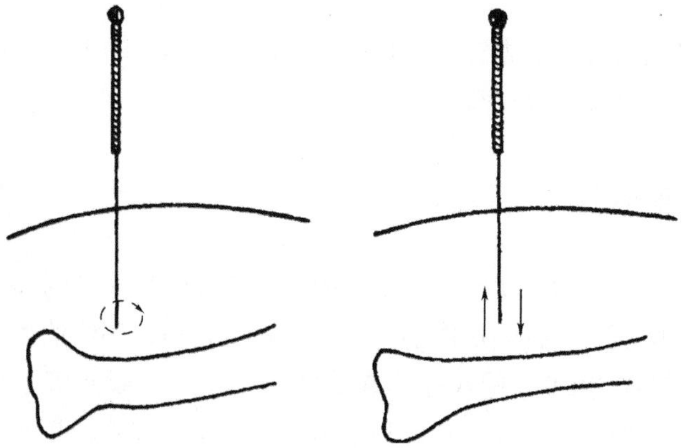

图 2-62　短刺法

2）输刺：直刺进针，深入至骨，在病变处捻转提插，然后逐步退针（图 2-63）。

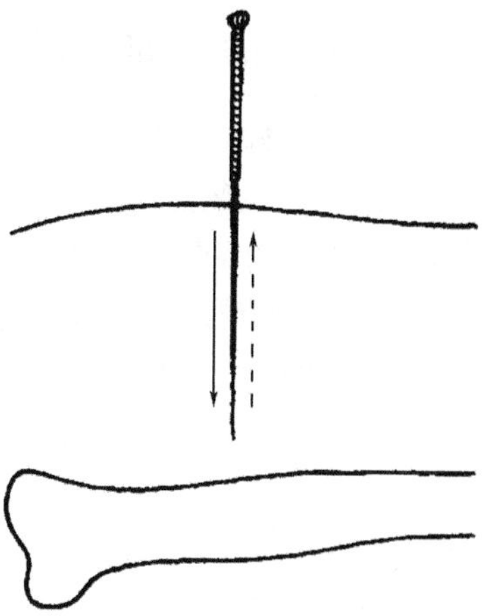

图 2-63　输刺法

（2）临床应用：适用于颈椎病、骨性关节炎、类风湿关节炎等各种骨痹。

（3）注意事项：该法以深刺为主，在脊柱旁应用时要防止伤及脊髓等中枢神经部位，或深部大血管。

（四）运动针法

运动针法是指在针刺得气的基础上，医师实施行针手法的同时，令患者活动患处或相关部位，医患配合、提高临床疗效的针刺方法。本法的特点在于针刺过程中强调患者的运动配合。因其强调医师和患者间的配合互动，又称互动式针刺法。

1. 操作方法

（1）针刺方法：常规针刺操作得气后，医师继续实施或提插或捻转或提插捻转的手法 1 ～ 2 分钟，同时指导患者做相关的功能活动，每隔 5 ～ 10 分钟施行 1 次，2 ～ 3 次为宜。实施行针手法应由弱变强，并注意观察患者反应，防止过于疼痛或发生晕针。

（2）运动方式：患病部位不同，患者进行功能活动的方式也有所不同。关节部位的运动方式以屈伸、旋转形式为主，如做行走、举臂、摇臂，甚或负重举臂、手指精细动作等；五官九窍等部位的运动方式以其生理活动为主，如做吞咽、叩齿、缩肛、发音等动作；内脏或胸腹部的运动方式以呼吸活动为主，如岔气、胸闷等病症的患者以做胸式或腹式深呼吸为主。

无论患者做何种方式的运动，其速度都应由慢变快，幅度由小到大，渐至生理活动极限；可以间歇进行，某些病症可逐步向疼痛明显的方向去强化活动。

（3）选穴原则：以远道取穴为主。一般是病在上取之下，病在下取之上；病在左取之右，病在右取之左；病在中，取之外。

2. 临床应用

此法适用于急性腰扭伤、肩关节周围炎、软组织损伤和中风偏瘫等运动障碍性疾病。

3. 注意事项

患者的体位选择要适合活动患处，并有助于保持针刺部位的相对稳定。因需反复施行手法，加之患者的活动，要防止滞针或弯针。

二、分部腧穴针刺操作

人体各部腧穴，其针刺的方法和要求不尽相同，腧穴的具体针刺操作方法一般取决于所在部位与病情。就部位而言，针刺操作的方法和要求主要与该部位的解剖特点相关，一般部位邻近的腧穴，其针刺方法相似。腧穴邻近重要的内脏、器官，或分布于大的血管、神经附近，或位于关节等有特殊解剖结构之处，若针刺不当则极易发生意外，必须严格按照操作要求进行针刺。本节对全身腧穴分部位介绍针刺的深度、角度、方向及手法等的操作宜忌。

（一）头面颈项部腧穴刺法

1. 头部腧穴刺法

（1）一般刺法：头部腧穴，可直刺 0.1 ～ 0.2 寸，因穴下皮薄肉少，大多用平刺法，深 0.5 ～ 1.5 寸。多选用快速刺入的方法，平刺时，针刺方向可以按照顺逆经脉循行方向来选择，或从操作便利角度，或从上往下，或从前往后进行针刺，针尖抵达帽状腱膜或颞筋膜下层，行针手法以捻转为主。

（2）注意事项：头部血运丰富，出针后要多加按压，以防出血。小儿囟门未闭时，禁刺囟会穴。《针灸聚英》说：“八岁以下不得针，缘囟门未合，刺之恐伤其骨，令人夭。”

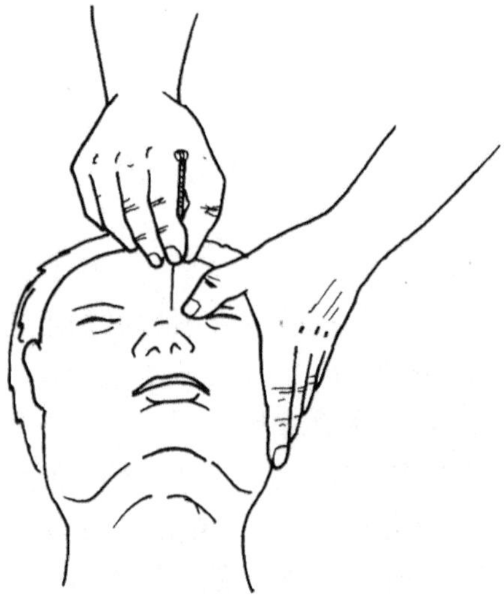

图 2-64 针刺睛明穴

2. 眼部腧穴刺法

（1）一般刺法：针刺承泣、睛明、球后等穴时，因穴位皮下组织内血管丰富，组织疏松，使血管移动性大，腧穴又位于眼球周围，深刺还可累及视神经，所以针刺时应做到：进针前，嘱患者闭目，左手将眼球推开并固定，以充分暴露针刺部位。进针时，针沿眶骨边缘缓缓刺入 0.3 ～ 0.7 寸，最深不可超过 1.5 寸。进针后，一般不提插捻转。出针时，动作要轻缓，慢慢地出针。出针后，用消毒干棉球压迫针孔 2 ～ 3 分钟，防止出血（图 2-64）。

（2）注意事项：针刺眼区穴时，如进针过快，进针后提插捻转，则易刺伤血管，引起局部不同程度的皮下出血，局部呈青紫色。如此，应先冷敷止血，24 小时后再改用热敷，以促进瘀血的吸收。如果进针时未固定眼球，或进针过于贴近眼球，则易刺中眼球。眼区穴针尖刺过皮肤、眼睑后，针下有空松感。如针下有滞针感，则是刺中眼球壁外层十分坚韧的巩膜表层，此时应立即退针。如果进针超过 1.5 寸，则有可能累及视神经，患者会感到头痛、头晕，继而感觉眼内有火光闪烁，甚至伴有恶心、呕吐等。此时应立即出针，对症处理。若继续深刺，则针尖透过眶上裂至海绵窦，造成颅内出血，引起剧烈头痛、恶心、呕吐，以致休克、死亡。因此，眼区穴位针刺越深，手法越重，其危险性就越大。所以针刺时一定要做到轻、慢、压。

3. 耳部腧穴刺法

（1）一般刺法：针刺耳门、听宫、听会三穴，须嘱患者微微张口放松，直刺或稍向后斜刺 0.5 ~ 1 寸，留针时再将口慢慢闭上。针刺完骨穴时，宜向下斜刺 0.5 ~ 0.8 寸；针刺翳风穴，则宜直刺 0.8 ~ 1 寸，或向内下斜刺 0.5 ~ 1 寸。

（2）注意事项：翳风穴深部正当面神经从颅骨穿出处，故进针时不宜过深，以免损伤面神经。尤其是面瘫初期，针刺手法不宜过强。

4. 面部腧穴刺法

（1）一般刺法：额部及颞部腧穴一般平刺 0.3 ~ 0.8 寸，攒竹可向下透刺睛明治疗目疾，向外透刺鱼腰治疗面瘫不能皱眉；印堂穴多向下平刺 0.3 ~ 1 寸；丝竹空、瞳子髎、太阳穴多向后平刺 1 ~ 1.5 寸；四白穴多直刺或向下斜刺 0.2 ~ 0.5 寸；水沟、素髎穴多向上斜刺；迎香穴多直刺或沿鼻向上斜刺；大迎穴针刺时避开动脉；地仓、颊车穴可相互透刺，治疗面瘫。

（2）注意事项：四白穴直对眶下孔（内含眶下动、静脉），极易刺伤，造成出血。《铜人腧穴针灸图经》云："凡用针稳审方得下针，若针深即令人目乌色。"所以此穴不可深刺，出针后亦需按压针孔，防止出血。

5. 项部腧穴刺法

（1）一般刺法：针刺哑门、风府穴多向下颌方向缓慢刺入 0.5 ~ 1 寸，千万不能向上方斜刺，以免误入枕骨大孔，损伤延髓。风池穴可向鼻尖方向缓慢刺入 0.5 ~ 1 寸（图 2-65）。

（2）注意事项：哑门、风府两穴，针刺不可过深，切忌超过 1.5 寸或向上斜刺，否则针可以通过寰枕后膜、硬脊膜等深层结构而刺伤延髓。当针至寰枕后膜时，可有阻力增大的感觉；当针进入蛛网膜下腔时，则有突破感；当针进入延髓时，针下为松软感，同时患者有全身触电感，并恐慌惊叫，精神异常。轻者可伴有头项强痛、头晕、眼花、心慌、出汗、呕吐等症。如不及时处理，可出现呼吸困难，继而昏迷，此种现象一般为延髓出血。风池穴，深部是寰

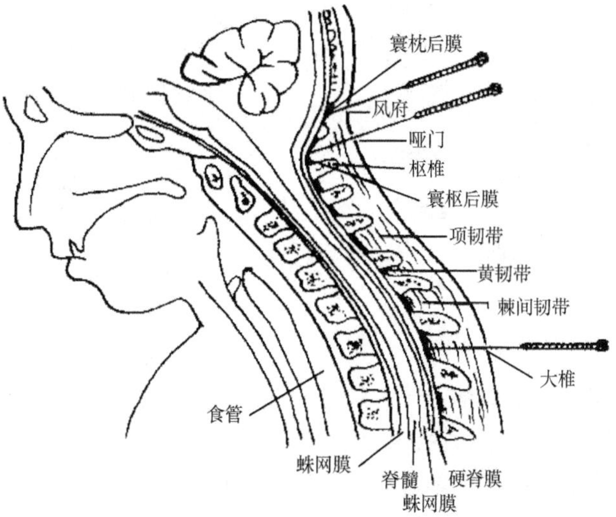

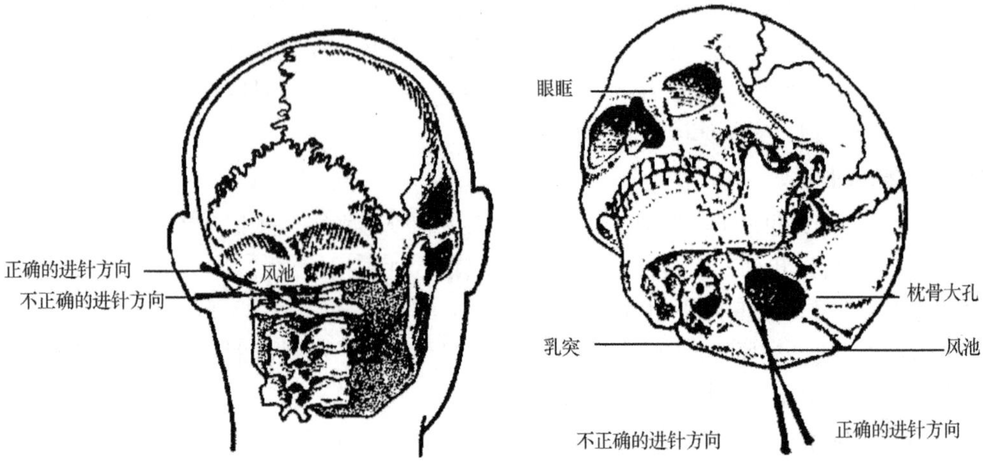

图 2-65　风池穴解剖与针刺

枕关节，关节囊比较松弛。在关节囊的内侧是延髓的起始部，关节囊的外侧有椎动脉通过。延髓与椎动脉距皮肤一般为 1.5 寸以上，所以针刺深度以不超过 1.2 寸较为安全。进针方向、角度稍偏，就可能造成不良后果。为安全考虑，可向鼻尖方向缓慢刺入 0.5 ~ 1 寸。因为当针向鼻尖方向进入时，针尖通过皮肤、皮下组织、肌层，到达寰椎横突，此方向则可避免与延髓下段所在部位相对应，而不致发生意外。

6. 颈部腧穴刺法

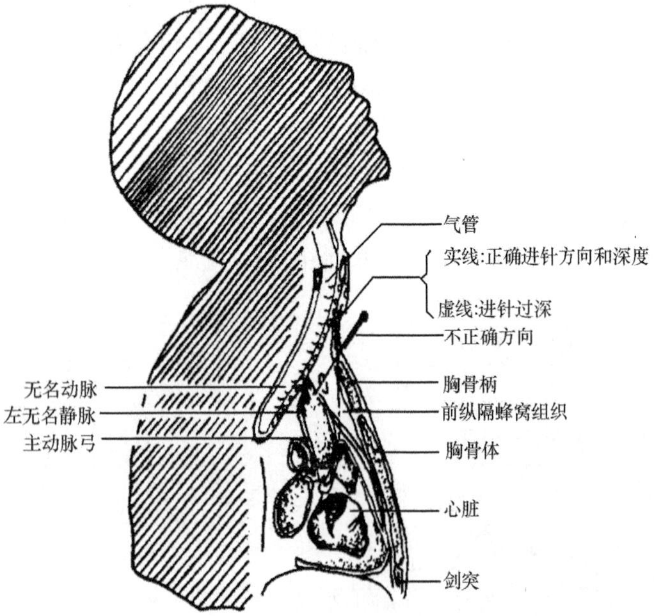

图 2-66　天突穴解剖与针刺

（1）一般刺法：多直刺、浅刺，深度多在 0.3 ~ 0.8 寸，避开颈部动脉，进针宜缓，少行手法，辅助手法以刮法、震颤法为宜。针刺人迎穴时，先用押手扪住搏动的颈总动脉，刺手沿动脉内侧缓慢刺入 0.2 ~ 0.8 寸。针刺天突穴时，先直刺入皮下 0.2 ~ 0.3 寸深，再将针尖转向下方，沿胸骨柄与气管之间向下缓慢刺入 0.5 ~ 1 寸（图 2-66）。

（2）注意事项：颈部腧穴须确定胸锁乳突肌及颈动脉位置等才有助于保证针刺安全。颈部内组织松弛，针感多为松软感，若有其他异样感觉应停止针刺，以防意外发生。

人迎穴深部偏外有颈总动脉、颈内静脉、迷走神经。如针刺时针感黏滞，针下有明显的搏动感，则刺中了颈总动脉。由于血管壁较坚韧，一般不致造成出血。如进针过快，刺激过强，则可刺破动脉导致出血。故进针时务必注意针感，避开动脉。若进针过于偏外，则可刺穿颈内静脉而刺中迷走神经。当其受到刺激时，可严重抑制心脏活动，使心率减慢，冠状血管收缩，患者自觉心悸、胸闷、面色苍白等，常可导致严重后果，以致危及生命。正如《针灸甲乙经》所说“过深不幸杀人”。因此，针刺人迎穴时要做到缓慢、轻刺，进针切不可偏外、过深，以及手法过重。

天突穴若直刺过深，可刺中气管；若未贴胸骨柄后缘向下刺入，可刺中气管和主动脉弓等大血管；向两侧偏离可刺中肺脏。在针刺过程中，若针下坚韧而有弹性，患者感觉喉中作痒，此时已刺中气管；如患者出现剧烈咳嗽或咳血痰，则已刺破血管；如针下柔软而有弹性，搏动明显，说明已刺中主动脉弓等大血管。出现上述情况，应立即退针。如针后患者有逐渐加重的呼吸困难，应怀疑气胸，按气胸处理。

（二）胸腹部腧穴刺法

1. 胸部腧穴刺法

（1）一般刺法：胸部腧穴多以斜刺或平刺为主，刺入 0.5 ~ 0.8 寸为宜。其中任脉所属腧穴多平刺。针刺膻中穴时，一般向下平刺，治疗乳房疾患则向外平刺。乳中穴不针不灸，仅作为定位标志。位于肋间隙中的腧穴，一般沿肋骨间隙向外斜刺或平刺，而针刺乳根穴时，多向上方平刺。

（2）注意事项：胸部内含心、肺等重要脏器，无论斜刺、平刺，其深度均不宜深入胸廓。针刺角度也多小于 25°。

2. 胁肋部腧穴刺法

（1）一般刺法：多向下或外侧方向斜刺或平刺 0.5 ~ 0.8 寸。章门、京门等穴可直针浅刺。

（2）注意事项：胁肋部内有肝、脾等重要脏器，故不宜深刺，对于肝脾肿大者更应注意。

3. 腹部腧穴刺法

（1）一般刺法：腹部腧穴大多可直刺 0.5 ~ 1.5 寸。上、下腹部宜浅刺，或向下斜刺；神阙穴多选用灸法，以隔盐灸或艾卷灸为主；脐周腧穴可适当深刺。腹部行针手法以小幅度提插捻转或震颤法等为主。

（2）注意事项：上腹部腧穴深刺易伤及肝脏，引起肝出血；若刺中胃，再加上大幅度提插捻转，将胃内容物带入腹腔，可能引发腹膜炎，尤其是胃过度充盈时。针刺下腹部腧穴如曲骨、中极、横骨、关元等腧穴时，应嘱患者排空膀胱后针刺为宜。腹部行针不宜幅度过大，防止刺破肠壁。孕妇禁用或慎用。

（三）背腰骶部腧穴刺法

1. 背部腧穴刺法

（1）一般刺法：胸椎棘突呈叠瓦状向下排列，故针刺督脉腧穴，多沿棘突间隙向上斜刺，刺入 0.5 ~ 1 寸。针刺膀胱经第 1 侧线的腧穴，多浅刺，或向脊柱斜刺 0.5 ~ 0.8 寸；针刺膀胱经第 2 侧线的腧穴，多浅刺，或沿肩胛骨缘向下斜刺或平刺 0.5 ~ 0.8 寸；斜刺时针刺的角度以小于 25° 为宜。

（2）注意事项：针刺督脉穴过深会出现落空感，提示刺入脊髓腔，应立即停止进针，否则可伤及脊髓（图 2-67）。针刺膀胱经腧穴时，以保证不刺入胸廓内为基本要求。通过棘突和肩胛骨等骨性标志定位。

2. 腰部腧穴刺法

（1）一般刺法：腰椎棘突呈垂直板状，故针刺督脉腧穴，多直刺 0.5 ~ 1.5 寸。针刺膀

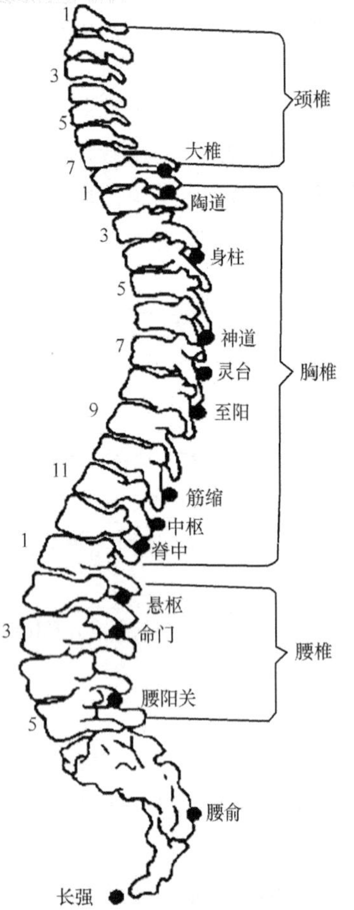

图 2-67　督脉腧穴解剖图

胱经腧穴以直刺、浅刺为主。

（2）注意事项：因脊髓圆锥下端平齐第 1 腰椎体下端，故悬枢穴不宜深刺；命门穴也不可向上斜刺过深，以免刺伤脊髓。第 12 胸椎至第 2 腰椎脊柱两侧的腧穴，如胃俞、三焦俞、肾俞、志室等，不可深刺或向外侧斜向深刺，以防刺穿腹腔后壁而损伤肾脏。

3. 骶部腧穴刺法

（1）一般刺法：八髎穴位置与骶后孔相应，因第一骶后孔并非直对体表，而是稍向内下方偏斜，故针刺上髎穴时，针尖应稍向内下即耻骨联合方向进针，方可透过骶后孔通向骨盆，针刺深度多为 1 ~ 1.5 寸，不宜过深，以防刺伤直肠。次髎、中髎、下髎直刺 1 寸左右，以刺达骶后孔为宜。长强、腰俞穴均向上斜刺 0.5 ~ 1 寸。

（2）注意事项：直肠位于尾骶骨前方，上段与骶骨的曲度一致，形成一凸向后的弯曲，下段绕尾骨尖弯向后下方形成凸向前的弯曲，针刺长强穴时，针尖向上与尾骨平行，在直肠与尾骨之间刺入，避免刺穿直肠引起感染。蛛网膜下腔的下端止于第 2 骶椎平面，针刺腰俞穴不可进入骶管过深，以免引起蛛网膜下腔出血。

（四）四肢部腧穴刺法

1. 上肢部腧穴刺法

（1）一般刺法：上臂肩髃、臂臑、肩髎等腧穴均可直刺或斜刺，深度以 0.8 ~ 1.5 寸为宜；肩井穴宜向前、向外方向平刺，不低于锁骨深部为宜，或向肩胛骨方向针刺。前臂腧穴多以直刺为主，深度宜为 0.5 ~ 1.2 寸。骨缘的偏历、养老等腧穴以沿骨缘针刺为多。井穴、十宣、四缝等多点刺放血。针刺极泉穴以向上斜刺为宜，深度多为 0.5 ~ 1 寸。

（2）注意事项：极泉穴当注意避开腋动脉（图 2-68），且不宜深刺。太渊穴应避开动脉针刺；合谷、后溪等穴透刺时应防止伤及掌深弓。肩井穴直刺宜防止伤及胸膜、肺脏，孕妇亦当禁用。心包经前臂的腧穴，其深部有正中神经，针刺时如有触电样感觉向中指放散，是刺中了正中神经，如进行大幅度提插，会损伤正中神经。

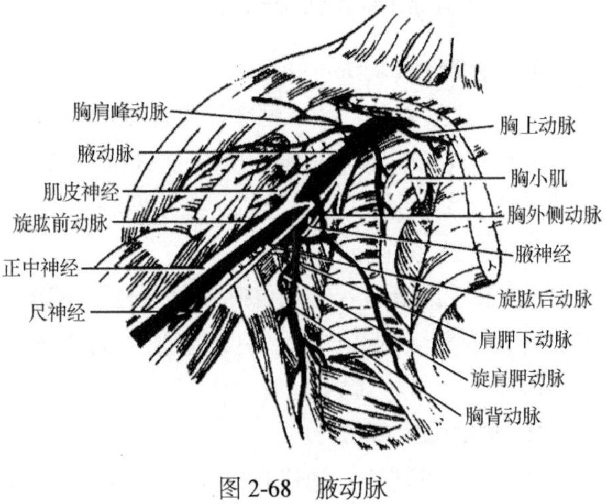

图 2-68　腋动脉

2. 下肢部腧穴刺法

（1）一般刺法：下肢多直刺，深度为 1 ~ 3 寸。大腿部的肌肉较为丰厚，一般直刺 1 ~ 3 寸。环跳取侧卧屈膝屈髋位，下面的腿伸直，上面屈曲，直刺 2 ~ 3 寸，局部有胀重感，同时针感向足跟部放射效果较好。小腿部腧穴一般直刺 0.5 ～ 2 寸。针刺犊鼻穴时，患者取屈膝位，向内上方向针刺，或向内膝眼透刺 0.5 ～ 1.5 寸。足部井穴、八风等可点刺出血，其他足部腧穴均可直刺或斜刺，针刺深度多在 1 寸以内。

（2）注意事项：针刺气冲、冲门、箕门、阴廉、急脉、冲阳等穴时，应防止伤及动脉（图 2-69）。针刺神经干时应控制刺激强度和刺激次数。

图 2-69　髂窝解剖

此外，一些具有活血通经作用的腧穴，如合谷、三阴交、肩井、昆仑、至阴等穴，孕妇禁用。

第七节　针刺异常情况的预防与处理

针刺是一种既简便又安全的治疗方法，但如操作不慎、疏忽大意，或犯刺禁，或针刺手法不当，或对人体解剖部位缺乏全面的了解，也会出现晕针、滞针、弯针、折针、针后异常感、损伤内脏、创伤性气胸等异常情况。一旦出现异常情况，应立即进行有效的处理。现就常见的针刺异常情况的预防与处理介绍如下。

一、晕针

晕针是指在针刺过程中患者发生晕厥的现象。

1. 现象

在针刺过程中，患者出现神情异常、头晕目眩、恶心欲吐等；甚见心慌气短、面色苍白、冷汗出、四肢厥冷、脉沉细等；重者出现神志昏迷、唇甲青紫、大汗淋漓、二便失禁、脉微欲绝等。

2. 原因

晕针多见于首次接受针刺，恐针、畏痛、情绪紧张者；或素体虚弱，或劳累过度，或空腹者，或大汗、大泻、大出血者；或体位不当，或刺激手法过强，或诊室闷热，或过于寒冷等。

3. 处理

立即停止针刺，迅速全部出针。患者平卧，头部放低，松解衣带，保温；服用糖类饮料或制品（可能影响患者自身原有疾病者慎用）或温开水；通畅空气。重者在行上述处理后，可选水沟、素髎、内关、合谷、太冲、涌泉、足三里等穴指压或针刺之，亦可灸百会、气海、关元等穴；一般患者可逐渐恢复正常。若见不省人事、呼吸微弱、脉微欲绝者，可配合西医学的急救措施。如出针后患者有晕针现象，应休息观察并做相应处理。

4. 预防

对于初次接受针刺治疗，特别是精神紧张者，要先做好解释工作，消除其恐惧心理；对体质虚弱、大汗、大泻、大出血等患者，取穴宜精，手法宜轻。对于饥饿或过度疲劳者，应推迟针刺时间，待其体力恢复、进食后再行针刺。注意患者体位的舒适自然，尽可能选取卧位。注意室内空气流通，消除过热、过冷因素。医师在治疗施术过程中，应守神入微，密切观察患者的神态，随时询问其感觉，如有不适立即处理。

二、滞针

滞针是指在行针或出针时，医师捻转、提插、出针均感困难，且患者感觉疼痛或疼痛加剧的现象。

1. 现象

在行针或出针时，医师捻转、提插和出针均感困难，若强行捻转、提插时，患者痛不可忍。

2. 原因

针刺入腧穴后，引起局部肌肉痉挛；进针后患者移动体位；医师向单一方向捻针太过，肌纤维缠绕于针身所致。若留针时间过长，也可出现滞针。

3. 处理

如患者精神紧张而致肌肉痉挛引起者，需做好耐心解释，消除其紧张情绪；患者体位移动者，需帮助其恢复原来体位；单向捻转过度者，需向反方向捻转；或用手指在滞针邻近部位做循按手法，或弹动针柄，或在针刺邻近部位再刺一针，以宣散邪气、解除滞针。

4. 预防

对于初诊患者和精神紧张者，要做好针刺前解释工作，消除紧张情绪。针刺时选择较舒适体位，避免留针时移动体位。痉挛性疾病行针时手法宜轻巧，不可捻转角度过大。若用搓法时，应注意防止滞针。

三、弯针

弯针是指进针、行针或留针时，针身在患者体内出现弯曲的现象。

1. 现象

针柄改变了进针时或留针时的方向和角度，医师提插、捻转和出针均感困难，患者感觉针刺部位疼痛。

2. 原因

医师手法不熟练，进针用力过猛过速，或针下碰到坚硬组织；进针后患者改变了体位；或外力碰击或压迫针柄；或针刺部位处于痉挛状态；或滞针处理不当等。

3. 处理

出现弯针后，不得再行手法，切忌强拔针、猛退针，以防引起折针、出血等。若体位移动所致者，须先恢复原来体位，局部放松后始可退针。若针身弯曲度较小者，可按一般的起针方法，随弯针的角度将针慢慢退出。若针身弯曲度大者，可顺着弯曲的方向轻微地摇动退针。如针身弯曲不止一处，须结合针柄扭转倾斜的方向逐次分段退出，切勿急拔猛抽，以防断针。

4. 预防

首先医师手法要熟练、轻巧，避免进针过猛、过速。患者的体位选择应适当，留针期间不可移动体位。防止针刺部位和针柄受外力碰压。另外，针刺痉挛状态的部位时应尤宜慎重。

四、断针

断针又称折针，是指针刺过程中，毫针针身折断在患者体内的现象。

1. 现象

在行针、出针时，发现针身折断，或部分针身浮露于皮肤之外，或全部没于皮肤之下。

2. 原因

针具检查疏忽或使用劣质针具。针刺或留针时患者改变了体位。针刺时将针身全部刺入；行针时强力提插、捻转，引起肌肉痉挛。遇弯针、滞针等异常情况处理不当，并强力出针。外物碰撞、压迫针柄等。

3. 处理

医师应冷静、沉着，并告诫患者不要恐惧，保持原有体位，以防残端向深层陷入。若残端尚有部分露于皮肤之外，可用镊子钳出。若残端与皮肤相平或稍低，而折面仍可看见，可用左手拇、食二指垂直向下挤压针孔两旁皮肤，使残端露出皮肤之外，右手持镊子将针拔出。若残端深入皮下，须采用外科手术方法取出。

4. 预防

针刺前必须仔细检查针具，尤其是针根部分，对于不符合质量的针具应剔除不用。避免过猛、过强地行针。选择的毫针长度必须大于应行针深度，针刺时切勿将针身全部刺入腧穴，更不能进至针根，应留部分针身在体外。行针和退针时，如果发现有弯针、滞针等异常情况，应及时处理，不可强力硬拔。

五、针刺导致血管损伤

针刺导致的血管损伤包括出血和皮下血肿。出血是指出针后针刺部位出血；皮下血肿是指针刺部位因皮下出血而引起肿痛等现象。

1. 现象

出针后针刺部位出血或肿胀疼痛，甚见皮肤呈青紫等现象。

2. 原因

针刺过程中刺伤血管，或者患者凝血机制障碍所致。

3. 处理

出血者，可用干棉球行长时间按压。若微量的皮下出血而出现局部小块青紫时，一般不必处理，可自行消退。若局部肿胀疼痛较剧，青紫面积大而且影响到活动功能时，在 24 小时内先冷敷止血，24 小时之后，再做热敷或在局部轻轻按揉，使局部瘀血吸收消散。

4. 预防

术前仔细检查针具，熟悉腧穴解剖结构，避开血管针刺。针刺时避免针刺手法过重，并嘱患者不可随意移动体位。分层延时出针，出针时立即用消毒干棉球按压针孔。有出血倾向者，针刺时要慎重。

六、针后异常感

针后异常感是指患者针刺后，针刺部位遗留疼痛、沉重、麻木、酸胀等不适的现象。

1. 现象

出针后患者不能挪动体位；患者被针刺的局部或肢体，遗留酸痛、沉重、麻木、酸胀等不适感；或原有症状加重，并妨碍患者的正常生活；或针孔出血，或针处皮肤青紫、结节等。

2. 原因

肢体不能挪动体位，可能是有针遗留，未完全出完，或针刺时体位选择不当，患者移动体位或外物碰压针柄。医师手法不熟练，行针手法过重，留针时间过长等。原有症状加重，多因手法与病情相悖。针前失于检查针具，针尖带钩，使皮肉受损，个别可能由凝血功能障碍引起。

3. 处理

如有遗留未出之针，应随即出针，退针后让患者休息片刻，不要急于离去。在患者针刺局部做循按或推拿手法，后遗感即可消失或改善。对原病加重者，应查明原因，调整治则和手法，另行针治。局部出血、青紫者，可用棉球按压片刻，血肿青紫明显者，应先冷敷再热敷。

4. 预防

针前要仔细检查针具。手法要熟练，进针要迅速，行针手法要适当，不可过强。嘱患者不可随意改变体位，防止外物碰压针柄。留针时间不宜过长。退针后应清点针数，避免遗漏。临诊时要认真辨证施治，处方选穴精炼，补泻手法适度。要仔细查询有无出血病史。要熟悉浅表解剖知识，避免刺伤血管。

七、气胸

针刺引起创伤性气胸是指针刺入胸腔，使胸膜破损，空气进入胸膜腔所造成的气胸。

1. 现象

患者突感胸闷、胸痛、心悸、气短、呼吸不畅、刺激性干咳，严重者呼吸困难、发绀、冷汗、烦躁、精神紧张，甚至出现血压下降、休克等危急现象。

体格检查：视诊可见患侧肋间隙变宽、胸廓饱满，叩诊患侧呈鼓音，听诊患侧呼吸音减弱或消失，触诊或可见气管向健侧移位。

影像学检查可见患侧肺组织被压缩。部分患者，出针后并不立即出现症状，而是过一定时间才逐渐感到胸闷、疼痛、呼吸困难等。

2. 原因

针刺胸部、背部及邻近穴位不当，刺伤胸膜，空气聚于胸腔而造成气胸。

3. 处理

一旦发生气胸，应立即出针；患者采取半卧位休息，避免屏气、用力、高声呼喊，应平静心情，尽量减少体位翻转。一般轻者可自然吸收；如有症状，可对症处理，如给予镇咳、消炎等药物，以防止因咳嗽扩大创孔，避免加重和感染。重者，如出现呼吸困难、发绀、休克等现象，应立即组织抢救。

4. 预防

为患者选择合适体位。对于胸部、背部及邻近腧穴，根据患者体形，严格掌握针刺的角度、方向和深度，施行提插手法的幅度不宜过大。

八、刺伤神经系统

针刺不当，可刺伤脑、脊髓、内脏神经，以及穴位附近的神经等。

（一）刺伤中枢神经

刺伤中枢神经系统是指针刺颈项部、背部、脊柱及附近腧穴不当，刺入脑、脊髓，引起头痛、恶心、呕吐，甚至昏迷等现象。

1. 现象

刺伤延脑时，可出现头痛、恶心、呕吐、抽搐、呼吸困难、休克和神志昏迷等，甚至危及生命。刺伤脊髓时，可出现触电样感觉向肢端放射、暂时性肢体瘫痪等，有时可危及生命。

2. 原因

针刺项部穴时，若针刺的方向及深度不当，容易伤及延髓，造成脑组织损伤，严重者出现脑疝等严重后果。针刺胸、腰段，以及棘突间腧穴时，针刺过深，或手法太强，可误伤脊髓。

3. 处理

立即出针；轻者，加强观察，安静休息，能逐渐恢复；重者应配合西医学措施进行及时救治。

4. 预防

凡针刺督脉腧穴，头项及背腰部的腧穴，特别是风府、哑门、风池等穴时，不可向上针刺，也不可刺之过深。医师应认真掌握进针深度、方向和角度。行针中必须随时注意针感，选用捻转手法，尽量避免提插等手法。

（二）刺伤周围神经

刺伤周围神经是指针刺引起的周围神经损伤，出现损伤部位感觉异常、肌肉萎缩、运动障碍等现象。

1. 现象

针刺误伤周围神经，可立即出现触电样的放射感觉，甚至出现沿神经分布路线发生麻木、热、痛等感觉异常，或有程度不等的运动障碍、肌肉萎缩等。

2. 原因

在有神经干或主要分支分布的腧穴上，针刺或使用粗针强刺激出现触电感后仍然大幅度提插，或留针时间过长，或同一腧穴反复针刺等。

3. 处理

应该在损伤后立即采取治疗措施，轻者可做按摩，嘱患者加强功能锻炼，可应用 B 族维生素类药物治疗。如在相应经络腧穴上进行 B 族维生素类穴位注射；重者应配合西医学措施进行处理。

4. 预防

针刺神经干附近的腧穴时，手法宜轻，出现触电感时，勿继续提插捻转。刺激时间不宜过长，刺激次数不宜过多，留针时间不宜过长。

九、刺伤内脏

针刺引起其他内脏损伤是指针刺胸、腹和背部相关腧穴不当，引起心、肝、脾、肾等内脏损伤而出现的各种症状。

1. 现象

刺伤心脏时，轻者可出现胸部强烈的刺痛；重者有剧烈的撕裂痛，引起心外射血，导致立即休克、死亡。

刺伤肝、脾时，可引起内出血，患者可感到肝区或脾区疼痛，或向背部放射；如出血过多，可出现腹痛、腹肌紧张、压痛，以及反跳痛等症状。

刺伤肾脏时，可有腰痛，肾区压痛及叩击痛，或见血尿；严重时血压下降、休克。

刺伤胆囊、膀胱、胃、肠等空腔脏器时，可引起局部疼痛、腹肌紧张、压痛及反跳痛等症状。

2. 原因

医师缺乏腧穴解剖学知识，或未能掌握正确进针的角度、方向和深度。

3. 处理

损伤轻者，卧床休息后，一般即可自愈。如果损伤严重或出血征象明显者，应用止血药等对症处理。密切观察病情及血压变化。若损伤严重，出血较多，出现失血性休克时，则必须迅速进行输血等急救或外科手术治疗。

4. 预防

熟悉腧穴解剖学知识，明确腧穴下的脏器组织。凡脏器组织、大血管、神经干处，肝大、脾大、胆囊大、心脏扩大，以及膀胱充盈的患者，其相应部位的穴位，都应注意针刺的角度、方向和深度，特别是针刺的深度。

第八节　历代医籍论刺灸法

一、《内经》论刺法

《灵枢·官针》记载的各种刺法，主要讨论九针用来治疗不同的病症，其中“五刺”是针对五脏有关病变而提出的；有针对九种病变而设立的“九刺”；有根据病变的深浅、大小等不同，提出刺浅、刺深和发针多少，以及运用不同的针刺角度，以适应十二经的各种病症的“十二刺”。

1. 五刺

《灵枢·官针》曰“凡刺有五，以应五脏”，这是从五脏应合五体（皮、脉、筋、肉、骨）的关系分成五种刺法，故又名五脏刺（表 2-12）。

表 2-12 《黄帝内经》五刺表

名称	方法	内应五脏
半刺	浅刺，疾出，以取皮气	肺（主皮毛）
豹文刺	多针刺，中脉出血	心（主血脉）
关刺	刺尽筋上	肝（主筋）
合谷刺	刺分肉间，一针多向斜刺	脾（主肌肉）
输刺	直入直出，深刺至骨	肾（主骨）

（1）半刺：“半刺者，浅内而疾发针，无针伤肉，如拔毛状，以取皮气，此肺之应也”。这种刺法是浅刺于皮肤，刺得浅，出针快，好像拔出毫毛一样。因其刺入极浅，不是全刺，故称半刺，主要作用是宣泄浅表部的邪气。因为肺主皮毛，故和肺脏相应，临床上适宜治疗风寒束表、发热咳嗽喘息等和肺脏有关的疾病及某些皮肤病，近代用皮肤针刺小儿时多用此法。这种刺法与九刺中的毛刺相类似。

（2）豹文刺：“豹文刺者，左右、前后针之，中脉为故，以取经络之血者，此心之应也”。这是一种以穴位为中心，进行散刺出血的刺法。因其针刺出血点多，形如豹文，故称为豹文刺。此法与九刺中的络刺、十二刺中的赞刺同属浅刺出血的方法。因为心主血脉，故本法与心气相应，能治红肿热痛等症。

（3）关刺：“关刺者，直刺左右尽筋上，以取筋痹，慎无出血，此肝之应也”。这种刺法多在关节附近的肌腱上进行针刺，因为筋会于节，四肢筋肉的尽端都在关节附近，故名关刺，可治筋痹证。因针刺较深，必须注意不宜伤脉出血。由于肝主筋，故与肝脏相应。

（4）合谷刺：“合谷刺者，左右鸡足，针于分肉之间，以取肌痹，此脾之应也”。这种刺法是在肌肉比较丰厚处，当进针后，退至浅层又依次再向两旁斜刺，形如鸡爪的分叉。“肉之大会为谷”，故称合谷刺。本法刺于分肉之间，脾主肌肉，故能应合脾气，临床上用于治疗痹证。《灵枢·卫气失常》说：“重者，鸡足取之”，指出这是一种重刺法。《儒门事亲》卷七增举一治例：“用《灵枢》中鸡足法，向上卧针，三进三引讫；复卓针起，向下卧针”，《黄帝内经太素》中本法的名称无“谷”字，称“合刺”。

（5）输刺：“输刺者，直入直出，深内之至骨，以取骨痹，此肾之应也”。这是一种直进针，直出针，深刺至骨骼的一种刺法，与十二经中的短刺、输刺相类似。“输”，是内外输通的意思，故称输刺。由于肾主骨，故本法能和肾气相应，故用治骨痹（包括深部病症）。

2. 九刺

《灵枢·官针》说：“凡刺有九，以应九变”，所谓变者，是指不同性质的病变，故九刺的主要内容就是讨论九类不同性质的病变，应用九种不同的刺法（表 2-13）。

表 2-13 《黄帝内经》九刺表

名称	方法	
输刺	刺诸经荥输、藏腧	取荥穴、输穴、背俞穴
远道刺	病在上取之下，刺府输	上病下取
经刺	刺大经之结络经分	刺大经
络刺	刺小络之血脉	刺血络

续表

名称	方法	
分刺	刺分肉之间	刺肌肉
大写刺	刺大脓，以铍针	泻脓、泄水
毛刺	刺浮痹皮肤	皮肤浅刺
巨刺	左取右，右取左	左右交叉取穴
焠刺	刺燔针取痹	烧针后刺，随痛处取穴

（1）输刺：《灵枢·官针》曰：“输刺者，刺诸经荥输、脏俞也。”这是一种五脏有病时的针治方法。如脏腑疾病，可取有关经脉的肘膝关节以下的荥穴和输穴，以及背部相关的五脏俞（如肺俞、心俞、肝俞、脾俞、肾俞）。《灵枢·寿夭刚柔》说：“病在阴之阴者，取阴之荥输”，即取四肢荥、输穴以治五脏病，《素问·咳论》中所记载的“治脏者，治其俞”，也属于这种刺法的范围。由于它突出针刺本输穴和背俞穴的作用，故称为输刺。

（2）远道刺：《灵枢·官针》曰：“远道刺者，病在上，取之下，刺府输也。”这是上病下取、循经远道取穴的一种刺法。府输原指六腑在足三阳经的下合穴，一般适宜于治疗六腑的疾病。《灵枢·刺节真邪》中有刺六腑的输穴治疗六腑病的记载，在《灵枢·邪气脏腑病形》中还明确指出“合治内腑”。六腑之合均在足三阳经，腑在躯干，位居下肢之上方，内腑有病而取合穴施治，故曰“病在上，取之下”。此外，因足三阳经脉从头走足相隔已远，故称远道刺法。这种选穴方法，目前临床颇为常用，如胃病取足三里，胆病取阳陵泉，肠病取上巨虚、下巨虚等。从广义上看，凡头面、躯干、脏腑的病症，刺四肢肘膝关节以下的穴位都可称远道刺，如头痛取太冲、至阴，齿痛取合谷、内庭等。

（3）经刺：《灵枢·官针》曰：“经刺者，刺大经之结络经分也”，是刺经脉所过部位中气血瘀滞不通有结聚现象的地方（如瘀血、硬结、压痛等）。这种刺法主要治疗经脉本身的病变，单独取用病经的腧穴治疗，故称经刺。

（4）络刺：《灵枢·官针》曰：“络刺者，刺小络之血脉也”，是浅刺体表瘀血的细小络脉使其出血的一种方法。由于这种刺法以刺血络为主，故称络刺，又称刺络，多用于实证、热证。《素问·调经论》说：“神有余，则泻其小络之血，出血勿之深斥，无中其大经，神气乃平。”目前临床上应用的各种浅刺放血法，如三棱针（古称锋针）、皮肤针或滚筒重刺出血法等属于本法范围，“刺络拔罐法”就是在本法基础上再结合使用拔罐法的一种方法。

（5）分刺：《灵枢·官针》曰：“分刺者，刺分肉之间也”，是指针刺直达肌肉的一种刺法，分肉指附着于骨骼部的肌肉。《素问·调经论》说：“病在肉，调之分肉。”治疗肌肉的痹证、痿证或陈伤等，均可选用此法，以调其经气。

（6）大写刺：《灵枢·官针》曰：“大写刺者，刺大脓以铍针也”，这是切开引流、排脓放血、泄水的刺法。治疗外科痈肿等症。“写”通“泻”，排除泻出的意思，故称大写刺。

（7）毛刺：《灵枢·官针》曰：“毛刺者，刺浮痹于皮肤也”，因浅刺在皮毛，故称毛刺。过去用镵针，现代临床上所用的皮肤针、滚筒刺之类的工具，也是受此法的启示改进而成的，治疗范围也有扩大。

（8）巨刺：《灵枢·官针》曰：“巨刺者，左取右，右取左”，这是一种左病取右、右病取左、左右交叉取穴施治的方法。《素问·调经论》说：“病在于左，而右脉病者，巨刺之。”

由于经脉在人体大都有左右交会的腧穴，如手足三阳经皆左右交会在督脉的大椎穴，足之三阴经也都左右相交会在任脉的中极、关元穴，因而脉气能左右交贯，故左经有病，取右经的腧穴也能治疗；右经有病，常可取左经的腧穴而有效。这种刺法称为巨刺，巨字有可能是互字的传写错误。

与“巨刺”类似的，还有一种“缪刺”也出自《黄帝内经》，其法在左病取右、右病取左的交叉取穴这一点上与巨刺是相同的，但适应证和方法有区别，《素问·调经论》说：“身形有痛，九候莫病，则缪刺之。”邪在于络，未传入经脉，故九候之脉象没有出现病脉，这时就适宜用缪刺法。《素问·缪刺论》即详论此法，取穴以四肢末端井穴为主，视其络脉，出其血。如《素问·缪刺论》说：“邪客于经，左盛则右病，右盛则左病，亦有移易者，左痛未已而右脉先病，如此者必巨刺之，必中其经，非络脉也。故络病者，其痛与经脉缪处，故命曰缪刺。”《素问·调经论》王冰注：“巨刺者，刺经脉，左痛刺右，右痛刺左”，“缪刺者，刺络脉，左痛刺右，右痛刺左”。

（9）焠刺：《灵枢·官针》曰：“焠刺者，刺燔针则取痹也”，是将针烧红后刺入体表的一种方法，用来治疗寒痹、瘰疬、阴疽等病症。《素问·调经论》称“焠刺”；唐代王冰注：“焠针，火针也。”“焠”字原是火入水，焠刺当是指烧针后再刺。燔也是火烧的意思，《针灸大成·卷四》曰：“火针，一名燔针。”但《类经》中张介宾注：“燔针者，盖纳针之后，以火燔之使暖也；此言焠针者，用火先赤其针而后刺之，不但暖也，寒毒固结，非此不可”，意指燔针是进针之后用火烧针使暖，似后世所称的温针，焠针即火针。《灵枢·经筋》治痹多用“燔针劫刺，以知为度，以痛为输”。

3. 十二刺

《灵枢·官针》说：“凡刺有十二节，以应十二经。”“节”是节要的意思。由于刺法有十二节要，故能应合于十二经的病症，又称“十二节刺”（表2-14）。

表2-14 《黄帝内经》十二刺表

名称	方法	主治
偶刺	前后配刺［一刺前（胸腹），一刺后（背），直对病所］	心痹
报刺	刺而再刺（刺后不即拔针，以左手按病痛处，再刺）	痛无常处
恢刺	多向刺，活动关节（刺筋傍，或向前，或向后，以恢筋急）	筋痹
齐刺	三针同用（正入一针，傍入二针）	寒痹小深者
扬刺	五针同用（正入一针，傍入四针）	寒痹广大者
直针刺	沿皮刺（引起皮肤乃刺入）	寒痹之浅者
输刺	提插深刺（直入直出，慢退针而深入）	气盛而热者
短刺	近骨刺（稍摇而深入）	骨痹
浮刺	肌肉斜刺（傍入其针而浮之）	肌肤急而寒
阴刺	左右同用（左右同时并刺）	寒厥
傍针刺	两针同用（正入一针，傍入一针）	留痹久居者
赞刺	多针浅刺出血（直入直出，多针而浅，出血）	痈肿

（1）偶刺：《灵枢·官针》曰：“偶刺者，以手直心若背，直痛所，一刺前，一刺后。

以治心痹。刺此者，傍针之也”。此法以一手按前心，相当于胸部募穴等处，一手按其后背，相当于相应的背俞处，当前后有压痛处进针。这种一前一后，阴阳对偶的针法，称为偶刺，又称“阴阳刺”。临床对脏腑病痛以胸腹部募穴和背俞穴相配同刺，即属本法。

（2）报刺：《灵枢・官针》曰：“报刺者，刺痛无常处也。上下行者，直内无拔针，以左手随病所按之，乃出针复刺之也”。此法是治游走性病痛的针刺方法，根据患者所报之处下针，施行手法后，询问患者针处是否痛止，另再在其他痛处下针。报，亦作“复”解，即出针后复刺的意思。

（3）恢刺：《灵枢・官针》曰：“恢刺者，直刺傍之，举之，前后恢筋急，以治筋痹也”。这种刺法是专对筋肉拘急痹痛的部位四周针刺。先从旁刺入，得气后，令患者作关节功能活动，不断更换针刺方向，以疏通经气，舒缓筋急。恢，有恢复其原来的活动功能的意思。

（4）齐刺：《灵枢・官针》曰：“齐刺者，直入一，傍入二，以治寒气小深者。或曰三刺，三刺者，治痹气小深者也”。这种针法是正中先刺 1 针，并于两旁各刺 1 针，三针齐用，故名齐刺。这种刺法与恢刺相反，恢刺为一穴多刺或多向刺；齐刺为三针集合，故又称三刺。治疗病变范围较小而部位较深的痹痛等症。

（5）扬刺：《灵枢・官针》曰：“扬刺者，正内一，傍内四而浮之，以治寒气之博大者也”，是在穴位正中先刺一针，然后在上下左右各浅刺 1 针，刺的部位较为分散，故称扬刺。《黄帝内经太素》中，将“扬刺”作“阳刺”，与阴刺对举，本法适宜治疗寒气浅而面积较大的痹证。近代梅花针叩刺法，即为扬刺的演变产物。

（6）直针刺：《灵枢・官针》曰：“直针刺者，引皮乃刺之，以治寒气之浅者”。先夹持捏起穴位处皮肤，然后将针沿皮下刺之，“直”是直对病所的意思，近代多称沿皮刺或横刺。这种刺法治疗浅表络脉等部位的病症。

（7）输刺：《灵枢・官针》曰：“输刺者，直入直出，稀发针而深之，以治气盛而热者也”，这种刺法是垂直刺入较深处候气，得气后慢慢将针退出，乃从阴引阳，疏泄热邪的一种手法，故称输刺。

（8）短刺：“短刺者，刺骨痹稍摇而深之，致针骨所，以上下摩骨”。其法是慢慢进针稍摇动其针而深入，在近骨之处将针上下轻轻捻转。短是接近的意思，故称短刺。适用于骨痹等深部病痛。

（9）浮刺：《灵枢・官针》曰：“浮刺者，傍入而浮之，以治肌急而寒者也。”此是斜针浅刺的一种方法，故名浮刺，浅刺勿深以治肌肉寒急。近代应用皮内针法，就是本法的演变。浮刺、毛刺和扬刺同属浅刺法，但是毛刺为少针而浅刺，扬刺是多针而浅刺，与本法均有所不同。

（10）阴刺：《灵枢・官针》曰：“阴刺者，左右率刺之，以治寒厥，中寒厥，足踝后少阴也”，阴刺是左右两侧穴位同用的刺法。如下肢寒厥，可同刺左右两侧的足少阴经太溪穴，以治阴寒。左右两侧同名穴位相配同刺，近代临床应用较为普遍。

（11）傍针刺：《灵枢・官针》曰：“傍针刺者，直刺、傍刺各一，以治留痹久居者”，这种刺法多应用于压痛比较明显，而且痛处固定不移，久久不愈的痹证。其方法是先直刺 1 针，再在近傍斜向加刺 1 针，由于正傍配合而刺，所以称“傍针刺”。这种刺法与齐刺相似，都为加强局部压痛处的通经活络作用而设，临床上可以相互参用。

（12）赞刺：《灵枢・官针》曰：“赞刺者，直入直出，数发针而浅之出血，是谓治痈肿也”，本法直入直出，刺入浅而出针快，是连续分散浅刺出血的刺法，用治痈肿、丹毒等症。“赞”是赞助其消散的意思，故称赞刺。本法与九刺中的络刺、五刺中的豹文刺都是放血刺法，只是归类不同。

二、《难经》论刺法

《难经》是继《黄帝内经》后又一部医学经典，全书采取质疑问难形式，共分八十一难，内容涉及阴阳、五行、藏象、脉学、经络、脏腑、疾病、腧穴、针法等诸多内容，尤其对针法理论中的针刺补泻手法、得气、治神等做了精辟的论述。《难经》对针法的研究具有承前启后的左右，进一步完善了针法理论，重视了进针角度与深度，强调了行针与得气，创新了针刺补泻方法，创立了泻南补北法，规范了迎随补泻法，为进一步发展针灸理论打下了坚实的基础，对后世刺法学术的发展有重要影响。

（一）荣卫补泻

《难经·七十六难》曰：“何谓补泻，当补之时，何所取气？当泻之时，何所置气？然：当补之时，从卫取气；当泻之时，从荣置气。其阳气不足，阴气有余，当先补其阳，而后泻其阴；阴气不足，阳气有余，当先补其阴，而后泻其阳。荣卫通行，此其要也。”卫为阳，行于体表，荣为阴，行于脉中。补应取卫阳之气，泻应弃营阴之物。关于荣卫补泻的具体操作，在《难经·七十八难》中说：“得气，因推而内之，是谓补；动而伸之，是谓泻”，即补法是进针到浅层得气后，将针推进下插，引卫分阳气深入；泻法是进针到深层得气后，将针动而上提，引荣分阴血浅出。《医学入门》对此阐述得更为清楚，说：“补则从卫取气，宜轻浅而针，从其卫气随之于后而济其虚也。泻则从荣弃置其气，宜重深而刺，取之荣气迎之于前而泻其实也。”《难经》所说的：“推而内（进）之”（以按为主）和“动而伸（退）之”（以提为主）是《灵枢》补泻针法的推衍。

（二）针刺深浅

1. 依荣卫分深浅

人体营卫之气的运行，卫气行于皮肤，先充络脉，散布在浅表；营气行于经隧，处于深里。因此，《难经》主张刺卫者宜浅，刺营者宜深；刺营无伤卫，刺卫无伤营。《难经·七十一难》曰：“针阳者，卧针而刺之；刺阴者，先以左手摄按所针荥俞之处，气散乃内针。”针卫阳时，只宜浅刺，用沿皮横刺（卧针），以免伤及深层营气。当刺营阴时，为了不损伤在表的卫阳之气，须先用左手按压穴位，使浅层的卫气散开然后针刺。这要求针刺候气时对深浅度做到心中有数，有的放矢。

2. 依四时分深浅

除《黄帝内经》论述的影响针刺深浅的因素：针刺部位、病情需要、针感程度外，《难经》还主张针刺深浅需参考季节因素。《难经·七十难》曰：“春夏者，阳气在上，人气亦在上，故当浅取之；秋冬者，阳气在下，人气亦在下，故当深取之。”根据“天人相应”的原则，春夏季，自然界的阳气向上，人体的阳气也趋于体表，故针刺宜浅；秋冬季，自然界的阳气向下，人体的阳气也趋向深层，故针刺宜深。

3. 依性别分深浅

《难经·七十八难》提到："不得气，乃与男外女内；不得气，是谓十死不治也"，是说如果针刺未能得气，男子可用浅提法候气于卫分（外），女子可用深插法候气于营分（内）。如果久求仍不得气，是营气衰竭的象征，病情较为危重。从人体生理角度来看，与男性比较，女性皮下脂肪相对要丰厚一些，故针刺得气深度自然要深些，但仍需按人体实际情况而定。

（三）四时针刺

《难经》不但主张因四时不同而针刺深浅有别，而且还提出五输穴在四时的不同应用。

1. 从阳引阴，从阴引阳

《难经·七十难》曰："春夏各致一阴，秋冬各致一阳者，何谓也？然：春夏温，必致一阴者，初下针，沉之至肾肝之部，得气，引持之阴也。秋冬寒，必致一阳者，初内针，浅而浮之至心肺之部，得气，推内之阳也。是谓春夏必致一阴，秋冬必致一阳。"其意指春夏宜从深层（肝肾部）引出阴气（一阴），秋冬则宜从浅层（心肺之部）纳入阳气（一阳）。

2. 五季、五脏应五输

《难经·七十四难》曰："经言春刺井，夏刺荥，季夏刺输，秋刺经，冬刺合者，何谓也？然：春刺井者，邪在肝；夏刺荥者，邪在心；季夏刺输者，邪在脾；秋刺经者，邪在肺；冬刺合者，邪在肾……四时有数，而并系于春夏秋冬者也。针之要妙，在于秋毫者也。"将五输穴分四时而刺，是与五输本身的特性有关。《难经·六十五难》说："然：所出为井，井者，东方春也，万物之始生……所入为合，合者，北方冬也……。"《难经·六十八难》曰："井主心下满（肝主满），荥主身热（心主热），俞主体重节痛（脾主体重），经主喘咳寒热（肺主咳喘），合主逆气而泄（肾主泄）。"这种将五输穴分四时而刺的主张，与《黄帝内经》有关内容有区别，对后世的影响很大。

三、《金针赋》论刺法

《金针赋》专论针法，首见于明初针灸学家徐凤所编著的《针灸大全》。据《金针赋》序所说，其作者号称泉石（真实姓名不详）。泉石先生于洪武戊辰年（1400 年）开始学习针法，受业于倪孟仲（洞玄先生）和彭九思（东隐先生）。经过两位先生老师的指导，以及他本人的悉心钻研，对针灸学有了较深的造诣。至永乐己丑年（1409 年），退寓西河，自称泉石先生。正统己未年（1439 年）春末，他因病休养，乃将当时流传的针法书籍"删繁撮简"，写成了《金针赋》。徐凤将其刊载于《针灸大全》卷五之中。徐氏在《金针赋》序之前，有这样一段收载说明："此《金针赋》，乃先师秘传之要法。得之者，每每私藏而不以示人，必待价之金乃可得也。予今以活人为心，更不珍藏，载于卷中，与同志之士共知。学者慎勿轻视，若能熟读详味，久当见之，则用针之法，尽于此矣。"

《金针赋》汇集了前人针法之精华，并加以发挥、创新，故备受明清以来针灸医家的重视与推崇，在历史上对针法的发展起到了承前启后的作用。全书共分九节，内容以针刺手法为主，简明扼要，便于记诵，其中的"飞经走气四法"、"治病八法"对后世影响很大。在《医学入门》、《针灸问对》、《针灸大成》等书中都有所论述。近人所称综合复式补泻手法也大都来源于此。现就其有关针法的内容进行介绍。"飞经走气四法"及"烧山火"、"透天凉"

已在第二章第五节中介绍。

（一）下针十四法

针刺基本手法，窦汉卿《针经指南》中归纳为手指十四法，即动、摇、进、退、搓、盘、弹、捻、循、扪、摄、按、爪、切等法。《金针赋》对此作了总结归纳，把它连贯起来即：“爪而切之，下针之法；摇而退之，出针之法；动而进之，催针之法；循而摄之，行气之法；搓则去病；弹则补虚；肚腹盘旋，扪为穴闭；重沉豆许曰按，轻浮豆许曰提；一十四法，针要所备。”这里将捻归并入“搓”，另加“提”，以与“按”对举。

（二）治病八法

《金针赋》描述记载了烧山火、透天凉、阳中隐阴、阴中隐阳、子午捣臼、进气(龙虎交战)、留气、抽添等手法，称为治病八法，成为后世针刺补泻手法中的主要内容。由于这些手法的操作步骤较多且复杂，所以对其中一些动作规范化，定出了一定的次数。即分别以九或六作为基数，一般补法用九阳数，泻法用六阴数。例如，补法用三九二十七，或七七四十九(少阳)，或九九八十一（老阳）数。泻法用三六一十八，或六六三十六（少阴），或八八六十四（老阴）数。“指下玄微，胸中活法，一有未应，反复再施”。

1. 阳中之阴（阳中隐阴）、阴中之阳（阴中隐阳）

阳中之阴（阳中隐阴）为先补后泻法。《金针赋》曰：“三曰阳中之阴，先寒后热。浅而深，以九六之法，则先补后泻也。”操作方法：根据穴位的可刺深度，分浅、深两层。先浅层运针，行紧按慢提九数，以行补法；觉微热后，再将针纳入深部，行紧提慢按六数，以行泻法。适用于先寒后热，虚中夹实之症。

阴中之阳（阴中隐阳）与阳中之阴（阳中隐阴）对称，为先泻后补法。《金针赋》曰：“四曰阴中之阳，先热后寒。深而浅，以六九之方，则先泻后补也。”操作方法：根据穴位的可刺深度，分浅、深两层。先深层紧提慢按六数，以行泻法；再将针退至浅部，行紧按慢提九数，以行补法，适用于先热后寒，实中夹虚之症。

阳中之阴（阳中隐阴）和阴中之阳（阴中隐阳）两法主要由徐疾法和提插法，亦可用捻转法组合而成，均属补泻兼施法，适用于虚实夹杂之证。

2. 子午捣臼、进气法（龙虎交战）

子午捣臼是一种捻转提插相结合的针刺手法。子午，指左右捻转；捣臼，指上下提插。《金针赋》曰：“五曰子午捣臼，水蛊膈气。落穴之后，调气均匀，针行上下，九入六出，左右转之，千遭自平。”针法操作方法是：进针得气后，先紧按慢提九数，再紧提慢按六数，同时结合左右捻转，反复施行。本法导引阴阳之气，补泻兼施，又有消肿利水作用，可用于治疗水肿、气胀等顽固性病症。

进气法与龙虎交战均是针对疼痛症状施行的手法。《金针赋》曰：“六曰进气之诀：腰背肘膝痛，浑身走注疼。刺九分，行九补，卧针五七吸，待气上行，亦可龙虎交战，左撚九而右撚六，是亦住痛之针。”

进气法主要是在深层施行补法，进针后刺入深层（九分）施行补法，如紧按慢提九数，然后将针卧，针尖向上（向心）让针下感应上行。龙虎交战则通过左右反复交替捻转以镇痛。龙，指左转，虎，指右转；左转右转两法反复交替进行称“交战”。进针后先以左转为主，即大指向前用力捻转九数；再以右转为主，即大指向后用力捻转六数；如此反复施行多次，也可分浅、中、深三层重复进行。进气法（龙虎交战）可温阳散寒，通经止痛，用于治疗阳虚寒凝所致的疼痛性病症。

3. 留气与抽添法

留气法由徐疾和提插法组合而成。《金针赋》曰：“七曰留气之诀：痃癖癥瘕，刺七分，用纯阳，然后乃直插针，气来深刺，提针再停。”操作方法是：进针后先将针刺入中层（七分），施行补法，如紧按慢提九数，然后将针直插至深层，再提针回原处，使气留针下而消积聚。本法有温经行气活血的作用。

抽添法：抽，指上提；添，指按纳。本法操作时要浅、深、上下提插搜寻，一提再提，一按再按，所以故用“抽添”为名。《金针赋》曰：“八曰抽添之诀，瘫痪疮癞。取其要穴，使九阳得气，提按搜寻，大要运气周遍，扶针直插，复向下纳，回阳倒阴。”操作方法是：进针后先提插或捻转九数以促使得气，再向周围做多向提插，然后再向下直刺按纳。抽添法可行气活血，疏通经络，治疗瘫痪麻痹等顽固性病症。

四、《针灸大成》论刺法

《针灸大成》由明代杨继洲原著、靳贤补辑重编，于明万历二十九年（1601）刊行，共10卷。所述内容十分广泛，首论《内经》、《难经》中有关针灸的论述，其次有针灸歌赋选、经络腧穴、刺法针法、灸法、针灸证治、杨继洲医案和小儿按摩法。《针灸大成》是中国针灸学的又一次重要总结，也是明代以来三百年间流传最广的针灸学著作。刊行以后已有50种版本，并有日、法、德等多种译本，堪称中国古代医学古籍瑰宝，不仅受到中国学术界的重视，还得到了国际上的广泛认可。《针灸大成》总结了明代以前中国针灸的主要学术经验，尤其是收载了众多的针灸歌赋；重新考定了穴位的名称和位置，并附以全身图和局部图；阐述了历代针灸的操作手法，加以整理归纳，如杨氏补泻十二法、下手八法及家传杨氏针法等，极大地丰富了针刺手法的内容。

（一）下手八法

杨继洲结合身的医疗经验，总结了针刺的“揣、爪、搓、弹、摇、扪、循、捻”下手八法。下手八法实际上介绍了进行针刺前的准备，它包括患者接受针刺治疗的正确体位、取穴原则、辅助手法等内容，下针后的几种最常用的补泻方法，并强调了催气、守气和气至病所的重要性，还阐明了出针的补泻原则和方法。

揣法与爪法是针刺前必须要做的准备措施，也是进针的辅助手法。揣有思考、推求、揣度的意思。《灵枢·外揣》曰：“日月之明，不失其影……昭昭之明不可蔽，其不可蔽者，不失阴阳也。合而察之，切而验之，见而得之。”这就告诫我们，揣穴必须首先治神以辨明疾病的阴阳性质，而后在相应的经络上揣寻所要取治的输穴。爪即指之甲，并有抓的涵义。每当取穴之际，常以拇指爪甲切按于要取的穴上，而二至四指并拢配合拇指抓扶肢体，这样可增加拇指爪甲切按的压力，使穴下的气血易于宣散，经络中的气血得以通达，再配合右手轻劲刺入，还能减少因针刺引起的疼痛，这即是爪法。

进针得气后可施予捻法，杨氏的捻法有向外捻与向内捻的区别，医者站在患者的右侧，病在上则“大指向外捻”，病在下则“大指向内捻”。捻时不仅要得气，而且还要求行气至病所才能治愈疾病。杨氏特别重视出针时所用捻法的技巧，出针之际，可采用向内捻的方法以增强针感，并使经脉中的谷气充实至病所而鼓邪外出，继而采用外捻法使邪气上浮，令其外出。出针前的内捻、外捻就需要医者有针下辨气的高超技巧。临床运用捻法，既要遵循杨氏的教导，又要通权达变。仅针感传到病所尚不足道，一定要待谷气之至。谷气之来，针下的感觉和而缓，始能逐邪外出而愈病。

搓法是进针得气后，右手拇食二指夹针旋转如搓线之状。当大指向上搓、针身向下深入时，方为补；反之为泻。搓是单向独进，用力亦大，针体旋转的角度相对大、圈数多。捻则是用右手拇、食二指来回反复搓针，捻的指力却往往小于搓法；捻时，针尖只在原位，不进不退。搓之左右与捻之内外的旋转方向应该是基本一致的，而搓左时，针尖必须向下深进，搓右时，针尖必须向上浅退。杨氏提出虚用补而搓左，实用泻而搓右，然而针尖所向却要分迎随。只有这样才能符合《难经·七十二难》的旨义：“所谓迎随者，知营卫之流行，经脉之往来也，随其逆 顺而取之。”

弹法是将拇指与食指交迭，病位在上时，以大拇指爪甲向上轻弹针柄；病位在下时，以食指爪甲向下轻弹针柄。用此法能使气易至而速行，是催气、守气的手法之一。当行弹法待谷气到来之后，可再将针柄向后退一豆许，继而由浅入深，自外向内行提插补法或凤凰展翅的补法配合以扶正。由此可见，弹能催气、守气，也是施行补法的基础。

摇法是针刺得气之后，频摇针体使谷气之至。经针下辨气，当有逐邪外出之势时，再行白虎摇头之类的泻法由深出浅，由里达外而引邪外出。

扪者，出针时急扪其穴，使针孔关闭，气血不外泄的一种辅助补法。循者，针刺前以手循穴，使穴周气血宣而下针，有疏通经络而逐邪的作用。出针之后不扪其穴，乃是开门驱贼的泻法。

（二）交经针法

交经针法是使用不同的选穴方法，将经气与脏腑、病灶交互沟通，与另一段经脉交接，从而提高治病效果。这里的“交”是交接、交通之义，以“交”字为主体，一切手法的操作都是为了交气。此类方法，原始于明代徐凤的《针灸大全》。杨继洲将徐凤的针法继承，又对其他医家的操作方法加以总结，首次提出了 4 种交经方法，即五脏交经、隔角交经、通关交经、关节交经。

1. 五脏交经针法

《针灸大成》曰：“五脏交经须气溢，候他气血散宣时，苍龙摆尾东西拨，定穴五行君记之，凡下针之时，气行至溢，须要候气血宣散，乃施苍龙左右拨之可也。五行定穴分经络，如船解缆自通享，必在针头分造化，须交气血自纵横。”该法首先在于选穴，选穴的原则是，根据有病脏腑的五行属性选配各脏腑五输穴的有关穴位，即“五行定穴分经络”及“定穴五行君记之”，补时选用其母穴，泻时选择其子穴。如肺气实则取本经的子穴、水穴、合穴尺泽穴，或取肾经的水穴、合穴阴谷，如肺气虚则取本经的母穴、土穴、输穴太渊穴，或取脾经的土穴、输穴太白穴。

2. 隔角交经针法

《针灸大成》曰：“隔角交经，相克相生，凡用针之时，欲得气相生相克者，或先补后泻，或先泻后补，随其疾之虚实，病之寒热，其邪气自泻除，真气自补生。隔角要相生，水火在君能，有症直任取，无病手中行，仰卧须停稳，法提气调均，飞经疗入角，便是一提金。”隔角交经的“角”，古代为盛酒的器具，这里用以代表脏器，是指经络循行中相隔一个或几个脏腑相生相克的交经传导。另外，凡经脉相关联的脏腑，在治病上均可互相采用各经的腧穴。例如，从胃经传入肺经，在经脉循行上应是胃经传入脾经，脾经传入心经，心经传入小肠经，小肠经传入膀胱经，膀胱经传入肾经，肾经传入心包经，心包经传入三焦经，三焦经传入胆经，胆经传入肝经，到肝经后才到肺经入肺。因此如欲通过肾经的穴位治疗肺经的病，如沿经脉循行的顺序从胃经到肺经的传注途径是漫长的，但应用隔角交经的方式则取捷径，即是胃属土，肺属金，土生金即可达到。肺经有病，可直取胃经穴，此为相生，虚则补其母。肝经有病，可直取肺经穴，此为相克。

3. 通关交经针法

《针灸大成》曰：“通关交经，苍龙摆尾，赤凤摇头，补泻得理。先用苍龙摆尾，后用赤凤点头，运入关节之中，后以补则用补中手法，泻则用泻中手法，使气于其经便交”。即先用苍龙来摆尾，后用赤凤以摇头，再行上下八指法，关节宜通气自流。

4. 关节交经针法

《针灸大成》曰：“关节交经，气至关节，立起针来，施中气法。凡下针之时，走气至关节去处，立起针，与施中气法纳之可也。关节交经莫大功，必令气走纳经中，手法运之三五度，须知其气自然通”。该法可使针感传入关节内，操作时选用关节周围的穴位，使针快速刺入皮下，亦可用捻转慢速进针法进至第一针感层，使之得气传至关节处，立起针身，施用中气法，卧倒针身行苍龙摆尾和白虎摇头法，经气流行，则留针，后将针退至皮下，待针感消失后出针。

（三）针刺补泻法和大小刺法

杨氏以前的针刺补泻手法种类甚多，但对其分类和定性历来很少有文献论及。杨氏则在继承《内经》、《难经》学术思想的基础上，对此作了精辟的论述。杨氏认为，补泻手法基本上可分为两类：即以经络上下循行为依据的手法：如针芒补泻（即迎随补泻）、捻转补泻，目的是针对气血往来流行时出现的“太过”、“不及”的病理变化而设。另一类是以营卫表里为依据的手法，如徐疾补泻、提插补泻，目的是针对荣卫之气的虚实而设。这样的分类可说泾渭分明，便于后人学习和掌握，成为针刺补泻的理论根据。

针刺补泻手法历来存在着质与量的认识问题，杨氏在总结历代文献理论的基础上，提出了“针刺补泻有大小”的观点：“（刺）有平补平泻，谓其阴阳不平而后平也。……但得内外之气调则已；（刺）有大补大泻，惟其阴阳俱有盛衰，内针于天地部内，俱补俱泻。”这里以杨氏举提插补泻为例，在阐明了调和内外阴阳之气性质的基础上进一步分析了治疗时的刺激量，分为“平补平泻”和“大补大泻”二个等级，即在腧穴规定的针刺深度内，作大幅度的上下提插为大补大泻。而“平补平泻”则应是提插幅度适中，刺激量较为平和的一种补泻手法。由此杨氏提出了任何补泻手法其操作都应根据其刺激量的轻重而区分大小。

针体的粗细，针刺的深浅，用力的轻重，留针的久暂，提插、捻转幅度的大小和速度的快慢，都会产生不同的刺激量。所以在施行各种补泻手法操作时必须密切和这些因素相结合，将其区分为大（重）补，中（平）补，小（轻）补；或大（重）泻，中（平）泻，小（轻）泻。

这样，有法、有质，也有量，才能使手法有一个比较完整的概念，使之成为一种规范化的手法，这不能不说是杨氏的创见。

（四）刺灸取穴法

杨继洲临床取穴方法多种多样，其所著《针灸大成》中记载有循经取穴、临证取穴、注重经验效穴与奇穴、辨证取穴等多种取穴方法，其重视取穴方法的具体应用，兼容并蓄，博采众长，内容丰富，给后世学者提供了许多宝贵的经验和方法。

1. 循经取穴

《灵枢•海论》云："十二经脉者，内属于脏腑，外络于肢节。"《素问•皮部论》曰："外邪客于皮，则腠理开，开则邪入客于经脉，经脉满，则客于脏腑也"，可见经脉是病邪入侵的道路，消灭病邪又必须从畅通经脉入手。所以杨氏主张"宁失其穴，毋失其经"。他认为辨证施治，腧穴运用的正确性，固然重要，然而经络的合拍更为重要。杨继洲在循经取穴时，有的全部在阴经上取穴，有的全部在阳经上取穴。《针灸大成·治证总要》151 首处方中，全在各阳经取穴的，共计有 23 首。例如，第 1 首"治疗中风不语，手足瘫痪者，取穴合谷，肩髃，手三里，百会，肩井，风市，环跳，足三里，委中，阳陵泉"，共计 10 穴都是属于阳经上的穴。在各阴经上取穴的案例在《针灸大成·治证总要》中共计有 13 首。如第 65 首"小便不通，先刺阳陵泉、气海、三阴交。复刺阴谷、大陵"，全部为阴经上的腧穴。

2. 临证取穴

临证取穴是杨继洲取穴的又一大特点。他所撰《针灸大成》记载的临证取穴之法，选用的腧穴，除孙真人十三针穴外，共 29 穴。其中门、海、俞、募穴及原、别、交会穴占 18 穴，分别应用于 24 个病例，4 例随证选用经验效穴，充分体现了杨氏临证选穴的特点，给后人提供了极为珍贵的范例。在脏腑病中取门、海、俞、募穴。门，指精气出入的门户；海，乃脉气众流所归；背俞是脏腑经气输注于背部的孔穴；募穴则脏腑经气汇聚于胸腹部的腧穴。以门、海命名的穴位及背俞、募穴，与脏腑的关系十分密切。应用门、海、俞、募等穴以治疗脏腑经络病变的占 15 例。例如，治张某"泻痢半载，诸药不效"（《针灸大成•医案》）一案中，是以针灸中脘、 章门而愈的。盖泻痢经久不瘥，正虚邪恋，必致脾胃虚衰，脏气馁弱。在脏会，脾募章门穴施以灸刺，可振奋脾阳，补益脏气；而针灸腑会，胃募中脘，则能温中补上，通调腑气。此用简而意深，使痼疾得痊。

3. 注重经验效穴与奇穴

杨继洲通过长期的临床实践，对不少经穴和经外奇穴积累了丰富的经验。反映在他的配穴处方中，如《治症总要》曰："发背痛疽：肩井、委中、天应、骑竹马"，"迎风流泪：攒竹、大骨空、小骨空、沮孔上，中指半指尖"，"脾疼取肩井"等处方。又如医案中治李义河翁患两腿痛十余载，刺二市而"病不再发"；箕川长如患"惊风，热甚危笃"，灸印堂等穴"方作声"；用"孙真人治邪十三针之法"愈李某妻"怪病"而"精神复明"（《针灸大成·素部•皮部论》）。这些都体现了他在《针灸大成·卷三·穴有奇正策》中说"定穴兼乎奇正，尤知巧之所在"的思想。

4. 辨证选穴

在辨证选穴方面广泛收集各家用穴经验，结合杨氏家传用穴，共包括各科三百多种病证的 1000 多个处方。在杨氏 31 则医案中亦可以看出，他强调的辨证选穴，包括辨证审因、辨局部与整体、辨正邪盛衰、辨阴阳关系、同病异治、异病同治的一整套的辨证选穴理论。他列举了 151 个辨证选穴的例子，包括内、外、妇、儿、五官科等各种常见疾病。用穴一般在三五个左右，而又能获得很好的疗效，至今针灸临床处方多师其法。例如，治偏正头风，用风池、合谷、丝竹空；眼赤暴痛，用合谷、太阳、光明；口眼㖞斜，用颊车、合谷、地仓、人中等；尤其可贵的是，在论述这些疾病的过程中，着重分析疗效及造成失败的原因。同时，他又在很多处方后面，再列举一二方，以备前方不效时应用，这也是前人针灸文献所少见的。例如，中风不省人事，用人中、中冲、合谷后，不效再取哑门、大敦等，凡此种种，都给后世学者提供了许多宝贵的经验和方法。

思考题

(1) 毫针由哪几个部分构成？

(2) 毫针的规格主要是根据什么区分的？

(3) 简述纸垫练针法的目的与操作方法。

(4) 临床上常用的体位有哪些？

(5) “刺手”和“押手”的作用分别是什么？

(6) 双手进针法共分为几种？分别适合在哪种情况下应用？

(7) 针刺的角度分为几种？

(8) 临床上针刺的深度取决于哪些因素？

(9) 何谓行针法？其基本手法包括哪些？

(10) 行针的辅助手法包括哪些？

(11) 飞法如何操作？

(12) 何谓留针？简述其具体方法。

(13) 何谓得气？针刺得气有何作用？

(14) 影响得气的因素有哪些？促使得气的方法有哪些？

(15) 什么是治神法？治神法有何意义？

(16) 简述治神的方法。

(17) 什么是针刺补法？什么是针刺泻法？

(18) 针刺补泻的原则是什么？依据是什么？

(19) 简述提插补泻法、捻转补泻法、徐疾补泻法、迎随补泻法、呼吸补泻法、开阖补泻法、平补平泻法的操作方法。

(20) 简述烧山火、透天凉法的操作与应用。

(21) 简述决定针刺补泻的主要因素。

(22) 什么是透穴刺法？其临床特点如何？

(23) 透穴刺法有哪几种操作方法？简要介绍其具体操作与应用。

(24) 什么是局部多针刺法？

(25) 简述傍针刺法、齐刺法、扬刺法、围刺法的操作与应用。

(26) 何谓运动针刺法？简述其操作与应用。

(27) 简述睛明、哑门、风池、天突穴的针刺操作要点。

（28）简述耳门、听宫、听会的针刺操作要点。

（29）简述中极、横骨、曲骨、关元穴针刺操作要点。

（30）试述胸背腧穴的刺灸法。

（31）晕针的表现、原因、预防处理有哪些？

（32）弯针的表现、原因、预防处理有哪些？

（33）滞针的表现、原因、预防处理有哪些？

（34）气胸的表现、原因、预防处理有哪些？

第三章 灸法、拔罐法、刮痧法

第一节 灸 法

一、灸法的概念与特点

（一）灸法的概念

灸法是指利用艾叶等易燃材料或药物，点燃后在穴位上或患处进行烧灼或熏熨，借其温热性刺激及药物的药理作用，以达到防病治病目的的一种外治方法。

灸法是针灸疗法中的重要组成部分。灸法同针法一样，都是建立在脏腑、经络、腧穴等理论基础上，通过刺激腧穴来调整经络与脏腑的功能而起到防病治病的作用，因而其临床适应范围也是非常广泛的。但由于灸法的刺激因素、作用方式等与针法有着明显的不同，又有着与针法不同的作用与操作特点，因此，灸法在临床适应范围的选择上多有侧重。

（二）灸法的特点

（1）灸法擅长治疗虚寒病症和预防保健。灸法的临床治疗范围十分广泛，可应用于寒、热、虚、实多种类型的疾病。由于灸法对穴位或患处产生温热性刺激，所以一般认为其温补的作用比针法好，因此，灸法常用于寒证、虚证及预防保健。

（2）灸法有特殊功效，可补针、药之不足。针法、灸法和中药疗法，各具特点，又各有其局限性。许多疾病在用针刺或中药后无效或疗效不明显的情况下，用灸法往往能取得较好效果。《黄帝内经》中所说的“针所不为，灸之所宜”和《医学入门》所说的“凡病药之不及，针所不到，必须灸之”，即概括了灸法在临床上的应用价值。例如，临床上单纯采用灸法或配合针刺的其他疗法，治疗风湿性关节炎、风湿性肌纤维炎、类风湿关节炎、肩周炎，慢性支气管炎、支气管哮喘等，有显著的疗效。另外，灸法的种类很多，每一种灸法各具所长，有些灸法还为专病而设，大大提高了临床治疗效果。

（3）灸法宜被患者接受，便于自我治疗。除化脓灸外，其他多数灸法无痛苦，无畏惧感，很容易为患者所接受。又因其操作简便，患者容易掌握且能自我治疗，有利于常见病的家庭保健和治疗。

二、施灸材料

灸法所用的材料，古今均以艾叶加工制作的艾绒为主，但也常常针对不同病症采用其他材料施灸。

（一）艾及艾制品

1. 艾、艾叶与艾绒

（1）艾：为菊科多年生灌木状草本植物，自然生长于山野之中，我国各地均有生长，古时以蕲州产者为佳，特称“蕲艾”。艾在春天抽茎生长，茎直立，高 60 ~ 120cm，具有白色细软毛，上部有分枝。茎中部的叶呈卵状三角形或椭圆形，有柄，羽状分裂，裂片呈椭圆形至椭圆状披针形，边缘具有不规则的锯齿，表面深绿色，有腺点和极细的白色软毛，背面布有灰白色绒毛，7 ~ 10 月开花。瘦果呈椭圆形，艾叶有芳香型气味（图 3-1）。艾产于各地，便于采集，价格低廉。所以几千年来一直为针灸临床所应用。

图 3-1　艾叶

（2）艾叶的化学成分：艾叶中纤维质较多，水分较少，同时还有许多可燃的有机物、溶醚与离子成分等（表 3-1）。

表 3-1　艾叶的化学成分

成分	百分率（%）
无氮素有机物（主要是纤维质）	66.85
含氮素有机物（主要是蛋白质）	11.31
水分	8.98
溶醚成分（其中含挥发油 0.02%）	4.42
离子成分（包括钾、钠、钙、镁、铝）	8.44

（3）艾叶的性能：艾叶气味芳香，味辛、微苦，性温热，具纯阳之性。古人认为，艾叶“能回垂绝之阳，通十二经，走三阴，理血气，逐寒湿，暖子宫，止诸血，温中开郁，调经安胎……以之灸火，能透诸经而除百病”（《本草从新》）。说明用艾叶作为施灸材料，有通经活络、祛除阴寒、回阳救逆等多方面的作用。

（4）艾绒的制作：艾绒是艾叶经加工制成的淡黄色细软的绒状物。用艾绒作施灸材料有两大优点，一是便于搓捏成大小不同的艾炷，易于燃烧，气味芳香；二是燃烧时热力温和，能穿透皮肤，直达组织深部。

艾绒的制作，多于每年阴历 3 ~ 5 月间，采集肥厚新鲜的艾叶，放置日光下暴晒干燥，然后放在石臼中，用木杵捣碎，筛去杂梗和泥沙，再晒再捣再筛，如此反复多次，就成为淡黄色洁净细软的艾绒。艾绒按加工（捣筛）程度不同，分粗细几种等级，临床根据病情的需要而选用，如施艾炷灸时宜用细艾绒；制艾卷时多用粗艾绒。

艾绒的质量，对施灸的效果有一定影响。质量好、无杂质、干燥、存放久的效力大，疗效好；反之则差。劣质艾绒，生硬而不易团聚，燃烧时火力暴躁，易使患者感觉灼痛，难以忍受，且杂质较多，燃烧时常有爆裂的弊端，散落燃烧的艾绒易灼伤皮肤，须加注意。

（5）艾绒的保藏：艾绒以陈久者为佳，其点燃后火力较温和，而新制艾绒内含挥发性油质较多，灸时火力过强，易伤人肌脉，故古人有用“陈艾”之说，《孟子》中也记载：“七年之病，求三年之艾。”因艾绒以陈久为好，故制成后须经过一段时间的贮藏。因其性吸水，故易于受潮，保存不善，则易霉烂虫蛀，影响燃烧。因此，平时应保存在干燥之处，或密闭于干燥的容器内存放。比较潮湿的地区，每年当天气晴朗时要重复暴晒几次，以防潮湿和霉烂。

2. 艾制品

（1）艾炷：即以艾绒为材料，手工或器具制成的圆锥形或圆柱形的小体。圆锥形艾炷为传统形式，至今仍广泛应用，圆柱形艾炷为现代生产的新式艾炷。

1）艾炷的大小：古代多以物比喻，最小者如黍米大，最大者如鸡卵大，常用者如麦粒、黄豆、蚕豆大。现代分为大、中、小三号。大号艾炷的高和炷底直径均为 1cm，如蚕豆大；中号艾炷的高和炷底直径均为 0.5cm，如黄豆大或半个枣核大；小号艾炷的高和炷底直径均为 0.3cm，如麦粒大。施灸时，每燃烧一个艾炷即称为 1 壮。圆柱形艾炷有商品销售，形似铆钉，也有大小号之分。

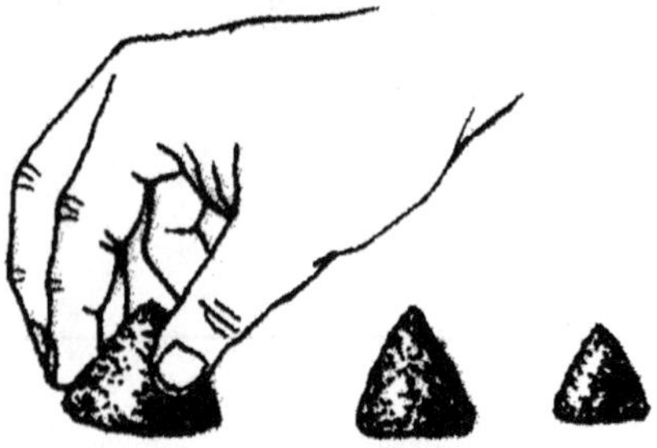

图 3-2　手工制作艾炷法

2）传统式艾炷的制作：有手工制作与艾炷器制作两种方法。

手工制作法：一般用手捻。根据所制艾炷的大小来取适量的艾绒，放在桌面上，用拇、示、中三指一边捏，一边旋转，把艾绒捏成上尖下平的圆锥形小体即成。手工制作艾炷要求紧实均匀，大小一致（图 3-2）。

艾炷器制作：艾炷器由艾炷模、压棒和探针三部分组成，艾炷模多由铜铸或有机玻璃制成，模上有锥形空洞，洞下留一小孔透至背面。制作时将艾绒放入艾炷器的空洞中，然后用压棒直插孔内紧压，即成为圆锥形小体，再用探针从艾炷模背后的小孔中，将艾炷顶出即成。用艾炷器制作的艾炷，艾绒紧实，大小一致，更便于应用（图 3-3）。

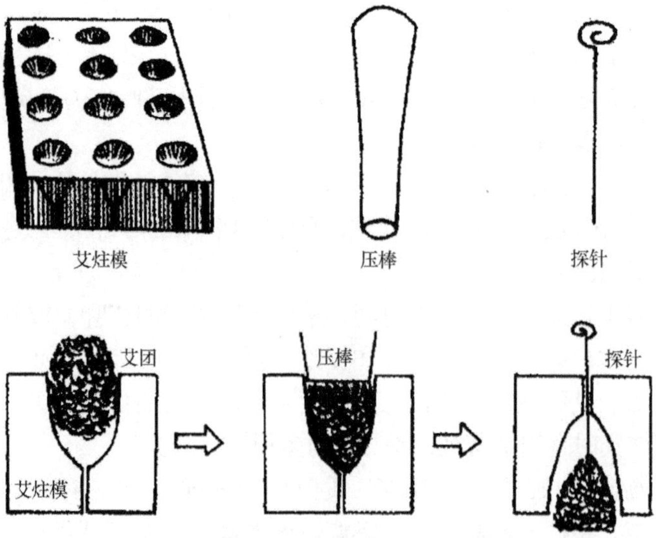

图 3-3　艾炷器制作艾炷法

（2）艾条：又称艾卷，是用艾绒为主要成分卷成的圆柱形长条。根据内含药物的有无，又分为纯艾条（清艾条）和药艾条两种。一般长 20cm，直径约 1.5cm。因其使用简便、不起泡、不发疮、无痛苦，且患者还可以自灸，故临床应用广泛。制作方法如下。

1）纯艾条：取艾绒 26g，平铺在长 26cm、宽 20cm 的细棉纸上，不加任何药物，将其卷成直径约 1.5cm 的圆柱形，用胶水或糨糊封口而成。卷的松紧要适中，太紧不易燃烧，太松则施灸时易掉火星。

2）药艾条：主要包括普通药艾条、太乙针、雷火针三种。

普通药艾条：取肉桂、干姜、木香、独活、细辛、白芷、雄黄、苍术、没药、乳香、川椒各等份，研成细末。将药末混入艾绒中，每支艾条加药末 6g。制法同纯艾条。

太乙针：又称太乙神针，其药物配方历代医家记载各异。近代处方为：人参 250g，参三七 250g，山羊血 62.5g，千年健 500g，钻地风 500g，肉桂 500g，川椒 500g，乳香 500g，没药 500g，穿山甲（土炮）250g，小茴香 500g，蕲艾 2kg，甘草 1kg，防风 2kg，人工麝香少许，经加工炮制后共研为末。取棉皮纸一层，高方纸二层（纸宽 41cm，长 40cm），内置药末约 25g，卷紧成爆竹状，越紧越好，外用桑皮纸糊 6 ～ 7 层，阴干待用。

雷火针：又称雷火神针，用艾绒 94g，沉香、木香、乳香、茵陈、羌活、干姜、穿山甲（土炮）各 9g，研为细末，过筛后，加入麝香少许。取棉皮纸二方，一方平置桌上，一方双折重复于上。铺洁净艾绒于棉皮纸上。拿木尺轻轻叩打使其均匀成一正方形，然后将药料均匀铺于艾绒上，卷成爆竹状，外涂鸡蛋清，以桑皮纸糊 6 ～ 7 层，阴干勿令泄气待用。

一般纯艾条和药物艾条均有产品销售，无需自己制作，但若加入特殊处方药物，则需自制（图 3-4）。

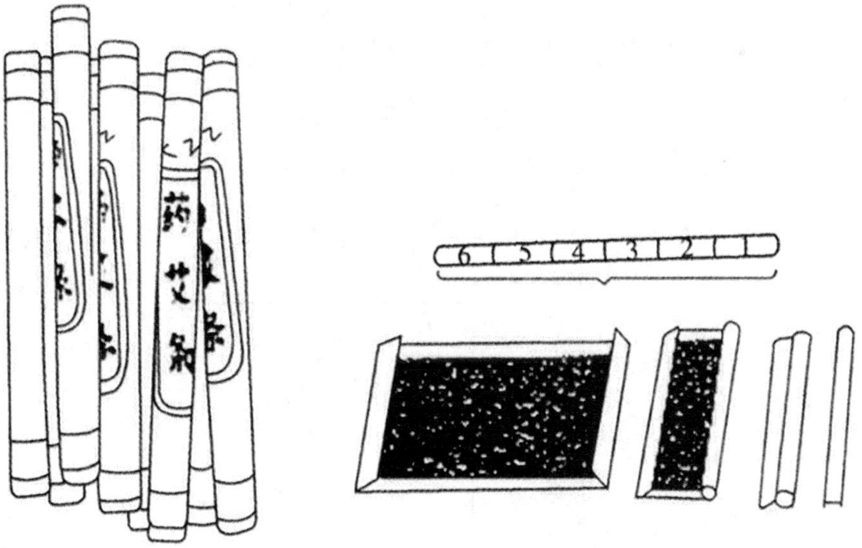

图 3-4　艾条及艾条制作图

（二）其他材料

除了艾绒以外，灸法还有其他一些物质可作为施灸的材料，包括一些天然的易燃物质如灯心草、桑枝、桃枝、硫磺、竹茹等；特制的灸材如药锭、药捻及黄蜡等。还有一些刺激性较强的药物如毛茛、斑蝥、白芥子等，常作为天灸的材料，本书放在穴位贴敷疗法中。此外，还有一些作为辅助灸材，如生姜、大蒜、附子、豆豉及食盐等。

三、灸法的分类及应用

灸法的种类十分丰富，一般依据施灸材料可分为艾灸法和非艾灸法两大类。凡以艾叶为主要施灸材料的均属于艾灸法。艾灸法是灸法的主体，临床应用最为广泛，依据操作方式的不同，又可分为艾炷灸、艾条灸、温针灸、温灸器灸，以及较为特殊的艾灸法，临床上以艾炷灸和艾条灸最为常用，是灸法的主体部分。在使用艾炷灸时，根据艾炷是否直接置于皮肤穴位上燃灼的不同，又分为直接灸和间接灸两法。非艾灸类包括灯火灸、黄蜡灸、药锭灸、药捻灸、药线灸、药笔灸等。灸法分类可见图 3-5。

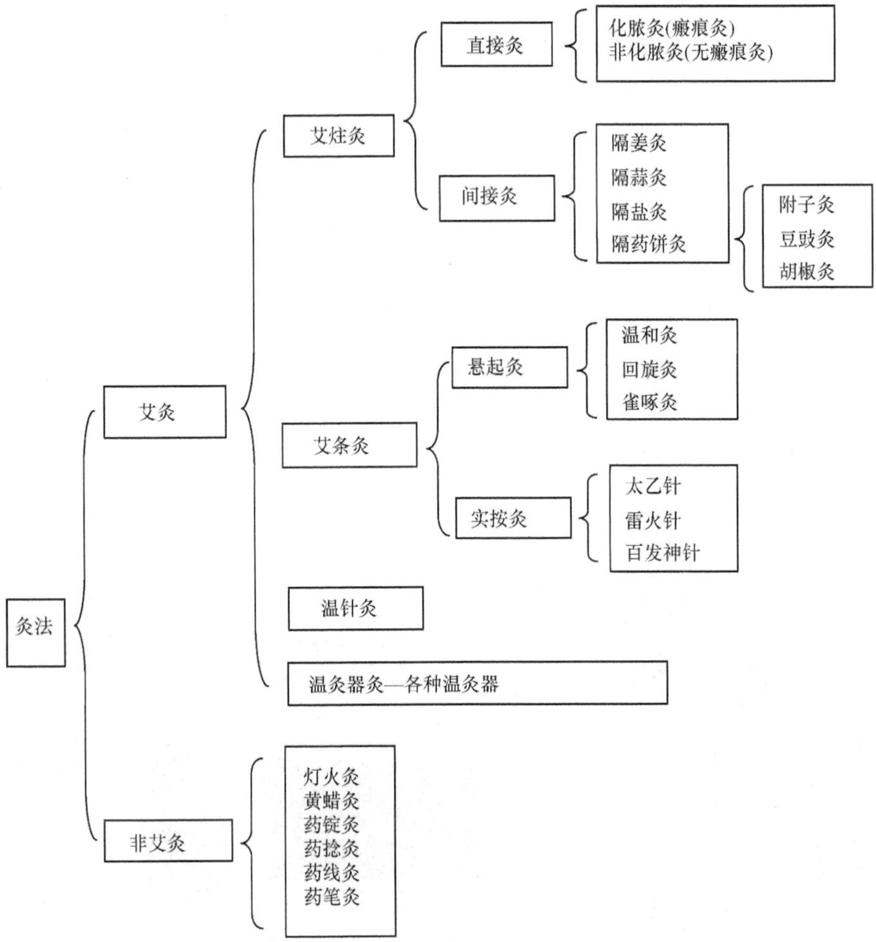

图 3-5　灸法分类

（一）艾灸类

1. 艾炷灸

将艾炷放在穴位上施灸，称为艾炷灸。艾炷灸可分为直接灸和间接灸两种。

（1）直接灸：又称着肤灸、明灸，是将艾炷直接放在皮肤上点燃施灸的方法。根据施灸的程度不同，即灸后有无烧伤化脓，又分为化脓灸（瘢痕灸）和非化脓灸（非瘢痕灸）。

1）化脓灸：化脓灸法灼伤较重，可使局部皮肤溃破、化脓，并留永久瘢痕，故又称烧灼灸、瘢痕灸。本法古代盛行，而现代多用于一些疑难病症如哮喘、慢性胃肠病和预防中风等，有较好疗效，但不易被患者接受。施灸方法和灸后处理如下：

A. 选择适宜体位与点准穴位：体位与取穴有直接关系，既要注意患者体位的平整舒适，又要考虑到取穴的准确性，一般原则为坐点坐灸、卧点卧灸，取准穴后用笔做一标记。

B. 施灸：在穴位皮肤上涂少许大蒜汁，立即将艾炷（一般用中艾炷或大艾炷）黏附在穴位上，并用线香自艾柱尖端点燃。待艾炷自然燃尽，用镊子除去艾灰，另换 1 炷依前法再灸。每换 1 炷需涂蒜汁 1 次。如此反复，灸满规定的壮数，一般每穴灸 5 ～ 9 壮。古人强调要用大艾炷，即炷底直径“须三分阔”。

C. 减轻灼痛：化脓灸时，为了减轻患者的烧灼疼痛，可采用以下两种方法。

指压或拍打：术者用双手拇指于穴位两旁处用力按压，或于穴位附近用力拍打（图 3-6）。

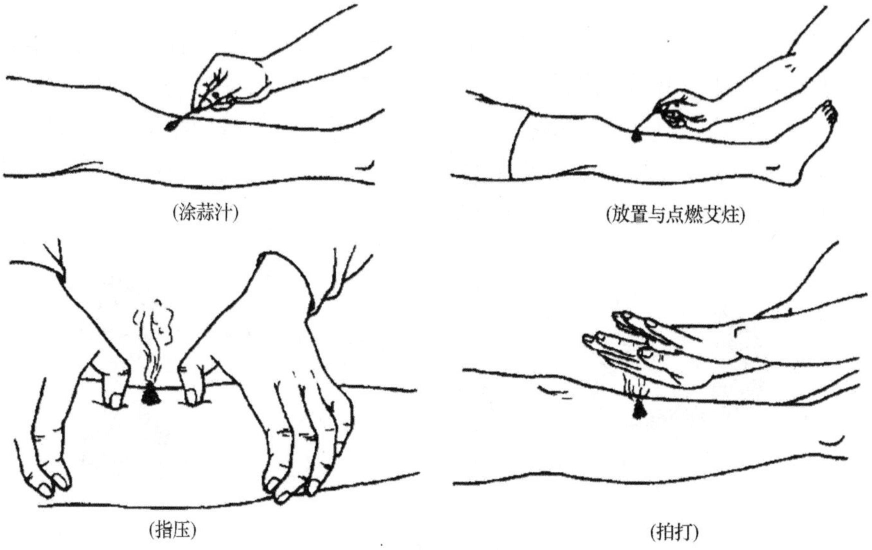

图 3-6　化脓灸法

局部麻醉：施灸前，取川乌、细辛、花椒各 30g，蟾酥 1.8g，用 75% 乙醇 300mL 浸泡 24 小时，取其上清液用棉签涂于穴位皮肤上，5 分钟后再施灸。也可用盐酸普鲁卡因 1 ～ 2mL 注射于穴位处皮下，5 分钟后再施灸。

D. 灸疮处理：灸后，穴位局部呈黑痂状，周围有红晕色，继而起水泡，7 日左右，皮肤溃烂，出现无菌性化脓，脓液呈白色，此即灸疮。对灸疮的处理，可于灸后立即贴敷玉红膏、伤湿止痛膏或创可贴，可 1 ～ 2 日换贴 1 次。数日后，灸穴逐渐出现无菌性化脓反应，如脓液多，膏药亦应勤换，经 35 ～ 45 日，灸疮结痂后脱落，留有永久性瘢痕。如偶尔发现有灸疮不愈合者，可采用外科处理。

E. 灸后调理：灸后应注意休息，避免过度劳累，多食富含蛋白质的食物。应注意局部清洁，以防感染。

本法的关键在于务必使其化脓形成灸疮，这与疗效有着密切关系。如《针灸资生经》中说：

“凡着艾得灸疮，所患即瘥，若不发，其病不愈”，说明古代应用灸法，无论是治病，还是保健，一般要求达到化脓，即所谓“灸疮”。并认为能否形成灸疮是取得疗效的关键。但由于现代人难以接受本法，所以临床应用并不广泛，对于一些疑难病症使用本法有着施灸次数少、疗效高的优点。

2）非化脓灸：本法以达到温烫为主，使穴位局部皮肤发生红晕或轻微烫伤，灸后不化脓，不留瘢痕，近现代应用较多。其方法是，先将施灸部位涂以少量凡士林，然后将小艾炷放在穴位上，并将之点燃，不等艾火烧到皮肤，当患者感到灼痛时，即用镊子将艾炷移去或压灭，更换艾炷再灸，灸满规定的壮数为止，一般每穴灸 3 ~ 7 壮，以局部皮肤出现轻度红晕为度。

本法适应证广泛，一般常见病均可应用，因其灸时痛苦小，且灸后不化脓、不留瘢痕，易被患者接受。

（2）间接灸：也称隔物灸、间隔灸，是将艾炷与皮肤之间衬隔某种物品而施灸的一种方法。本法根据所隔物品的不同，可分为数十种。所隔物品大多为药物，既可用单味药物，也可用复方药物，药物性能不同，临床应用的范围也有所异。临床常用的有隔姜灸、隔盐灸、隔蒜灸、隔附子饼灸等。

1）隔姜灸：切取直径 2 ~ 3cm，厚 0.4 ~ 0.6cm 的生姜 1 片。在中心处用针穿刺数孔，上置艾炷，放在穴位上，用火点燃艾炷施灸（图 3-7）。若患者感觉灼热不可忍受，可将姜片向上提起，稍待片刻，重新放下再灸。艾炷燃尽后另换一炷依前法再灸，直到局部皮肤潮红为止。一般每穴灸 5 ~ 7 壮。本法可根据病情反复施灸，适用于风寒咳嗽、腹痛、泄泻、风寒湿痹、痛经、面神经麻痹等，尤宜于寒证。

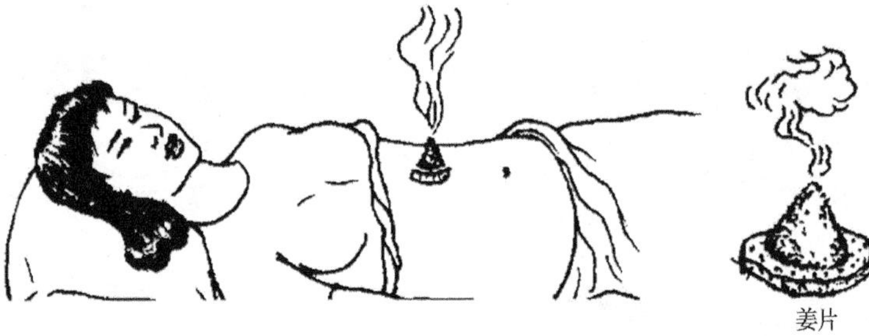

图 3-7　隔姜灸

2）隔盐灸：又称神阙灸，用于脐窝部施灸，用干燥纯净的食盐末适量，将脐窝填平，上置艾炷，用火点燃施灸（图 3-8）。如患者感到灼痛时即用镊子移去残炷，另换一炷再灸，灸满规定的壮数为止，一般可灸 5 ~ 7 壮。本法可治疗急性腹痛、泄泻、痢疾、风湿痹证及阳气虚脱证。古代常用于强身健体。

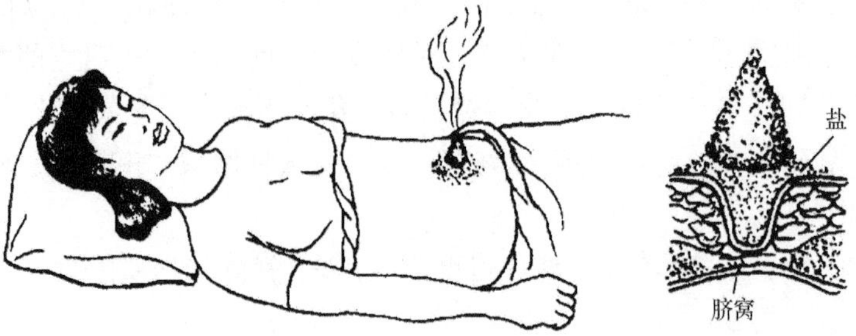

图 3-8　隔盐灸

3）隔蒜灸：用独头蒜，或较大蒜瓣横切成 0.3 ～ 0.5cm 厚的蒜片，中心处用针穿刺数孔，置于穴位或患处皮肤上，再将艾炷置于蒜瓣之上，用火点燃艾炷施灸（图 3-9）。当患者感到灼痛时，另换一炷再灸，每灸 4 ～ 5 壮可换一新蒜片。也可将大蒜捣烂如泥，敷于患处，上置艾炷点燃施灸。两种隔蒜灸法每穴每次宜灸足 7 壮，以灸处泛红为度。本法多用于未溃之化脓性肿块，如乳痈、疖肿，以及瘰疬、牛皮癣、神经性皮炎、关节炎、手术后瘢痕等。

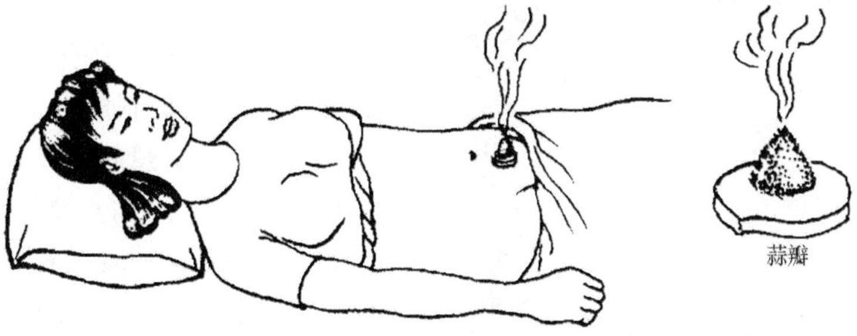

图 3-9　隔蒜灸

4）隔附子饼灸：将生附子研为细末，用黄酒调和制饼，直径 2 ～ 3cm，厚 0.5 ～ 0.8cm，中心处用针穿刺数孔，上置艾炷，放于穴位或患处皮肤上，点燃艾炷施灸，当患者感到灼痛时另换一炷再灸，一般每穴灸 5 ～ 7 壮。附子辛温大热，有温肾益火作用，故此灸法多用来治疗各种阳虚病症，如灸关元、命门等穴，可用于治疗男性肾阳虚的阳痿、早泄、不育症，女性宫寒不孕、痛经、闭经。外科中的疮毒窦道、盲管久不收口，或既不化脓又不消散的阴性、虚性疮疡，多在患处进行施灸，灸至皮肤出现红晕，有利于疮毒的好转（图 3-10）。

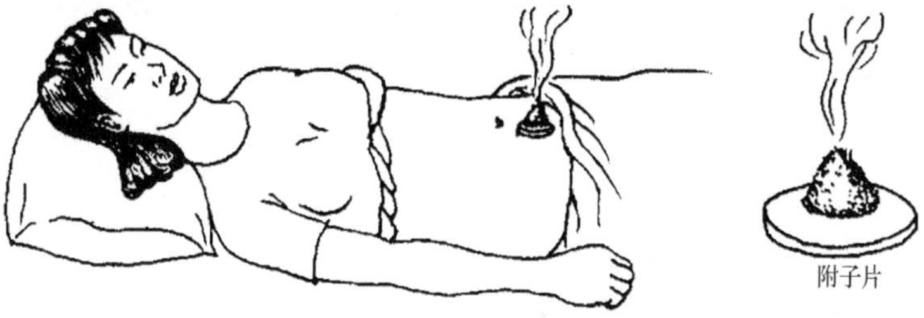

图 3-10　隔附子饼灸

5）铺灸：是在继承传统隔姜灸法、隔蒜灸法的基础上变化而来，是一种新型艾炷间接灸法。其艾炷大、火力足、灸治时间较长，在灸温、灸量上都有所增强，而且施术面广，施灸部位可涉及多个腧穴，功效非一般灸法所及。因铺灸常选在背腰部督脉施灸，如长蛇状，故也称为“督灸”、“长蛇灸”。

操作时，先将 300 ～ 600g 生姜或大蒜捣烂如泥，挤去部分汁液，将姜泥或蒜泥做成厚约 1.5cm、宽约 4cm，长度能覆盖督脉大椎穴至腰俞穴的长方形隔灸饼。再取适量艾绒做成高约 4cm，横截面为三角形的长条艾炷，使艾炷的底宽略窄于隔灸饼的宽度，长度略短于隔灸饼的长度。令患者取俯卧位，将隔灸饼平移至施术部位皮肤上，可用棉皮纸将周围封固，然后将该长条艾炷置于隔灸饼中央，并在上端点燃施灸（可用棉签蘸取少量酒精均匀涂滴于艾炷上角以助燃）（图 3-11）。待患者有灼热感或难以忍受时，医师取下燃尽的艾绒，保留隔灸饼，更换艾炷续灸。每次施灸3壮，3 ~ 6次为1个疗程。

中医学认为，督脉总任六阳经，为“阳脉之海”。铺灸于督脉处，可用于治疗风、寒、湿邪侵袭，或阳虚寒凝所致的疾病，如颈椎病、腰痛、痹证、风湿性关节炎、强直性脊柱炎、经行身痛、产后身痛等。对局部气滞血瘀者，也可于局部施灸而温经通络、活血止痛。

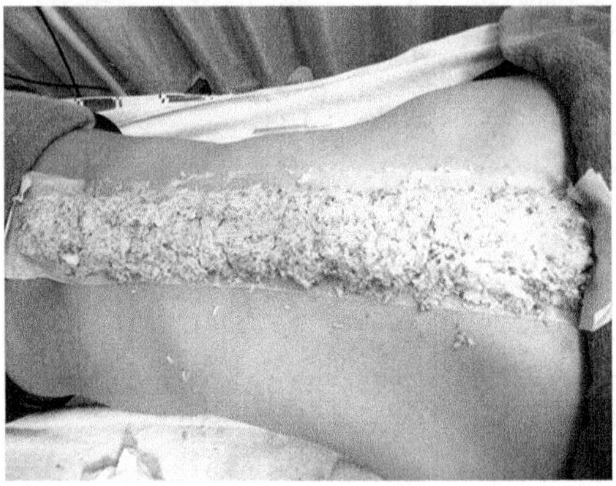

图3-11　铺灸

2. 艾条灸

艾条灸，又称艾卷灸，是用特制的艾条在穴位皮肤上熏烤或温熨的施灸方法。如在艾绒中加入辛温芳香药物制成的药艾条施灸，称为药条灸。艾条灸分为悬起灸和实按灸两种。

（1）悬起灸：是将点燃的艾条悬于施灸部位之上的一种灸法。一般艾火距皮肤2 ~ 3cm，灸10 ~ 15分钟，以灸至皮肤温热红晕，而又不致烧伤皮肤为度。悬起灸又分为温和灸、雀啄灸和回旋灸。

1）温和灸：将艾卷的一端点燃，对准应灸的腧穴部位或患处，距离皮肤2 ~ 3cm，进行熏烤，使患者局部有温热感而无灼痛为宜，一般每穴灸10 ~ 15分钟，至皮肤稍有红晕为度（图3-12）。如遇到昏厥或局部知觉减退的患者及小儿时，医师可将食、中两指置于施灸部位两侧，这样可以通过医师的手指来测知患者局部受热程度，以便随时调节施灸距离，掌握施灸时间，防止烫伤患者皮肤。

2）雀啄灸：将点燃的艾卷置于穴位或患处上方2 ~ 3cm高处，施灸时，艾卷点燃的一端与施灸部位的皮肤并不固定在一定的距离，而是像鸟雀啄食一样，将艾卷一上一下地移动（图3-13）。

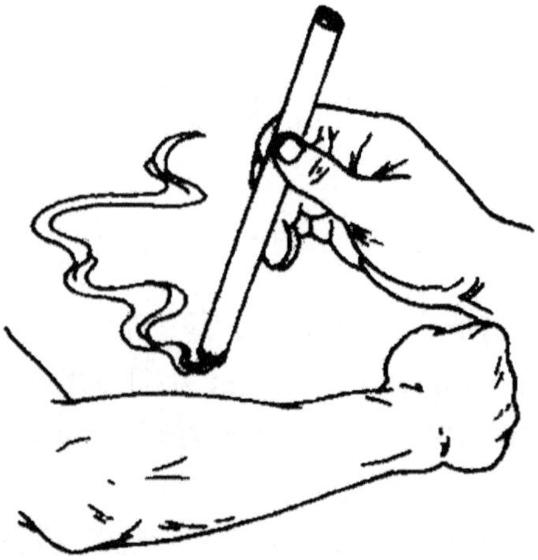

图3-12　温和灸法

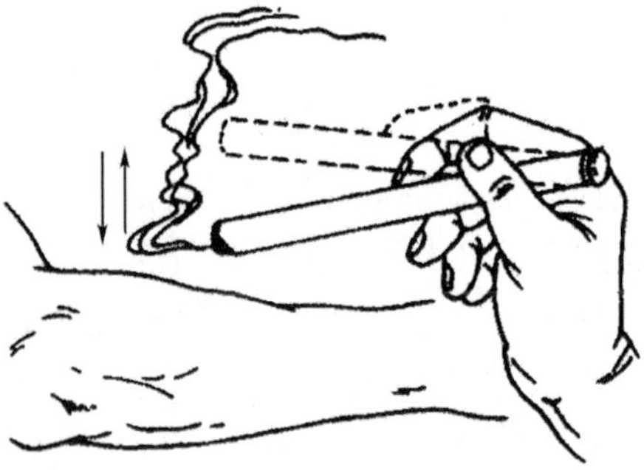

图3-13　雀啄灸

3）回旋灸：施灸时，艾卷点燃的一端与施灸皮肤保持在一定的距离，但位置不固定，而是均匀地向左右方向移动或反复旋转地进行灸治（图3-14）。

（2）实按灸：实按灸法多采用药物艾条，古代的太乙针、雷火针等多为此法。施灸时，先在施灸腧穴或患处皮肤垫上布或纸6 ~ 8层，然后将药物艾卷的一端点燃，趁热按到施术部位上，使热力透达深部（图3-15）。由于用途不同，艾绒里掺入的药物处方各异。

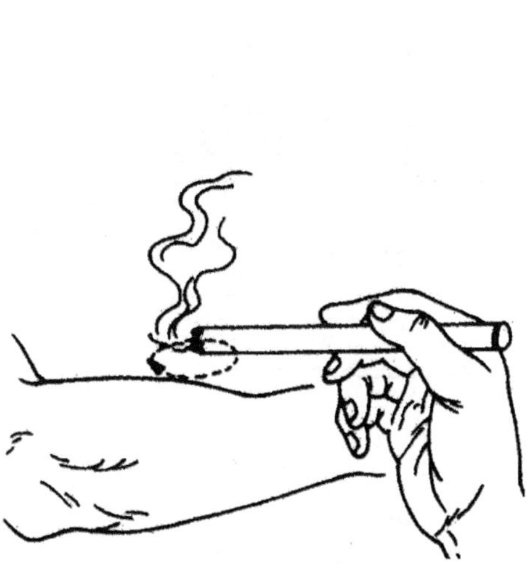

图 3-14　回旋灸

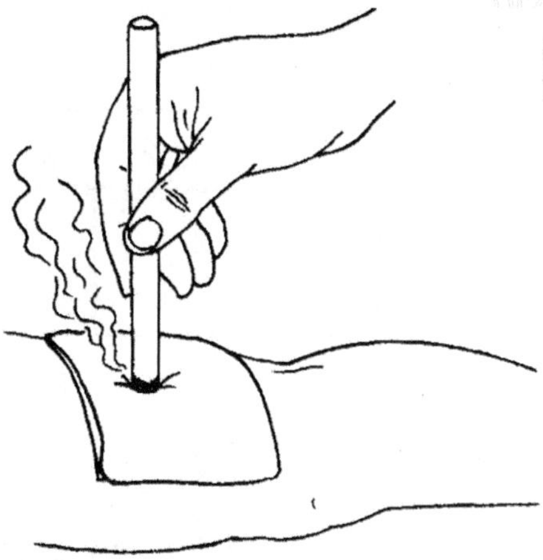

图 3-15　实按灸

（3）温针灸：是针刺与艾灸相结合的一种方法，即毫针留针时在针柄上穿置艾绒（艾团或艾条段）施灸，适用于既需要针刺留针，又需施灸的疾病。操作方法为，在针刺得气后，将针留在适当的深度，在针柄上穿置一段长约 1.5cm 的艾卷施灸，或在针尾搓捏少许艾绒点燃施灸（图 3-16）。待艾卷燃尽，除去灰烬，再将针取出。此法是一种简便易行的针灸并用方法。其艾绒燃烧的热力，可通过针身传入体内，使其发挥针与灸的作用，达到治疗的目的。应用此法须注意防止艾火脱落，烧伤皮肤或衣物，灸时嘱患者不要移动体位，并在施灸的下方垫一纸片，以防艾火掉落烫伤皮肤。

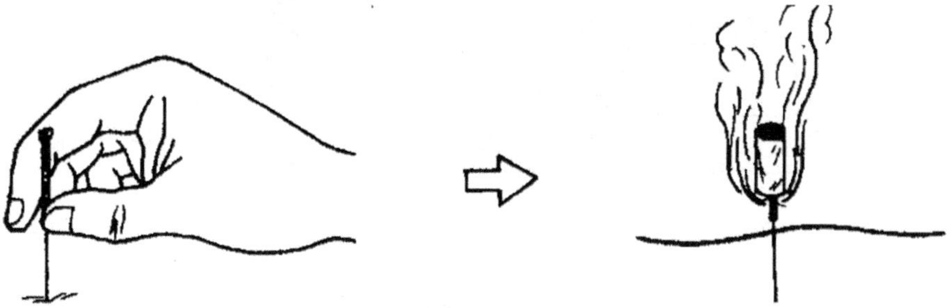

针刺　　针柄上套艾条

图 3-16　温针灸法

（4）温灸器灸：温灸器是便于施灸的器械，常用的有 3 种类型，即温灸盒、温灸筒、温灸架。

温灸盒是一种特制的盒形灸具，内装艾卷或无烟艾条（图 3-17）。用温灸盒每次灸 15 ~ 30 分钟。温灸筒为筒状的金属灸具，常用的有平面式和圆锥式两种。平面式底部面积较大，布有许多小孔，内套有小筒，用于放置艾绒施灸，适用于治疗较大面积的皮肤病。圆锥式底面瘦小，只有一个小孔，适用于点灸某一个穴位（图 3-18）。温灸架为架状灸具（图 3-19），将艾卷的一端点燃，插入灸疗架的上孔内灸 15 ~ 30 分钟。

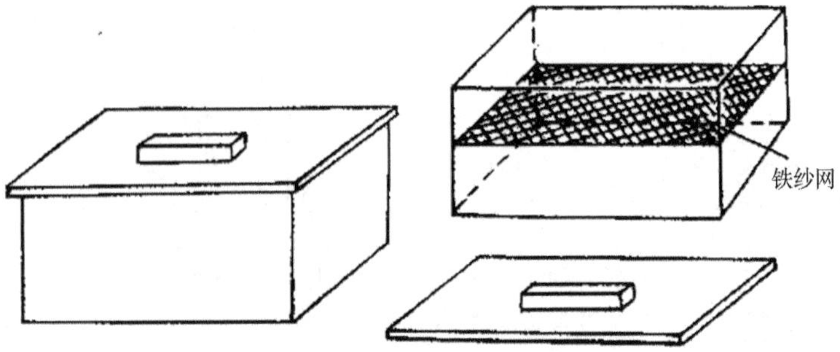

图 3-17　温灸盒灸

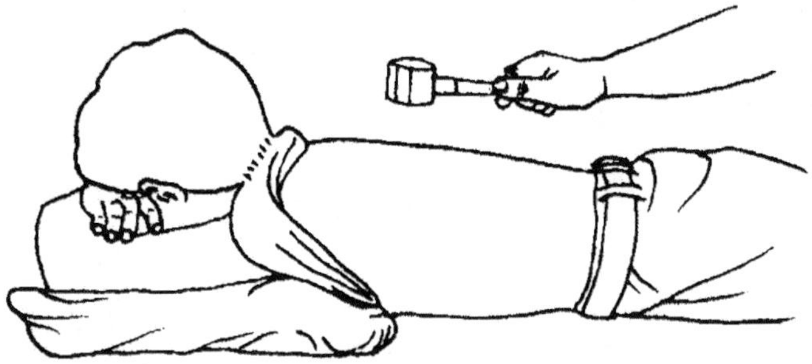

图 3-18　温灸筒灸

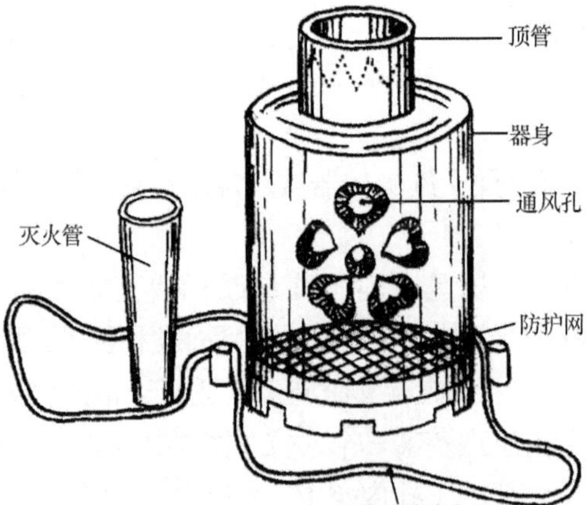

图 3-19　温灸架灸

（二）非艾灸类

1. 灯火灸

灯火灸，是用灯心草蘸油点燃后快速按在穴位上进行焠烫的方法，又称灯草灸、油捻灸。

灯心草，为灯心草科植物，秋季采收，入药者为干燥茎髓，呈细长圆柱形，一般长 50 ～ 60cm，表面呈乳白色至淡黄白色，粗糙，有细纵沟纹。

操作方法：根据疾病选定穴位后，用水笔做一标记，取灯心草一根约 10cm，将一端浸入植物油中（香油、麻油、苏子油均可）3cm，取出用棉纸吸去浮油，右手拇、食指捏住前 1/3 处，用明火点燃，火焰不宜过大，将火焰慢慢向穴位移动，并稍停瞬间，待火焰略一变大，则立即垂直接触穴位，一触即离，并听到清脆的"叭"的焠爆声，火焰也随之熄灭（图 3-20）。一般每穴焠灸 2 ～ 4 次。灸后局部保持清洁，防止感染。

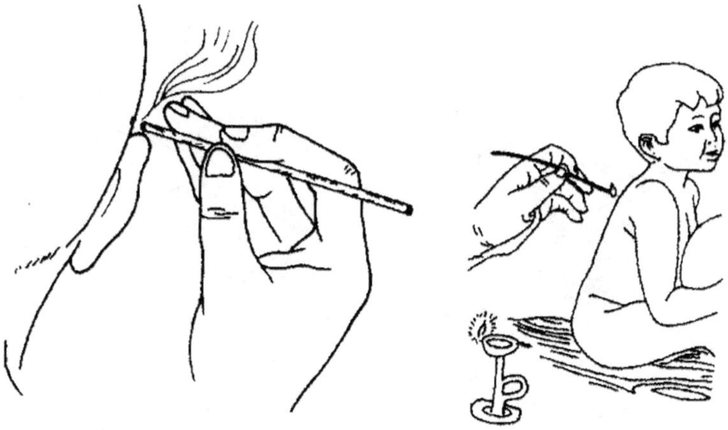

图 3-20　灯火灸

2. 黄蜡灸

黄蜡灸是指以黄蜡为施灸材料的施灸方法。黄蜡即蜂蜡之黄色者，为蜜蜂科昆虫中华蜜蜂等分泌的蜡质，经精制而成，具有收涩、生肌、止痛、解毒的功效。

黄蜡灸的操作方法：取面粉适量，用水调和制成条状，按疮疡范围大小围成一圈，高 3 ～ 4cm，底部紧贴于皮肤上，以无空隙渗漏为准；圈外用棉布或卫生纸数层覆盖，防止炭火烘肤。圈内填入黄蜡屑 0.6 ～ 1.0cm 厚。用铜勺盛炭火置于黄蜡之上烘烤，使黄蜡熔化。疮疡浅者，皮上觉热痛难忍时即移去炭火停灸；疮疡深者，不觉热痛即再入蜡片，随化随填至圈满为度，仍用炭火使蜡液沸动，初觉有痒感，继之灼热疼痛，于痛不可忍时移去炭火，用少许冷水浇于蜡上，待蜡冷却凝结后将其与面圈、围布一起揭去（图 3-21）。

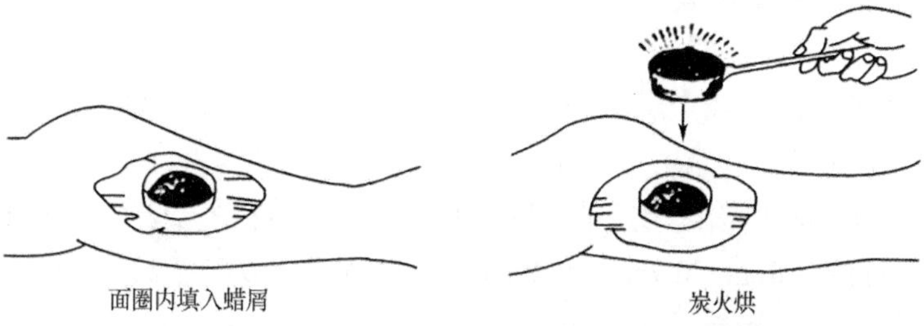

图 3-21　黄蜡灸

本法用于灸治各种疮疡，疮浅者 1 ～ 3 次便消，疮深者 3 ～ 4 次可脓去肿消而愈。

3. 药锭灸

药锭灸是将多种药品研末，和硫黄熔化在一起，制成药锭放在穴位上，点燃后进行灸治的一种方法。药锭因药物处方的不同而有阳燧锭、香硫饼、救苦丹等多种。临床最为常用的为阳燧锭灸。

操作方法：取蟾酥、朱砂、川乌、草乌各 1.5g，僵蚕 1 条（阳燧锭处方），各研细末后和匀；用硫黄 45g，置铜勺内用微火炖化，加入以上药末搅匀，离火后再入麝香 0.6g，冰片 0.3g 搅匀。立即倾入湿瓷盘内速荡转成片，待冷却后收入罐内备用。灸时，将一直径为 2cm 的圆形薄纸片铺于灸穴上，取药锭一小块如瓜子大，置于纸片中央，用火点燃药锭，燃至将尽时用纱布将火压熄即可（图 3-22）。每穴可灸 1 ～ 3 壮。灸后皮肤起水泡，可用消毒针挑破，涂上甲紫，保护疮面。

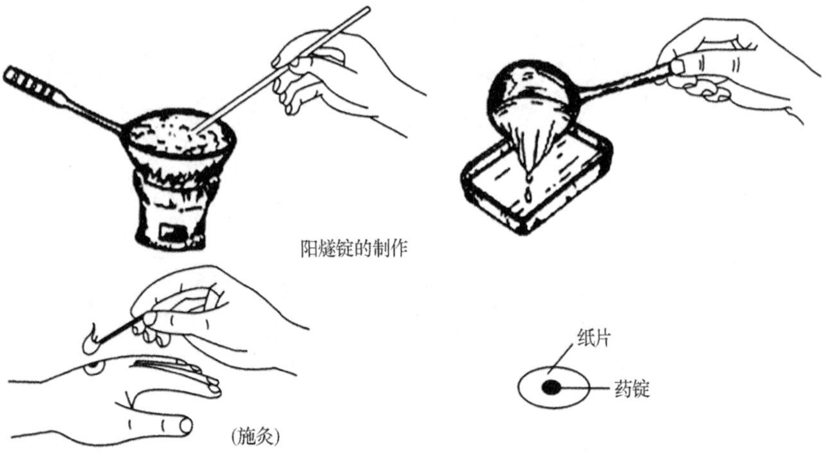

图 3-22　药锭灸

本法主要用于灸治痈疽、瘰疬及风湿痹证，多于局部施灸。

4. 药捻灸

药捻灸是用多种药物制成药捻以施灸的一种方法。《本草纲目拾遗》所载的“蓬莱火”，即是药捻灸。

操作方法：取西黄、雄黄、乳香、没药、丁香、麝香、火硝各等份，或去西黄加硼砂、草乌。用紫棉纸裹药末，搓捻成紧实的条状，如线香粗细。施灸时，剪取 0.5 ～ 1cm 长一段，以凡士林黏于皮肤上，点燃施灸。

本法主要用于治疗风痹、瘰疬、水胀、膈气等证。

5. 药线灸

药线灸是使用特制的药线点燃后进行施灸的一种灸疗方法。本法为广西壮族自治区的一种民间疗法，故又称壮医药线灸法。

药线是利用广西壮族自治区出产的苎麻卷制成线，再放在名贵药物溶液中浸泡加工而成。一般线长 30cm，直径有 1cm、0.7cm、0.25cm 三种，分别称为 1、2、3 号药线。

操作方法：以拇、食指持线的一端，露出 0.5 ～ 1cm 长的线头，将露出的线头在酒精灯上点燃，吹灭火焰，线头留有星火，将星火对准穴位或患处点灸，同时拇指把星火压在穴位上，火灭即起（图 3-23）。一般每个穴位灸 1 下。患处也可点灸呈莲花形、梅花形。

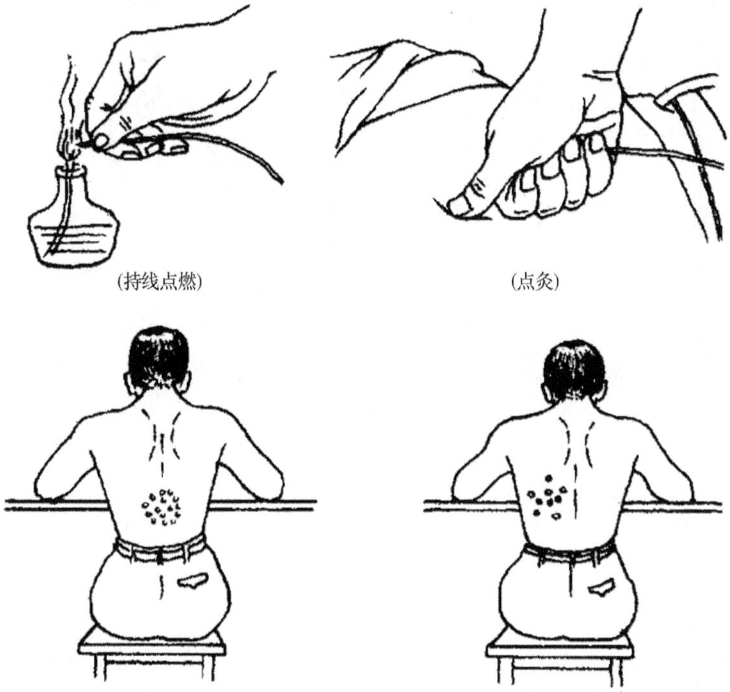

（持线点燃）　（点灸）

（莲花形点灸）　（梅花形点灸）

图 3-23　药线灸

本法临床应用范围广泛，对外感、风湿痹证、肩周炎、高血压、面瘫、乳腺小叶增生、肢体瘫痪、脑炎后遗症等均可选穴灸治。

6. 药笔灸

药笔灸法是使用万应点灸笔点燃后进行施灸的一种灸疗方法。

万应点灸笔是一种特制的新型施灸材料与工具，它是在古代“太乙神针”、“雷火神针”及“阳燧锭”灸法的基础上，选用了舒筋活络、活血行瘀、祛风解毒、镇痛消炎等 20 余味中药与浸膏压缩成笔形而成。除药笔外，还有配套的药纸，以增强疗效与保护皮肤。

操作方法：将药笔下端点燃，左手将药纸紧铺在穴位皮肤上并固定，右手呈执笔式持药笔，将灸火隔纸对准穴位像雀啄样进行点灼 4 ～ 5 次（图 3-24）。患者局部有虫咬样轻微疼痛。手法轻重宜适中，太轻效果不佳，过重将药纸烧穿易造成烫伤。灸后立即于局部擦涂少许薄荷油或特制的冰片蟾酥油，以防止起泡及避免出现褐色瘢痕（此种瘢痕不加处理也能很快脱落，不留痕迹）。

本法在临床应用时根据病情、所选穴位、患处的情况，可对穴位呈梅花状点灸，对患部呈片状或环状点灸，按经络循行呈条状点灸，有利于提高治疗效果。本法临床应用范围广泛，特别是对各种疼痛性疾病、急性化脓性或非化脓性炎症、高热、高血压、胃肠病等有很好的治疗效果。

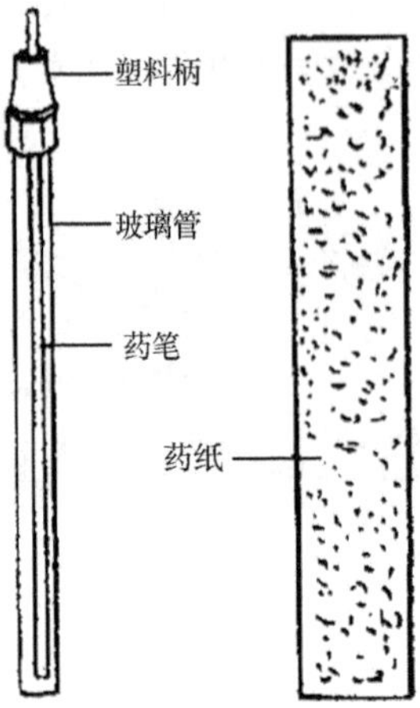

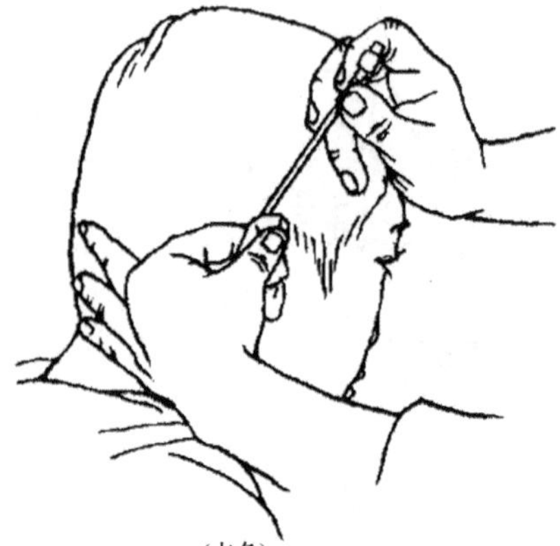

图 3-24　药笔灸

四、灸感、灸量与补泻

（一）灸感

灸感，一般是指施灸时患者的自我感受。同针感一样，灸感既有施灸部位的局部感觉，也有向远处传导或循经感传的感觉。局部的感觉中，化脓灸局部为烧灼疼痛的感觉，其他多数灸法多为温热或微有灼痛的感觉。局部的热感也有不同的表现形式，有仅表面有热感者，可称为表热；有表面不热或微热而深部较热者，可称为深热；有表面的热感进一步透达组织深部者，可称为透热；有热感以施灸穴位为中心向周围逐渐扩散者，可称为扩热；也有局部的热感向远处传导者，称为传热；或热感沿着经脉传导的，称为循经感传。灸法的循经感传有时不是热感的传导，而是类似针法经气传导的感觉。在灸感中还有比较特殊的现象，即施灸局部不热或微热而远部较热，或与所灸经穴相关的脏腑、器官热。

灸感的出现及不同的表现方式与多方面的因素有关，如施灸的方法、刺激程度、病情、体质，以及对热刺激的敏感度等。一般而言，施灸方法与刺激程度的不同，是产生灸感强弱的重要因素，但即使同样的施灸方法与刺激程度，由于病情、体质和对热刺激的敏感度不同会有不同的灸感出现。近年来的研究表明，凡是在施灸中，能够出现透热、扩热、传热、循经感传、局部不热或微热而远部较热等灸感者，多属于对灸法的热刺激较为敏感者，其灸疗的效果也好，因此提出了“热敏学说”和“热敏灸法”。

（二）灸量

灸量，即施灸的剂量，是指灸法施灸时灸火在皮肤上燃烧所产生的刺激强度，而刺激的强度等于施灸的时间与施灸的程度的总和。灸量与疗效密切相关，达到一定的灸量就会产生一定的灸效。灸效，是不同的灸法与不同的灸量协同产生的灸治效果。

古代灸法中，虽然没有“灸量”一词，但有“灸之生熟”之说，生，即少灸，熟，即多灸。少灸与多灸的掌握是根据患者的体质、年龄、施灸部位、所患病情等方面来决定，每次施灸的壮数及累计的壮数是不同的。古人还强调施灸时必须要达到一定的温热程度，产生一定的灸感，仅皮表有热感，往往达不到治疗目的，如《医宗金鉴·刺灸心法要诀》所说：“凡灸诸病，必火足气到，始能求愈。”

临床上施灸的量，不同的施灸方法有不同的计算方法。一般艾炷灸以艾炷的大小和壮数来定，艾卷灸、温灸器多用时间计算，太乙针、雷火针则以熨灸的次数计算，还有各种灸法在施灸过程中所累积施灸的量，即疗程的总灸量。

灸量的掌握要按照年龄大小、病情轻重、体质、施灸部位等综合因素来确定。小儿、青少年灸量宜小，中老年人灸量宜大；病轻者宜小，病重者宜大；患者体质强壮者，每次灸量可大，但累计灸量宜小；患者身体虚弱甚者，每次灸量宜小，但累计灸量宜大；头面、四肢、胸背等皮薄肌少处，灸炷均不宜大而多；腰腹、臀、四肢皮厚肌多处，不妨大炷多壮。若治初感风寒等邪气轻浅之证，或上实下虚之疾，欲解表通阳、祛散外邪，或引导气血下行时，不过三、五、七壮已足，炷亦不宜过大；但对沉寒痼冷、元气将脱等证，须扶助阳气、温散寒凝时，则须大炷多壮，尤其对危重症，甚至不计壮数，灸至阳回脉复为止（表 3-2）。古代文献中“灸百壮”的记载，是指多次灸治的累计数。

表 3-2　灸量的掌握

	灸量大	灸量小
年龄	中老年	小儿、青少年
体质	体实（单次灸量大，但疗程宜短）	体弱（单次灸量小，但疗程宜长）
部位	腰腹以下的皮肉深厚处	头胸四肢的皮肉浅薄处
病情	元气欲脱，沉寒痼冷	邪气轻浅，上实下虚

施灸疗程的长短，是灸疗量的另一个方面，可根据病情灵活掌握。急性病疗程较短，有时只需灸治 1 ~ 2 次即可；慢性病疗程较长，可灸治数月乃至一年以上。一般初灸时，每日 1 次，3 次后改为 2 ~ 3 日 1 次。急性病亦可 1 日灸 2 ~ 3 次，慢性病需长期灸治者，可隔 2 ~ 3 日灸 1 次。

影响灸量的关键因素有：①灸火的大小：是决定单位时间内产生灸量的决定因素。②施灸时间的长短：灸法和用药一样也有量的积累，施灸时间越长，施灸时释放的能谱和化学活性物质被机体吸收越多，即产生的灸量越大。③灸距的大小：灸距是指艾条灸、温灸器灸时灸火至皮肤之间的距离。灸距决定了施灸局部温度的高低和灸材燃烧释放的化学活性物质的吸收。④施灸频度：施灸频度不仅与灸量的积累有关，而且也直接关系到灸法的疗效。了解影响灸量的关键因素，对于能否恰当地应用灸量，探索不同病症灸量的应用规律，提高灸疗效果，以及灸法操作的规范化有着重要的意义。

（三）灸法补泻

灸法也有“补泻”之说。《灵枢·背腧》说：“气盛则泻之，虚则补之。以火补者，毋吹其火，须自灭也；以火泻者，疾吹其火，传其艾，须其火灭也。”其指出灸法亦须根据辨证施治的原则进行补虚泻实，并提出了艾炷直接灸的具体补泻方法。具体操作方法：补法是点燃艾炷后，不吹其火，待其慢慢燃烧、自灭；泻法是点燃艾炷后，以口速吹旺其火，快燃速灭（图 3-25）。由此看来，补法是火力温和、时间稍长，能使真气聚而不散；泻法是火力较猛而时间较短，能促使邪气消散。

其他灸法虽没有提出过补泻的方法，但可根据施灸时灸火的温和与猛烈、时间的长与短来掌握。具体应用时，还须根据患者的具体情况，结合灸治的部位、穴位的性能、患者的体质和年龄等，灵活运用。

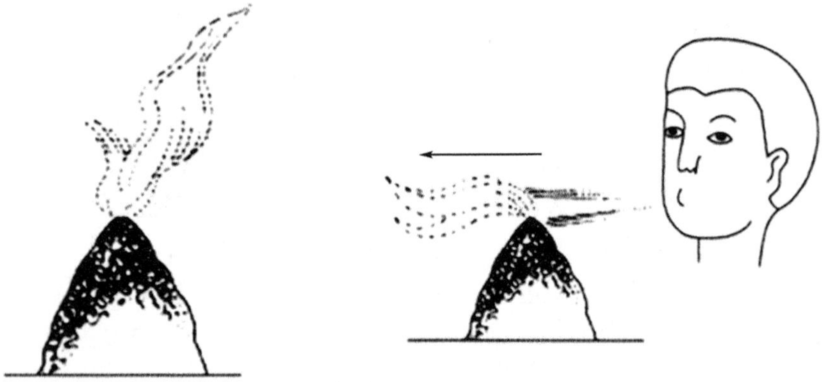

图 3-25　灸法补泻示意图

A.（补法）火焰自然向上；B.（泻法）吹火焰

五、灸法的作用与临床应用

（一）灸法的作用

1. 温通经络，祛散寒邪

灸法以温热性刺激为主，灸火的热力能透达组织深部，温能助阳通经，又能散寒逐痹。因此，凡阳虚导致的虚寒证或寒邪侵袭导致的实寒证，都是灸法的治疗范围，这也是灸法作用的重要特点之一。

2. 补虚培本，回阳固脱

灸能增强脏腑的功能，补益气血，填精益髓。因此，凡先天不足、后天失养及大病、久病导致的脏腑功能低下、气血虚弱、中气下陷皆为灸法的适宜病症。许多慢性疾病适宜灸法治疗，也正是基于灸法的这种补虚培本作用，通过扶正以祛邪而起到治疗与保健作用。另外，灸法对阳气虚脱而出现的大汗淋漓、四肢厥冷、脉微欲绝的脱证有显著的回阳固脱的作用，是古代中医急救术之一。

3. 行气活血，消肿散结

气为血之帅，血随气行，气得温则疾，气行则血行。灸之温热刺激，可使气血调和，营卫通畅，起到行气活血、消肿散结的作用。因此，凡气血凝滞及形成肿块者均是灸法的适宜病症，如乳痈初起、瘰疬、瘿瘤等。特别是疮疡阴证之日久不溃、久溃不敛者，使用灸法治疗，更显示出独特的治疗效果。

4. 预防保健，益寿延年

灸法不仅能治病，而且还可以激发人体正气，增强抗病能力，起到预防保健作用。对于中老年人，于无病时或处于亚健康的状态下，长期坚持灸关元、气海、神阙、足三里、曲池等穴不仅可以预防常见的中老年疾病如高血压、中风、糖尿病、冠心病等的发生，还可延缓衰老，达到益寿延年的目的。因此，灸法又有“保健灸法”、“长寿灸法”之称。

（二）灸法的临床应用

灸法的应用范围非常广泛，它既可治疗经络、体表的病症，也可以治疗脏腑的病症；既可以治疗多种慢性病症，又可以治疗一些急症、危重病症；既能治疗多种虚寒证，也可以治疗某些实热证。灸法可应用于临床上绝大多数病症的治疗及辅助治疗，尤其对风寒湿痹、寒痰喘咳、肩凝症，以及脏腑虚寒、元阳虚损引起的各种病症，疗效较好。近几十年来，灸法亦应用于慢性肝炎、恶性肿瘤、艾滋病等，对于改善症状、减轻放化疗不良反应及病理性指标有一定的作用。关于灸法治疗热证的问题，在历代文献中有不少相关的记载，如灸法用于痈疽的阳证、阴虚火旺的消渴都有很好的疗效。

近代许多针灸医师对用不同的灸法治疗实热证及虚热证进行了大量的观察，如用艾卷温和灸治疗急性乳腺炎、急性结膜炎、急性化脓性中耳炎；用艾炷灸治疗带状疱疹、急性睾丸炎、急性细菌性痢疾、流行性出血热、肺结核、糖尿病；用灯火灸治疗流行性腮腺炎、急性扁桃体炎等均取得了较好的疗效，且无不良反应。这些病症从中医辨证的角度来看，大都属于实热证或虚热证，证实了灸法可以治疗实热证或虚热证。概言之，灸法无论用于何种疾病，都必须详查病情，细心诊断，根据患者的年龄和体质，选择合适的穴位和施灸方法，掌握适当的灸量，以达到预期的效果。

（三）注意事项

1. 施灸的体位

患者体位要舒适，并便于医师操作。一般空腹、过饱、极度疲劳时不宜施灸。直接灸宜采取卧位，应注意防止晕灸的发生。

2. 施灸的顺序

一般是先灸上部，后灸下部；先灸背、腰部，后灸腹部；先灸头部，后灸四肢。

3. 禁灸与慎灸的部位

颜面部、心区、体表大血管部和关节肌腱部不可用瘢痕灸。妇女妊娠期腰骶部和小腹部禁用瘢痕灸，其他灸法也不宜灸量过重。对昏迷肢体麻木不仁及感觉迟钝的患者，勿灸过量，以避免烧伤。

4. 灸疮、灸泡的处理

灸疮的处理，详见“化脓灸”。灸后起泡者，小者可自行吸收，大者可用消毒针穿破，放出液体，敷以消毒纱布，用胶布固定即可。

5. 环境与防火

施灸过程中，室内宜保持良好的通风。严防艾火烧坏衣服、床单等。施灸完毕，必须把艾火彻底熄灭，以防火灾。

附：热 敏 灸

热敏灸是陈日新教授历经20年临床研究的原创性科研成果，是采用点燃的艾材产生的艾热悬灸热敏穴位，激发透热、扩热、传热、局部不（微）热远部热、表面不（微）热深部热、非热感等热敏灸感和经气传导，并施以个体化的饱和消敏灸量，从而提高艾灸疗效的一种新方法。该法源于《内经》，基于临床，继承创新，具有安全、有效、无创、无毒副作用、成本低廉、调动人体内源性抗病能力等优点，尤其适用于农村、社区、家庭，拥有广阔的发展前景。

一、热敏灸理论

（一）穴位热敏化的概念及特征

穴位热敏是一种新发现的在疾病或亚健康状态下发生的相关穴位的体表反应现象。这些穴位对艾热异常敏感，如对其施灸，会出现特征性灸感，产生“小刺激大反应”。这种现象即为穴位热敏化现象，这些穴位则称为热敏穴位。特征性的灸感主要包括以下6种：

（1）透热：灸热从施灸穴位皮肤表面直接向深部组织穿透，甚至直达胸、腹腔脏器。

（2）扩热：灸热以施灸穴位为中心向周围片状扩散。

（3）传热：灸热从施灸穴位开始循经脉路线向远部传导，甚至到达病所。

（4）局部不（微）热远部热：施灸部位不（微）热，而远离施灸的部位感觉甚热。

（5）表面不（微）热深部热：施灸部位的皮肤不（微）热，而皮肤下深部组织甚至胸腹腔脏器感觉甚热。

（6）其他非热感觉：施灸部位或远离施灸部位产生酸、胀、压、重、痛、麻、冷等非热感觉。

（二）热敏灸与传统灸疗法的区别

热敏灸与传统温和灸都是对准穴位的悬灸疗法，但有以下本质上的不同：

（1）灸感：传统悬灸与热敏灸都是基于腧穴热刺激，但热敏灸强调施灸过程中产生6种热敏灸特征灸感，要求经气感传，气至病所。

（2）灸位：热敏灸是在对艾热异常敏感的热敏穴位上施灸；而传统悬灸由于未认识到穴位有敏化态与静息态之别，因此不要求辨别与选择热敏穴位施灸，激发经气感传的效率也较低。

（3）灸量：施行热敏灸疗法时，每穴的施灸时间是以个体化的热敏灸感消失为度的施灸时间，这是患病机体自身表达出来的需求灸量，亦即饱和消敏灸量；而传统悬灸的灸量每次每穴一般从10分钟到15分钟，一般以局部皮肤潮红为度，往往达不到治疗个体化的最佳灸量。

（4）灸效：由于热敏灸激发经气，气至病所，实现古人“气至而有效”的要求，因此热敏灸的疗效较传统悬灸疗法有大幅度提高。

二、操作方法

（一）热敏灸前的准备

1. 调定灸态

灸态就是艾灸时的状态，它包括环境、患者和医者三方面因素。概括来说就是静、松、匀、守四个字。

静：是指环境安静，心神安静。患者和医者都必须保持心神的安定宁静，才能最大限度的激发经络感传。

松：是指患者肌肉的放松。使机体处于最自然的状态，有利于激发经络感传。

匀：是指患者呼吸匀而慢。均匀的呼吸有利于调整机体内环境，有利于增加机体反应的敏感性。

守：即是意守施灸点。这包括两个方面：一是指患者应意守施灸点以利于经络感传的发生，二是指医者必须将艾热固守在热敏化穴上。

2. 灸材、体位及环境的选择

热敏穴位的最佳刺激方式为艾条悬灸，故选择艾条作为热敏灸的灸材。操作一般在安静，室温保持在 20 ～ 30℃的环境下进行为宜。施灸需选择舒适体位，并充分暴露施灸部位，以使患者肌肉放松、呼吸均匀，能集中注意力于施灸部位，体会在热敏灸过程中的感受。

3. 热敏穴位的取定

（1）热敏穴位的粗定位：穴位发生热敏化是有规律性的，并有其高发部位，因此确定疾病状态下相关穴位发生热敏化的高概率大致区域，对热敏穴位的准确定位有重要意义。

（2）热敏穴位的细定位：即在粗定位确定的大致区域上，运用探查手法，对热敏穴位进行准确定位。

常用探查手法包括回旋灸、循经往返灸、雀啄灸和温和灸 4 种。探查时，将前 3 种手法顺序依次操作 1 分钟，施灸 2 ～ 3 遍，至皮肤潮红为度，再施行温和灸手法。其间嘱患者细心体会灸感变化，如出现 6 种特征性灸感，即可确定热敏穴位的准确位置。

（3）热敏灸的选穴原则：对于探查出来的热敏穴位，可按照以下 3 个原则进行选择施行热敏灸：①以出现热觉灸感，经过或直达病变部位的热敏穴位为首选施灸部位。②以出现非热灸感的热敏穴位为首选施灸部位，而痛感又优于酸胀感。③以出现较强的特征性灸感的热敏穴位为首选施灸部位。

（二）热敏灸的施灸方法

热敏灸采用艾条悬灸的方法，具体可分为单点温和灸、双点温和灸、三点温和灸、接力温和灸和循经往返灸。

（1）单点温和灸：将点燃的艾条对准一个热敏穴位，在距离皮肤 3cm 左右处施行温和灸法，以患者无灼痛感为度。此法有利于激发施灸部位的经气活动，发动灸性感传，开通经络。

（2）双点温和灸：即同时对两个热敏穴位进行艾条悬灸操作，单、双手操作均可，具体手法包括回旋灸、雀啄灸、循经往返灸和温和灸。此法有利于传导经气，开通经络。

（3）三点温和灸：即对 3 个热敏穴位进行艾条悬灸操作，包括 T 形灸和三角灸，具体手法包括回旋灸、雀啄灸、循经往返灸和温和灸。此法适用于颈项部、背腰部、胸腹部，有利于接通经气，开通经络。

（4）接力温和灸：在上述施灸的基础上，如热敏灸感不能传达至病所，可另取一支点燃的艾条置于感传所达部位的端点，以使灸感继续向前传导。此法可延长感传的距离。

（5）循经往返灸：将点燃的艾条在距离患者体表皮肤 3cm 左右，沿经脉循行往返匀速移动施灸，以患者感觉施灸路线温热为度。此法适用于正气不足，感传较弱的患者，有利于疏导经络，激发经气。

（三）热敏灸的艾灸剂量

在施行热敏灸时，每穴的施灸时间不是固定不变的，而是因人、因病、因穴不同而有所不同。总的原则是以个体化的热敏灸感消失为度。不同的热敏穴位施灸时从热敏灸感产生至消失所需时间是有差异的，一般从10分钟至20分钟不等即可达到饱和灸量，此即为热敏穴位的最佳个体化灸量，此时穴位的状态也由热敏态转化为消敏态。

（四）热敏灸的操作流程

热敏灸的操作流程可以用十六字来概括：探感定位、辨敏施灸、量因人异、敏消量足。前两句是有关施灸部位的操作技术关键，后两句是有关施灸剂量的操作技术关键。具体流程见图3-26。

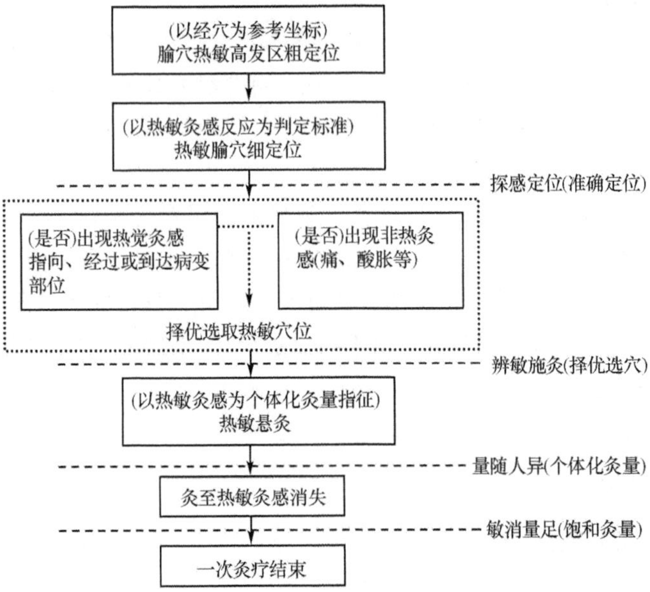

图3-26　热敏灸操作流程

三、临床应用

临床上凡是出现热敏穴位的疾病，无论热证、寒证、虚证、实证，均是热敏灸法的适应证。

热敏灸对下列病症能明显提高疗效：感冒、慢性支气管炎、支气管哮喘、消化性溃疡、功能性消化不良、肠易激综合征、便秘、原发性痛经、盆腔炎症、男性性功能障碍、偏头痛、面瘫、三叉神经痛、面肌痉挛、枕神经痛、疱疹后神经痛、脑梗死、失眠、过敏性鼻炎、荨麻疹、颈椎病、腰椎间盘突出症、肩周炎、膝关节骨性关节炎、肌筋膜疼痛综合征、网球肘。

临床应用举例：

腰椎间盘突出症：腰骶部区域热敏化穴单点温和灸；至阳、关元俞（双）T形温和灸；委中、委阳穴双点温和灸；阳陵泉、昆仑穴双点温和灸。

颈椎病：颈夹脊穴单点温和灸；百会、大椎穴双点温和灸；至阳穴单点温和灸；手三里、阳陵泉穴单点温和灸。

痛经：中极穴单点温和灸；关元、子宫穴三角温和灸；次髎穴双点温和灸；三阴交穴单点温和灸。

面瘫：翳风穴单点温和灸；下关、颊车、太阳穴单点温和灸；神阙穴单点温和灸；手三里、足三里穴单点温和灸。

便秘：大肠俞穴双点温和灸；迎香穴双点温和灸；大横穴双点温和灸；上巨虚穴单点温和灸。

功能性消化不良：公孙穴单点温和灸；下脘、天枢穴三角温和灸；脾俞、胃俞穴同时双点温和灸；大肠俞穴双点温和灸。

慢性支气管炎：风门穴双点温和灸；至阳、肺俞穴三角温和灸；次髎、命门穴T形温和灸；肾俞、脾俞穴同时双点温和灸。

失眠：百会穴单点温和灸；至阳、心俞穴三角温和灸；脾俞、胆俞穴同时双点温和灸；三阴交穴单点温和灸。

过敏性鼻炎：大椎、肺俞穴三角温和灸；上印堂穴单点温和灸；神阙穴单点温和灸；肾俞穴双点温和灸。

四、注意事项

（1）施灸前，医者应详细了解操作过程，并做好解释工作，以消除患者对热敏灸的恐惧感或紧张感。

（2）施灸时，应根据年龄、性别、体质、病情，选取舒适并能充分暴露施灸部位的体位。

（3）施灸剂量根据病情不同、个体不同而各不相同。

（4）施灸时应防止艾火脱落灼伤患者，或烧坏衣服被褥等物，灸后需安全灭艾，防止火灾。

（5）如艾灸局部出现水泡需正确处理（同灸法）。

（6）婴幼儿、昏迷患者、感觉障碍、皮肤溃疡处、肿瘤晚期、出血性脑血管疾病（急性期）、血液病、大量吐（咯）血、孕妇的腹腰骶部禁灸；过饥、过饱、过劳、酒醉等，不宜施灸。

第二节 拔 罐 法

拔罐法是一种以罐为工具，利用燃烧、抽吸、蒸汽等方法造成罐内负压，使罐吸附于体表腧穴或患处的一定部位，使局部皮肤充血、瘀血产生良性刺激，以达到调节脏腑、平衡阴阳、疏通经络、防治疾病的目的。

拔罐法拔罐后，可引起局部组织充血，使经络气血通畅，因而具有行气止痛、消肿散结、祛风散寒、清热拔毒等功效。拔罐法的适应范围广，疗效好，见效快，且具有易学易懂易推广、经济实用、操作简单、使用安全、毒副作用少等特点。

拔罐法属于中医传统外治法范畴，历史悠久。因古人使用兽角作为拔罐工具，故古称“角法”。起初人们使用牛、羊等的角磨成有孔的筒状，刺破痈疽后，以角吸出脓血，这便是拔罐法的起源。至目前为止，最早的记载见于马王堆出土的帛书《五十二病方》中对痔疾采取“以小角角之”的治法，说明当时是以角法作为治疗痔疾的手段之一。这表明早在先秦时期已有应用负压原理治病的经验。此外，东晋医家葛洪在《肘后备急方》中也写到了用制成罐状的兽角拔脓血以治疗疮疡脓肿的疗法。

宋代角法中有“水角”、“水银角”的记载。《太平圣惠方》载：“凡疗痈疽发背，肿高坚硬脓稠盛，色赤者，宜水角。”《苏沈良方》一书亦载用火筒法治疗久嗽的方法。明代的《外科正宗》、《济急仙方》等医籍也都有角法的记载，申斗垣在《外科启玄》中把拔罐称为“吸法”、“煮竹筒法”，也用于疮疡的吸毒排脓。

清代，拔罐疗法又有了新的发展。吴谦的《医宗金鉴·外科心法要诀》中记载了先用针刺，继用中药（羌活、白芷、蕲艾等）煮罐后拔之以治疗痈疽阴证的针药筒疗法，并提出其预后判断。在《理瀹骈文》一书中可看到治疗风邪头痛、破伤风和黄疸等内科疾病使用拔罐的记载。赵学敏所著的《本草纲目拾遗》是第一部对于火罐疗法记载比较详细、完整的医学论著，书中专列了“火气罐”一节，对火罐的出处、大小、形状、适应证、使用方法、应用范围等都有比较详细的介绍，还指出火罐可治风寒、头痛及风痹、眩晕等证。

20世纪50年代后，罐具种类从角罐、竹罐、陶瓷罐发展到玻璃罐、金属罐、塑料罐、橡胶罐，并相继出现了磁疗罐、红外线罐、激光罐等新型罐具。拔罐方法呈现多样化，如火罐法中的投火法、闪火法、水罐法、抽气罐法等；罐法的运用有闪罐法、走罐法、留针拔罐法、刺络拔罐法等。拔罐法的治疗范围也不断扩大，从最初的外科疮疡病症逐渐发展到了感冒、发热、咳嗽、胃肠疾病、风湿痹痛等内科病症，以及部分妇科病和皮肤病等。

一、罐具的种类

（一）常用罐具

1. 玻璃罐

玻璃罐系由耐热质硬的透明玻璃烧制成的罐具，口平腔大底圆，罐口平滑，口缘稍厚略外翻，内外光滑，大小规格多样（图3-27）。其优点是质地透明，使用时可以随时观察罐内皮肤瘀血的程度，以便掌握治疗时间，缺点是传热较快，容易摔碎。

图3-27　玻璃罐

2. 竹罐

竹罐是用直径为3 ~ 5cm的竹子，制成6 ~ 10cm长的竹筒，一端留节做底，另一端打磨光滑成管壁厚度为3 ~ 9mm、中间呈腰鼓型的竹罐（图3-28）。其特点是轻巧、价廉、取材容易、制作简单、不易摔破，可用于身体各部位的多种拔罐法。但是竹罐容易爆裂漏气，吸拔力不强，且质地不透明，难以观察罐内皮肤的变化情况。

3. 陶罐

陶罐又名陶瓷罐，是由陶土烧制而成，罐口平滑，形如木钵。口底稍小、腔大如鼓。有大、中、小和特小几种类型。其优点是吸拔力较大，易于高温消毒，适用于全身各部的拔罐。但是陶罐体较重，易于破碎，且质地不透明，目前已较少使用。

（二）新型罐具

1. 抽气罐

抽气罐是用有机玻璃等材料制成的带有抽气装置的罐具，分为罐体和抽气筒两部分，其罐口的大小规格很多（图 3-29）。抽气罐的特点是可随意调节罐内负压，控制吸力。抽气罐的优点是可以避免烫伤，操作方法简单容易掌握。不足之处是没有火力的温热刺激。

图 3-28　竹罐

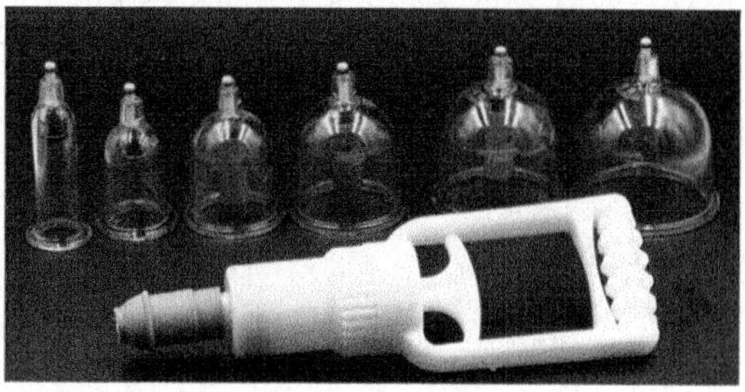

图 3-29　抽气罐

2. 多功能罐

多功能罐系配置有其他治疗作用的现代新型罐具。如在罐顶中央安置刺血针的刺血罐；在罐内架设艾灸，灸后排气拔罐的灸罐；或罐内安有电热元件（电阻丝等）的电热罐（电罐）等，具拔罐与相应疗法（如刺血、艾灸、电热）的双重治疗作用。

（三）代用罐具

凡是口小腔大，口部光滑平整，不怕热，能产生一定吸拔力的器具均可选作代用。如玻璃罐头瓶、小口碗等，用时需选瓶口光滑、无破损者，以免伤及皮肤。

二、罐的吸拔方法

（一）火罐法

火罐法是利用燃烧时消耗罐中氧气，并借火焰的热力使罐内的气体膨胀而排除罐内部分空气，使罐内气压低于外面大气压（统称负压），借以将罐吸附于施术部位的皮肤上。火罐法吸拔力的大小与罐具的大小和深度、罐内燃火的温度和方式、扣罐的时机与速度及空气在扣罐时再进入罐内的多少等因素有关。如罐具深而且大，在火力旺时扣罐，罐内热度高、扣罐动作快，下扣时空气再进入罐内少，则罐的吸拔力大，反之则小。临床上可根据治疗需要

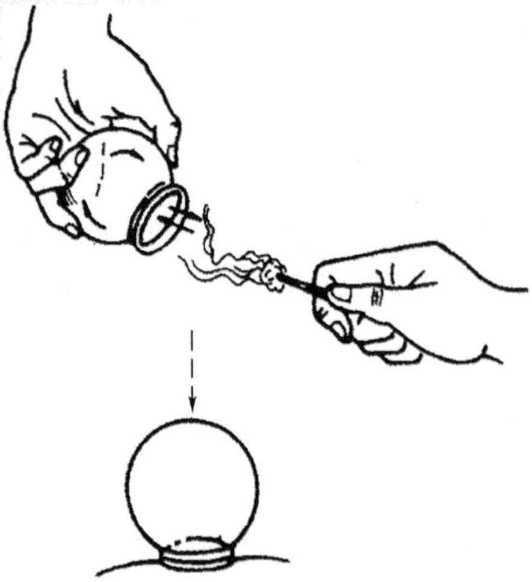

图 3-30　闪火法

灵活掌握，常用的方法有以下几种：

1. 闪火法

闪火法指用止血钳或镊子等夹住酒精棉球（或用 7 ~ 8 号粗铁丝，一头缠绕石棉绳或线带，做成酒精棒），一手握罐体，罐口朝下，将棉球点燃后立即伸入罐内摇晃数圈随即退出，迅速将罐扣于应拔部位，此时罐内已成负压即可吸住。此法适用于人体各部位，可拔留罐、闪罐、走罐等，临床最为常用。闪火法罐内无燃烧物坠落，不易烫伤皮肤，操作比较安全，不受体位限制。注意所蘸酒精宜少，且不能沾于罐口，以免烫伤皮肤（图 3-30）。

2. 投火法

投火法指将易燃软质纸片（卷），或蘸酒精的棉球点燃后投入罐内，趁火旺时迅速将罐扣于应拔部位。投火时，不论使用纸卷和纸条，都必须高出罐口 1 寸多，等到燃烧 1 寸左右后，纸卷和纸条都能斜立罐内侧面，火焰不会烧着皮肤。此法罐内燃烧物易坠落烫伤皮肤，故多用于身体侧面或横向拔罐、拔单罐、留罐、排罐等（图 3-31）。

3. 贴棉法

贴棉法指将直径 1 ~ 2cm 的棉片，薄蘸 95%酒精，紧贴于罐内壁，点燃后迅速将罐扣于应拔部位。此法多用于侧面拔，亦用于身体侧面横向拔罐。操作时所蘸酒精必须适量，酒精过多或过少均易使棉片坠落，且酒精过多易淌流于罐口，而引起皮肤烫伤（图 3-32）。

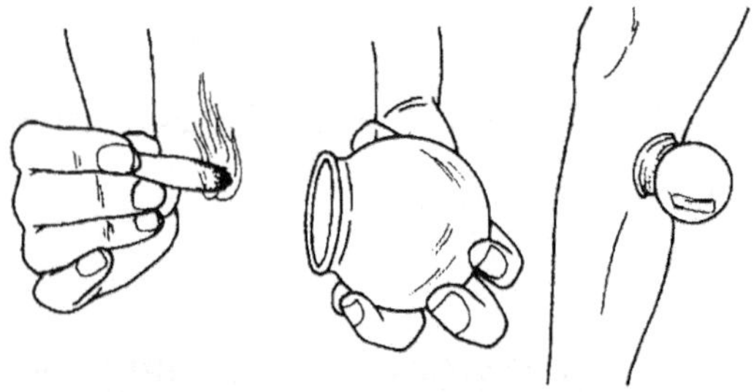

图 3-31　投火法

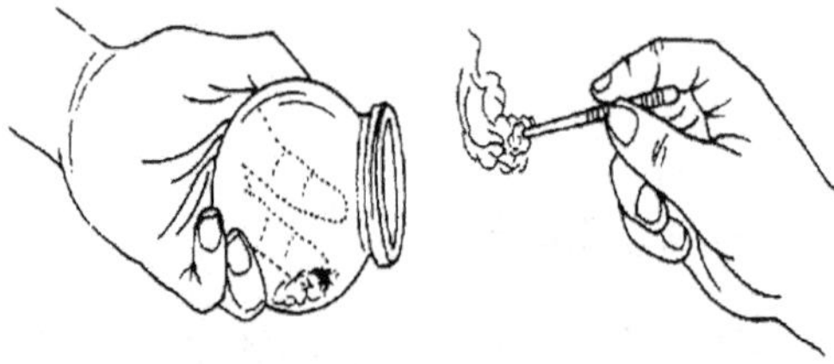

图 3-32　贴棉法

4. 滴酒法

滴酒法指在罐内壁上中段滴 2 ~ 3 滴酒精，再将罐横侧翻滚一下，使酒精均匀附于罐内壁上（不可流到罐口处），点燃酒精后，迅速将罐扣在选定的部位，即可吸住。

5. 架火法

架火法指用胶木瓶盖或矿泉水瓶盖放置于应拔的腧穴或患处，将酒精棉球放置在瓶盖里面，点燃酒精棉球后，迅速将罐扣在选定的部位，即可吸住。此法适用于在肌肉丰厚而平坦的部位垂直拔罐，不能用作闪罐、走罐（图 3-33）。

（二）水罐法

此法一般使用竹罐。先将竹罐放在锅内加水煮沸（也可在水里加煮中药制成药液使用），使用时将罐子倾倒用镊子夹出，甩去水液，用折叠的湿冷毛巾紧扪罐口，降低罐口温度，趁热按在皮肤上，即能吸住。此法适用于任何部位，吸拔力较小，操作需快捷。

图 3-33　架火法

1. 水煮法

将竹罐放入水中或药液中煮沸 2 ～ 3 分钟，然后用镊子将罐倒置（罐口朝下）夹起，迅速用多层湿冷毛巾捂住罐口片刻，以吸去罐内水液，降低罐口温度（但保持罐内热气），趁热将罐拔于应拔部位，并轻按罐具 30 秒左右，令其吸牢。此法消毒彻底，温热作用强，且可罐药结合，适用于任何部位的拔留罐、排罐等。此法操作要掌握好时机，出水后拔罐过快易烫伤皮肤，过慢又易致吸拔力不强。

2. 蒸汽法

将水或药液（勿超过壶嘴）在小水壶内煮沸，至水蒸气从壶嘴或套于壶嘴的皮管内大量喷出时，将壶嘴或皮管插入罐内 2 ～ 3 分钟后取出，迅速将罐扣于应拔部位。扣上后用手轻按其罐半分钟，使之拔牢。此法适用于身体各部位的拔留罐、排罐等。

（三）抽气罐法

先将抽气罐紧扣在应拔部位，用抽气筒将罐内的部分空气抽出，使其产生负压，吸拔于皮肤上。或用抽气筒套在塑料杯罐活塞上，将空气抽出，即能吸着。此法适用于任何部位的拔罐。

（四）其他罐法

其他罐法如拔挤气罐、电磁罐、远红外罐、药物多功能罐等，可根据相应的说明书进行操作。

三、拔罐法的运用

（一）拔罐的运用方法

1. 闪罐

用闪火法将罐吸拔于应拔部位，随即取下，再吸拔，再取下，反复吸拔至局部皮肤潮红，或罐体底部发热为度；动作要迅速而准确（图 3-34）；必要时也可在闪罐后留罐；适用于肌肉较松弛，吸拔不紧或留罐有困难的部位，适用于治疗风湿痹症、中风后遗症，以及肌肤麻木、肌肉萎软等。

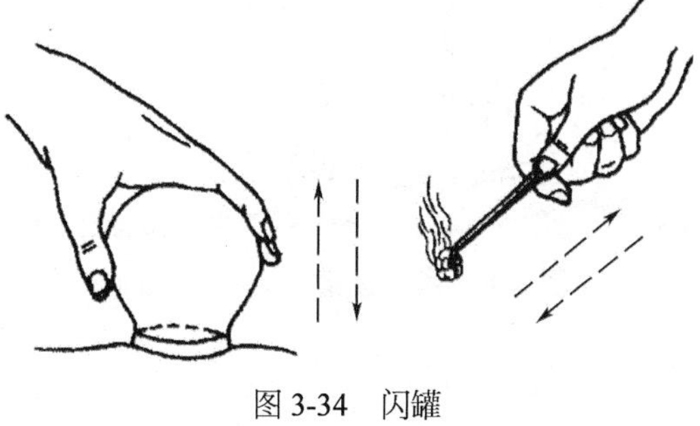

图 3-34　闪罐

2. 留罐

留罐又名坐罐法。拔罐后将吸拔在皮肤上的罐具留置一定时间（5 ~ 15 分钟），使浅层皮肤和肌肉局部潮红，甚或皮下瘀血呈紫红色后，再将罐具取下。罐大吸力强者应适当减少留罐时间，留罐时间视拔罐反应与体质而定；肌肤反应明显、皮肤薄弱、老年人与儿童留罐时间不宜过长；夏季及肌肤薄处，留罐时间也不宜过长，以免起水泡并烫伤皮肤。此法多用于深部组织损伤、颈肩腰腿痛、关节病变，以及临床各科多种疾病。

3. 走罐

走罐又名推罐法、拉罐法。先于施罐部位涂上润滑剂（常用医用凡士林、医用甘油、液状石蜡或润肤霜等），也可用温水或药液，同时还可将罐口涂上油脂；使用闪火法将罐吸住后，立即用手握住罐体，略用力将罐沿着一定路线反复推拉，至走罐部位皮肤紫红为度，推罐时着力在罐口，用力均匀，防止罐漏气脱落（图 3-35）。该法适用于病变范围较广、肌肉丰厚而平整的部位，如背部脊柱两旁、下肢股四头肌处、腰骶部、腹部及肩关节等。操作时应根据病情与患者体质，调节负压及走罐的快慢与轻重；若负压过大或用力过重、速度过快，患者往往疼痛难忍，且易拉伤皮肤；负压过小，吸拔力不足，罐容易脱落，治疗效果较差。

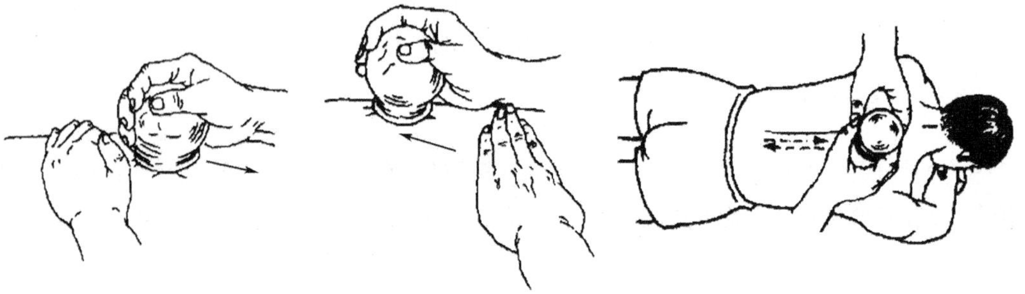

图 3-35　走罐

4. 排罐

沿某一经脉循行路线或某一肌束的体表位置，按照顺序排列成行吸拔多个罐具，称为排罐法。

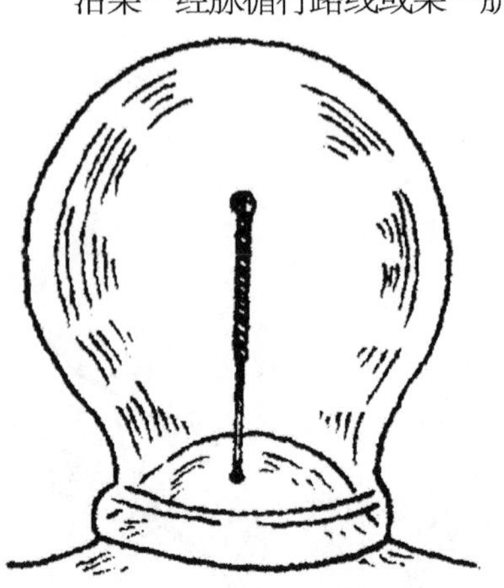

图 3-36　留针拔罐

5. 针罐

本法根据针具使用不同分为如下 3 种。

（1）留针拔罐：在毫针针刺留针时，以针为中心拔罐，留置规定时间后，起罐再起针；胸背部慎用，因罐内负压易加深针刺深度，容易引起气胸（图 3-36）。

（2）出针拔罐：在毫针针刺出针后，立即于该部位拔罐，留置规定时间后起罐，起罐后再用消毒棉球将拔罐处擦净。

（3）刺络拔罐：用皮肤针、三棱针或粗毫针等，在腧穴或患处点刺出血，或三棱针挑刺后，再行拔罐留罐；起罐后用消毒棉球擦净血迹；挑刺部位用消毒敷料或创可贴贴敷。

（二）起罐的方法

起罐又名启罐，即将吸拔牢的罐具取下的方法。

一般罐具起罐时，一手握住罐体腰底部稍倾斜，另一手拇指或食指按压罐口边缘的皮肤，使罐口与皮肤之间产生空隙，空气进入罐内，即可将罐取下。不可生硬拉拔，以免拉伤皮肤，引起患者的疼痛(图3-37)。

抽气罐起罐时，提起抽气罐上方的塞帽，使空气注入罐内，罐具即可脱落。也可用一般罐的起罐方法起罐。水（药）罐起罐时，为防止罐内有残留水（药）液漏出，若吸拔部位呈水平面，应先将拔罐部位调整为侧面后再起罐。

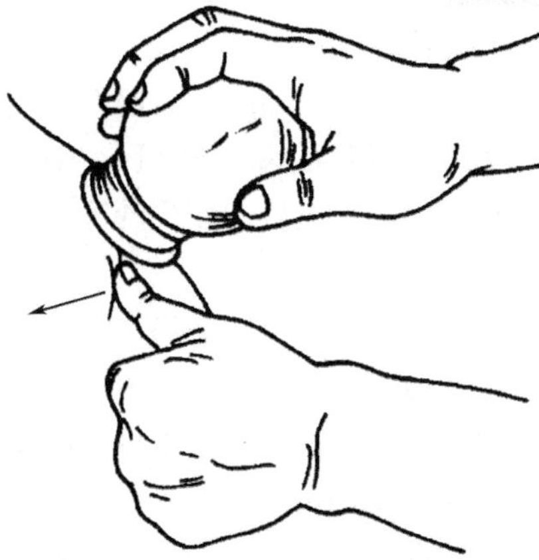

图 3-37 起罐

（三）拔罐的程度

拔罐的程度决定于罐吸拔的程度和留罐的时间。一般情况下，罐吸拔力度轻、留罐时间短，拔罐后局部皮肤可出现潮红；罐吸拔力度重、留罐时间长，拔罐后局部皮肤可出现紫红色（瘀斑色）。拔罐的程度取决于病情的需要，一般来说，温阳益气、温经散寒可采用局部潮红充血的拔罐法（充血罐），活血化瘀、消肿止痛可采用局部紫红瘀斑的拔罐法（瘀血罐）。不可一味追求拔罐后局部出现瘀斑，以免反复过重拔罐引起局部损伤。留罐时间一般为 5 ~ 20 分钟，可每日 1 次或隔日 1 次，7 ~ 10 次为 1 个疗程；两个疗程之间应间隔 3 ~ 5 天（或等拔罐斑痕消失）。

（四）施术后的处理

起罐后应用消毒棉球轻拭吸拔局部，若罐斑处微觉痛痒，不可搔抓，数日内自可消退。起罐后如果出现水泡，只要不擦破，可任其自然吸收。若水泡过大，可用一次性消毒针从泡底刺破，放出水液后，再用消毒敷料覆盖。若出血应用消毒棉球拭净。若皮肤破损，应常规消毒，并用无菌敷料覆盖其上。若用拔罐治疗疮痈，起罐后应拭净脓血，并常规处理疮口。

四、拔罐法的作用与临床应用

（一）拔罐法的作用

拔罐法具有祛风除湿、温经散寒，活血化瘀、消肿止痛，拔毒吸脓、祛腐生新，温阳益气、扶正固本等作用。

研究表明，拔罐法的机械刺激作用和温热作用，可以促进血液循环和新陈代谢，从而调节神经系统功能，调节肌肉及关节活动，缓解机体疼痛，改善功能状态，达到治疗疾病、预防疾病和强身健体的作用。

（二）拔罐法的临床应用

拔罐法的适应范围非常广泛，尤其对于各种疼痛类疾病、软组织损伤、急慢性炎症、风寒湿痹证，以及脏腑功能失调、经脉闭阻不通所引起的各种病症均有较好的疗效。临床上使用已从早期的疮疡发展到包括内科、外科、妇科、儿科、皮肤科、五官科等100多种疾病的治疗。

1. 内科疾患

感冒、发热、咳嗽、急慢性支气管炎、支气管哮喘等肺系疾病；呕吐、便秘、胃肠痉挛、慢性腹泻等胃肠疾病；此外还有中暑、高血压、面神经麻痹、头痛、三叉神经痛、神经衰弱、中风后遗症、尿潴留、尿失禁等其他内科疾病。

2. 妇科疾患

痛经、月经不调、闭经、带下、盆腔炎、围绝经期综合征、乳腺炎等。

3. 儿科疾患

厌食症、腹泻、消化不良、遗尿、百日咳、流行性腮腺炎等。

4. 外科疾患

疖、疔、痈、疽、丹毒、痔疮、脱肛、虫蛇咬伤等。

5. 皮肤科疾患

痤疮、湿疹、荨麻疹、神经性皮炎、皮肤瘙痒症、白癜风、带状疱疹，还可用于养颜美容等。

6. 耳鼻咽喉和口腔科疾患

鼻炎、牙痛、口腔溃疡、慢性咽喉炎、扁桃体炎等。

（三）禁忌证

（1）高热抽搐和痉挛发作者。

（2）心力衰竭、肺结核、恶性肿瘤及接触性传染病者。

（3）有出血倾向的患者如白血病、血小板减少性紫癜、血友病者等。

（4）有严重肺气肿的患者背部及胸部不宜负压吸拔。

（5）精神失常、精神病发作期、狂躁不安、破伤风、狂犬病等不能配合者。

（6）过饥、醉酒、过饱、过度疲劳者。

（7）心尖区、体表大动脉搏动处、疝气处。

（8）婴幼儿，孕妇的腰骶及腹部、前后阴、乳房部。

五、拔罐法的注意事项

1. 拔罐部位或穴位的选择

一般选择肌肉丰满、皮下组织充实及毛发较少的部位为宜。吸拔力过大，吸拔时间过久，可能使拔罐部位的皮肤起泡。拔罐前应充分暴露应拔部位，操作部位应注意防止烫伤。

2. 体位的选择

选好体位，患者体位应舒适，局部宜舒展、松弛。拔罐时嘱患者不要移动体位，以免罐具脱落。拔罐数目多时，罐具之间的距离不宜太近，以免罐具牵拉皮肤产生疼痛，或因罐具间互相挤压而脱落。

3. 因人而宜

老年、儿童、体质虚弱及初次接受治疗，易发生意外反应的患者，拔罐数量宜少，留罐时间宜短，以卧位为宜。妊娠妇女及婴幼儿慎用拔罐方法。

4. 留针拔罐的注意事项

若留针拔罐，选择罐具宜大，毫针针柄宜短，以免吸拔时罐具碰触针柄而造成折针等损伤。

5. 其他罐具的使用注意

使用电罐、磁罐时，应注意询问患者是否带有心脏起搏器等金属物件，有佩带者应禁用。

6. 拔罐手法

手法要熟练，动作要轻、快、稳、准。用于燃火的酒精棉球，不可沾酒精过多，以免拔罐时滴落到皮肤上造成烧烫伤。若不慎出现烧烫伤，应按外科烧烫伤处理。

7. 晕罐的处理

拔罐过程中若出现头晕、胸闷、恶心欲呕、肢体发软、冷汗淋漓，甚者瞬间意识模糊等晕罐现象，处理方法是立即起罐，使患者呈头低脚高卧位，必要时可饮用温开水或温糖水，或掐水沟穴等。密切注意血压、心率变化，严重时按晕厥处理。

第三节 刮 痧 法

刮痧法是中国传统的自然疗法之一，它是以中医皮部理论为基础，用牛角、玉石等在皮肤相应部位刮拭，以达到疏通经络、活血化瘀之目的。刮痧可以扩张毛细血管，增加汗腺分泌，促进血液循环，对于高血压、中暑、风寒痹证都有立竿见影之效。经常刮痧，可起到调整经气、解除疲劳、增强免疫功能的作用。

一、操作方法

（一）刮痧工具

刮痧板是刮痧的主要工具，可在人体各部位使用。常见的刮痧板为水牛角和玉制品；水牛角及玉质刮痧板均有行气活血、疏通经络之功，而无毒副作用。此外，还有以贝壳（如蛤壳）、木制品（如木梳），以及边缘光滑的嫩竹板、瓷器片、小汤匙、铜钱、硬币、玻璃，或头发、苎麻等制成的刮痧用具（图 3-38）。

从形状上来说，刮痧板有鱼形、长方形、三角形以及这几种形状的变形。不管什么形状的刮痧板，最好是选择两边厚薄不一致的，厚的一边可以作为日常保健用，薄的一边可以理疗用。

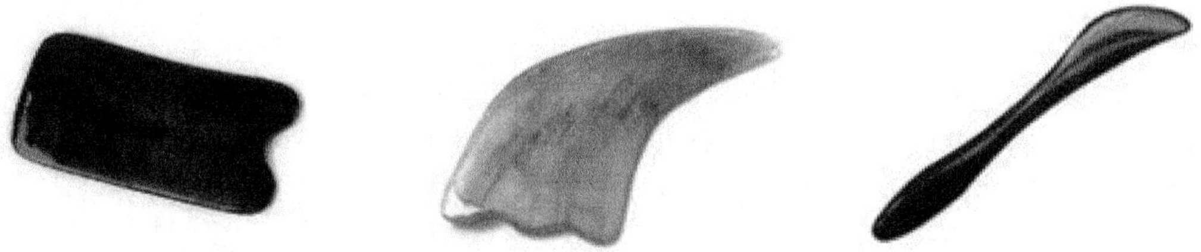

图 3-38 刮痧工具

（二）刮痧方法

1. 持板方法

用手握住刮痧板，刮痧板的底边横靠在手掌心部位，拇指与另外四个手指自然弯曲，分别放在刮痧板的两侧，要求指实掌虚。

2. 刮拭方法

在操作部位涂上刮痧油后，操作者手持刮痧板，在施术部位按一定的力度刮拭，刮痧板与皮肤表面呈直角，或板向刮拭的方向倾斜一定角度，单向刮拭，直至皮肤出现痧痕为止。刮痧时，除了向刮拭的方向用力外，还要对刮拭部位向下按压。向下的按压力因人而异，力度大小根据患者体质、病情及承受能力决定。每次刮拭应保持速度均匀、力度平稳，不要忽轻忽重。

刮拭时还应注意点、线、面结合，这是刮痧的一个特点。所谓点，其实就是穴位；线就是指经脉；面即指刮痧板边缘接触皮肤的部分，约有1寸宽。点、线、面结合的刮拭方法，是在疏通经脉的同时，加强重点穴位的刺激，并掌握一定的刮拭宽度，可以提高治疗效果（图3-39）。

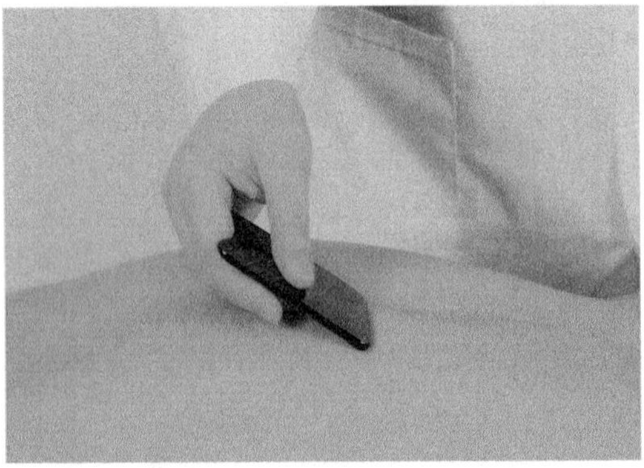

图3-39　刮痧方法

（三）常用刮痧法

（1）面刮法：适用于身体比较平坦的部位。

（2）角刮法：多用于人体面积较小的部位或沟、窝、凹陷部位，刮痧板与刮痧皮肤呈45°角倾斜。

（3）点按法：刮痧板的一角与操作部位呈90°角，由轻到重逐渐加力按压，适用于人体无骨骼的凹陷部位。

（4）拍打法：用刮痧板短边的面或五指合拢的手指拍打体表部位的经穴。拍打前一定要在部位上先涂刮痧油，多用在四肢，特别是肘窝和腘窝处。

（5）揉按法：用刮痧板的一角或一个边，垂直按压在操作部位上，做柔和的旋转运动，这种手法常用于对脏腑有强壮作用的穴位，以及后颈、背、腰部和全息穴区中的痛点。

（6）厉刮法：用刮痧板角部与施术部位呈90°角。刮痧板始终不离开皮肤，并施以一定的压力做短距离前后或左右摩擦。该法适用于头部全息穴区。

（7）长刮法：刮痧板与施术部位呈90°角，自上而下循经刮拭。用力要均匀、平稳和缓，连续不断，刮拭面宜长，如从肘、膝关节部位刮至指、趾尖。该法常用于经络调理，以及放松肌肉，消除疲劳。

（8）团揉法：用痧疗砂放置在患者皮肤上，施术者用手隔砂团揉，用力要和缓均匀。

此外，还有特殊刮痧法，包括撮痧法、挑痧法和放痧法3种，其中撮痧法又分扯痧法、夹痧法和抓痧法3种；放痧法又分泻血法和点刺法2种。

（四）补泻手法

“虚者补之，实者泻之”是中医治疗疾病的基本法则之一，也是刮痧疗法的治疗原则。“补法”和“泻法”是两种作用相反对立的，但又是相互联系的，目的是调节阴阳，增强人体的正气。刮痧疗法除有以上介绍的刮痧手法外，尚有补泻之分，还有介于两者之间的平补平泻法，以针对不同体质与不同病证。

从表面上看，刮痧疗法虽无直接补益或泻邪物质进入机体，但依靠补泻手法在体表一定部位的刺激，即可起到促进机体机能或抑制机能亢进的作用，这些作用的本质属于补或泻的范畴。刮痧疗法的补泻作用，固然与腧穴的治疗作用有关，但更取决于刮痧操作力量的轻重、速度的急缓、时间的长短、刮拭的方向、刮痧的次数等诸多因素，是依靠补泻手法来实现的。

1. 补刮法

补法是指能鼓舞人体正气，使低下的机能恢复旺盛的方法。补刮法刮拭按压力小，作用浅表，速度慢，动作轻柔，刮痧范围较小，出痧要求色淡红而少，刺激时间稍短，或顺经脉运行方向刮拭，刮后加温灸者亦为补法。临床用于年老、体弱、久病、重病或体形瘦弱之虚证患者。

2. 泻刮法

泻法是指能疏泄病邪，使亢进的机能恢复正常的方法。泻刮法刮拭按压力大，作用深透，速度快，动作重猛，刮痧范围较大，出痧要求色暗红而多，刺激时间稍长，或逆经脉运行方向刮拭，刮痧后加拔罐者亦为泻法。临床多用于年轻体壮、新病、急病或形体壮实之实证患者。

3. 平刮法

平刮法也称平补平泻法，操作介于补刮法和泻刮法之间，刮拭按压力、深透、速度、刮痧范围、出痧要求、刺激时间均以适中为好，常用于正常人保健或虚实错杂证的治疗。

补泻手法的应用绝非一成不变，临床时可根据患者病情和体质灵活选用，正所谓“法虽有定，变通在人”。

（五）常用刮痧部位

1. 头颈部的刮拭部位

（1）刮拭头部两侧：从头两侧的太阳穴开始至风池穴，刮拭线经过头维、颔厌、悬颅、悬厘、率谷、天冲、浮白、脑空等穴位。

（2）刮拭前头部：从头顶的百会穴开始至前发际正中，刮拭线经过前顶、通天、囟会、上星、神庭、承光、五处、曲差、正营、头临泣等穴位。

（3）刮拭后头部：从头顶的百会穴开始到后发际正中，刮拭线经过后顶、络却、强间、脑户、玉枕、脑空、风府、哑门、天柱等穴位。

（4）刮拭全头部：以头顶的百会穴为中心呈放射状向全头部刮拭。刮拭线经过全头穴位及头针穴线等。

（5）刮拭前额部：先刮拭前发际正中至眉毛之间即印堂穴处，再由前额正中，分别由内向外刮拭两侧。刮拭线经过印堂、攒竹、鱼腰、丝竹空等穴位。

（6）刮拭两颧部：从承泣、巨髎、迎香至耳门、听宫等的区域，分别自内向外刮拭，刮拭线经过承泣、四白、颧髎、巨髎、下关、耳门、听宫、听会等穴位。

（7）刮拭下颌部：以唇下正中承浆穴为中心，分别自内向外刮拭。刮拭线经过承浆、地仓、大迎、颊车等穴位。

2. 躯干部的刮拭部位

（1）刮拭背部正中：刮拭督脉。刮拭线从大椎穴至长强穴，从上向下刮拭。

（2）刮拭背部两侧：主要刮拭背腰部足太阳膀胱经的循行路线。刮拭线即后正中线旁开1.5寸及3寸的位置，从上向下刮拭。

（3）刮拭胸部正中：即任脉在胸部的循行路线。刮拭线从天突穴经膻中至鸠尾穴，从上向下刮拭。

（4）刮拭胸部两侧：刮拭线从前正中线自内向外刮拭。

（5）刮拭腹部正中：即任脉在腹部的循行路线。刮拭线从鸠尾穴至水分穴，从阴交穴至曲骨穴，从上向下刮拭。

（6）刮拭腹部两侧：主要刮拭腹部足少阴肾经、足阳明胃经、足太阴脾经的循行路线，即前正中线旁开0.5寸、2寸、4寸的位置。从上向下刮拭。

3. 四肢部的刮拭部位

（1）刮拭上肢内侧部：主要刮拭手太阴肺经、手厥阴心包经、手少阴心经的循行路线，从上向下刮拭。

（2）刮拭上肢外侧部：主要刮拭手阳明大肠经、手少阳三焦经、手太阳小肠经的循行路线，从上向下刮拭。

（3）刮拭下肢内侧部：主要刮拭足太阴脾经、足厥阴肝经、足少阴肾经的循行路线，从上向下刮拭。

（4）刮拭下肢前面部、外侧部、后面部：主要刮拭足阳明胃经、足少阳胆经、足太阳膀胱经的循行路线，从上向下刮拭。

（5）刮拭膝眼：先用刮痧板的棱角点按刮拭内外膝眼，自里向外，刮拭方法是最好先点按，然后向外刮出。

（6）刮拭膝关节前部：刮拭部位主要是足阳明胃经经过膝关节前部的路线，膝关节以上部分从伏兔穴经阴市穴到梁丘穴，膝关节以下部分从犊鼻穴到足三里穴，从上向下刮拭。

（7）刮拭膝关节内侧部：刮拭部位主要是足三阴经经过膝关节内侧的路线。刮拭路线经过血海、曲泉、阴陵泉、膝关、阴谷等穴位，从上向下刮拭。

（8）刮拭膝关节外侧部：刮拭部位主要是足少阳胆经经过膝关节外侧的路线。刮拭穴位有膝阳关、阳陵泉等，从上向下刮拭。

（9）刮拭膝关节后部：刮拭部位主要是足太阳膀胱经经过膝关节后部的循行路线。刮拭穴位有殷门、浮郄、委阳、委中、合阳等，从上向下刮拭。

二、刮痧法的作用与临床应用

（一）刮痧法的作用

刮痧疗法具有疏通经络、活血化瘀、开窍泻热、通达阳气、泻下秽浊、排除毒素等作用，临床应用范围较广，可用于内、外、妇、儿、五官科等病症，还可用于强身健体、减肥、美容等。尤其对实热或湿热引起的急性“痧症”，或因气机闭阻、经络瘀滞所致的疼痛、酸胀类病症，有立竿见影的功效。

（二）刮痧法的临床应用

（1）痧症：多发于夏秋两季，微热形寒，头昏、恶心、呕吐，胸腹或胀或痛，甚则上吐下泻，多起病突然，取背部脊柱两侧自上而下刮治，如见神昏可加用印堂穴、太阳穴。

（2）中暑：取脊柱两旁自上而下刮，逐渐加重。伤暑表证，取患者颈部痧筋（颈项双侧）刮治；伤暑里证，取背部刮治，并配用胸部、颈部等处刮治。

（3）湿温初起：见感冒、厌食、倦怠、低热等证，取背部自上而下顺刮，并配用苎麻蘸油在腘窝、后颈、肘窝部擦刮。

（4）感冒：取生姜、葱白各 10g，切碎和匀布包，蘸热酒先刮擦前额、太阳穴，然后刮背部脊柱两侧，也可配合刮肘窝、腘窝。如有呕恶者加刮胸部。

（5）发热咳嗽：取颈部向下至第 4 腰椎处刮，同时刮治肘部、曲池穴。如咳嗽明显，再刮治胸部。

（6）风热喉痛：取第 7 颈椎至第 7 胸椎两旁（蘸盐水）刮治，并配用拧提颈部前两侧肌肉（胸锁乳突肌）约 50 次。

（7）呕吐：取脊柱两旁自上而下至腰部刮治。腹痛，取背部脊柱旁两侧刮治；也可同时刮治胸腹部。

（8）疳积：取大椎至长强穴处刮治。伤食所致呕吐腹泻，取脊椎两侧顺刮；如胸闷、腹胀剧痛，可在胸腹部刮治。

三、注意事项

（一）术前注意事项

（1）刮痧疗法须暴露皮肤，且刮痧时皮肤汗孔开泄，如遇风寒之邪，邪气可从开泄的毛孔入里，引发新的疾病。故刮痧前要选择空气流通、清新的治疗场所，注意保暖，夏季不可在有过堂风、冷气直吹的地方刮痧。

（2）施术者的双手要消毒。刮痧工具也要严格消毒，防止交叉感染。刮拭前须仔细检查刮痧工具，以免刮伤皮肤。

（3）勿在患者过饥、过饱，以及过度紧张的情况下进行刮痧治疗，以防晕刮。

（二）术中注意事项

（1）刮拭手法要用力均匀，以患者能忍受为度，达到出痧为止。婴幼儿及老年人，刮拭手法用力宜轻。

（2）不可一味追求出痧而用重手法或延长刮痧时间。一般情况下，血瘀之证出痧多；实证、热证出痧多；虚证、寒证出痧少。

（3）刮拭过程中，如遇晕刮，出现精神疲惫、头晕目眩、面色苍白、恶心欲吐、出冷汗、心慌、四肢发凉或血压下降、神志昏迷时，应立即停止刮痧，抚慰患者勿紧张，让其平卧，注意保暖，饮温开水或糖水，一般即可恢复。

（三）术后注意事项

（1）刮痧治疗使汗孔开泄，邪气外排，要消耗体内津液，故刮痧后饮温水一杯，休息片刻。

（2）刮痧治疗后，为避免风寒之邪侵袭，须待皮肤毛孔闭合恢复原状后，方可洗浴，一般为3小时左右。

（3）下次刮痧以上次痧斑完全褪去为准，一般间隔3～6天。

思考题

（1）常用罐的种类有哪些？

（2）火罐的常用吸拔方法有哪些？

（3）拔罐法的临床应用方法有哪些？

（4）拔罐法的作用有哪些？

第四章 其他针具刺法

针刺不同方法建立在不同针具的基础上，古代医家为了适应临床的需要，研制发明了“九针”。九针的问世，是针具、刺法发展的里程碑，为后世针具与刺法的继承、发扬奠定了基础。在针刺方法中，除毫针刺法外，还有三棱针、皮肤针、皮内针、火针、芒针、鍉针等多种针刺用具及其各自不同的刺法，称之为特种针具刺法。它们各有所长，各具特色，为临床辨证施治、审病选法提供了物质基础。

本章就现代临床常用的三棱针法、皮肤针法、皮内针法、鍉针法、火针法、芒针法等特种针具刺法分节介绍。

第一节 三棱针法

三棱针法也称刺络泻血法，是用三棱针刺破血络或腧穴，放出适量血液或挤出少量液体，或挑断皮下纤维组织，以治疗疾病的方法。其中放出适量血液以治疗疾病的方法属刺络法或刺血法，又称放血疗法。

三棱针由古代九针之一的锋针发展而来。锋针，在古代主要是用于泻血排脓。《灵枢·九针论》中记载锋针“可以泻热出血”。《灵枢·九针十二原》曰：“锋针者，刃三隅以发痼疾。”古人对刺络泻血法非常重视，《素问·血气形志》载：“凡治病必先去其血。”《灵枢·九针十二原》亦云：“宛陈则除之。”《灵枢·官针》中更有“络刺”、“赞刺”、“豹文刺”等法，虽针具、方法不尽相同，但都属于刺络泻血法的范畴。《灵枢·血络论》还进一步阐明了刺络泻血疗法的应用范畴，如血脉“盛坚横以赤”，“小者如针”，“大者如筋”等。并指出，有明显瘀血现象的才能“泻之万全”，可见古人对刺络泻血疗法是有丰富经验的。

一、针具

三棱针一般用不锈钢制成，分为大、中、小三种型号，大号规格 2.6mm × 65mm，中号规格 2mm × 65mm，小号规格 1.6mm × 65mm，针柄较粗呈圆柱形，针身呈三棱形，尖端三面有刃，针尖锋利（图 4-1）。新的针具在使用前应在细磨石上磨至锐利，称为“开口”。三棱针用久会变钝，也应磨至锐利，以减轻进针时患者的痛苦。

二、操作方法

（一）操作前准备

针具使用前应行高压消毒，或用酒精浸泡 30 分钟。施针前在局部皮肤用碘伏消毒。医者双手先用肥皂水清洗干净，再用酒精棉球擦拭后戴一次性手套。

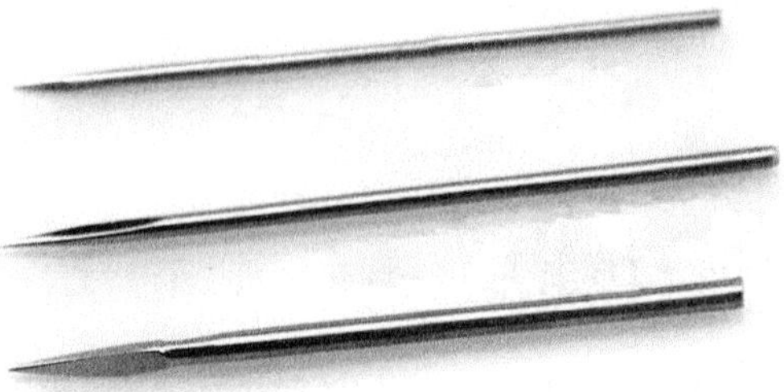

图 4-1　三棱针

现在临床上为了避免因消毒不严引起的交叉感染，多选择一次性针具，或采用一次性注射针头代替三棱针。

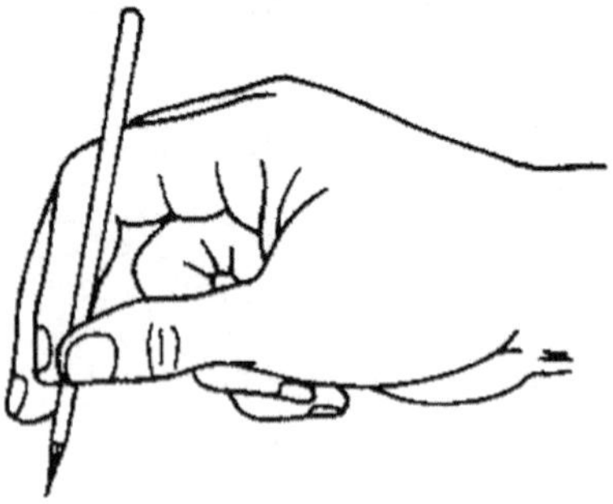

图 4-2　持针法

（二）持针姿势

一般以右手持针，用拇、食两指捏住针柄下段，中指指腹紧靠针身侧面，露出针尖 3 ~ 5mm（图 4-2）。

（三）操作方法

三棱针的操作方法一般分为点刺法、散刺法、挑刺法三种。

1. 点刺法

此法是用三棱针点刺腧穴或血络以治疗疾病的方法。

（1）点刺穴位：即点刺腧穴出血或挤出少量液体的方法。

针刺前，在预定针刺部位上下用左手拇食指向针刺处推按，使血液积聚于点刺部位。常规消毒后，左手拇、食、中三指夹紧被刺部位，右手持针，直刺 2 ~ 3mm，快进快出，轻轻挤压针孔周围，使出血数滴，或挤出少量液体。然后用消毒干棉球按压针孔。为了刺出一定量的血液或液体，点刺穴位的深度不宜太浅。此法多用于指趾末端、面部、耳部的穴位，如十宣、十二井穴等处（图 4-3）。

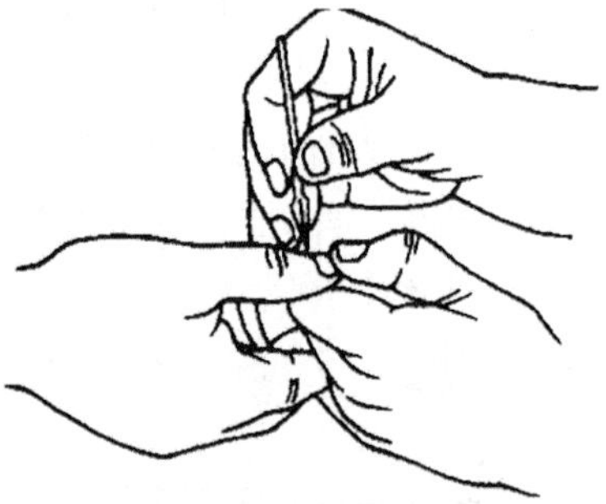

图 4-3　点刺穴位

（2）点刺血络：有浅刺和深刺两种。

浅刺：即点刺随病显现的浅表小静脉出血的方法。常规消毒后，右手持针垂直点刺，快进快出，动作要求稳、准、快。一次出血 5 ~ 10ml。此法多用于有小静脉显现的部位，如下肢后面、额部、颞部、足背等部位。

深刺：即点刺较深、较大静脉放出一定量血液的方法，称为泻血法。先用带子或橡皮管，结扎在针刺部位上端（近心端），然后迅速消毒，针刺时左手拇指压在被针刺部位下端。右手持三棱针对准被针刺部位的静脉，刺入脉中（1 ~ 2mm 深）即将针迅速退出，出血停止后，再用消毒棉球按压针孔。本法出血量较大，一次治疗可出血几十甚至上百毫升，多用于肘窝、腘窝的静脉及小静脉瘀滞处（图 4-4）。

2. 散刺法

散刺法是在病变局部周围进行点刺的一种方法。根据病变部位大小不同，可刺数针，甚至十余针以上，由病变外缘环形向中心点刺，以促使瘀血或水肿的排泄，达到“宛陈则除之”，通经活络的目的（图 4-5）。此法多用于局部瘀血、水肿、顽癣等。针刺深浅根据局部肌肉厚薄、血管深浅而定。

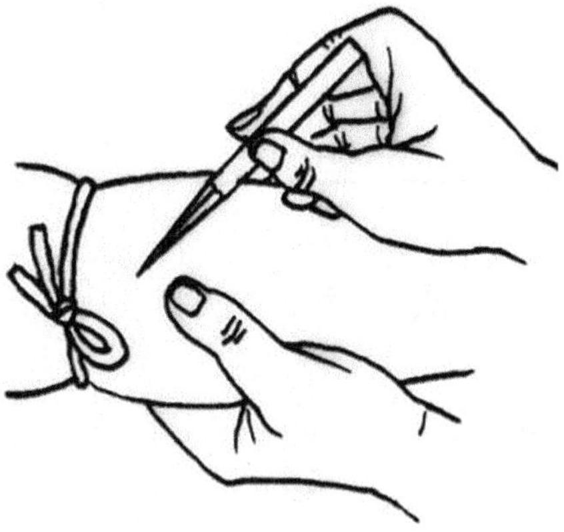

图 4-4　点刺血络（深刺）

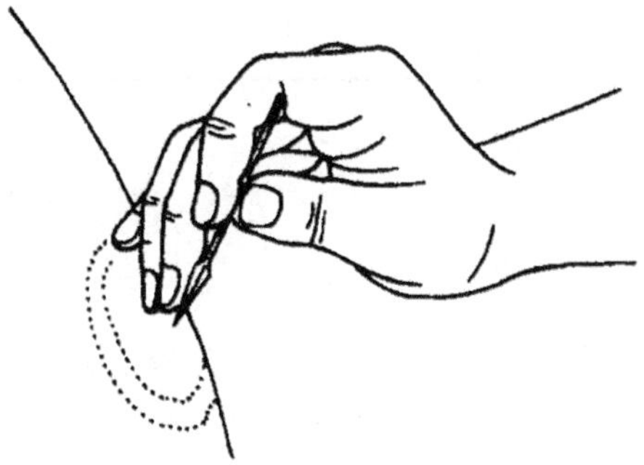

图 4-5　散刺法

3. 挑刺法

此法是以三棱针挑断穴位皮下纤维组织以治疗疾病的方法。局部消毒后，左手捏起施术部位皮肤，右手持针先以 15° ~ 30° 角进入皮肤，挑断皮肤 0.2 ~ 0.3cm，再将针深入皮下，挑断几根皮下白色纤维组织，并可挤出一定量的血液或少量液体，然后用无菌敷料保护创口，以胶布固定。对于一些畏惧疼痛者，可先用 2% 利多卡因局麻后再挑刺。挑刺的部位可以选用经穴，也可选用奇穴，更多选用阿是穴。在选用阳性反应点时，应注意与痣、毛囊炎、色素斑及背俞穴相鉴别。

刺血治疗一般隔 2 ~ 3 天 1 次，出血量较多的可间隔 1 ~ 2 周 1 次。

三、临床应用

三棱针刺络法具有通经活络、开窍泻热、消肿止痛、去瘀生新等作用。各种实证、热证、瘀血、疼痛等均可应用，并常用于急症的治疗。采用三棱针放出一定量的血液，有时对疑难杂病有特殊疗效。临床上主要应用于：高热、惊厥、中暑、中风闭证、急性咽喉肿痛、目赤肿痛、头痛、三叉神经痛、高血压、腱鞘炎、顽痹、指（趾）端麻木、痈疖初起、丹毒、小儿消化不良等。

四、注意事项

（1）对于刺血量较大的患者，术前做好解释工作。

（2）注意无菌操作，以防感染。

（3）点刺、散刺时，手法宜轻、浅、快，并根据病症的不同控制出血量（表 4-1）。

（4）虚证、妇女产后及有自发出血倾向或损伤后出血不止的患者，不宜使用。

（5）避开动脉血管，若误伤动脉出现血肿，以无菌干棉球按压局部止血。

（6）重度下肢静脉曲张处禁用本法。

表 4-1　三棱针治疗出血量计量

分类	出血量计量
微量	1.0 ml 以下（含 1.0 ml）
少量	1.1 ～ 5.0 ml（含 5.0 ml）
中等量	5.1 ～ 10.0 ml（含 10.0ml）
大量	10.0ml 以上

附：挑　治　法

挑治针法又称挑刺法、针挑法等，是在一定穴位或部位，用特定的针具挑断皮下白色纤维组织，以治疗疾病的一种疗法。它是我国古代锋针疗法、半刺法、刺络法的综合发展。临床用于血管神经性头痛、肩周炎、慢性喉炎、神经衰弱型失眠、胃脘痛、腰肌劳损、颈椎病、坐骨神经痛、支气管哮喘等多种疾病。

岭南针灸的奠基人，广州中医学院（广州中医药大学前身）针灸学教研室主任司徒铃教授擅用挑治疗法治疗临床疑难病症，并自创钩状挑治针，以挑断皮下白色纤维样物或适当放血，用以治疗全身疾病，以其治疗部位浅表，刺激性强，整体调节快为特点，并重视背俞穴的应用，尤其常用四花穴即膈俞、胆俞治疗高血压、偏头痛、呃逆、失眠、周身痹痛等症，临床取得良好效果。

一、针具

三棱针、圆利针、8 ～ 9 号一次性注射针头、亦可用牙科用的器械改制成锋利的三棱针样长约 10cm 的挑治针，还可用眼科“角膜钩”改制成“钩状挑治针”。要求针尖锋利带钩、针柄长 10cm 左右方便钩住纤维组织后能摇摆牵拉及用力拉断纤维组织。

二、操作方法

（一）操作前准备

挑治针法必须按照辨证施治的原则，明确病位及诊断，选取相应的挑治穴位或部位，以下是常用的挑治定位方法：

（1）背俞穴：是脏腑精气输注于背部的俞穴，《灵枢・本输》提出了背俞穴可主治五脏疾病，同时还提出了背俞穴定位时所出现的“按其处，应在中而痛解”的阳性反应现象。通过辨证分析，可以在病变相应的脏腑的背俞穴上进行挑治治疗。

（2）华佗夹脊穴：是经外奇穴，在长期临床实践中发现华佗夹脊穴治疗的适应证基本与背俞穴相似，现代医学研究，华佗夹脊的主治与现代医学的“脊髓神经节段性分布”的理论相应，因此华佗夹脊可以治疗相应脊髓段的疾患，如临床治疗头面、颊、颈项部相应器官疾患，可取颈1至颈7椎的夹脊穴；治疗胸腔内脏及上肢疾患，可取颈3至胸7椎夹脊穴；治疗上腹部内脏疾患，可取胸8至胸12椎夹脊穴；治疗腰部和下腹部内脏疾患，可取胸10至腰2椎夹脊穴；治疗肛门部及下肢部疾患，可取腰2至骶4椎夹脊穴。

（3）以痛为腧找“阿是穴”：在病变体表局部区域内，找最明显的压痛点进行挑治。如肩周炎在肩胛冈上或肩前穴等处找压痛明显的点，腰腿痛在腰骶关节表面找到痛点进行挑治。

（4）选反应点挑治：选用某些疾病在体表有关部位出现反应点，如压敏点、疹点等。疹点的特征似丘疹，稍突出于皮肤，似针帽大小，多为灰白色或景红色，棕褐或浅红色，压之不褪色。选点时要注意与痣、毛囊炎、色素斑相鉴别。找点困难时，可用手摩擦相应部位皮肤后，再仔细寻找。

以上四种选穴方法，可单独应用，亦可综合选定穴位或部位进行挑治。

（二）操作方法

选好挑治点或穴位，常规消毒，用三棱针等针具将表皮挑破0.2～0.3cm的针口，再深入针口四周的皮下，旋转180°，从针口处向外牵拉出皮下白色纤维样物并挑断，若白色纤维样物较粗不易挑断，可提拉白色纤维样物，做左右摇摆牵拉，再行挑断。必须将针口皮下四周所有白色纤维样物挑尽为止，再进行消毒并覆盖无菌纱块，胶布固定。

若遇到畏惧疼痛或体质虚弱的患者，可先在挑治点皮下用1%～2%利多卡因注射液打一皮丘作为局麻。

一般每次挑治2～4个穴位，每周挑治1～2次。

三、临床应用

（一）适应范围

挑治疗法具有活血祛瘀、通经活络、消肿止痛、调整脏腑阴阳的作用，其治疗范围较广，凡内外妇儿各科慢性疾病或迁延难愈之疾，运用挑治疗法往往能收到较好效果。

（1）呼吸系统疾病：哮喘、久咳、慢性肺源性心脏病、支气管扩张（缓解期）、肺囊肿引起的胸痛等。

（2）消化系统疾病：胃及十二指肠溃疡、消化不良、小儿疳积、慢性结肠炎、胃下垂、呃逆、呕吐、慢性肝炎、胆绞痛、慢性胆囊炎、痔疾等。

（3）心血管系统疾病：高血压、早期冠心病、高脂血症等。

（4）泌尿生殖系统疾病：慢性前列腺炎、前列腺肥大、不育症、月经不调、痛经、慢性盆腔炎、慢性睾丸炎、阳痿、性功能低下等。

（5）神经系统疾病：中风偏瘫、癫痫、帕金森综合征、神经衰弱、坐骨神经痛、肋间神经痛、偏头痛、格林－巴利综合征、进行性肌营养不良、三叉神经痛、阿尔茨海默综合征（老年痴呆）、更年期综合征、面瘫等。

（6）内分泌系统疾病：甲状腺功能亢进、单纯性甲状腺肿等。

（7）运动神经系统疾病：风湿性关节炎、类风湿关节炎、肩周炎、颈椎病、腰椎退行性变、膝关节退行性变、强直性脊柱炎、慢性腰肌劳损、网球肘、急性腰扭伤等。

（8）五官科疾病：过敏性鼻炎、慢性咽喉炎、麦粒肿、结膜炎、白内障、近视等。

（9）皮肤科疾病：痤疮、过敏性荨麻疹、牛皮癣、湿疹等。

（二）治疗

1. 肩周炎

主穴：肩三针、大椎。

配穴：久痛加膈俞。

2. 中风后遗症

主穴：颈百劳、膈俞、肾俞。

配穴：上肢加大椎，下肢加腰阳关，失语加心俞，高血压加肝俞。

3. 腰痛

腰肌劳损：脾俞、膀胱俞，久病加肾俞。

急性腰扭伤：阿是穴、肾俞、委中。

腰椎肥大：$L_2 \sim S_2$ 华佗夹脊加大椎。

4. 单纯性甲状腺肿大

主穴：肝俞、胃俞、颈百劳。

配穴：甲状腺肿大最高点、肩井。

5. 高血压

主穴：四花（膈俞、胆俞）。

配穴：肝阳上亢加肝俞，肾虚加肾俞，痰浊型加脾俞。

6. 痔疾

主穴：大肠俞、次髎、长强。

配穴：大椎、承山、会阳。

四、注意事项

（1）注意无菌操作，嘱患者保持局部清洁。

（2）针尖应在原针口出入，不要在创口上下挑治。

（3）治疗期间不吃辛辣煎炸等刺激食物。

（4）孕妇、严重心脏病、血液病、糖尿病患者慎用或不用。

（5）挑治过程中注意预防晕针。

第二节　皮肤针法

皮肤针法是以多根短针浅刺人体选定部位或穴位，以防治疾病的方法。本法从古代“毛刺”、“扬刺”、“半刺”等传统刺法的发展而来。《灵枢·官针》曰：“毛刺者，刺浮痹皮肤也”，“扬刺者，正内一，旁内四而浮之，以治寒气之博大者也”，“半刺者，浅内而疾发针，无针伤肉，如拔毛状，以取皮气，此肺之应也”。

皮肤针法是根据经络学说中的皮部理论，叩刺内脏疾病反映于体表的阳性部位、相关经络循行部位与腧穴来治疗脏腑病证，或者叩刺病灶局部以治疗浅表病证。皮肤针法叩刺皮部，通过孙脉、络脉和经脉以疏通经络、调和气血，促使机体恢复正常，从而达到防治疾病的目的。本法以运用灵活的腕力垂直叩刺为主，操作简单，刺激均匀。

一、针具

皮肤针是呈小锤状的一种针具，是由多根不锈钢短针集成一束，或如莲蓬状均匀地镶嵌在圆形针盘上，并在针盘装上针柄而成，一般针柄长 15 ～ 19cm。根据针柄的软硬程度分为硬柄皮肤针和软柄皮肤针（图 4-6、图 4-7），又常根据所嵌短针数目的多少，分别称为“梅花针”（5 支短针）、“七星针”（7 支短针）、“罗汉针”（18 支短针）等。皮肤针的针尖应平齐，不歪斜，没有钩曲、锈蚀和缺损。

现代创制了一种滚刺筒（图 4-8），是用金属等材料制成的滚筒，滚筒表面均匀分布不锈钢短针的新型皮肤针，具有刺激面广、刺激量均匀、使用简便等优点。

图 4-6　硬柄皮肤针

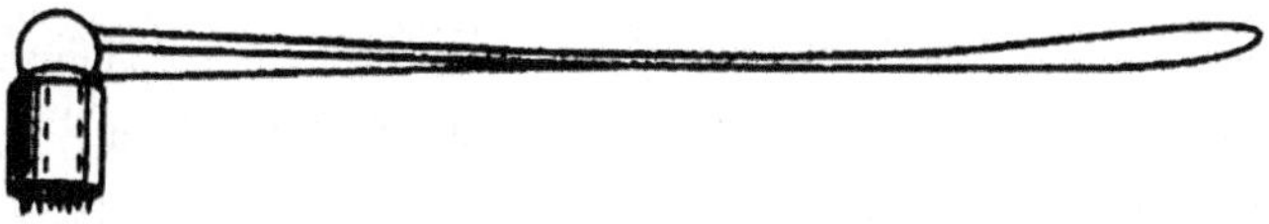

图 4-7　软柄皮肤针

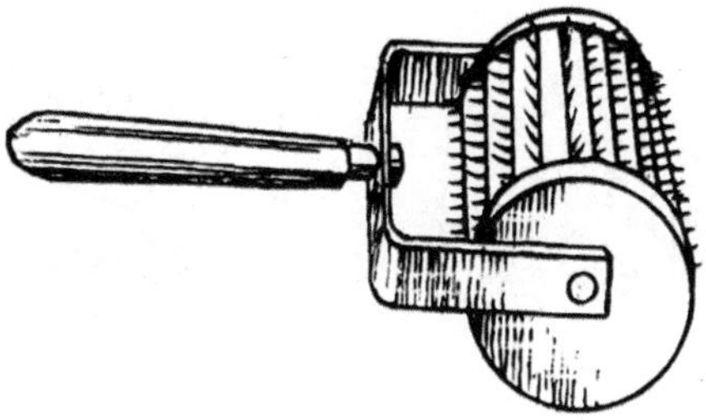

图 4-8　滚刺筒

二、操作方法

（一）操作前准备

1. 针具消毒和检查

皮肤针使用前应进行灭菌或消毒处理，可用高压蒸汽灭菌或用酒精浸泡 30 ～ 60 分钟消毒。

使用前可用干脱脂棉轻沾针尖，如果针尖有钩或有缺损则棉絮易被带动，不宜使用。

2. 皮肤局部消毒

施针前在局部皮肤用碘伏棉球消毒。

（二）持针法

皮肤针因软柄和硬柄而持针姿势有所不同：

1. 软柄皮肤针持针法

将针柄末端置于掌心，拇指居上，食指在下，两指相对捏住针柄中段，其余手指呈握拳状握住针柄末端（图 4-9）。

2. 硬柄皮肤针持针法

此法为用拇指和中指夹持针柄中段两侧，食指置于针柄中段的上面，无名指和小指将针柄末端固定于大小鱼际之间（图 4-10）。

图 4-9　软柄持针式

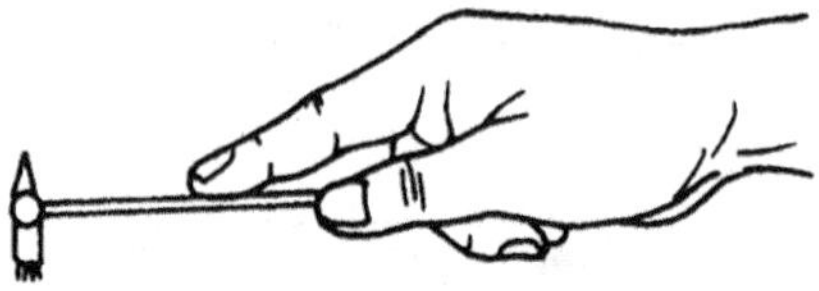

图 4-10　硬柄持针式

（三）叩刺法

常规消毒叩刺部位皮肤，术者持针，针尖对准叩刺部位，运用腕部的弹力，垂直叩刺在皮肤上，并立即弹起，强度要均匀，反复进行。循经叩刺时每隔 1cm 左右叩刺一下。叩刺时保持针尖与皮肤垂直，不可斜刺、压刺、拖刺，避免使用臂力。叩刺后皮肤如有出血，用消毒干棉球擦拭干净，保持清洁，以防感染（图 4-11）。

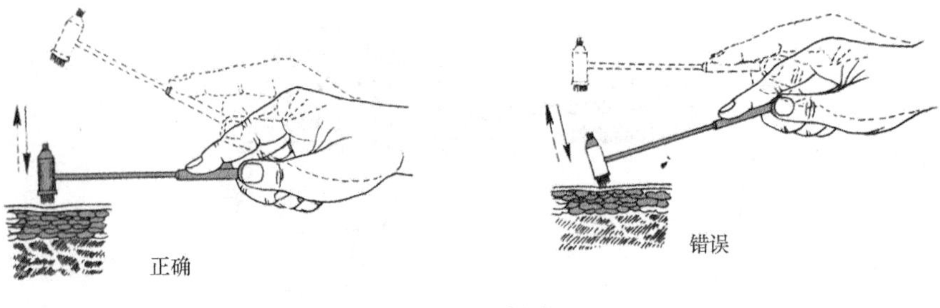

图 4-11　叩刺法

（四）叩刺强度

根据患者病情、体质、年龄和叩刺部位的不同，分别采用弱刺激、中等刺激和强刺激。

（1）弱刺激：用力轻微，患者稍有疼痛感觉，叩刺后局部皮肤略见潮红。弱刺激的冲力小，针尖接触皮肤时间较短，适宜于老年人、儿童、久病体虚、初诊患者，以及头面五官肌肉浅薄处。

（2）强刺激：用力较大，患者有明显疼痛感觉，叩刺后局部皮肤可见明显潮红，可见出血。强刺激的冲力大，针尖接触皮肤时间稍长，适宜于年壮体强的患者，以及肩、背、腰、臀、四肢等肌肉丰厚处。

（3）中等刺激：用力介于强、弱刺激之间，患者有疼痛感觉，叩刺后局部皮肤明显潮红，微渗血。中等刺激的冲力中等，适宜于多数患者，除头面五官等肌肉浅薄处，其他部位均可选用。

（五）叩刺部位

1. 循经叩刺

循经叩刺指沿着与疾病有关的经脉循行路线叩刺。常选用位于项、背、腰、骶部的督脉和足太阳膀胱经，其次是四肢、肘、膝以下的三阴经、三阳经。可治疗相应脏腑经络病变。

2. 穴位叩刺

穴位叩刺指选取与疾病相关的穴位叩刺。常选用背俞穴、夹脊穴等特定穴或阿是穴等阳性反应点。

3. 局部叩刺

局部叩刺指在病变局部叩刺。如治疗头面五官、关节及局部扭伤、顽癣等疾病可作局部叩刺。

4. 叩刺顺序

（1）头部：按督脉、膀胱经、胆经各经的循行，由前发际叩刺至后发际之脑户、玉枕、风池穴。两侧颞部由上向下叩刺。

（2）项部：由脑户叩刺至大椎穴；由风池穴、天柱穴叩刺至第 6 颈椎棘突两旁。

（3）颈部：第 1 线叩刺胸锁乳突肌后缘；第 2 线由胸锁乳突肌前缘向下叩刺；第 3 线从下颌角后向前叩刺。

（4）肩胛部：先由肩胛骨内缘从上向下叩刺，其次在肩胛冈上缘由内向外叩刺；最后由肩胛冈下缘，从内向外叩刺。如举臂困难可着重刺腋窝后上方和前上方的肩关节周围处。

（5）脊背部：第 1 行叩刺脊柱两侧膀胱经第 1 侧线；第 2 行叩刺脊柱两侧膀胱经第 2 侧线。

（6）骶部：由尾骨尖向外上方叩刺，每侧叩刺 3 行。

（7）上肢：按手三阴经、手三阳经循经叩刺，在关节周围可进行环形叩刺。

（8）面部：按局部叩刺。

（9）眼部：第 1 行从眉头沿眉毛向眉梢部叩刺；第 2 行由目内眦经上眼睑叩刺至瞳子髎；第 3 行由目内眦经眶下缘叩刺至瞳子髎。

（10）鼻部：以两侧鼻翼上方软骨部为重点。

（11）耳部：以耳垂后和耳前为重点。

三、临床应用

皮肤针法具有调整脏腑功能、通调气血、平衡阴阳的作用，从而达到内病外治的目的，治疗范围广泛，临床还可与拔罐法配合应用。皮肤针治疗的间隔时间根据病情和叩刺强度而定，弱刺激和中等刺激可每天 1 ～ 2 次；强刺激可每天或隔天 1 次。主要用于治疗斑秃、皮肤病、五官疾病，其他病证可用作辅助疗法：

（1）痛证和慢性疾病，如头痛、失眠、痴呆、脑瘫、弱智、中风偏瘫、面瘫、高血压、颈椎病、肩周炎、胸胁痛、腰腿痛、胃脘痛、腹痛、阳痿、痛经、带状疱疹后遗神经痛等。

（2）皮肤病证，如荨麻疹、斑秃、顽癣、黄褐斑、痤疮、肌肤麻木等。

（3）五官科病证，如斜视、远视、近视、鼻炎等。

（4）其他病症，如呃逆、遗精、遗尿、哮喘等。

四、注意事项

（1）施术前检查针具，如针尖有钩曲、缺损、参差不齐，针柄有松动的不宜使用。

（2）叩刺时运用腕力，避免使用臂力；针尖与皮肤垂直，用力均匀，避免斜刺、压刺、慢刺或钩刺，以减轻疼痛。

（3）皮肤针及叩刺局部的皮肤要严格消毒。叩刺后皮肤如有出血，用消毒干棉球擦拭干净，保持清洁，以防感染；术者勿直接接触患者血液。

（4）皮肤局部有感染、创伤、溃疡、瘢痕时不宜应用。急性传染性疾病、凝血功能障碍性疾病患者禁用。

（5）如发生晕针，立即停止叩刺，并参照针刺异常情况的晕针作处理。

第三节　皮内针法

皮内针法是以皮内针刺入并固定于腧穴部位的皮内或皮下，进行较长时间刺激以治疗疾病的方法。本法源于《素问·离合真邪论》中“静以久留”的方法，通过给予皮部较长时间的刺激来调整经络脏腑的功能，适用于需要持续留针的慢性疾病，以及经常发作的疼痛性疾病。

一、针具

皮内针是用不锈钢制成的小针，有揿钉型和麦粒型两种。

（一）揿钉型皮内针

针身长 2 ～ 3mm，针身直径 0.28 ～ 0.32mm，针柄呈圆形，其直径 4mm，针身与针柄垂直（图 4-12）。临床以针身长度为 2mm 和针身直径 0.28mm 者最常用。揿钉型皮内针也称图钉型皮内针。多用于面部及耳穴等需垂直浅刺的部位。

（二）麦粒型皮内针

针身长 5 ～ 10mm，针身直径 0.28mm，针柄呈圆形，其直径 3mm，针身与针柄在同一平面（图 4-13）。麦粒型皮内针也称颗粒型皮内针。

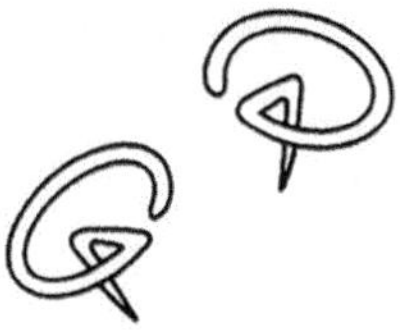

图 4-12　揿钉型皮内针

图 4-13　麦粒型皮内针

二、操作方法

（一）操作前准备

针刺前对皮内针、镊子或持针钳和埋针部位皮肤均应严格消毒。根据所选腧穴的部位确定恰当的体位，以患者舒适、医者操作方便为标准。

（二）针刺方法

1. 进针

（1）揿钉型皮内针：一手固定腧穴部皮肤，另一手持镊子或持针钳夹持针尾直刺入腧穴部位的皮内或皮下。

（2）颗粒型皮内针：一手将腧穴部皮肤向两侧舒张，另一手持镊子或持针钳夹持针尾平刺入腧穴部位的皮内或皮下。针身可沿皮平行埋入 5 ～ 10mm。

2. 固定

（1）揿钉型皮内针：用脱敏胶布覆盖针尾、粘贴固定。

（2）颗粒型皮内针：先在针尾下垫一橡皮膏或医用无菌胶布（1.0cm × 1.0cm），然后用脱敏胶布从针尾沿针身向刺入的方向覆盖、粘贴固定。

3. 固定后刺激

静留针或每日按压胶布 3 ～ 4 次，每次约 1 分钟，以患者耐受为度，两次间隔约 4 小时，以增强疗效。

单次埋针时间，夏天宜 1 ～ 2 天，冬天宜 1 ～ 5 天，春天和秋天宜 2 ～ 3 天；四季气候差别不明显的地区可在此基础上适当变化。热天出汗较多，故埋针时间不宜过长。

4. 出针

出针时，一手固定埋针部位两侧皮肤，另一手取下胶布，然后持镊子或血管钳夹持针尾，将针取出，如果针孔局部红肿，应对埋针部位常规消毒。

三、临床应用

（1）运动系统疾病：颈椎病、腰椎间盘突出症、肩关节周围炎、膝骨性关节炎等。

（2）神经系统疾病：面肌痉挛、三叉神经痛、偏头痛等。
（3）精神和行为障碍：抑郁、失眠等。
（4）呼吸系统疾病：呃逆、哮喘、过敏性鼻炎等。
（5）消化系统疾病：胆石症、便秘、泄泻等。
（6）泌尿生殖系统疾病：遗尿、肾绞痛、痛经等。
（7）皮肤病：神经性皮炎、痤疮、扁平疣等。
（8）其他疾病：减肥、戒毒、近视、麦粒肿等。

四、注意事项

（1）局部感染、溃疡、瘢痕、紫癜、体表大血管部位、不明原因的肿胀部位、孕妇下腹及腰骶部、金属过敏者，禁忌埋针。

（2）埋针宜选用较易固定和不妨碍肢体运动的穴位。

（3）埋针后，若患者感觉局部刺痛，应调整针的深度和方向，调整后仍疼痛，应将针取出重埋或改用其他穴位。

（4）埋针期间，针处不要着水，以免感染。若发现埋针局部感染，应将针取出，并对症处理。

第四节　鍉　针　法

鍉针法是以鍉针按压经脉或腧穴以治疗疾病的一种方法。鍉针为古代九针之一,《灵枢·九针十二原》曰：“三曰鍉针，长三寸半……锋如黍粟之锐，主按脉勿陷，以致其气。”因其操作时推按腧穴（按脉勿陷），不刺入皮肤，故又称为“推针”。且《灵枢·官针》曰：“病在脉，气少当补之者，取以鍉针于井荥分俞”，可见用鍉针在经络或腧穴表面进行按压，具有疏通经络、调和气血、补虚泻实的作用。在临床上本法既可用以治疗，又有辅助诊断的作用。

一、针具

鍉针针体长 3.5 寸，针身呈圆柱体，针头圆钝光滑如黍粟形，针头直径为 2 ～ 3mm（图 4-14）。鍉针多选用不锈钢、黄铜、银等金属材料制成。目前结合现代电磁技术，鍉针的种类更为多样化，有电鍉针、声电鍉针、电热鍉针、磁鍉针、木鍉针或骨鍉针等。

图 4-14　鍉针

二、操作方法

以刺手的拇指、中指及无名指夹持针柄，食指抵押针尾或采用执笔式持针，针体与所按压的经脉或腧穴皮肤垂直，每次按压宜 1 ~ 10 分钟，按压时可结合捻转或震颤法以加强刺激。根据患者的体质与病情，刺激的强度可分为弱刺激和强刺激两种。

（1）弱刺激：即是按压力度小而轻，形成的凹陷浅，局部有酸胀感，当按压部位周围发生红晕或症状缓解时，慢慢起针，并在局部稍加揉按。适宜年老体弱、儿童、畏针者使用。

（2）强刺激：即是按压力度大而重，形成的凹陷深，待患者感觉局部有胀痛感，或循经向上、下传导时，迅速起针，不加揉按。

每日治疗 1 ~ 2 次，重症每日可治疗 3 ~ 4 次，10 次为 1 个疗程。由于该法的操作简便，无须刺入皮肤，安全简便，可指导患者自行使用。

三、临床应用

（1）治疗冠心病、高血压、偏头痛、胃脘痛、腹痛、呕吐、消化不良、胆绞痛、肋间神经痛、肩周炎、网球肘、月经不调、痛经、失眠、神经衰弱等病症。

（2）经络辨证时探查病变的经络、穴位，以辅助诊断；在灵龟八法和子午流注针法的开穴时亦可选用本法。

四、注意事项

（1）局部感染或有溃疡的部位，禁用鍉针按压。孕妇、出血倾向、严重高血压、心脏病患者禁用强刺激。患者过饥、过饱或过于疲劳时慎用强刺激，以免发生晕针。

（2）所选用的鍉针，针头要光滑圆钝，不宜过尖，否则会产生疼痛等不适感。

（3）操作时，垂直按压，不宜斜刺，防止损伤皮肤。

第五节　火　针　法

火针法是将特制的金属针具烧红，迅速刺入一定部位，并快速退出以治疗疾病的方法。火针古称“燔针”，火针刺法称为“焠刺”。《灵枢·官针》曰：“焠刺者，刺燔针则取痹也。”张仲景在《伤寒论》中论述了火针的适应证和禁忌证。唐代孙思邈《千金翼方》有“外疖痈疽，针惟令极热”的记载。明代吴鹤皋说：“焠针者，用火先赤其针而后刺，此治寒痹之在骨也。”明代高武在《针灸聚英》中总结了明代以前用火针治疗疾病的经验，他不仅详细论述了火针刺法的针具选材、制作、加热方法、刺法、注意事项及其适应证、禁忌证，而且阐述了火针刺法的功效机理等内容。

本法具有温经散寒、通经活络、软坚散结、祛腐生肌等作用，临床常用于治疗风寒湿痹、痈疽、瘰疬、痣疣等疾病。

一、针具

针具多选用能耐高温的钨合金材料或不锈钢材料制作，针柄多以耐热的铜丝缠绕而成。

针体较粗，针头较钝。常用的有单头火针、三头火针、平头火针、三棱火针等。单头火针又有粗细不同，可分为细火针（针身直径约 0.5mm）、中火针（针身直径约 0.75mm）和粗火针（针身直径约 1.2mm）。作为针具，以高温下针体硬度高、针柄不易导热为优（图 4-15）。

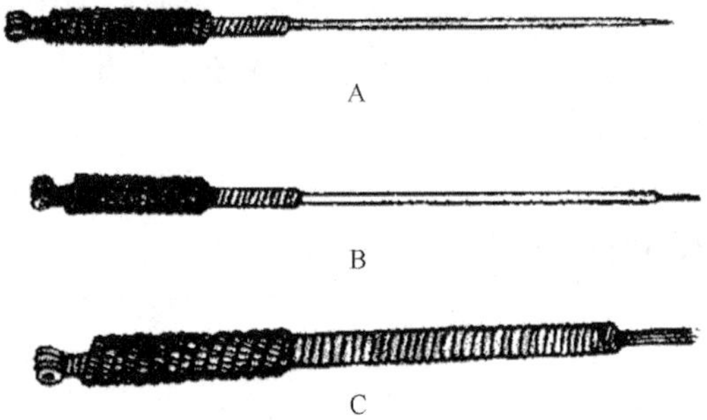

图 4-15 火针法针具

A. 细火针；B. 粗火针；C. 三头火针

二、操作方法

（一）选穴与消毒

1. 选穴

选穴宜少，多以局部穴位为主。

2. 消毒

针刺前穴位局部皮肤应严格消毒，施针前在局部皮肤用 2% 碘酊进行消毒，再用酒精棉脱碘或用 0.5% ～ 1% 的碘伏进行消毒。

（二）火针常用刺法

（1）点刺法：在腧穴上施以单针点刺的方法。

（2）密刺法：在体表病灶上施以多针密集刺激的方法，每针间隔不超过 1cm。

（3）散刺法：在体表病灶上施以多针密集刺激的方法，每针间隔 2cm 左右。

（4）围刺法：围绕体表病灶周围施以多针刺激的方法，针刺点在病灶与正常组织的交接处。

（5）刺络法：用火针刺入体表血液瘀滞的血络，放出适量血液的方法。

（三）烧针与针刺

1. 烧针

烧针是使用火针的关键步骤。《针灸大成·火针》明确指出："灯上烧，令通红，用方有功。若不红，不能去病，反损于人。"因此，在使用火针前必须将针烧红，可先烧针身，后烧针尖（图 4-16）。火针烧灼的程度有三种，根据治疗需要，可将针烧至白亮、通红或微红。若针刺较深，需烧至白亮，否则不易刺入，也不易拔出，而且剧痛。若针刺较浅，可烧至通红。若针刺表浅，烧至微红便可。

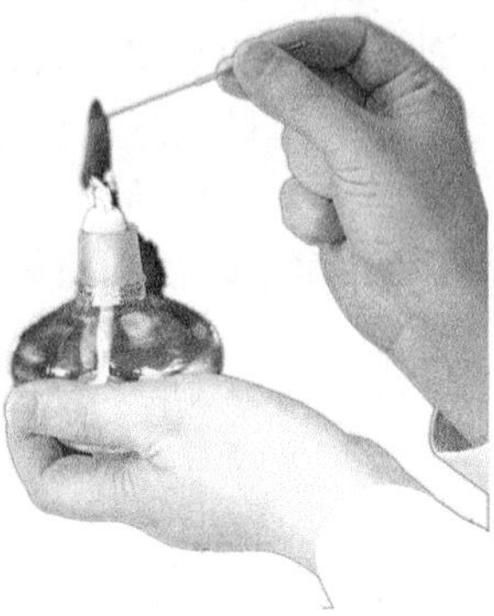

图 4-16 烧针

2. 针刺

操作时可用左手拿点燃的酒精灯，右手持针，尽量靠近施治部位，烧针后对准穴位垂直点刺，速进速退，用无菌棉球按压针孔，以减少疼痛并防止出血。要求术者全神贯注，动作熟练敏捷。火针的要点是“红”、“准”、“快”。“红”即针一定要烧红，这样的火针具有穿透力强，阻力小的特点，并能缩短进针的时间，减少患者的痛苦。“准”即进针要准，因火针进针后不能再变动，因此进针一定要准确。“快”就是指进针和出针时迅速而敏捷，给患者造成的痛苦少。

3. 出针

起针时医生要手拿消毒干棉球，以防出血。当火针进到一定深度时，应迅速出针，目的是减少患者的痛苦。不扩大针孔以免小瘢痕形成。

4. 出针后处理

针孔的处理，视针刺浅深而定，若针刺 1 ~ 3 分，一般不需要特殊的处理，若针刺 4 ~ 5 分深，可用消毒纱布敷贴，胶布固定 1 ~ 2 天。

（四）针刺的深度

应根据病情、体质、年龄和针刺部位的肌肉厚薄、血管深浅、神经分布而定。《针灸大成·火针》说：“切忌太深，恐伤经络，太浅不能去病，惟消息取中耳。”一般而言，四肢、腰腹部针刺稍深，可刺 2 ~ 5 分深；胸背部针刺宜浅，可刺 1 ~ 2 分深；至于痣疣的针刺深度以其基底的深度为宜。

三、临床应用

本法具有温经散寒、通经活络、软坚散结、祛腐生肌等作用，适用病症如下。

（1）以疼痛为主要症状且缠绵难愈的病症，如各种痹证（风湿与类风湿关节炎）、网球肘、肩周炎、骨性关节炎、滑膜炎、腱鞘炎、腰椎病、腰肌劳损、痛经、胃脘痛、三叉神经痛等。

（2）皮肤病，如神经性皮炎、蛇串疮、湿疹、痣、疣等。

（3）外科感染性疾病，如痈疽、丹毒、瘰疬等。

（4）慢性疾病，如慢性结肠炎、癫痫、阳痿、下肢静脉曲张、小儿疳积等。

四、注意事项

（1）施术时应注意安全，防止烧伤等异常情况。

（2）除治疗痣、疣外，面部禁用火针；有大血管、神经干的部位禁用火针。

（3）血友病和有出血倾向的患者禁用火针。

（4）糖尿病的患者禁用火针，因为其局部创面不易愈合。

（5）孕妇、产妇及婴幼儿慎用火针。

（6）针刺后局部呈现红晕或红肿，应避免洗浴；局部发痒，不宜搔抓，以防感染。

（7）对初次接受火针治疗的患者，应作好解释工作，消除恐惧心理，以防晕针。

第六节 芒 针 法

芒针法是用芒针针刺一定的经络或腧穴以治疗疾病的方法。芒针由古代“九针”中的“长针”发展而来，因其针身细长如麦芒，故称为芒针。《灵枢·九针论》曰：“八曰长针，取法于綦针，长七寸，主取深邪远痹者也。”

本法一般适用于普通毫针难以取得显著疗效，且必须用长针深刺的疾病。

一、针具

芒针的结构与毫针一样，分为五个部分，即针尖、针体、针根、针柄和针尾。芒针多用银质、铜质或不锈钢制成，临床上弹性韧性较好的细不锈钢丝制成的芒针较为常用。芒针的长短、粗细规格主要是指针体而言，目前临床使用的芒针有 5 寸、6 寸、7 寸、8 寸、10 寸、15 寸等数种，以长度 5 ~ 8 寸、粗细 26 ~ 28 号的针具最为常见。

二、操作方法

（一）针具选择

根据病情需要和操作部位选择不同型号的芒针，所选择的芒针针体应光滑、无锈蚀，针尖宜端正不偏，光洁度高，尖中带圆。

（二）进针法

进针采用双手夹持进针法，应避免或减少疼痛。施术时，一方面要分散患者的注意力，消除恐惧心理，另一方面操作技术必须熟练。

针刺前，将穴位局部皮肤进行常规消毒，刺手持针柄下端，押手的拇、食两指用消毒干棉球捏住针体下段以固定针体，露出针尖，并将针尖对准穴位，当针尖接近穴位皮肤时，利用指力和腕力，压捻结合，双手同时用力迅速将针刺入（图 4-17）。根据不同穴位，缓慢运针，

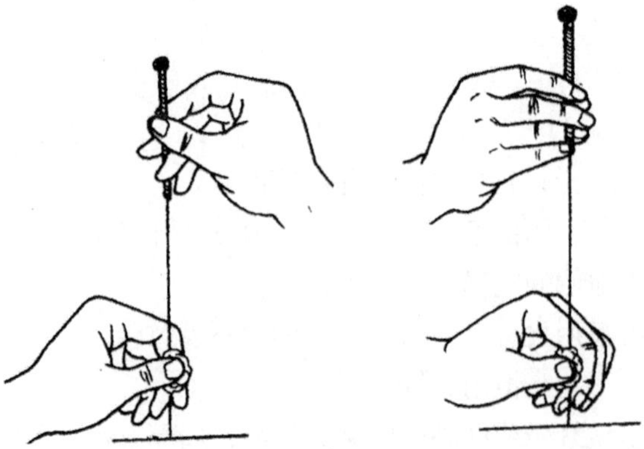

图 4-17　芒针进针法

将针刺至所需深度。得气后可施以捻转、提插或捻转提插相结合的补泻手法，也可结合使用其他补泻手法。

（三）针刺角度

（1）直刺法：芒针垂直刺入皮肤，直达人体深部。一般适用于腹部、臀部及肌肉丰厚处。

（2）斜刺法：进针时，针体与皮肤约呈45° 角倾斜刺入。一般适用于四肢、躯干、头项部、面部的穴位。

（3）平刺法：进针时，针体与皮肤约呈 15° 角刺入。一般适用于头及背部等皮肤浅薄的穴位。

（四）出针法

施针完毕后，即可出针。出针的动作应轻柔、缓慢。方法是提捻结合，将针缓慢退至皮肤表层，再轻轻抽出，边退针边揉按针刺的相应部位，以防出血，并减轻疼痛。如出针后有血液溢出，应迅速以干棉球按压针孔，直至出血停止。

进针、出针是芒针刺法的关键。进针采用夹持进针法，要求压捻结合，做到灵巧、无痛或微痛。而出针应当提捻交替，以轻柔、缓慢为宜。在整个操作过程中，尤其注意双手的协同，灵活地运用指力和腕力，针体始终处于捻转的状态，以减轻疼痛。

三、临床应用

芒针的适应范围与普通毫针一样，范围较广。又因为芒针体长，刺激量大且深，所以特别适用于毫针刺难以取效，必须用长针深刺才能见效的疾病。常见疾病如下。

（1）神经系统疾病如瘫痪、脑血管病后遗症、神经痛、神经根炎。其中，神经痛包括坐骨神经痛、三叉神经痛、偏头痛、神经性头痛、面神经麻痹、面肌痉挛等。

（2）运动系统疾病如关节痛、软组织损伤、肩关节周围炎、急性腰扭伤、梨状肌综合征、腰椎间盘突出症、肋软骨炎、膝骨关节炎等。

（3）消化系统疾病如胃炎、胃下垂。内脏的各种痉挛性疼痛包括消化道溃疡、胃痉挛、胃及十二指肠溃疡、胃神经官能症、胆囊炎、胆石症等。

（4）呼吸系统疾病如哮喘、肺气肿、支气管炎等。

（5）泌尿生殖系统疾病如前列腺肥大和前列腺炎，脊髓损伤导致的尿潴留、尿失禁，以及泌尿系结石、子宫脱垂、月经紊乱、不孕不育症、阴痒、功能性阳痿等。

（6）免疫系统疾病如风湿性关节炎、类风湿关节炎等。

（7）其他疾病如下肢静脉曲张、咽异感症、癫、狂、痫、精神分裂症等。

四、注意事项

（1）对初次接受芒针治疗的患者，应耐心做好解释工作，消除恐惧心理。

（2）选穴宜少，手法宜轻，双手协同。

（3）由于芒针的针身长而细，针刺穴位较深，应告诫患者进针以后不可移动体位，以免造成弯针、滞针或断针。

（4）针刺时必须缓慢，切忌快速提插，以免损伤血管、神经或内脏。

（5）过饥、过饱、过劳、醉酒、年老体弱、孕妇儿童，以及某些不配合治疗者忌针。

（6）医师态度要严肃认真，不可马虎轻率，避免针刺事故的发生。

思考题

（1）三棱针的针刺方法有哪几种？各种刺法都适合哪些穴位或部位？

（2）皮肤针法的刺激强度和叩刺部位各分哪几种？

（3）皮内针法的适用范围是什么？

（4）火针法临床上有哪些功用？

（5）芒针的针刺角度有哪些？芒针的注意事项是什么？

第五章　腧穴特种疗法

第一节　电　针　法

电针法是在毫针针刺得气的基础上，应用电针仪输出接近人体生物电的微量电流，通过毫针作用于人体一定部位，以防治疾病的一种针刺方法。电针是电刺激疗法与中医针灸疗法相结合的产物，不仅可以提高毫针的治疗效果，替代手法持续行针，客观控制刺激量，还扩大了针刺的治疗范围，已经成为临床及科研普遍使用的针刺治疗方法。

19 世纪初法国医师首次提出针上并用电流的设想。20 世纪 30 年代，我国开始有人试制电针仪器，至 50 年代后期，电针法得到迅速发展，一直兴旺至今。目前，电针仪器的类型多种多样，如 G6805 型电针治疗仪、韩氏穴位神经刺激仪、电子针疗仪、音乐电针仪等。

一、电针仪器

G6805- Ⅱ型电针治疗仪是在 G6805- Ⅰ型的基础上，根据临床需要而改进的电针治疗仪，该仪器具有体积小、操作简单、便于携带等优点。其性能比较稳定，可使用交、直流两用电源，能够输出连续波、疏密波、断续波。连续波频率为 1 ~ 100Hz 可调；疏密波其疏波为 4Hz，密波为 20Hz；断续波为 1 ~ 100Hz 可调。正脉冲幅度（峰值）为 50V，负脉冲幅度（峰值）为 35V。正脉冲波宽为 500μs，负脉冲波宽为 250μs（图 5-1）。

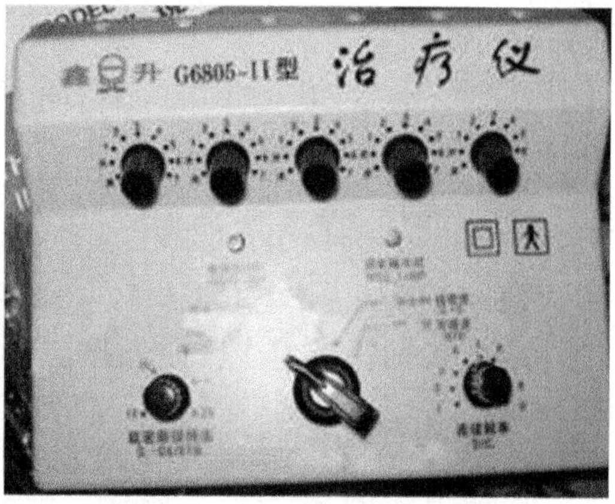

图 5-1　G6805- Ⅱ型电针治疗仪图

HANS-200 韩氏穴位神经刺激仪：该产品功能多样，操作简便，设计精巧，携带方便。该机性能与特点主要有：微电脑控制刺激参数，刺激强度可精确到 0.1mA，并用液晶屏显示；恒流输出对称双向脉冲波，保证两电极间刺激量相同；具有特定时间间隔的 2 ~ 100Hz 优选疏密波，治疗效果好；波宽随频率变化，兼具经皮电神经刺激疗法（TENS）与针灸两者的优势；而且还有定时、剩余电量显示、按键自动锁定和开机自动复位等功能。该机电源为 9V 直流层叠电池，输出电流 0 ~ 50mA（经皮模式）或者 0 ~ 9.9mA（经针模式），波形频率 2 ~ 100Hz，有疏密、等幅、调幅等 15 种模式，脉冲宽度 0.2 ~ 0.6ms，可选择加宽 1.5 倍模式（图 5-2）。

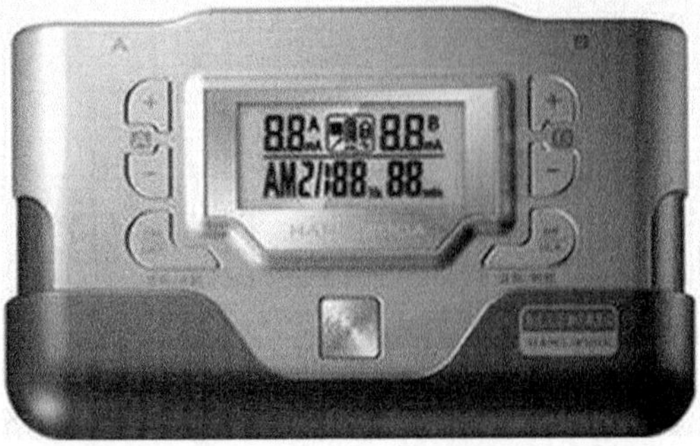

图 5-2 HANS-200 韩氏穴位神经刺激仪图

二、操作方法

（一）电针仪器使用步骤

以 G6805-Ⅱ型电针治疗仪为例，介绍仪器的使用步骤。

使用电针仪器前，首先应该逐一检查电针仪器各输出旋钮并调整到“零”位（即归“0”），然后将电源插头插入 220V 交流电插座内。该仪器正面上排有 5 个平行旋钮，每只旋钮调节强度与每个输出插孔一一对应，使用前，将电极线插头端插入相应的输出插孔，每路输出可以根据临床需要和患者耐受度通过旋钮任意调节强度。

针刺穴位得气后，接电针仪器治疗时，每根电极线输出端分为正、负两个夹头，将两极的导线夹分别连接于两根毫针针柄或针体，形成电流回路，应确保连接牢靠、导电良好。通常电针治疗选穴宜成对，以 1 ~ 3 对（2 ~ 6 个穴位）为宜。通常主穴接负极，配穴接正极。当选择单个腧穴进行治疗时，应使用无关电极，可选取有主要神经干通过的穴位（如下肢的环跳穴），将针刺入后，连接电针仪的一个电极，另一个电极则用盐水浸湿的纱布裹上，作为无关电极，固定在同侧经脉的皮肤上。应该特别注意：一般将同一对输出电极连接在身体的同侧，在胸、背部的穴位上使用电针时，更不可将两个电极跨身体中线接在身体两侧，要避免电流回路经过心脏。每对穴位间的距离不可过近，以免短路，影响疗效。

打开电针仪电源开关，选择治疗所需的波形、频率，调节对应输出旋钮，从零位开始逐级、缓慢加大电流强度，调节至合适的刺激强度，避免突然加大电流强度而给患者造成突然的刺激。

如进行较长时间的电针治疗，患者会产生适应性，即感到刺激逐渐变弱，此时可适当增加刺激强度，或采用间歇通电的方法。如有必要在电针治疗过程中对波形、频率进行调整时，应首先调节电流强度至最小，然后再变换波形和频率。电针治疗完成后，应首先将各个旋钮调至零位，关闭电针仪电源开关，然后从针柄或针体取下电极线，并出针。

各种不同疾病的疗程不尽相同，一般 5 ~ 10 天为 1 个疗程，每日或隔日治疗 1 次，急症患者每日可电针 2 次。2 个疗程中间可以间隔 3 ~ 5 天。

（二）电针法选穴

电针的选穴方法除了按经络辨证、脏腑辨证取穴外，通常还可选用神经干通过和肌肉神经运动点取穴。举例如下：

头面部：听会、翳风（面神经通过）；下关、阳白、四白、夹承浆（三叉神经通过）。

上肢部：颈夹脊 6 ~ 7、天鼎（臂丛神经通过）；青灵、小海（尺神经通过）；手五里、曲池（桡神经通过）；曲泽、郄门、内关（正中神经通过）。

下肢部：环跳、殷门（坐骨神经通过）；委中（胫神经通过）；阳陵泉（腓总神经通过）；冲门（股神经通过）。

腰骶部：气海俞（腰神经通过）；八髎（骶神经通过）。

若属神经功能受损病症，可按照神经分布特点取穴配穴：如面神经麻痹，可取下关、翳风为主；皱额障碍配阳白、鱼腰；鼻唇沟变浅配水沟、迎香；口角㖞斜配地仓、颊车。又如坐骨神经痛除取环跳、大肠俞外，配殷门、委中、阳陵泉等穴。

以上电针腧穴的选用仅供参考，还应根据患病部位、病情需要、腧穴间的距离等进行配对和调整。

（三）刺激参数

电针仪输出的是脉冲电，所谓脉冲电是指在极短时间内出现的电压或电流的突然变化，即电量的突然变化构成了电的脉冲。一般电针仪输出的基本波形即是这种交流电脉冲，常为双向尖脉冲或双向矩形脉冲（图 5-3）。

电针刺激参数包括波形、波幅、波宽、频率和持续时间等，集中体现为刺激量。波幅一般指脉冲电压或电流的最大值与最小值之差，也指它们从一种状态变化到另一种状态的跳变幅度值。临床操作时，一般可选择和可调节的刺激参数是波形、频率、强度和时间。

1. 波形

常见电针刺激仪所设置的单个脉冲波形有方形波、尖峰波、三角波和锯齿波（图 5-4），也有正向是方形波，负向是尖峰波的。但单个脉冲波根据频率和不同输出方式组合形成了连续波、疏密波、断续波等（图 5-5）。

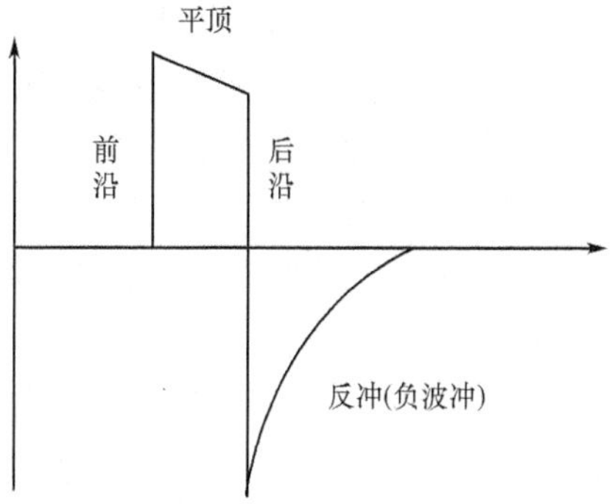

图 5-3　交流电脉冲波形

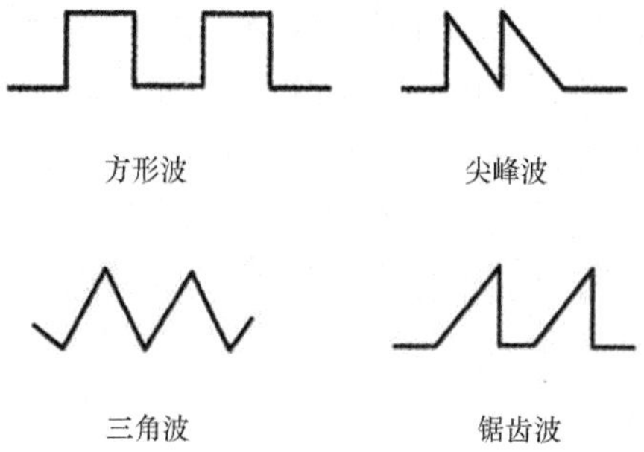

图 5-4　单个电脉冲波形

（1）连续波：是一种时间间隔一样的连续脉冲，有频率可调性。根据频率变化，又可分为：

1）疏波：频率低于 30Hz 的连续波一般称为疏波，但临床运用疏波时多采用 10Hz 以下的连续波。疏波刺激作用较强，能引起肌肉收缩，产生较强的震颤感，提高肌肉韧带张力，促进神经肌肉功能的恢复。临床常用于治疗痿证，慢性疼痛，各种肌肉、关节及韧带的损伤等。

2）密波：频率高于 30Hz 的连续波一般称为密波，但临床运用密波时多采用 50Hz 以上的连续波。密波能降低神经应激功能，抑制脊髓兴奋性。常用于止痛、镇静、缓解肌肉和血管痉挛等，尤用于急性疼痛。

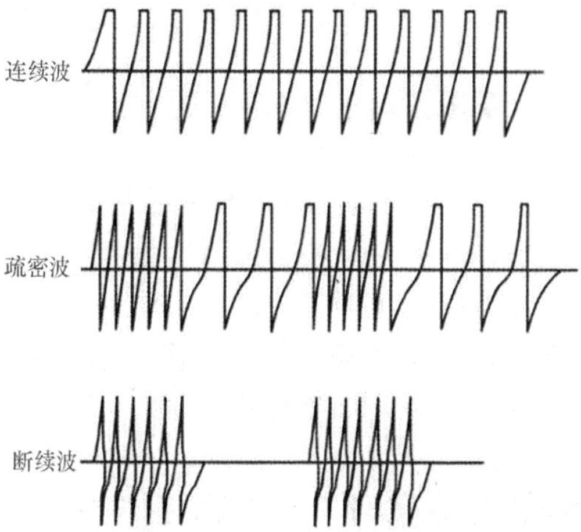

图 5-5　组合电脉冲波形

（2）疏密波：是疏波和密波交替出现的频率固定的组合波，疏、密波交替持续的时间各约 1.5 秒。该波具有克服单一波形产生电适应的特点，能引起肌肉有节奏地舒缩，刺激各类镇痛介质的释放，加强血液循环和淋巴循环，调节组织的营养代谢，消除炎症水肿等。常用于各种痛症、软组织损伤、关节炎、面瘫、肌肉无力等。

（3）断续波：是有节律地时断时续自动出现的组合波，频率可调。断时无脉冲电输出，续时密波连续输出，一般均在 1.5 秒左右。这种波形对人体有强烈的震颤感，机体不易产生电适应性，能提高肌肉组织的兴奋性，对横纹肌有良好的刺激收缩作用。常用于治疗痿证、瘫痪。

2. 频率

频率是指每秒钟内出现的脉冲个数，其单位为赫兹（Hz），目前使用的电针仪器设置的常用频率为 1 ~ 100Hz。连续波可通过频率的调整而组合成不同的刺激波形，不同频率的电针可引起中枢释放不同类型的神经递质。就镇痛而言，低频（2Hz）主要刺激高位中枢释放脑啡肽和内啡肽等，而高频（100Hz）刺激脊髓释放强啡肽，因其生物效应不同，临床使用时应根据不同病情适当选择。

3. 强度

电针的刺激强度主要取决于波幅的高低，波幅的计量单位是伏特（V），如电压从 0 ~ 30V 间进行反复地突然跳变，则脉冲的幅度为 30V，治疗时通常不超过 20V，也有以电流表示或以电压和电流乘积表示的。波宽即指脉冲的持续时间，脉冲宽度也与刺激强度有关，宽度越大则意味着给患者的刺激量越大。电针仪器一般采用适合人体的输出脉冲宽度约为 0.4 毫秒。

电针刺激强度一般通过电极输出端强度调节旋钮实施，当电流开到一定强度时，患者开始有麻刺感，这时的电流刺激强度称“感觉阈”；当电流强度继续增加，患者产生刺痛感时，这时的电流刺激强度称为“痛阈”。一般适宜的电流刺激强度为介于“感觉阈”和“痛阈”之间。但总体来说，电针刺激时，局部肌肉应呈节律性收缩，但也无须过强刺激，应以患者能接受和耐受的强度为宜。因机体对电流刺激极易适应，做较长时间电针刺激时，一般应做强度调整。

4. 时间

电针单次刺激的时间一般为 15 ~ 60 分钟，刺激长短需因病、因人而异，用于镇痛一般需有 30 分钟及以上的电针刺激时间。电针时间过短可能尚未起效，过长则容易产生耐受。

三、临床应用

电针的适应范围和毫针刺法基本相同，可广泛应用于内、外、妇、儿、眼、耳鼻咽喉、骨伤等各科疾病，并可用于针刺麻醉，尤常用于头痛、三叉神经痛、坐骨神经痛、牙痛、痛经、面神经麻痹、多发性神经炎、精神分裂症、癫痫、神经衰弱、视神经萎缩、肩周炎、风湿性关节炎、类风湿关节炎、腰肌劳损、骨质增生、关节扭挫伤、脑血管病后遗症、耳鸣、耳聋、子宫脱垂、遗尿、尿潴留等。

四、注意事项

（1）电针仪器使用前必须检查其性能是否良好，输出是否正常。

（2）连接针具前，首先要将强度输出旋钮归“0”。调节输出旋钮时应缓慢，使输出强度逐渐从小到大，切勿突然增大，以免发生意外。

（3）靠近延脑、脊髓等部位使用电针时，电流量宜小，并注意电流的回路不要横跨中枢神经系统，不可过强刺激。

（4）禁止电流直接流过心脏，不允许左右上肢的两个穴位同时接受一路输出治疗。

（5）电针治疗过程中患者出现晕针现象时，应立即停止电针治疗，关闭电源，按毫针晕针的处理方法处理。

（6）作为温针使用过的毫针，针柄表面往往氧化而不导电，应用时须将输出线夹在毫针的针体上或使用新的毫针。

（7）年老、体弱、醉酒、饥饿、过饱、过劳等，不宜使用电针。

（8）皮肤破损处、肿瘤局部、孕妇腹部、心脏附近、安装心脏起搏器者，以及颈动脉窦附近禁忌电针。

第二节　穴位注射法

穴位注射是以中西医理论为指导，依据穴位作用和药物性能，在穴位内注入药物以防治疾病的方法，又称“水针”。穴位注射是在针刺疗法和现代医学封闭疗法相结合的基础上发展而来的。它将针刺刺激与穴位药理有机地结合起来，发挥协同效应，以提高疗效。本法具有操作简便、用药量小、适应证广、作用迅速等优点，临床应用药物越来越丰富，应用病种也日益增多。

一、用具和常用药液

（一）用具

使用无菌注射器和针头，现在临床多使用一次性注射器。根据使用药物和剂量大小、腧穴部位及针刺的深浅，选用不同规格的注射器和针头，一般可使用 1ml、2ml、5ml 注射器，肌肉肥厚部位可使用 10ml、20ml 注射器。针头可选用 5 ~ 7 号普通注射针头、牙科用 5 号长针头，以及封闭用长针头等。

（二）药物

常用药液有三类。

（1）中草药制剂如喘可治注射液、复方当归注射液、丹参注射液、川芎嗪注射液、鱼腥草注射液、银黄注射液、柴胡注射液、板蓝根注射液、威灵仙注射液、徐长卿注射液、清开灵注射液等。

（2）维生素类制剂如维生素 B_1、维生素 B_6、维生素 B_{12} 注射液，维生素 C 注射液，维丁胶性钙注射液。

（3）其他常用药物如 5% ~ 10% 葡萄糖、生理盐水、注射用水、三磷酸腺苷、辅酶 A、神经生长因子、胎盘组织液、硫酸阿托品、山莨菪碱、加兰他敏、泼尼松、盐酸普鲁卡因、利多卡因、氯丙嗪等。

二、操作方法

（一）选穴处方

可根据针灸治疗处方原则取穴。一般选取肌肉比较丰厚的部位进行穴位注射，选穴宜少而精，以 1 ～ 2 个腧穴为宜，最多不超过 4 个腧穴。

临床常结合经络、经穴触诊法选取阳性反应点进行治疗，常在背腰部的背俞穴、胸腹部的募穴和四肢部的某些特定穴寻找。在压痛等阳性反应点进行穴位注射，往往效果较好。

（二）操作

1. 选择注射器及针头

根据所选穴位或部位、用药剂量，选择合适的注射器及针头。抽吸相应剂量药液，排出注射器筒内空气，备用。

2. 进针

进针前先揣穴，用手指按压、揣摸或循切的方式探索穴位。局部皮肤常规消毒后，将针头迅速刺入患者穴位处皮肤。然后慢慢推进或上下提插，待针下有得气感后，回抽一下，若无回血、无回液，即可将药推入，并随时观察患者的反应（图 5-6）。

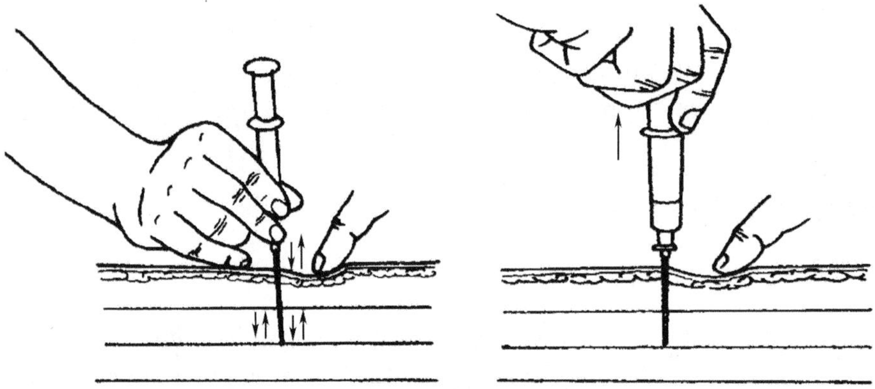

图 5-6　进针

3. 推药

一般使用中等速度推入药物。慢性病、体弱者用轻刺激，将药物缓慢轻轻推入；急性病、体强者用强刺激，将药物快速推入。如果注射药物较多时，可以将注射针由深部逐渐退后至浅层，边退针边推药，或将注射器变换不同的方向进行穴位注射（图 5-7）。

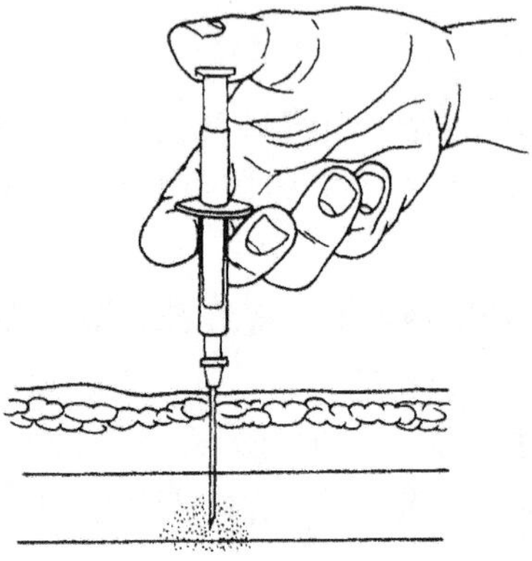

图 5-7　推药

4. 出针

注射后缓慢出针，并用无菌棉签或无菌棉球压迫 1 ～ 2 分钟。

（三）针刺角度及深度

根据穴位所在部位与病变组织的不同要求，决定针刺角度和注射的深浅。头面及四肢远端等皮肉浅薄处的穴位多浅刺，而腰部和四肢肌肉丰厚部位的穴位可深刺。如三叉神经痛于面部有触痛点，可在皮内注射形成“皮丘”；腰肌劳损的部位多较深，故宜适当深刺注射。

（四）药物剂量

穴位注射的用药剂量决定于注射部位、药物的性质和浓度。

不同部位每穴每次常规注射量：耳穴 0.1 ～ 0.2ml，头面部穴位 0.1 ～ 0.5ml，腹背及四肢部穴位 1 ～ 2ml，腰臀部 2 ～ 5ml。

刺激性较小的药物如葡萄糖液、生理盐水等用量可较大，如 5% ～ 10% 葡萄糖每次可注射 10 ～ 20ml；刺激性较大的药物（如乙醇）和特异性药物（如抗生素、激素、阿托品等）一般用量较小，每次用量多为常规的 1/10 ～ 1/3。

（五）疗程

同一组穴位两次注射间宜隔 1 ～ 3 天，1 个疗程的治疗次数取决于疾病的性质及特点，以 3 ～ 10 次为宜，两个疗程间宜间隔 5 ～ 7 天。

三、临床应用

穴位注射的适用范围非常广泛，内、外、妇、儿等各科均可以运用。应用于运动系统疾病，如肩周炎、关节炎、腰肌劳损、骨质增生、关节扭挫伤等；神经精神系统疾病，如三叉神经痛、面神经麻痹、坐骨神经痛、多发性神经炎、精神分裂症、癫痫、神经衰弱等；消化系统疾病，如胃下垂、胃肠神经官能症、腹泻、痢疾等；呼吸系统疾病，如急慢性支气管炎、上呼吸道感染、支气管哮喘、肺结核等；心血管疾病，如高血压病、冠心病、心绞痛等；皮肤疾病，如荨麻疹、痤疮、神经性皮炎等；妇科疾病，如子宫脱垂、滞产；儿科疾病，如小儿肺炎、小儿腹泻等。

四、注意事项

（1）严格遵守无菌操作规则，防止感染。

（2）应向患者说明本疗法的特点和注射后的正常反应。如注射局部会出现酸胀感、4 ～ 8 小时内局部有轻度不适，或不适感持续较长时间，但是一般不超过 1 天。

（3）注意药物的性能、药理作用、剂量、配伍禁忌及毒副作用。凡能引起过敏的药物，如青霉素、普鲁卡因等，必须常规皮试，皮试阳性者不可应用。不良反应较严重的药物，使用时应谨慎。某些中草药制剂有时也可能有反应，应用时也要注意。要注意药物的有效期，不要使用过期药物。并注意检查药液有无沉淀变质等情况，如已变质应停止使用。

（4）药物不宜注入血管内和脊髓腔。若药物误入血管内，可导致发热、疼痛、过敏等不良反应。误入脊髓腔，有损伤脊髓的可能，严重者可导致瘫痪。

（5）在主要神经干通过的部位作穴位注射时，应注意避开神经干，以免损伤神经。如针尖触到神经干，有触电样的感觉，应及时退针，更不可盲目地反复提插。

（6）背部脊椎两侧穴位注射时，针尖斜向脊椎为宜，避免直刺引起气胸等。体内有重要脏器的部位不宜针刺过深，以免刺伤内脏。

（7）耳穴注射应选用易于吸收、无刺激性的药物。

（8）年老体弱及初次接受治疗者，体位最好取卧位，注射部位不宜过多，药量也可酌情减少，以免晕针。孕妇的下腹部、腰骶部及合谷、三阴交等穴，不宜作穴位注射，以免引起流产。

第三节　穴位埋线法

穴位埋线法是以线代针，将可吸收性外科缝线置入穴位内，利用线对穴位的持续刺激作用，激发经气、调和气血，以防治疾病的特殊针灸方法。

在临床上，穴位埋线法根据病症特点，辨证论治，取穴配方，发挥针刺、经穴和“线”的综合作用，具有刺激性强、疗效持久的特点。本法古籍中未见记载，是长期临床实践中根据经络原理发展起来的一种现代针灸疗法，在 20 世纪 60 年代已广泛应用于临床。

一、埋线用具

常规的埋线用具有皮肤消毒用品、洞巾，注射器、止血钳、镊子，一次性埋线针，7、8 号注射针头，28 号 1.5、2 寸毫针，或经改制的 12 号腰椎穿刺针（将针芯前端磨平），2% 利多卡因，剪刀、消毒纱布及敷料等，以及 0 ～ 1 号铬制羊肠线，纯天然胶原蛋白缝合线，PGA 线（高分子化学合成线）。

二、操作方法

（一）选穴处方

一般可根据针灸治疗时的处方原则辨证取穴。穴位埋线常选择肌肉比较丰厚部位的穴位，以背腰部及腹部穴最常用。如哮喘取肺俞、中府，胃病取脾俞、胃俞、中脘等。选穴原则与针刺疗法相同，但取穴应精简，每次 1 ～ 3 穴为宜，间隔 2 ～ 4 周治疗 1 次。

（二）埋线方法

现代临床埋线方法以简易穴位埋线法、专用埋线针埋线法为代表，分别介绍如下：

1. 简易穴位埋线法

其为目前临床最为常用的方法。

（1）简易穴位埋线法 1：选用 3-0 羊肠线或胶原蛋白线。用一次性 7 号或 8 号注射针头作套管，将一次性 30 号 1.5 寸或 2 寸长的针灸针剪去针尖作针芯，将长 1 ～ 2cm 的羊肠线或胶原蛋白线放入注射针头内，勿使线头外露。常规消毒局部皮肤，一手拇指、食指绷紧或捏起穴位周围皮肤，一手持针（持针稍倾斜，以防针芯内羊肠线掉落），刺入穴位，到达所需深度，施以适当的提插捻转手法；当出现针感后，边推针芯，边退注射针头，将线埋置在穴位的肌层或皮下组织内。出针后针孔如无出血，则无须处理（图 5-8）。

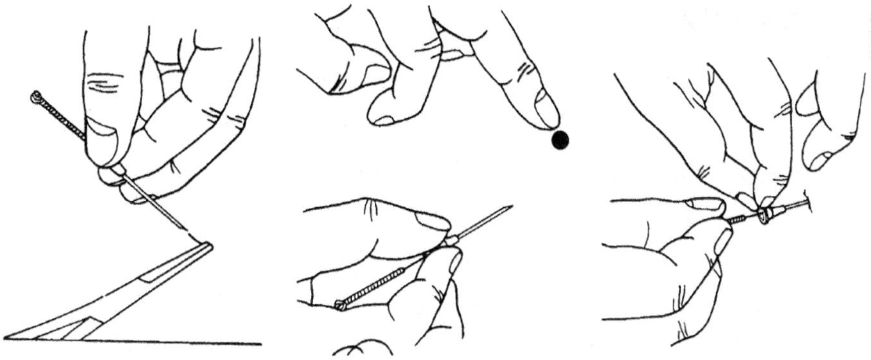

图 5-8　简易穴位埋线法 1

（2）简易穴位埋线法 2：选用 PGA 线。用一次性 7 号或 8 号注射针头，将长 1 ～ 2cm 的 PGA 线放入注射针头的前端，使线头外露 1/2。常规消毒局部皮肤，一手拇指、食指绷紧或捏起穴位周围皮肤，另一手持针，针尖抵达皮肤，刺入穴位，到达所需深度，施以适当的提插捻转手法；得气后退针，将线埋置在穴位的肌层或皮下组织内。出针后用消毒干棉球按压针孔，针孔处覆盖无菌敷料。

2. 专用埋线针埋线法

专用埋线针是在根据腰椎穿刺针的原理改制而成，现多为一次性使用。选用羊肠线或胶原蛋白线。常规消毒局部皮肤，取一段 1 ～ 2cm 长已消毒的羊肠线或胶原蛋白线，放置在专用埋线针针管的前端，后接针芯，左手拇食指绷紧或捏起拟进针穴周皮肤，右手持针，刺入穴位，到达所需深度，施以适当的提插捻转手法；当出现针感后，边推针芯，边退针管，将羊肠线埋植在穴位的肌层或皮下组织内。出针后用无菌干棉球（签）按压针孔止血（图 5-9）。

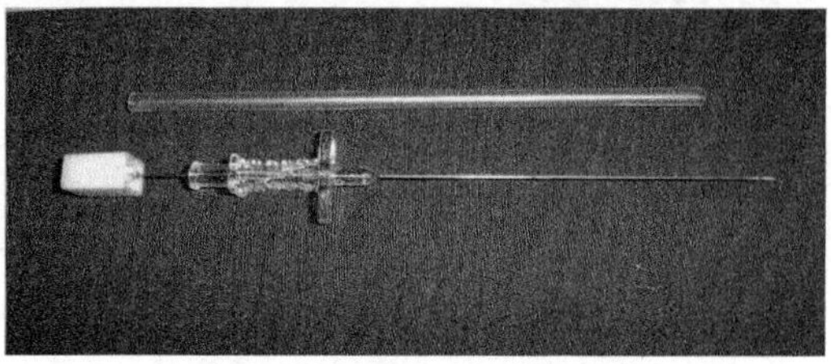

图 5-9　专用埋线针埋线法

3. 穿刺针埋线法

常规消毒局部皮肤，取一段 1 ～ 2cm 长已消毒的羊肠线，放置在腰椎穿刺针针管的前端，后接针芯，左手拇指、食指绷紧或捏起拟进针穴周皮肤，右手持针，刺入穴位，到达所需深度，施以适当的提插捻转手法；当出现针感后，边推针芯，边退针管，将羊肠线埋植在穴位的肌层或皮下组织内。出针后用无菌干棉球（签）按压针孔止血。

此外，还有三角针埋线法、切开埋线法和切开结扎埋线法等。

三、临床应用

（一）适应范围

穴位埋线法主要用于治疗慢性病，如哮喘、胃痛、腹泻、便秘、遗尿、面瘫、鼻渊、阳痿、痛经、腰腿痛、失眠、痿证、癫痫、视神经萎缩、神经性皮炎、脊髓灰质炎后遗症、神经官能症等，现也用于减肥、美容或防病保健等方面。

（二）术后反应及处理

（1）在术后 1 ~ 5 天内，由于刺激损伤及医用羊肠线的刺激，埋线局部可能出现红、肿、热、痛等无菌性炎症反应，少数病例反应较重，伤口处有少量渗出液，此为正常现象，一般不需处理。若渗液较多凸出于皮肤表面时，可将乳白色渗液挤出，用 75% 酒精棉球擦去，覆盖消毒纱布。

（2）局部出现血肿一般先予以冷敷止血，再行热敷消瘀。

（3）少数患者可有全身反应，表现为埋线后 4 ~ 24 小时内体温上升，一般在 38℃左右，局部无感染现象，持续 2 ~ 4 天后体温恢复正常。如出现高热不退，应酌情给予消炎、退热药物治疗。

（4）由于埋线疗法间隔较长，宜对埋线患者进行不定期随访，了解患者埋线后的反应，及时给出处理方案。

（5）若患者对医用羊肠线过敏，治疗后出现局部红肿、瘙痒、发热等反应较为严重，甚至埋线处脂肪液化，线体溢出，应适当做抗过敏处理，必要时切开取线。

（6）如感觉神经损伤，会出现神经分布区皮肤感觉障碍；运动神经损伤，会出现所支配的肌肉群瘫痪，若损伤了坐骨神经、腓神经，会引起足下垂和𧿹趾不能背屈。若发生此种现象，应及时抽出羊肠线，并给予适当处理。

四、注意事项

（1）注意无菌操作，以防感染。线应埋入穴位，不可暴露在皮肤之外。三角针埋线时操作要轻、准，防止断针。专用埋线针为一次性使用工具，不建议重复使用。

（2）医用羊肠线用剩后，可浸泡在酒精中，或用新洁尔灭处理，临用时再用生理盐水浸泡，应保证溶液的安全无毒和清洁无菌。

（3）肺结核活动期、骨结核、严重心脏病或妊娠期等，糖尿病及其他各种疾病导致皮肤和皮下组织吸收和修复功能障碍者，或埋线局部皮肤有感染或有溃疡时均禁止使用本法。

（4）有出血倾向的患者慎用埋线疗法。精神紧张、过劳或者过饥者，禁用或慎用埋线。

（5）根据不同部位，掌握埋线的深度，避免伤及内脏、大血管和神经干（不要直接结扎神经和血管），以免造成功能障碍和疼痛。

（6）如同一个穴位需重复使用该法，应偏离前次治疗的部位，并需间隔 2 周以上。

（7）术后局部出现轻度红肿、热痛或轻度发热，均属于正常现象，不需处理，一般多在 4 ~ 72 小时自行消失。

（8）若发生晕针应立即停止治疗，按照晕针处理。

（9）若出现高热或局部剧痛、红肿、瘙痒、出血、感染、功能障碍者（感觉神经、运动神经损伤），应及时做相应处理，如局部热敷、抗感染、抗过敏处理，严重者应及时抽出羊肠线，并给予对症处理。

第四节　穴位贴敷法

穴位贴敷是指在某些穴位上贴敷药物，通过药物和腧穴的共同作用以治疗疾病的一种方法。其中将一些带有刺激性的药物如斑蝥、白芥子、甘遂、蓖麻子等捣烂或研末，贴敷于穴位，如果引起局部发泡、化脓如“灸疮”，则称为“天灸”或“自灸”，现代也称为发泡疗法。若将药物贴敷于神阙穴，通过脐部吸收或刺激脐部以治疗疾病时，又称为“敷脐疗法”或“脐疗”。若将药物贴敷于涌泉穴，通过足部吸收或刺激足部以治疗疾病时，又称为“足心疗法”或“涌泉疗法”。

穴位贴敷疗法在我国有着悠久的历史，1973 年湖南长沙出土的帛书中就有“以蓟印其颠”的记载，即用白芥子泥贴敷于百会穴。《灵枢 · 经筋》中记载：“足阳明之筋……治之马膏，膏其急者，以白酒和桂涂其缓者”也是关于贴敷法的描述。

穴位贴敷的特点在于具有双重治疗作用——既有穴位刺激作用，又可通过皮肤组织对药物有效成分的吸收，发挥明显的药理效应。一方面药物经皮肤吸收，极少通过肝脏，也不经过消化道，可避免肝脏及各种消化酶、消化液对药物成分的分解破坏，从而使药物保持更多的有效成分，能更好地发挥治疗作用；另一方面也避免了因药物对胃肠的刺激而产生的一些不良反应。因此，本法可以弥补内服药物的不足。除极少有毒药物外，本法一般无危险性和毒副作用，较为安全简便，对于老幼体弱者、药入即吐者尤宜。

穴位贴敷与西医学的“透皮给药系统”有相似之处，随着西医学对“透皮给药系统”的深入研究，中药透皮治疗与经络腧穴相结合将为中医外治法开拓广阔的应用前景。

一、贴敷药物

（一）药物的选择

凡是临床上有效的汤剂、丸剂，一般都可以熬膏或研末用作穴位贴敷。正如吴师机在《理瀹骈文》中所说：“外治之理即内治之理，外治之药亦即内治之药，所异者，法耳。”说明外治与内治只是方法不同，治疗原则是一样的。但与内服药物相比，贴敷用药的选用具有以下特点：

（1）多用通经走窜、开窍活络之品，《理瀹骈文》载：“膏中用药，必得通经走络、开窍透骨、拔毒外出之品为引。”以引领诸药开结行滞，直达病所，祛邪外出。常用的药物有冰片、麝香、丁香、花椒、白芥子、乳香、没药、肉桂、细辛、白芷、姜、葱、蒜等。这些药物刺激性较强，不仅本身能治疗相应的病变，而且通经活络、走而不守，能促进其他药物向体内的渗透，以发挥最佳效应。

（2）多选气味俱厚、生猛有毒之品，如生天南星、生半夏、生川乌、生草乌、巴豆、斑蝥、甘遂、马前子、蓖麻子、大戟等。这些药物气味俱厚，药性猛烈，口服有毒，对肝肾等脏器有损害。通过穴位贴敷（图 5-10），透皮给药，能通过经络腧穴直达病所，避免了对肝肾等脏器的损害，又能起到速捷的效果。

图 5-10　贴敷药物

（3）选择适当的溶剂调和贴敷药物或熬膏，以达药力专、吸收快、收效速的目的。常用溶剂有水、白酒或黄酒、醋、姜汁、蜂蜜、蛋清、凡士林等。此外，还可针对病情应用药物的浸剂作溶剂（表 5-1）。

表 5-1　贴敷药物调和常用溶剂

调和剂	功效特性
醋调	解毒、化瘀、敛疮；对峻猛药，可缓其性
酒调	行气、活血、通络、消肿、止痛；对缓性药，可激其性
油调	润肤生肌，保润时间长
姜汁调	温经通络、行气活血，促进药物的渗透与吸收

（二）常用剂型及制作

（1）散剂：又称粉剂，将一种或数种药物经粉碎、混匀而制成的粉状药剂。

（2）膏剂：将所选药物加入适宜基质中，制成容易涂布于皮肤、黏膜或创面的半固体外用制剂。

（3）丸剂：将药物研成细末，用适宜的黏合剂（如水或蜜或药汁等）拌和均匀，制成圆形大小不一的药丸。

（4）糊剂：将药物粉碎成细粉，或将药物按所含有效成分以渗漉法或其他方法制得浸膏，再粉碎成细粉，加入适量黏合剂或湿润剂（如水、醋、酒、鸡蛋清或姜汁等），搅拌均匀，调成糊状。

（5）熨贴剂：将中药研成细末装于布袋中贴敷穴位，或直接将药粉或湿药饼贴敷于穴位上，再用艾火或其他热源在所敷药物上进行温熨。

（6）鲜药剂：采用新鲜中草药捣碎或揉搓成团块状，或将药物切成片状，然后将其贴敷于穴位上。

（7）其他剂型穴位贴敷常用的其他剂型还有泥剂、膜剂、锭剂、浸膏剂、水（酒）渍剂等。

二、操作方法

（一）选穴处方

穴位贴敷是以脏腑经络学说为基础，通过辨证选取贴敷的腧穴，腧穴力求少而精。此外，还应结合以下特点选取腧穴。

（1）选用病变局部的腧穴贴敷药物，如马钱子粉贴敷颊车、地仓治疗周围性面瘫。

（2）选用阿是穴贴敷药物，如葱白泥外敷治疗急性乳腺炎。

（3）选用经验穴贴敷药物，如吴茱萸贴敷涌泉穴治疗小儿流涎，威灵仙贴敷身柱穴治疗百日咳等。

（4）选用常用腧穴贴敷药物，如神阙穴、涌泉穴、膏肓俞等。

（二）贴敷方法

（1）贴敷前准备：根据所选腧穴，采取适当体位，使药物能贴敷稳妥。贴敷药物之前，定准穴位，先对腧穴局部皮肤进行常规消毒。也可使用助渗剂，在敷药前先在穴位上涂以助渗剂或将助渗剂与药物调和后再贴敷。

（2）贴敷操作：对于所敷之药，无论何种剂型，均应将其固定好，以免移位或脱落，可直接用胶布固定，也可先将纱布或油纸覆盖其上，再用胶布固定。目前有专供贴敷穴位的特制敷料，使用固定都很方便。

（3）换药及贴敷时间：如需换药，可用消毒干棉球蘸温水或各种植物油，或液状石蜡轻轻擦去粘在皮肤上的药物，擦干后再敷药。一般情况下，刺激性小的药物，每隔 1 ～ 3 天换药 1 次；不需溶剂调和的药物，还可适当延长到 5 ～ 7 天换药 1 次；刺激性大的药物，应视患者的反应和发泡程度确定贴敷时间，数分钟至数小时不等，如需再贴敷，应待局部皮肤愈后再贴敷，或改用其他有效穴位交替贴敷。敷脐疗法每次贴敷 3 ～ 24 小时，隔日 1 次，所选药物不应为刺激性大及发泡之品；冬病夏治穴位贴敷从每年入伏到末伏，每 7 ～ 10 天贴 1 次，每次贴 3 ～ 6 小时，连续 3 年为 1 个疗程。

（4）水泡处理：对于贴敷部位起水泡者，小的水泡一般不需特殊处理，让其自然吸收；大的水泡应以消毒针具挑破其底部，排尽液体，消毒以防感染；破溃的水泡应在消毒之后，外用无菌纱布覆盖，以防感染（图 5-11）。

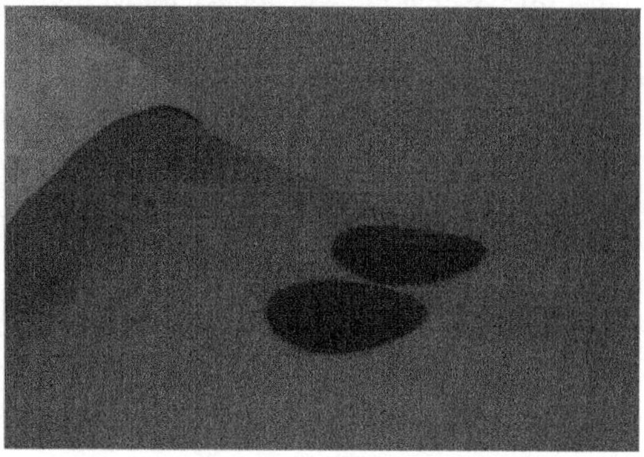

图 5-11　贴敷方法

三、临床应用

（一）适应范围

本法适应范围较为广泛，可以治疗呼吸系统、消化系统、骨关节系统、神经系统及儿科、妇科等疾病。如感冒、急慢性支气管炎、支气管哮喘、风湿性关节炎、三叉神经痛、面神经麻痹、神经衰弱、胃下垂、胃肠神经官能症、腹泻、遗精、阳痿、月经不调、痛经、子宫脱垂、牙痛、口疮、小儿夜啼、厌食、遗尿、流涎等。此外，还可用于防病保健。

（二）应用举例

（1）支气管哮喘：白芥子、白芷、甘遂、半夏各等份。共为细末，鲜姜汁调匀，贴肺俞、膏肓俞、定喘、膻中、中府。1 次敷 2 ~ 3 小时，隔 10 天敷 1 次，3 次 1 个疗程。能预防哮喘发作。

（2）自汗、盗汗：①取郁李仁 6g，五倍子 6g。研末，用生梨汁调成糊状，敷两侧内关穴。②取郁金 6g，牡蛎 12g。共为细末，用醋调敷于脐部，覆以纱布，胶布固定，每日换药 1 次。

四、注意事项

（1）凡用溶剂调敷药物时，需随调制随贴敷，以防挥发。

（2）若用膏剂贴敷，应掌握好温化膏剂的温度（膏剂温度不应超 45℃），以防烫伤或贴不住。

（3）对胶布过敏者，可改用低过敏胶布或用绷带固定贴敷药物。

（4）色素沉着、潮红、微痒、烧灼感、疼痛、轻微红肿、轻度出水泡属于穴位贴敷的正常皮肤反应。但贴敷后若出现范围较大、程度较重的皮肤红斑、水泡、疹痒现象，应立即停药，进行对症处理；若出现全身性皮肤过敏症状者，应及时到医院就诊。

（5）对刺激性强、毒性大的药物，如斑蝥、马钱子、巴豆等，贴敷药量与穴位宜少、面积宜小、时间宜短，防止发泡过大或发生药物中毒。

（6）对久病、体弱、消瘦、孕妇、幼儿，以及有严重心肝肾功能障碍者慎用。

（7）贴敷部位有创伤、溃疡者禁用。

（8）能引起皮肤发泡的药物不宜贴敷面部和关节部位。

（9）对于残留在皮肤的药膏等，不可用汽油或肥皂等有刺激性物品擦洗。

（10）贴敷药物后注意局部防水。

附：天　灸

天灸又称冷灸、自然灸，属于灸法中的非火热灸法，是采用刺激性的药物贴敷于特定穴位皮肤表面，借助药物对穴位的刺激，使局部皮肤红赤、充血，甚至发泡以激发经络、调整气血而防治疾病的一种方法。

一、贴敷药物

（1）药物加工：所用的中药要求研末达 80 目。

（2）药物储存：药粉应储存于密闭容器。

（3）药物选择：天灸技术常用药物有大蒜、生半夏、生草乌、生附子、甘遂、白芥子、细辛、吴茱萸、威灵仙等气味俱厚、开窍通络之品。

（4）调药：助透剂可用新鲜姜汁，与药粉调和制成膏剂，制成 1cm×1cm×1cm 大小的药物以备贴敷。

二、操作方法

1. 天灸时间选择

（1）三伏天：分为初伏、中伏、末伏。夏至后第三个庚日为初伏，第四个庚日为中伏，立秋后第一个庚日为末伏，三日均为庚日，是全年中气候最炎热、阳气最旺盛的时令，为温煦肺经阳气、驱散内伏寒邪的最佳时机。三伏期间可以根据疾病情况在三伏天前后或中间进行加强。

（2）三九天：以冬至为“一九”，相隔九天为“二九”，再隔九天为“三九”。

（3）平时时间：根据疾病的不同特点可在平时进行天灸治疗。

2. 穴位和体位选择

按辨证论治取穴，以背俞、腹部穴位等不影响日常活动的穴位为主；选择患者舒适、医者操作方便的体位。如哮病证属肺肾两虚可选天突、肺俞、肾俞、中脘、气海；肾虚腰痛可选肾俞、腰阳关、膀胱俞、气海、关元等。

3. 操作方法

贴敷前准备根据所选腧穴，采取适当体位，使药物能贴敷稳妥。贴敷药物之前，定准穴位，先对腧穴局部皮肤进行常规消毒。取 1cm×1cm×1cm 大小的药饼，放置于 5cm 圆形或方形胶布中心并贴在相应的穴位上。

4. 贴药时间

依患者皮肤感觉和耐受程度不同，一般贴药时间为 1 ～ 4 小时，小孩时间酌减。

5. 技术要点

（1）穴位配伍与定位准确和临床疗效相关。

（2）药物配伍及比例，是提高疗效的保证。

（3）助透剂的选择会影响药效及疗效。

（4）注意根据个人体质调整贴药时间。

三、临床应用

（一）适应范围

（1）呼吸系统疾病，包括支气管哮喘、过敏性鼻炎、慢性支气管炎、慢性咳嗽、体虚容易感冒者。

（2）消化系统疾病，包括慢性胃炎、十二指肠溃疡、慢性结肠炎、慢性消化不良等疾病。

（3）部分疼痛性疾病，如颈椎病、肩周炎、腰肌劳损、腰椎间盘突出、腰椎管狭窄、膝骨性关节炎、慢性盆腔炎等。

（二）禁忌证

（1）合并严重心脑血管疾病、肝肾功能不全及严重糖尿病患者。

（2）急性咽喉炎、急性扁桃体炎、感冒发热、高热、肺炎急性期、体温超过38.5℃的患者不宜用。

（3）一岁以下婴幼儿、孕妇。

（4）特殊体质及皮肤病患者、贴敷穴位部位皮肤有破损者、有皮肤过敏者慎用。

（三）注意事项

（1）贴药时皮肤应保持干燥，贴药后不宜剧烈活动，以免出汗致药膏脱落。

（2）贴敷之后，比较敏感者会出现起泡现象，起泡效果更好，如果泡小，可以自行吸收，但避免抓破；如果起泡较大需要到医院处理，并用消炎药外用，消毒纱布保护创面，以免引起皮肤化脓感染。

（3）贴药当天最好不要用冷水洗澡，避免耗伤阳气。个别出现皮肤过敏者，应尽快去除膏药，严重者需到医院处理，药物贴敷当日禁食生冷刺激食物，油甘厚腻生痰助湿之品，禁食鹅、牛肉、羊肉、虾、螃蟹等，以及韭菜、花生、芋头等，以免影响治疗效果。

第五节　穴位红外线照射法

穴位红外线照射法是指利用红外线照射腧穴以防治疾病的方法，又称红外光针法。红外光照射具有温热、深透、无烟、无味、简便的优点，适应证与灸法相似，临床应用广泛，尤常用于痹证。

红外线，是波长在0.76～1000μm的电磁波，于1800年被英国物理学家William Herschel发现。根据波长，常分为近红外线（或称短波红外线）和远红外线（或称长波红外线），前者波长0.76～1.5μm，可深透组织5～10mm；后者波长1.5～1000μm，主要作用于皮肤。一般医用红外光谱的波长为0.76～400μm。

红外线治疗的作用原理是其照射后局部形成温热效应，改善组织细胞的生化代谢、血管和神经功能。该法具有镇痛、促进神经功能的恢复、解除横纹肌和平滑肌的痉挛、改善组织营养、防止失用性肌萎缩、消除肉芽水肿、促进肉芽和上皮生长、减少烧伤创面的渗出、消除扭挫伤引起的组织肿胀、减轻术后粘连等作用。

一、红外线照射器具

目前，临床应用的红外线治疗仪器结构比较简单，主要是利用电阻丝缠在瓷棒上，通电后电阻丝产热，使罩在电阻丝外的碳棒温度升高，一般不超过500℃。电阻丝是用铁、镍、铬合金或铁、铬、铝合金制成，瓷棒是用碳化硅、耐火土等制成，反射罩用铝制成，能反射90%左右的红外线。此外，还有用碳化硅管的，管内装有陶土烧制的螺旋柱，柱上盘绕铁镍铝电阻丝，通电后发出热能，穿过碳化硅层，透过红外线漆层，发射出红外线。

至于红外线灯，临床应用的有两种，一种为可见光红外线灯，即通电工作的同时发出短波红外线（近红外线）、可见光甚至还有少量的紫外线的光源。另一种为不发光红外线灯，又称为石英红外线灯，是将钨丝伸入充气的石英管中构成的照射器具，加热和冷却的时间短，均不超过1秒，使用更为方便。

二、操作方法

红外线治疗仪的操作，首先接通220V交流电源，打开开关，指示灯亮后，预热3～5分钟；选取适当的体位，充分暴露照射部位，将辐射头对准照射部位（腧穴或患处）；检查需要照射部位的温度感觉是否正常，调整适当的照射距离，一般距离照射部位30～50cm，治疗过程中，根据患者的感觉随时调节照射距离，以照射部位出现温热舒适的感觉，皮肤呈现桃红色均匀红斑为宜。其间询问患者温热感是否适宜，避免照射强度不够或过强出现灼伤情况。每次照射时间15～30分钟，每日1～2次，10～20次为1个疗程。

三、临床应用

本法的应用范围很广，能够治疗各科疾病。如风湿性关节炎、慢性支气管炎、胸膜炎、慢性胃炎、胃痉挛、幽门痉挛、慢性肠炎、慢性肾炎、胃肠神经官能症；神经根炎、多发性末梢神经炎、周围神经损伤；软组织损伤、腰肌劳损、冻伤、烧伤创面、褥疮、骨折、滑囊炎、注射后硬结形成、术后粘连、瘢痕挛缩；乳头皲裂、外阴炎、慢性盆腔炎；湿疹、神经性皮炎、皮肤溃疡、皮肤瘙痒症等。

四、注意事项

（1）防止烫伤，治疗期间要经常询问患者感觉和观察局部皮肤反应情况。照射过程中如有感觉过热、心慌、头晕等反应时，需立即告知医师。

（2）避免直接辐射眼部，必要时用纱布遮盖双眼，以免损伤眼睛。

（3）恶性肿瘤、活动性肺结核、重度动脉硬化、闭塞性脉管炎、有出血倾向及高热患者禁用红外线照射。

第六节　穴位磁疗法

穴位磁疗法又称经络磁场疗法，简称“磁疗”，是运用磁场作用于人体经络腧穴以治疗疾病的一种方法，具有镇静、止痛、消肿、消炎、降压等作用。

穴位磁疗法是中医磁石治病的基础上发展起来的。中医利用磁石治病已有悠久的历史，《神农本草经》已将磁石入药，指出：“磁石味辛寒，主周痹、风湿、肢节中痛，不可持物，洗洗酸痟，除大热烦满及耳聋。”宋代严用和的《济生方》，杨士瀛的《仁斋直指方》以及后来的《本草纲目》、《医学衷中参西录》等书中，都分别提到磁石入耳可治耳聋的医疗作用。

20 世纪 60 年代初，应用人工磁场治病在我国兴起，至 70 年代磁疗的应用技术有了重大的突破，并且被国内外医学界所重视，临床及实验研究亦逐渐阐明了磁疗的作用机理。近年来磁疗与针灸结合形成穴位磁疗法，为广大患者所欢迎。

一、磁疗器材

（一）磁片、磁珠、磁带

其一般由钡铁氧体、锶铁氧体、铝镍钴永磁合金、铈钴铜永磁合金、钐钴永磁合金等制作而成，磁场强度为 0.03 ～ 0.3T。从应用情况来看，以锶铁氧体较好，因其不易退磁，表面磁场强度可达 0.1T 左右。钡铁氧体最为便宜，但表面磁场强度一般较弱，用于老弱患者比较适合。

（1）磁片：有大有小，按直径大小可分为大、中、小三种型号，大号的直径在 30mm 以上，中号的直径为 10 ～ 30mm，小号的直径在 10mm 以下，厚度一般为 2 ～ 4mm，也有条形和环形的磁片。临床上常用直径 10mm、厚 4mm 左右的磁片用于腧穴及病变局部的治疗（图 5-12）。

图 5-12　磁片

磁片要求两面光滑，边缘稍钝，注明极性，以利治疗和清洁消毒。磁片放置时不应大力碰击，以免破裂或退磁；两种不同强度的磁片不要互相吸引；两块磁片的同名极不要用力使其靠近；勿用高温消毒，可用酒精消毒。磁片经长期使用而退磁时，可充磁后再用。临床以磁场强度 0.05 ～ 0.2T 的磁片最为常用。

（2）磁珠：直径 3mm，厚 2mm 的磁片又称磁珠。磁珠为圆形或者椭圆形，其磁场强度一般为 0.03T 左右，常用于耳穴治疗。

（3）磁带：将多个磁片按一定距离装在布袋上，做成磁带，常用的有磁腰带、磁踝带、磁腕带等，使磁片对准相应部位的穴位进行治疗。

（二）旋转磁疗机

旋转磁疗机简称旋磁机，是目前使用较多的一种，形式多种多样，但其构造原理比较简单，是用一只小马达（电动机）带动 2 ～ 4 块永磁体旋转，形成一个交变磁场（异名极）或脉动磁场（同名极）。

旋磁机的磁铁柱选用磁场强度较强的钐钴合金永磁体较好，直径为 5 ～ 10mm，长度为 5 ～ 7mm，表面磁场强度可达 0.3 ～ 0.4T。旋磁机转速每分钟一般在 3000 ～ 5000 次。在治疗时转盘与皮肤保持一定距离，对准腧穴进行治疗。

（三）电磁疗机

电磁疗机又称电磁感应磁疗机，是利用电磁感应、脉冲电流产生交变磁场或脉动、脉冲磁场。其原理是由电磁体（电磁线圈或电磁铁）通以电流（直流或交流）产生恒定磁场或者交变磁场，或通以脉冲电流，产生脉冲磁场。临床上所用交流电磁疗机大部分是硅钢或矽钢片上绕以一定量的漆包线，通电后产生一定强度的交变磁场。交变磁场频率一般为 50Hz，磁场强度为 0.05 ~ 0.3T。磁头有多种形式，适用于人体不同部分，如圆形的多用于胸腹部和四肢，凹形的常用于腰部，环形的常用于膝关节，条形的适用于常用腧穴或会阴部。

（四）震动磁疗器

震动磁疗器又称按摩磁疗器，是在按摩器顶端装入 2 ~ 4 个磁体，使用时接通电源，装入的磁体一起发生震动，形成脉动磁场，这种磁疗机有磁疗和机械按摩两种作用。

（五）磁疗剂量

磁疗和其他疗法一样，治疗剂量很重要，其划分标准有以下几种：

1. 按磁片的表面磁场强度分级

（1）小剂量：每块磁片表面磁场强度为 0.02 ~ 0.1T。

（2）中剂量：每块磁片表面磁场强度为 0.1 ~ 0.2T。

（3）大剂量：每块磁片表面磁场强度为 0.2T 以上。

2. 按人体对磁场强度的总接受量分级

总接受量即贴敷作用于人体的各个磁片的磁场强度的总和。

（1）小剂量：磁片的总磁场强度为 0.4T 以下。

（2）中剂量：磁片的总磁场强度为 0.4 ~ 0.6T。

（3）大剂量：磁片的总磁场强度为 0.6T 以上。

3. 磁疗治疗剂量和疗效

磁疗和其他疗法一样，治疗剂量是否恰当，会影响到治疗效果，同时还影响到患者是否能够耐受。剂量选择可参考以下情况：

（1）患者年龄、体质情况：年老、体弱、久病、儿童可用小剂量，若无不良反应，可逐步增加剂量。年轻体壮者可用中剂量或大剂量。

（2）疾病情况：急性疼痛或急性炎症，如骨折、肾绞痛等可用大剂量，疗程宜短，症状消失即可停止治疗。慢性疾患如高血压、神经衰弱等，可用小剂量，疗程宜长。

（3）治疗部位：头颈、胸腹部宜用小剂量，臀、股等肌肉丰满处，可用大剂量。

二、操作方法

（一）静磁法

静磁法又称磁珠疗法，即将磁片或磁珠贴敷在腧穴表面，产生恒定的磁场以治疗疾病的方法，其优点是操作简便疗效持久，如贴敷法、磁针法、埋针加磁法、磁珠法等。

1. 贴敷法

在临床上贴敷法常分为直接贴敷法和间接贴敷法两种。

（1）直接贴敷法：用胶布或无纺胶布将直径 5 ~ 20mm、厚 3 ~ 4mm 的磁铁片，直接贴敷在穴位或痛点上，磁铁片表面的磁场强度在 0.2T 以内，或用磁珠贴敷于耳穴。根据治疗部位及病情的不同，贴敷时可采用单置法、对置法或并置法（图 5-13）。

1）单置法：只使用一块磁铁片，将其极面正对治疗部位，此法限于浅表部位的病变。

2）对置法：可使磁力线充分穿过治疗部位。其方法是将两块磁铁片的异名极面，以相对的方向贴敷在治疗穴位上。如内关和外关，内膝眼和外膝眼等常用这种方法，此法可使磁力线充分穿过治疗部位。

3）并置法：将两块磁片并列贴敷在两个穴位上，若选用的穴位相距比较近，则根据同名极相斥的原理，采用同名极并置法，使磁力线深达内部组织和器官。若病变浅且范围较大时，可在病变范围两端贴敷异名极磁片，这种方法可使更多的磁力线穿过病变部位。

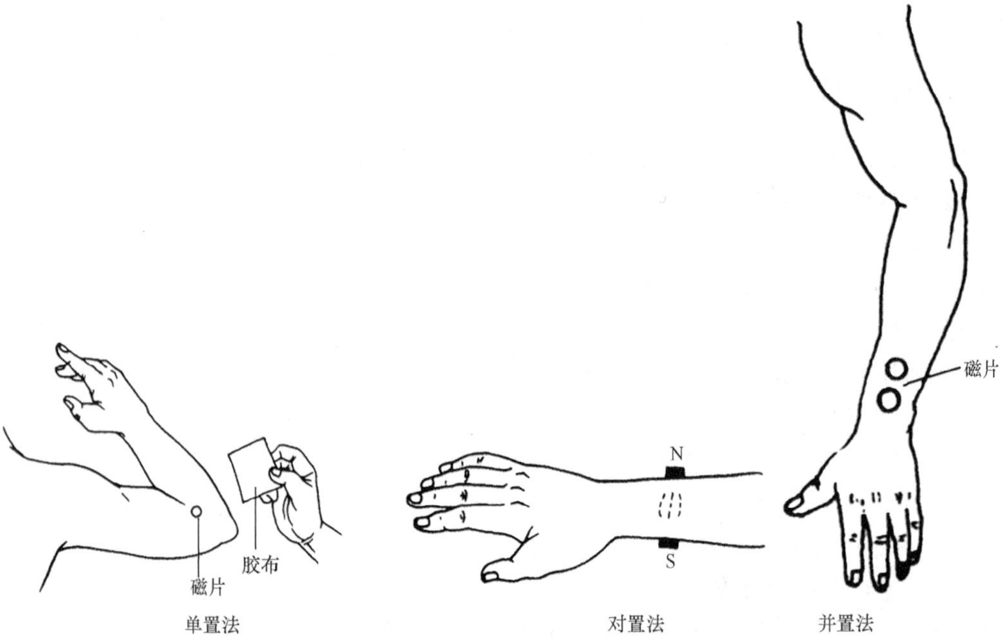

图 5-13　直接贴敷法

（2）间接贴敷法：即将磁铁片放到衣服口袋中，或缝到内衣、衬裤、鞋、帽内，或根据磁铁的大小和腧穴所在部位，缝制专用口袋，将磁铁装进口袋，然后穿戴到身上，使腧穴接受磁场的作用。如治疗高血压时，可使用“磁性降压带”作用于内关或三阴交等穴，使用比较方便。

间接贴敷法适用于患者皮肤对胶布过敏，或磁铁较大，用胶布不易固定；或出汗、洗澡时贴敷磁铁有困难；或慢性病需长期贴敷磁铁片时，可采用间接贴敷法。

2. 磁针法

将皮内针或短毫针刺入腧穴或痛点上，针的尾部伏在皮肤外面，其上再放一磁铁片，然后用胶布固定，这样可使磁场通过针尖集中透入深层组织。这种方法常用于五官科疾病，也可用于腱鞘炎及良性肿物等。

磁极针是一种永磁合金材料制作的磁疗针灸针，不仅具有较高的磁性能，而且机械性能良好，较前者在临床上使用更为简便。磁极针尖端的磁场强度为 0.018 ~ 0.024T，按针具尖端的磁极性分为“S”极和“N”极两种类型，并在针柄上标明以示区别。在治疗过程中一般采用“同极法”和“异极法”，使其在穴位内一定的深度形成磁场，从而产生磁疗，并与毫针协同发挥治疗作用，以提高针灸临床疗效。

（1）同极法：选用相同极性的磁极针（S 极或 N 极），按一般毫针刺常规操作。

（2）异极法：选用不同极性的磁极针（S 极或 N 极），沿经脉点极性交叉进行取穴用针，捻转提插。

（3）补泻法：补法用 N 极性针，泻法用 S 极性针，进行针刺补泻。

（二）动磁法

动磁法是用变动磁场作用于腧穴以治疗疾病的方法，分为脉动磁场和交变磁场。

1. 脉动磁场疗法

利用同名旋磁机，由于磁铁柱之间互为同名极，故发出的为脉动磁场。

若病变部位较深，可用两个同名旋磁机对置于治疗部位进行治疗，使磁力线穿过病变部位，如关节部位可用此法，称为同名极对置法；若病变部位呈长条形，部位也表浅，可采用异名极并置法，将两个互为异名极的旋磁机顺着发病区并置，如神经、血管、肌肉等疾患常采用这种方式。

2. 交变磁场疗法

一般使用电磁疗机产生的低频交变磁场治疗疾病。电磁疗机有多种类型，使用方法大体相同：将磁头导线插入插孔内，选择合适的磁头置于治疗部位，然后接通电源，指示灯亮，电压表指针上升。如有磁场强度调节旋钮和脉冲频率调节旋钮，应按机器说明顺序调好。电压旋钮有弱、中、强三档，可视具体情况选用。治疗中应询问患者局部是否过热，如过热应用纱布等隔垫，磁头过热时还可更换磁头，或降温后再用，要严防烫伤。每次治疗 15 ～ 30 分钟，每日 1 次，10 ～ 15 次为 1 个疗程。治疗结束，按相反顺序关闭机器。

（三）疗程

磁疗的时间，根据治疗方法来决定。贴敷法，一般急性病或病变浅表者贴敷 3 ～ 7 天，慢性病或病变深者贴敷时间应较长。旋磁法，每次治疗时间一般为 15 ～ 30 分钟，若分区治疗，每区（或每穴）5 ～ 10 分钟。

三、临床应用

（一）适应范围

磁疗的适应范围较广，内科疾病如高血压、冠心病、支气管炎、支气管哮喘、慢性肠炎、胃炎、胃肠功能紊乱、神经衰弱等；外科疾病如急慢性扭挫伤、肩周炎、网球肘、术后瘢痕痛、肾结石、胆结石、腰肌劳损、颈椎病、肋软骨炎、乳腺增生、前列腺炎、血栓闭塞性脉管炎；皮肤科疾病如带状疱疹、神经性皮炎、皮肤慢性溃疡；妇科疾病如痛经；儿科疾病如小儿消化不良、遗尿；五官科疾病如过敏性鼻炎、咽炎、视网膜脉络膜炎、神经性耳聋、耳鸣等。

（二）禁忌证

（1）白细胞总数在 4×10^9/L 以下者。

（2）严重的心、肺、肝脏病及血液病，急性传染病，出血，脱水，高热等。

（3）皮肤破溃、出血处。

（4）体质极度虚弱、新生儿和孕妇下腹部。

（5）磁疗后不良反应明显者。

四、注意事项

（1）应明确诊断，根据病情治疗。

（2）应掌握磁疗的剂量。根据不同的年龄体质及病情，决定使用的剂量。一般来说，小儿、年老体弱、慢性病，开始宜用较小剂量，无不良反应时再酌情增加剂量。

（3）作贴敷磁片治疗时必须2天内复查，因为不良反应大部分在2天内出现。不良反应可有心悸、恶心、呕吐、一时性呼吸困难、嗜睡、乏力、头晕、低热等。如不良反应轻微，且能坚持者，可继续治疗；若不良反应严重不能坚持者，可取下磁片，中断治疗。

（4）如磁疗患者平时白细胞计数较低，在磁疗中应定期复查血象。当白细胞计数较前更为减少时，应立即停止治疗。

（5）夏季贴敷磁片时，可在磁片和皮肤之间放一层隔垫物，以免汗液浸渍使磁片生锈。

（6）磁片不要接近手表，以免手表被磁化。直接贴敷法一般使用时间不宜过长，以免磁片生锈，刺激皮肤。

第七节　穴位激光照射法

穴位激光照射法是利用低功率激光束直接照射腧穴以防治疾病的方法，又称“激光针法”、“激光针灸”、“光针”等。激光是受激辐射光，具有定向好、单色性好、亮度高和能量大等优点。激光束照射治疗具有无痛、无菌、简便、安全、强度可调和适应范围广等特点。

激光是一种受激辐射而发出的光，它和普通光一样，是以波的形式运动的光子，又名镭射（Laser）。1916年Albert Einstein发现了激光原理，1960年Theodore Maiman制成世界上第一台激光器，由此激光学快速发展成为一门学科，这是人们对原子物理学、光学、光谱学、微波技术和量子力学等多种学科综合研究的结果。随后激光被广泛应用于军事、信息、工学及生物医学等领域。在医学上，已经形成了一门崭新的激光医学，应用于耳鼻喉科、眼科、口腔科、皮肤科、内科、妇科等。我国于1961年也生产出激光器，1965年制作了第一台红宝石激光医疗机。

激光引入针灸领域是在1965年，由前苏联的B.Минюшин提出，1968年匈牙利的E.Mester开始用于穴位照射，1973年前西德学者L.Plog始行激光针实验，并于1975年研制成功He-Ne激光针刺装置，该装置带有穴位探测器和光导纤维，可光刺体表的任何穴位。我国于1974年广州等地最早应用He-Ne激光穴位照射治疗内科疾病获得良好效果，随后上海、陕西、河南、四川等地相继开展，上海于1976年制成单晶石英纤维光针并用于临床，继之又有脉冲型光针机问世。其后激光针灸在我国全面推广应用，并对其进行了大量的基础和临床研究。目前，激光针法已被广泛应用于临床多种疾病的治疗。

一、激光器具

激光器，按工作方式主要分为连续照射激光器和脉冲激光器两种，若按工作物质主要分为气体激光器和固体激光器两种。气体激光器如He-Ne激光器、CO_2激光器；固体激光器如YAG激光器（掺钕钇铝石榴石激光器）、半导体激光器等。不同的疾病，可以使用不同激光工作物质的激光器。目前的激光腧穴治疗仪器，主要有我国生产的 He-Ne 激光腧穴治疗仪、德国 MBB 公司的 AkupiasHLM 石英纤维激光腧穴治疗仪和日本的 He-Ne 激光腧穴治疗仪、YAG 激光腧穴治疗仪等。

临床常见 He-Ne 激光腧穴治疗仪、CO_2 激光腧穴治疗仪两种。

（一）He-Ne 激光腧穴治疗仪

He-Ne 激光器是一种原子气体激光器，由放电管、光学谐振腔、激励电源三部分组成，激光腧穴治疗的光源为波长 632.8nm 的红色激光，其工作物质为 He-Ne 原子气体，光斑直径为 1 ~ 2mm，通过柔软的导光纤维，可随意投射穴位。其光束能穿透 10 ~ 15mm 深的组织，可代替毫针刺激穴位，是针灸最常用的激光器。

（二）CO_2 激光腧穴治疗仪

CO_2 激光，是由 CO_2 气体分子为工作物质产生的激光束，波长 106 000nm，属中红外光。CO_2 激光照射穴位时，既有光热作用，又有类毫针作用。目前，多用 20 ~ 30W 二氧化碳激光束，通过石棉板小孔照射腧穴，有类似毫针和艾灸的双重作用。

激光腧穴治疗仪可以输出连续波或脉冲波，脉冲激光可替代捻针。

二、操作方法

1．体表激光照射疗法

使用前，要检查机器性能、地线、混线等，以免触电、漏电，保证患者安全。照射前，首先定穴并以龙胆紫标记，然后开启电源，He-Ne 激光器工作并发射红色光束，最后调节电流强度，待激光管发光稳定后，将光斑垂直照射腧穴即可，治疗结束后关闭电源。每次取 4 ~ 6 穴，每穴 5 ~ 10 分钟，总计照射时间以 20 ~ 30 分钟为宜，每日 1 次，10 ~ 15 次为 1 个疗程，两个疗程间隔 5 ~ 7 日。

2．腧穴内激光照射疗法

将光导纤维通过注射针把氦 - 氖激光直接导入腧穴深处的激光治疗仪，主要由低功率 He-Ne 激光仪、光导纤维及空心针组成。光导纤维直径为 50 ~ 125μm，长度根据需要为 1 ~ 2m。光导纤维一般用 2% 过氧乙酸或 75% 乙醇消毒。空心针直径依据腧穴和疾病选择。使用前，按一般毫针消毒法消毒。先将空心针刺入选定的穴位，缓慢进针并得气。然后，插入光导纤维输出端，直接进行照射。亦可预先将光导纤维输出端和空心针相连接，打开 He-Ne 激光治疗仪的电源，调整至红光集中于一点时，再刺入穴位相应深度并得气。留针时间通常为 15 ~ 20 分钟。

三、临床应用

激光针法的适应证较广，如急慢性咽炎、扁桃体炎、鼻炎、副鼻窦炎、头痛、支气管炎、支气管哮喘、皮肤和黏膜的慢性溃疡、口腔黏膜病、皮肤血管瘤、湿疹、冻疮、白癜风、胃和十二指肠溃疡、原发性高血压、慢性结肠炎、面神经麻痹、神经衰弱、关节炎、慢性盆腔炎、肩周炎、网球肘、周围神经损伤、前列腺炎、前列腺肥大、小儿腹泻、小儿遗尿等。

四、注意事项

（1）开启电源后，若激光管不亮或出现闪烁，多是启动电压过低，要立即断电，并将电流调节旋钮顺时针方向转 1 ~ 2 档，停 1 分钟后，再打开电源开关。切勿多次反复尝试，以致机器故障。

（2）避免直视激光束，以免损伤眼睛。操作人员及面部照射的患者，应佩戴防护眼镜。操作人员还应做定期检查，特别是眼底视网膜检查。

（3）疗效与照射部位的准确度呈正相关。治疗时光束一定要对准腧穴或患处，嘱患者保持体位，以防偏差。

（4）不良反应：有些患者对激光针法有不良反应，照射治疗中可出现头晕、恶心、嗜睡、全身乏力、食欲不振、心悸、腹胀、腹泻、月经周期紊乱等症状，应减少剂量，不见好转时，可暂停 3 ~ 5 日，若再行治疗，仍出现反应，应停止治疗。

第八节　穴位离子导入法

穴位离子导入疗法已有 100 年以上的历史，自 20 世纪以来，便成为理疗常规方法之一。1959 年，我国针灸工作者则将直流电药物导入法引入针灸疗法中，当时用的仪器是直流感应电疗机。1967 年以后才得到广泛的应用，仪器亦改用晶体管直流电疗机。穴位离子导入法是利用经络穴位的特异性和直流电的作用，将某种药物（中药）中的离子用直流电导入腧穴内，而达到治疗疾病的目的。

一、离子导入器材

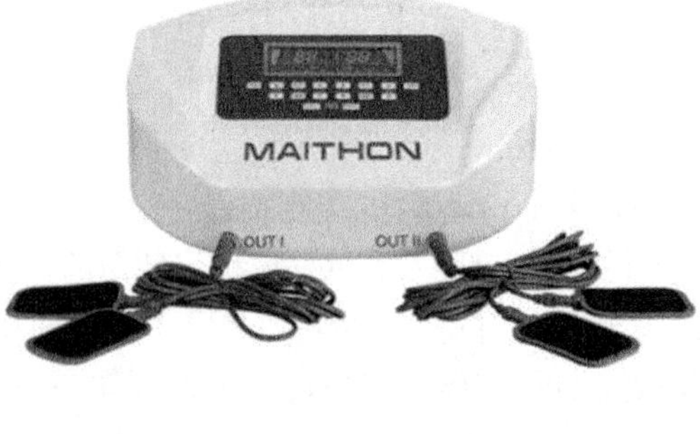

图 5-14　离子导入仪

离子导入器械（图 5-14）将药物导入及穴位刺激融为一体。很多实验研究证明，药物离子经直流电导入以后，储存在表皮层，形成“皮肤离子堆”，逐渐进入血液。药物离子在皮肤内储积时间的长短，在一定程度上，与所用的药液浓度、电流强度、通电时间等成正比关系。不同种类的药物离子，由于其理化、生物特性不同，在皮肤内存留的时间有很大差异，可短至数小时，长达数十天。皮肤离子堆的形成还与中枢神经及周围神经的功能状态有着密切的关系。在进行直流电穴位离子导入的前后或同时施加其他物理因子的作用，对皮肤离子堆也有一定的影响。如在离子导入的时候作中波或短波透热，药物离子在皮肤内储积增加。

二、操作方法

（一）操作前准备

患者选择合适的体位及局部的皮肤消毒，治疗时需要的药液及专用的药物衬垫（以绒布 2 ~ 4 层纱布制成，亦可用滤纸），常用药可配成 1% ~ 10% 的水溶液（必须搞清楚所用中药有效成分，测定其能否电离及极性，明确配伍方法）。

（二）常见方法

一般有衬垫法、穴位离子透入法、水浴法、眼杯法、体腔法、体内电泳法。诸法中操作技术、电流强度、通电持续时间、治疗频度、疗程与直流电疗法大致相同。现选择两种最常用的方法介绍如下：

（1）衬垫法：将药液浸湿的药物衬垫直接置于治疗腧穴的皮肤上，在药垫上再放置以常水浸湿的布衬垫、金属电极板等。放置药垫的电极称为主电极，另一极为辅电极。主电极经导线与治疗机的一个输出端联接（其极性必须与拟导入药物离子的极性相同），辅电极与治疗机的另一输出端相接。亦可将与阳极和阴极相联的衬垫都用药液浸湿，同时分别导入不同极性的药物离子（图 5-15）。

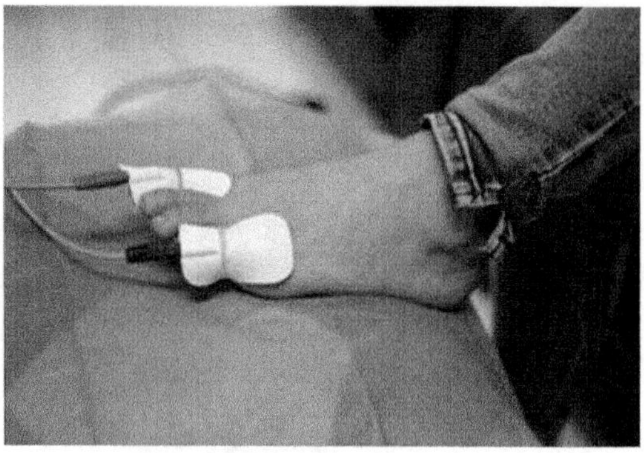

图 5-15　衬垫法

（2）穴位离子透入法：将装有直径 1 ～ 2cm 铅板的衬垫浸湿药液，放置在一定的穴位上，另一极放在颈、腰或其他部位，通上直流电。

三、临床应用

穴位离子导入法根据其导入药物的不同，可有不同的疗效。如有止痛、消炎，消除水肿，取代组织中钙化的物质，伤口的杀菌、预防感染等作用。在临床上可应用于关节炎、肩周炎、颈椎病、坐骨神经痛、风湿性关节炎、类风湿关节炎、骨质增生、股骨头坏死、软组织挫伤、腱鞘炎、腰肌劳损、腰椎间盘突出、网球肘等骨关节病；高血压、脑供血不足、心肌梗死、心律失常、动脉硬化等心脑血管疾病；急慢性胃肠炎、便秘等胃肠疾病及常见妇科病（痛经、附件炎、子宫内膜炎、产后恢复）等多种常见病的治疗。

四、注意事项

（1）治疗前后检查皮肤。如了解患者伤口状况、发炎程度，确认患者的感觉是否正常。
（2）向患者解释治疗步骤和疗效。
（3）注意防治并发症：如烧灼伤、化学性烧伤等。
（4）选择正确的治疗计划和仪器设定：离子种类、电极片、电流强度、作用部位等。
（5）了解患者药物过敏史，避免过敏药物的使用。

第九节　微波针灸法

一、微波针灸器具

微波针灸是在毫针针刺的基础上，通过接通微波天线，向穴位输入微波或者直接照射穴位以治疗疾病的方法。20 世纪 60 年代我国将微波引入医学临床，80 年代我国试制出“微波针灸仪”的定型样机，其后又逐步发展出智能型、简约型、普及型等多种类型（图 5-16）。微波针同时结合现代微波理疗和传统针灸的优势，通过定量、定向的辐射波照射来加强腧穴得气效应，甚至可以获得沿经络感传，出现发热出汗（颇似于烧山火手法），因此，微波针灸是现代微波技术同传统的针灸方法相结合的现代针灸疗法。

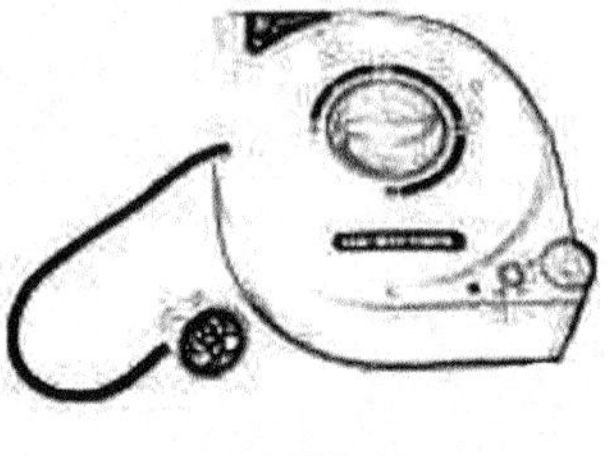

简约型

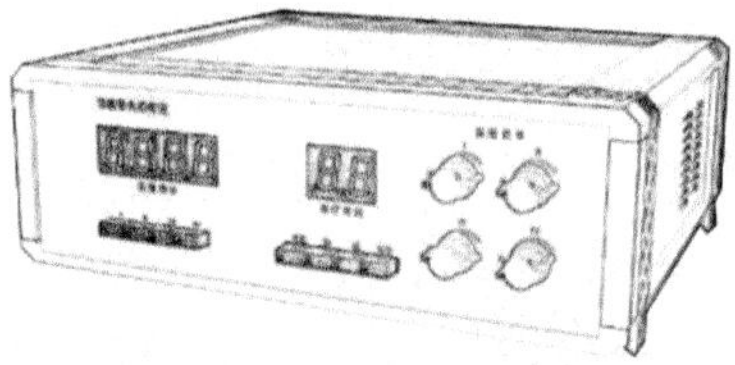

普及型

豪华型

智能型

图 5-16　微波针灸仪

微波是一种波长短、频率高、频率范围宽的电磁波，目前医用微波频率常为 2451MHz，波长 12.5cm，在医用电磁波谱中位于超短波和长波红外线之间。微波针灸仪主要由微波发生器和微波天线组成，天线采用一种同轴微波系统，外导体呈螺旋弹簧形，内导体即为常规使用的毫针。

微波针一方面具有类似灸法的热疗作用，时间热量可控，操作简单安全，其热能均匀、比艾灸深入、作用强、剂量可调；另一方面又结合电针和高频电疗的优势，其效应可引起血流加速、软组织松解、微循环改善等一系列生理生化反应，对神经、内分泌、心血管和消化等系统的功能均有很好的治疗效果。由于微波针操作简便安全、无菌无痛，同时准确度高且可控制性强，故临床适用较为广泛。

二、操作方法

检测仪器正常后，先接好仪器的电源、天线和各连接线，预热。将毫针刺入腧穴得气后，把微波针灸仪的天线连于针柄，固定后分别调节各路输出的功率，使微波沿针输入穴位。热量及针感强弱可由微波功率定量控制，以患者感到舒适为度，成人使用电压不超过25V，小儿不超过20V，一般以17 ~ 18V为宜。每穴每次10 ~ 30分钟。治疗完毕，将输出功率旋钮调至最小后，关闭输出开关，取下天线，起针。治疗后皮肤有红晕或红斑当属正常，针感后遗效应较长，可维持4 ~ 48小时不等。每日或隔日1次，10次为1个疗程。此外，亦可用微波针灸仪直接照射腧穴或患处，每个部位照射时间为10 ~ 30分钟，以患者舒适为度，每次治疗不超过2小时。

三、临床应用

微波针安全有效，具有散寒解痉、疏通经络、活血散瘀等功用，适用于临床各种急、慢性疼痛性疾患及一些内科疾病，如偏头痛、三叉神经痛、坐骨神经痛、胃脘痛、痛经、颈椎病、腰椎病、关节疼痛、下颌关节紊乱及其他肌肉软组织疼痛等；还可用于面神经麻痹、中风偏瘫、遗尿、神经衰弱、乳腺炎、肠炎、鼻窦炎、盆腔炎、风湿免疫性躯体症状等。

四、注意事项

（1）仪器需要防潮、防震、防尘，使用时需防高温过热。

（2）使用时，注意提前检测仪器和相关连接线的破损情况，天线的内外导体之间不要发生接触，以免形成短路而发生危险。

（3）靠近眼部、睾丸、脑及其他针刺危险的腧穴部位不宜进行微波针治疗。

（4）有出血倾向、高热、重度高血压、治疗部位破损或感觉障碍等患者及孕妇忌用。

（5）体内装有起搏器的患者忌用。

思考题

（1）电针常用波形和治疗作用及适应病症。

（2）直接贴敷法的方法有几种？

（3）穴位贴敷常用醋、酒和油来调和分别有什么不同作用？

（4）简易穴位埋线的操作方法。

第六章 常用微针系统诊疗法

第一节 耳 针 法

耳针法是指采用毫针或其他方式刺激耳部特定部位，以预防、诊断和治疗全身疾病的一种方法。耳针治疗范围较广，操作方法简单易行，对于疾病的预防和诊治具有一定的意义。

耳针诊治疾病历史悠久，早在春秋战国即有记载，如《灵枢·五邪》曰："邪在肝，则两胁中痛……取耳间青脉起者去其掣。"《灵枢·厥病》曰："耳聋无闻，取耳中。"唐代《备急千金要方》中有取耳中穴治疗黄疸、寒暑疫毒等病的记载。其后，以耳郭诊断疾病，以针刺、按摩、塞药、艾灸、温熨等方法刺激耳郭以防治疾病等有关叙述更是散见于历代医书之中，为耳针的形成和发展奠定了理论基础。20世纪50年代，法国医学博士诺基（P.Nogier）提出了42个耳穴点和形如胚胎倒影的耳穴图，对我国医务工作者影响很大，在一定程度上推动了耳针疗法在我国的普及和发展。为促进耳穴应用的发展与研究，国家质量监督检验检疫总局和国家标准化管理委员会分别于1992年和2008年两次颁布和实施了中华人民共和国国家标准GB/T 13724-2008《耳穴名称与定位》。

迄今为止，采用耳针疗法治疗的疾病种类已达200余种，涉及内、外、妇、儿、五官、皮肤、骨伤等临床各科；不仅对某些功能性病变、变态反应疾病、炎症性疾病有较好疗效，对部分器质性病变，以及某些疑难杂症也具有一定疗效。

一、耳针刺激部位

耳针刺激部位即为耳穴，是耳郭表面与人体脏腑经络、组织器官、躯干四肢相互沟通的特殊部位。耳穴既是疾病的反应点，也是防治疾病的刺激点。

（一）耳郭表面解剖

1. 耳郭正面

耳垂：耳郭下部无软骨的部分。

耳垂前沟：耳垂与面部之间的浅沟。

耳轮：耳郭外侧边缘的卷曲部分。

耳轮脚：耳轮深入耳甲的部分。

耳轮脚棘：耳轮脚和耳轮之间的隆起。

耳轮脚切迹：耳轮脚棘前方的凹陷处。

耳轮结节：耳轮外上方的膨大部分。

耳轮尾：耳轮向下移行于耳垂的部分。

轮垂切迹：耳轮和耳垂后缘之间的凹陷处。

耳轮前沟：耳轮与面部之间的浅沟。

对耳轮：与耳轮相对呈“Y”字形的隆起部，由对耳轮体、对耳轮上脚和对耳轮下脚三部分组成。

对耳轮体：对耳轮下部呈上下走向的主体部分。

对耳轮上脚：对耳轮向上分支的部分。

对耳轮下脚：对耳轮向前分支的部分。

轮屏切迹：对耳轮与对耳屏之间的凹陷处。

耳舟：耳轮与对耳轮之间的凹沟。

三角窝：对耳轮上、下脚与相应耳轮之间的三角形凹窝。

耳甲部分：部分耳轮和对耳轮、对耳屏、耳屏及外耳门之间的凹窝。由耳甲艇、耳甲腔两部分组成。

耳甲艇：耳轮脚以上的耳甲部。

耳甲腔：耳轮脚以下的耳甲部。

耳屏：耳郭前方呈瓣状的隆起。

屏上切迹：耳屏与耳轮之间的凹陷处。

上屏尖：耳屏游离缘上隆起部。

下屏尖：耳屏游离缘下隆起部。

耳屏前沟：耳屏与面部之间的浅沟。

对耳屏：耳垂上方，与耳屏相对的瓣状隆起。

对屏尖：对耳屏游离缘隆起的顶端。

屏间切迹：耳屏和对耳屏之间的凹陷处。

外耳门：耳甲腔前方的孔窍（图 6-1）。

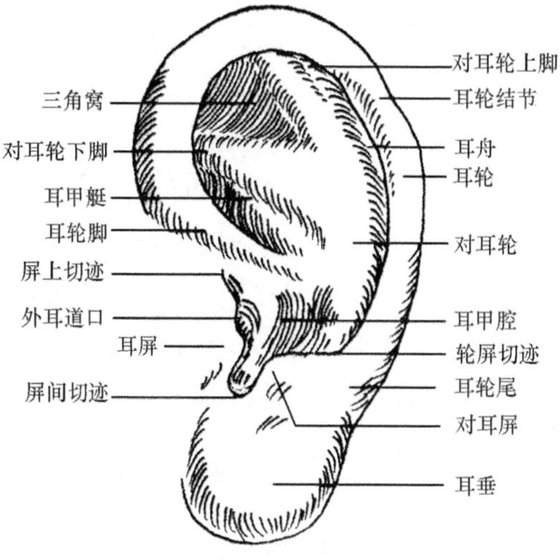

图 6-1　耳郭正面

2. 耳郭背面

耳轮背面：耳轮背部的平坦部分。

耳轮尾背面：耳轮尾背部的平坦部分。

耳垂背面：耳垂背部的平坦部分。

耳舟隆起：耳舟在耳背呈现的隆起。

三角窝隆起：三角窝在耳背呈现的隆起。

耳甲艇隆起：耳甲艇在耳背呈现的隆起。

耳甲腔隆起：耳甲腔在耳背呈现的隆起。

对耳轮上脚沟：对耳轮上脚在耳背呈现的凹沟。

对耳轮下脚沟：对耳轮下脚在耳背呈现的凹沟。

对耳轮沟：对耳轮体在耳背呈现的凹沟。

耳轮脚沟：耳轮脚在耳背呈现的凹沟。

对耳屏沟：对耳屏在耳背呈现的凹沟（图 6-2）。

3. 耳根

上耳根：耳郭与头部相连的最上处。

下耳根：耳郭与头部相连的最下处。

（二）耳穴分布规律

耳穴在耳郭表面的分布状态形似倒置在子宫内的胎儿（头部朝下，臀部朝上）（图6-3）。

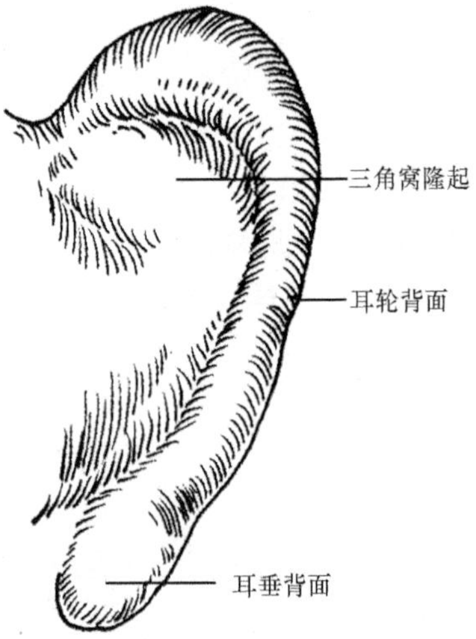

图6-2　耳郭背面

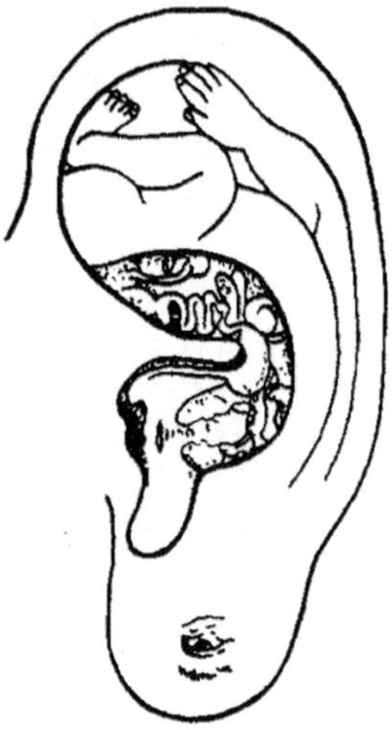

图6-3　耳穴分布规律

其分布规律是：与头面相应的穴位分布在耳垂；与上肢相应的穴位分布在耳舟；与躯干相应的穴位分布在对耳轮体部；与下肢相应的穴位分布在对耳轮上、下脚；与腹腔脏器相应的穴位分布在耳甲艇；与胸腔脏器相应的穴位分布在耳甲腔；与盆腔脏器相应的穴位分布在三角窝；与消化道相应的穴位分布在耳轮脚周围等。

（三）耳郭区划定位标准与耳穴

1. 耳郭基本标志线

耳轮内缘：即耳轮与耳郭其他部分的分界线，是指耳轮与耳舟，对耳轮上、下脚，三角窝及耳甲等部的折线。

耳甲折线：是指耳甲内平坦部与隆起部之间的折线。

对耳轮脊线：是指对耳轮体及其上、下脚最凸起处之连线。

耳舟凹沟线：是指沿耳舟最凹陷处所作的连线。

对耳轮耳舟缘：即对耳轮与耳舟的分界线，是指对耳轮（含对耳轮上脚）脊与耳舟凹沟之间的中线。

三角窝凹陷处后缘：是指三角窝内较低平的三角形区域的后缘。

对耳轮三角窝缘：即对耳轮上、下脚与三角窝的分界线，是指对耳轮上、下脚脊与三角窝凹陷处后缘之间的中线。

对耳轮耳甲缘：即对耳轮与耳甲的分界线，是指对耳轮（含对耳轮下脚）脊与耳甲折线之间的中线。

对耳轮上脚下缘：即对耳轮上脚与对耳轮体的分界线，是指从对耳轮上、下脚分叉处向对耳轮耳舟缘所作的垂线。

对耳轮下脚后缘：即对耳轮下脚与对耳轮体的分界线，是指从对耳轮上、下脚分叉处向对耳轮耳甲缘所作的垂线。

耳垂上线（亦作为对耳屏耳垂缘和耳屏耳垂缘）：即耳垂与耳郭其他部分的分界线，是指过屏间切迹与轮垂切迹所作的直线。

对耳屏耳甲缘：即对耳屏与耳甲的分界线，是指对耳屏内侧面与耳甲的折线。

耳屏前缘：即耳屏外侧面与面部的分界线，是指沿耳屏前沟所作的直线。

耳轮前缘：即耳轮与面部的分界线，是指沿耳轮前沟所作的直线。

耳垂前缘：即耳垂与面颊的分界线，是指沿耳垂前沟所作的直线。

2. 耳郭标志点线

A 点：在耳轮的内缘上，耳轮脚切迹至对耳轮下脚间中、上 1/3 交界处。

D 点：在耳甲内，由耳轮脚消失处向后作一水平线与对耳轮耳甲缘相交点处。

B 点：耳轮脚消失处至 D 点连线中、后 1/3 交界处。

C 点：外耳道口后缘上 1/4 与下 3/4 交界处。

AB 线：从 A 点向 B 点作一条与对耳轮耳甲艇缘弧度大体相仿的曲线。

BC 线：从 B 点向 C 点作一条与耳轮脚下缘弧度大体相仿的曲线。

BD 线：B 点与 D 点之间的连线（图 6-4）。

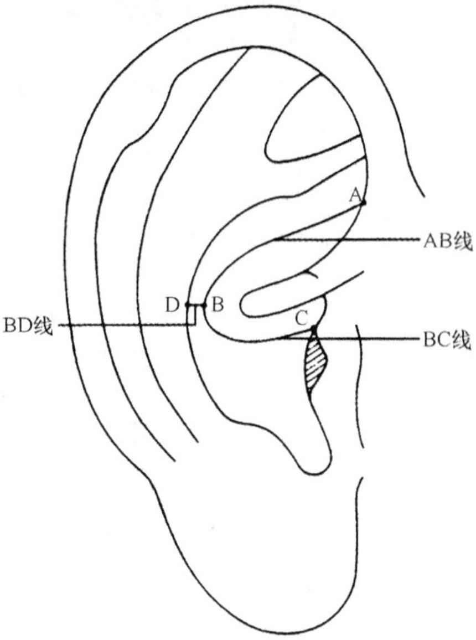

图 6-4　耳郭标志点线

3. 耳轮部分区与耳穴

耳轮部总计分为 12 区共有 13 穴。

耳轮脚为耳轮 1 区。

耳轮脚切迹到对耳轮下脚上缘之间的耳轮分为 3 等份，自下而上依次为耳轮 2 区、耳轮 3 区、耳轮 4 区。

对耳轮下脚上缘到对耳轮上脚前缘之间的耳轮为耳轮 5 区。

对耳轮上脚前缘到耳尖之间的耳轮为耳轮 6 区。

耳尖到耳轮结节上缘为耳轮 7 区。

耳轮结节上缘到耳轮结节下缘为耳轮 8 区。

耳轮结节下缘至轮垂切迹之间的耳轮分为 4 等分，自上而下依次为耳轮 9 区、耳轮 10 区、耳轮 11 区和耳轮 12 区（图 6-5、图 6-6，表 6-1）。

4. 耳舟部分区与耳穴

耳舟部总计分为 6 区，共有 6 穴。

耳舟部自上而下依次分为 6 等份，分别为耳舟 1 区、2 区、3 区、4 区、5 区、6 区（表 6-2）。

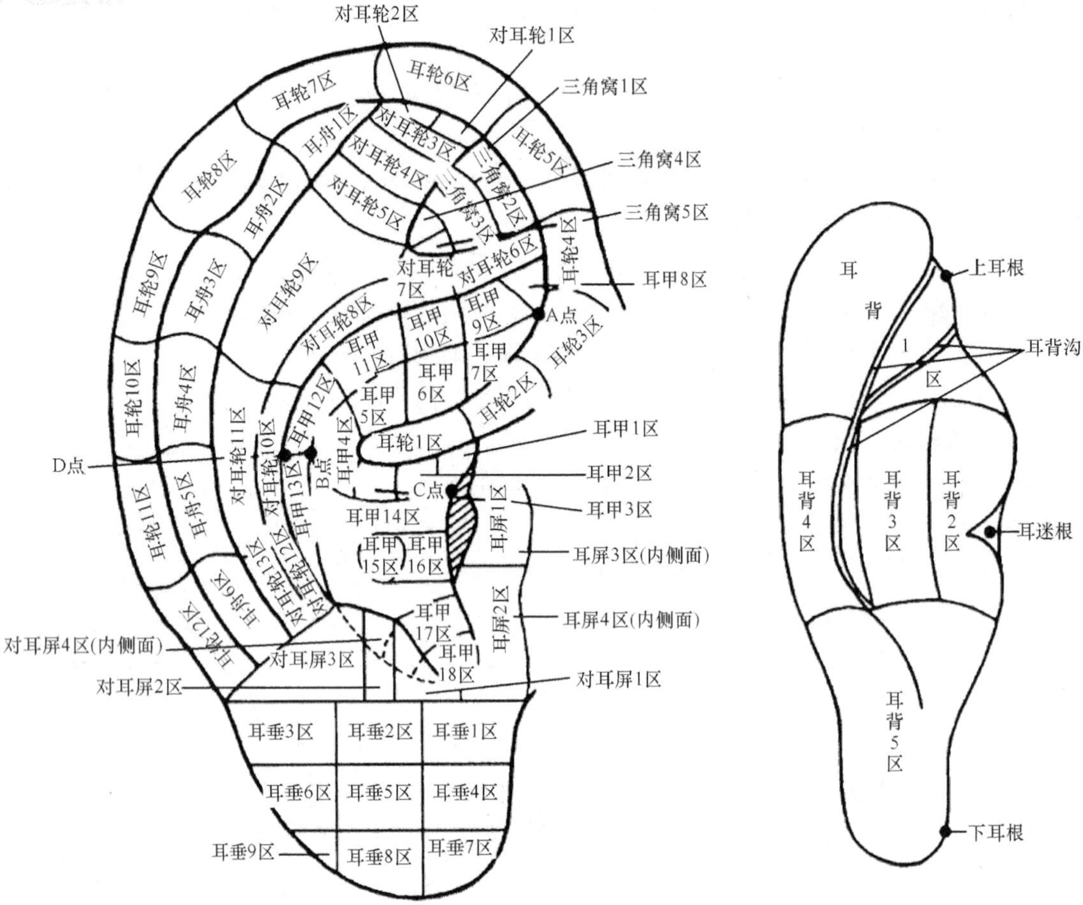

图 6-5　耳轮部分区与耳穴 1

表 6-1　耳轮穴位

穴名	定位	主治
耳中（HX_1）	在耳轮脚处，即耳轮 1 区	呃逆，荨麻疹，皮肤瘙痒，咯血
直肠（HX_2）	在耳轮脚棘前上方的耳轮处，即耳轮 2 区	便秘，腹泻，脱肛，痔疮
尿道（HX_3）	在直肠上方的耳轮处，即耳轮 3 区	尿频，尿急，尿痛，尿潴留
外生殖器（HX_4）	在对耳轮下脚前方的耳轮处，即耳轮 4 区	睾丸炎，附睾炎，阴道炎，外阴瘙痒
肛门（HX_5）	三角窝前方的耳轮处，即耳轮 5 区	痔疮，肛裂
耳尖前（HX_6）	在耳尖的前部，即耳轮 6 区	发热，结膜炎
耳尖（$HX_{6,7i}$）	在耳郭向前对折的上部尖端处，即耳轮 6、7 区交界处	发热，高血压，急性结膜炎，睑腺炎，痛证，风疹，失眠
耳尖后 HX_7）	在耳尖的后部，即耳轮 7 区	发热，结膜炎
结节（HX_8）	在耳轮结节处，即耳轮 8 区	头晕，头痛，高血压
轮 1（HX_9）	在耳轮结节下方的耳轮处，即耳轮 9 区	扁桃体炎，上呼吸道感染，发热
轮 2（HX_{10}）	在轮 1 区下方的耳轮处，即耳轮 10 区	扁桃体炎，上呼吸道感染，发热
轮 3（HX_{11}）	在轮 2 区下方的耳轮处，即耳轮 11 区	扁桃体炎，上呼吸道感染，发热
轮 4（HX_{12}）	在轮 3 区下方的耳轮处，即耳轮 12 区	扁桃体炎，上呼吸道感染，发热

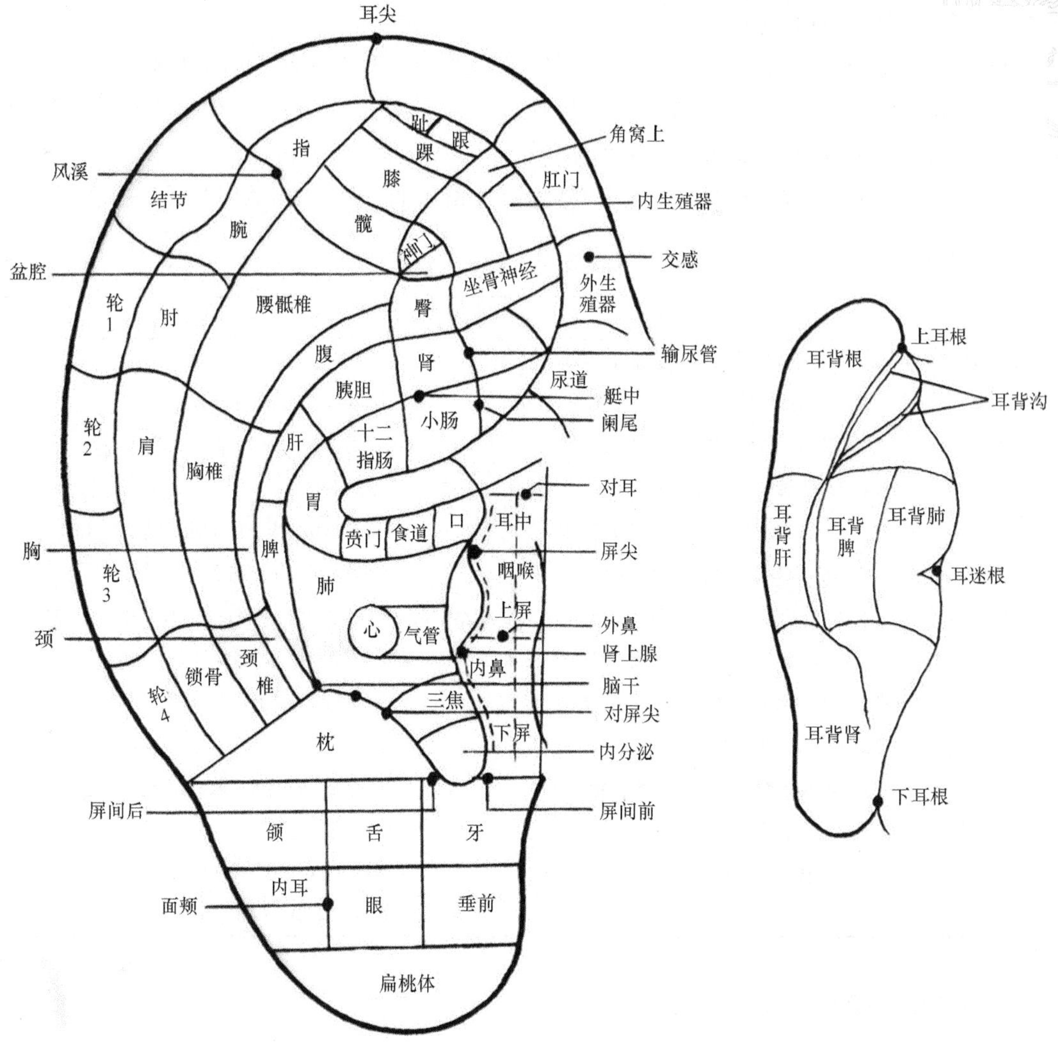

图 6-6　耳轮部分区与耳穴 2

表 6-2　耳舟穴位

穴名	定位	主治
指（SF_1）	在耳舟上方处，即耳舟 1 区	甲沟炎，手指疼痛和麻木
腕（SF_2）	在指区的下方处，即耳舟 2 区	腕部疼痛
风溪（$SF_{1,\ 2i}$）	在耳轮结节前方，指区与腕区之间，即耳舟 1、2 区交界处	荨麻疹，皮肤瘙痒，过敏性鼻炎，哮喘
肘（SF_3）	在腕区的下方处，即耳舟 3 区	肱骨外上髁炎，肘部疼痛
肩（$SF_{4,\ 5}$）	在肘区的下方处，即耳舟 4、5 区	肩关节周围炎，肩部疼痛
锁骨（SF_6）	在肩区的下方处，即耳舟 6 区	肩关节周围炎

5. 对耳轮部分区与耳穴

对耳轮部总计分为 13 区共有 14 穴。

对耳轮上脚分为上、中、下 3 等份，下 1/3 为对耳轮 5 区，中 1/3 为对耳轮 4 区；再将上 1/3 分为上、下 2 等份，下 1/2 为对耳轮 3 区，再将上 1/2 分为前后 2 等份，后 1/2 为对耳轮 2 区，前 1/2 为对耳轮 1 区。

对耳轮下脚分为前、中、后 3 等份，中、前 2/3 为对耳轮 6 区，后 1/3 为对耳轮 7 区。将对耳轮体从对耳轮上、下脚分叉处至轮屏切迹分为 5 等份，再沿对耳轮耳甲缘将对耳轮体分为前 1/4 和后 3/4 两部分，前上 2/5 为对耳轮 8 区，后上 2/5 为对耳轮 9 区，前中 2/5 为对耳轮 10 区，后中 2/5 为对耳轮 11 区，前下 1/5 为对耳轮 12 区，后下 1/5 为对耳轮 13 区（表 6-3）。

表 6-3　对耳轮穴位

穴名	定位	主治
跟（AH_1）	在对耳轮上脚前上部，即对耳轮 1 区	足跟痛
趾（AH_2）	在耳尖下方的对耳轮上脚后上部，即对耳轮 2 区	甲沟炎，足趾部麻木疼痛
踝（AH_3）	在趾、跟区下方处，即对耳轮 3 区	踝关节扭伤，踝关节炎
膝（AH_4）	在对耳轮上脚中 1/3 处，即对耳轮 4 区	膝关节肿痛
髋（AH_5）	在对耳轮上脚的下 1/3 处，即对耳轮 5 区	髋关节疼痛，坐骨神经痛，腰骶部疼痛
坐骨神经（AH_6）	在对耳轮下脚的前 2/3 处，即对耳轮 6 区	坐骨神经痛，下肢瘫痪
交感（AH_{6a}）	在对耳轮下脚前端与耳轮内缘交界处，即对耳轮 6 区前端	自主神经功能疾病及胃肠、心、胆、输尿管等疾病
臀（AH_7）	在对耳轮下脚的后 1/3 处，即对耳轮 7 区	坐骨神经痛，臀部疼痛
腹（AH_8）	在对耳轮前部上 2/5 处，即位于对耳轮 8 区	消化系统，盆腔疾病
腰骶椎（AH_9）	在腹区后方，即对耳轮 9 区	腰骶部疼痛
胸（AH_{10}）	在对耳轮体前部中 2/5 处，即对耳轮 10 区	胸胁疼痛，经前乳房胀痛，产后乳少，乳痈
胸椎（AH_{11}）	在胸区后方，即对耳轮 11 区	相应部位疾病
颈（AH_{12}）	在对耳轮体前部下 1/5 处，即对耳轮 12 区	落枕，颈项强痛
颈椎（AH_{13}）	在颈区后方，即对耳轮 13 区	落枕，颈椎病

6. 三角窝部分区与耳穴

三角窝部总计分为 5 区共有 5 穴。

将三角窝由耳轮内缘至对耳轮上、下脚分叉处分为前、中、后 3 等份，中 1/3 为三角窝 3 区；再将前 1/3 分为上、中、下 3 等份，上 1/3 为三角窝 1 区，中、下 2/3 为三角窝 2 区；再将后 1/3 分为上、下 2 等份，上 1/2 为三角窝 4 区，下 1/2 为三角窝 5 区（表 6-4）。

表 6-4　三角窝穴位

穴名	定位	主治
角窝上（TF_1）	在三角窝前 1/3 的上部，即三角窝 1 区	高血压
内生殖器（TF_2）	在三角窝前 1/3 的下部，即三角窝 2 区	痛经，月经不调，白带过多，功能性子宫出血，遗精，阳痿，早泄
角窝中（TF_3）	在三角窝中 1/3 处，即三角窝 3 区	哮喘，咳嗽，肝炎
神门（TF_4）	在三角窝后 1/3 的上部，即三角窝 4 区	失眠，多梦，各种痛症，咳嗽，哮喘，眩晕，高血压，过敏性疾病，戒断综合征
盆腔（TF_5）	在三角窝前 1/3 的下部，即三角窝 5 区	盆腔炎、附件炎等盆腔内病症

7. 耳屏部分区与耳穴

耳屏部总计分为 4 区共有 9 穴。

耳屏外侧面分为上、下 2 等份，上部为耳屏 1 区，下部为耳屏 2 区。将耳屏内侧面分上、下 2 等份，上部为耳屏 3 区，下部为耳屏 4 区（表 6-5）。

表 6-5　耳屏穴位

穴名	定位	主治
上屏（TG_1）	在耳屏外侧面上 1/2 处，即耳屏 1 区	咽炎，单纯性肥胖症
下屏（TG_2）	在耳屏外侧面下 1/2 处，即耳屏 2 区	鼻炎，单纯性肥胖症
外耳（TG_{1u}）	在屏上切迹前方近耳轮部，即耳屏 1 区上缘处	外耳道炎，中耳炎，耳鸣
屏尖（TG_{1p}）	在耳屏游离缘上部尖端，即耳屏 1 区后缘处	发热，牙痛，腮腺炎，咽炎等
外鼻（$TG_{1,2i}$）	在耳屏外侧面中部，即耳屏 1、2 区之间	鼻疖，鼻部痤疮，鼻炎
肾上腺（TG_{2p}）	在耳屏游离缘下部尖端，即耳屏 2 区后缘处	低血压，腮腺炎，休克，鼻炎，哮喘，咽炎，过敏性疾病等
咽喉（TG_3）	在耳屏内侧面上 1/2 处，即耳屏 3 区	咽喉肿痛，扁桃体炎，咽炎
内鼻（TG_4）	在耳屏内侧面下 1/2 处，即耳屏 4 区	鼻炎，副鼻窦炎，鼻血
屏间前（TG_{2l}）	在屏间切迹前方耳屏最下部，即耳屏 2 区下缘处	眼病

8. 对耳屏部分区与耳穴

对耳屏部总计分为 4 区共有 8 穴。

由对屏尖及对屏尖至轮屏切迹连线之中点，分别向耳垂上线作两条垂线，将对耳屏外侧面及其后部分成前、中、后 3 区，前为对耳屏 1 区、中为对耳屏 2 区、后为对耳屏 3 区。对耳屏内侧面为对耳屏 4 区（表 6-6）。

表 6-6　对耳屏穴位

穴名	定位	主治
额（AT_1）	在对耳屏外侧面的前部，即对耳屏 1 区	额窦炎，头痛，头晕，失眠，多梦
屏间后（AT_{11}）	在屏间切迹后方对耳屏前下部，即对耳屏 1 区下缘处	眼病
颞（AT_2）	在对耳屏外侧面的中部，即对耳屏 2 区	偏头痛
枕（AT_3）	在对耳屏外侧面的后部，即对耳屏 3 区	头痛，眩晕，哮喘，癫痫，神经衰弱
皮质下（AT_4）	在对耳屏内侧面，即对耳屏 4 区	痛证，间日疟，神经衰弱，假性近视，胃溃疡，腹泻，高血压，冠心病，心律失常，失眠，神经衰弱等
对屏尖（$AT_{1,2,4i}$）	在对耳屏游离缘的尖端，即对耳屏 1、2、4 区交点处	哮喘，腮腺炎，皮肤瘙痒，睾丸炎，附睾炎
缘中（$AT_{2,3,4i}$）	在对耳屏游离缘上，对屏尖与轮屏切迹之中点处，即对耳屏 2、3、4 区交点处	遗尿，内耳眩晕症，功能性子宫出血
脑干（$AT_{3,4i}$）	在轮屏切迹处，即对耳屏 3、4 区之间	头痛，眩晕，假性近视

9. 耳甲部分区与耳穴

耳甲部总计分为 18 区共有 21 穴。

将 BC 线前段与耳轮脚下缘间分成 3 等份，前 1/3 为耳甲 1 区，中 1/3 为耳甲 2 区，后 1/3 为耳甲 3 区。ABC 线前方，耳轮脚消失处为耳甲 4 区。将 AB 线前段与耳轮脚上缘及部分耳轮内缘间分成 3 等份，后 1/3 为 5 区，中 1/3 为 6 区，前 1/3 为 7 区。

将对耳轮下脚下缘前、中 1/3 交界处与 A 点连线，该线前方的耳甲艇部为耳甲 8 区。将

AB线前段与对耳轮下脚下缘间耳甲8区以后的部分，分为前、后2等份，前1/2为耳甲9区，后1/2为耳甲10区。在AB线后段上方的耳甲艇部，将耳甲10区后缘与BD线之间分成上、下2等份，上1/2为耳甲11区，下1/2为耳甲12区。由轮屏切迹至B点作连线，该线后方、BD线下方的耳甲腔部为耳甲13区。以耳甲腔中央为圆心，圆心与BC线间距离的1/2为半径作圆，该圆形区域为耳甲15区。过15区最高点及最低点分别向外耳门后壁作两条切线，切线间为耳甲16区。15、16区周围为耳甲14区。将外耳门的最低点与对耳屏耳甲缘中点相连，再将该线下的耳甲腔部分为上、下2等份，上1/2为耳甲17区，下1/2为耳甲18区（表6-7）。

表6-7　耳甲穴位

穴名	定位	主治
口（CO_1）	在耳轮脚下方前1/3处，即耳甲1区	面瘫，口腔炎，胆囊炎，胆石症，戒断综合征，牙周炎，舌炎
食道（CO_2）	在耳轮脚下方中1/3处，即耳甲2区	食管炎，食管痉挛
贲门（CO_3）	在耳轮脚下方后1/3处，即耳甲3区	贲门痉挛，神经性呕吐
胃（CO_4）	在耳轮脚消失处，即耳甲4区	胃炎，胃溃疡，失眠，牙痛，消化不良，恶心呕吐等
十二指肠（CO_5）	在耳轮脚及部分耳轮与AB线之间的后1/3处，即耳甲5区	十二指肠球部溃疡，胆囊炎，胆石症，幽门痉挛，腹胀，腹泻，腹痛
小肠（CO_6）	在耳轮脚及部分耳轮与AB线之间的中1/3处，即耳甲6区	消化不良，腹痛，心动过速，心律不齐
大肠（CO_7）	在耳轮脚及部分耳轮与AB线之间的前1/3处，即耳甲7区	腹泻，便秘，痢疾，咳嗽，痤疮
阑尾（$CO_{6,\ 7i}$）	在小肠区与大肠区之间，即耳甲6、7区交界处	单纯性阑尾炎，腹泻，腹痛
艇角（CO_8）	在对耳轮下脚下方前部，即耳甲8区	前列腺炎，尿道炎
膀胱（CO_9）	在对耳轮下脚下方中部，即耳甲9区	膀胱炎，遗尿，尿潴留，腰痛，坐骨神经痛，后头痛
肾（CO_{10}）	在对耳轮下脚下方后部，即耳甲10区	腰痛，耳鸣，神经衰弱，水肿，哮喘，遗尿症，月经不调，遗精，阳痿，早泄，眼病，五更泻
输尿管（$CO_{9,\ 10i}$）	在肾区与膀胱区之间，即耳甲9、10区交界处	输尿管结石绞痛
胰胆（CO_{11}）	在耳甲艇的后上部，即耳甲11区	胆囊炎，胆石症，胆道蛔虫症，偏头痛，带状疱疹，中耳炎，耳鸣，听力减退，胰腺炎，口苦，胁痛
肝（CO_{12}）	在耳甲艇的后下部，即耳甲12区	胁痛，眩晕，经前期紧张症，月经不调，更年期综合征，高血压，假性近视，单纯性青光眼，目赤肿痛
艇中（$CO_{6,\ 10i}$）	在小肠区与肾区之间，即耳甲6、10区交界处	腹痛，腹胀，腮腺炎
脾（CO_{13}）	在BD线下方，耳甲腔的后上部，即耳甲13区	腹胀，腹泻，便秘，食欲不振，功能性子宫出血，白带过多，内耳眩晕症，水肿，痿证，内脏下垂
心（CO_{15}）	在耳甲腔正中凹陷处，即耳甲15区	心动过速，心律不齐，心绞痛，无脉症，自汗盗汗，癔症，口舌生疮，心悸怔忡，失眠，健忘
气管（CO_{16}）	在心区与外耳门之间，即耳甲16区	咳嗽，气喘，急慢性咽炎
肺（CO_{14}）	在心、气管区周围处，即耳甲14区	咳喘，胸闷，声音嘶哑，痤疮，皮肤瘙痒，荨麻疹，扁平疣，便秘，戒断综合征，自汗盗汗，鼻炎
三焦（CO_{17}）	在外耳门后下，肺与内分泌区之间，即耳甲17区	便秘，腹胀，水肿，耳鸣，耳聋，糖尿病
内分泌（CO_{18}）	在屏间切迹内，耳甲腔的底部，即耳甲18区	痛经，月经不调，更年期综合征，痤疮，间日疟，糖尿病

10. 耳垂部分区与耳穴

耳垂部总计分为 9 区共有 8 穴。

在耳垂上线至耳垂下缘最低点之间划两条等距离平行线，于该平行线上引两条垂直等分线，将耳垂分为 9 个区，上部由前到后依次为耳垂 1 区、2 区、3 区；中部由前到后依次为耳垂 4 区、5 区、6 区；下部由前到后依次为耳垂 7 区、8 区、9 区（表 6-8）。

表 6-8　耳垂穴位

穴名	定位	主治
牙（LO_1）	在耳垂正面前上部，即耳垂 1 区	牙痛，牙周炎，低血压
舌（LO_2）	在耳垂正面中上部，即耳垂 2 区	舌炎，口腔炎
颌（LO_3）	在耳垂正面后上部，即耳垂 3 区	牙痛，颞颌关节功能紊乱症
垂前（O_4）	在耳垂正面前中部，即耳垂 4 区	神经衰弱，牙痛
眼（LO_5）	在耳垂正面中央部，即耳垂 5 区	假性近视，目赤肿痛，迎风流泪
内耳（LO_6）	在耳垂正面后中部，即耳垂 6 区	内耳眩晕症，耳鸣，听力减退
面颊（$LO_{5,6i}$）	在耳垂正面，眼区与内耳区之间，即耳垂 5、6 区交界处	周围性面瘫，三叉神经痛，痤疮，扁平疣
扁桃体（$LO_{7,8,9}$）	在耳垂正面下部，即耳垂 7、8、9 区	扁桃体炎，咽炎

11. 耳背及耳根部分区与耳穴

耳背及耳根部总计分为 5 区共有 9 穴。

分别过对耳轮上、下脚分叉处耳背对应点和轮屏切迹耳背对应点作两条水平线，将耳背分为上、中、下 3 部，上部为耳背 1 区，下部为耳背 5 区，再将中部分为内、中、外 3 等份，内 1/3 为耳背 2 区，中 1/3 为耳背 3 区，外 1/3 为耳背 4 区（表 6-9）。

表 6-9　耳背及耳根穴位

穴名	定位	主治
耳背心（P_1）	在耳背上部，即耳背 1 区	心悸，失眠，多梦
耳背肺（P_2）	在耳背中内部，即耳背 2 区	咳喘，皮肤瘙痒
耳背脾（P_3）	在耳背中央部，即耳背 3 区	胃痛，消化不良，食欲不振，腹胀，腹泻
耳背肝（P_4）	在耳背中外部，即耳背 4 区	胆囊炎，胆石症，胁痛
耳背肾（P_5）	在耳背下部，即耳背 5 区	头痛，眩晕，神经衰弱
耳背沟（P_s）	在对耳轮沟和对耳轮上、下脚沟处	高血压，皮肤瘙痒
上耳根（R_1）	在耳郭与头部相连的最上处	鼻衄，哮喘
耳迷根（R_2）	在耳轮脚沟的耳根处	胆囊炎，胆石症，胆道蛔虫症，鼻炎，心动过速，腹痛，腹泻
下耳根（R_3）	在耳郭与头部相连的最下处	低血压，下肢瘫痪

注：表 6-1 ~ 表 6-9 中大写字母标示该穴位所在解剖分区英文缩写；下标数字为该穴位所在分区编号；下标字母代表含义分别为：i－两穴区交界，a－该穴区前端，p－该穴区后缘，l－该穴区下缘，u－该穴区上缘。

二、耳针操作技术

（一）操作前准备

（1）选穴：根据耳穴选穴原则或采用耳穴探测法进行选穴组方。

（2）消毒：耳穴局部皮肤应用酒精或碘伏消毒。

（二）刺激方法

1. 毫针刺法

针具选择：选用 0.26 ～ 0.30mm 粗细的 13 ～ 25mm 长的毫针。

操作方法：进针时，押手固定耳郭，刺手持针速刺进针；针刺方向视耳穴所在部位灵活掌握，针刺深度宜 0.1 ～ 0.3cm，以不穿透对侧皮肤为度；多用捻转、刮法或震颤法行针，刺激强度视患者病情、体质和敏感性等因素综合决定；得气以热、胀、痛，或局部充血红润多见；一般留针 15 ～ 30 分钟，可间歇行针 1 ～ 2 次。疼痛性或慢性疾病留针时间可适当延长；出针时，押手托住耳背，刺手持针速出，同时用消毒干棉球压迫针孔片刻。

注意事项：同毫针刺法。

2. 电针法

针具选择：选用 0.25 ～ 0.3mm 粗细的 15 ～ 25mm 的毫针；G6805- Ⅱ型电针仪。

操作方法：押手固定耳郭，刺手持针速刺进针；得气后连接电针仪，多选用疏密波，适宜强度，刺激 15 ～ 20 分钟；起针时，先取下导线，押手固定耳郭，刺手持针速出，并用消毒干棉球压迫针孔片刻。

注意事项：同电针疗法。

3. 埋针法

针具选择：揿针型皮内针为宜。

操作方法：押手固定耳郭并绷紧欲埋针处皮肤，刺手用镊子夹住皮内针柄，速刺（压）入所选穴位皮内，再用胶布固定并适度按压，可留置 1 ～ 3 天，期间可嘱患者每日自行按压 2 ～ 3 次；起针时轻轻撕下胶布即可将针一并取出，并再次消毒。两耳穴交替埋针，必要时双耳穴同用。

注意事项：同皮内针疗法。

4. 压籽法

压籽选择：压籽又称压豆或埋豆，以王不留行、磁珠、磁片等为主，或油菜籽、小绿豆、莱菔子等表面光滑、硬度适宜、直径在 2mm 左右的球状物为宜，使用前用沸水烫洗后晒干备用。

操作方法：将所选“压豆”贴于 0.5cm×0.5cm 大小的透气胶布中间，医师用镊子将其夹持，贴敷于所选耳穴并适当按揉，以耳穴发热、胀痛为宜；可留置 2 ～ 4 天，期间可嘱患者每日自行按压 2 ～ 3 次。

注意事项：

（1）使用中应防止胶布潮湿或污染，以免引起皮肤炎症。

（2）个别患者胶布过敏，局部出现红色粟粒样丘疹并伴有痒感，宜改用他法。

（3）孕妇选用本法时刺激宜轻，但有流产倾向者慎用。

（4）使用医用磁片注意同磁疗法。

5. 温灸法

灸具选择：艾条、灸棒、灯心草、线香等。

操作方法：灯心草灸，即医师手持灯心草，前端露出 1 ～ 2cm，浸蘸香油后点燃，对准耳穴迅速点烫，每次 1 ～ 2 穴，两耳交替；艾条或灸棒灸、线香灸等灸法操作类似，即将艾条等物点燃后，距欲灸耳穴 1 ~ 2cm 施灸，以局部红晕或热胀感为宜，持续施灸 3 ~ 5 分钟。

注意事项：同灸法。

6. 刺血法

针具选择：三棱针、粗毫针。

操作方法：针刺前在欲点刺部位的周围向中心处推揉，以使血液聚集；常规消毒后，押手固定耳郭，刺手持针点刺出血；一般点刺 2 ~ 3 穴，3 ~ 5 次为 1 个疗程。

注意事项：同三棱针刺法。

7. 按摩法

操作方法：主要包括全耳按摩、手摩耳轮和提捏耳垂。全耳按摩，是用两手掌心依次按摩耳郭前后两侧至耳郭充血发热为止；手摩耳轮，是两手握空拳，以拇食两指沿着外耳轮上下来回按摩至耳轮充血发热为止；提捏耳垂，是用两手由轻到重提捏耳垂。按摩时间以 15 ~ 20 分钟为宜，双耳充血发热为度。

8. 割治法

针具选择：手术刀片或手术刀。

操作方法：在相应耳穴或曲张的血管处常规消毒后，押手固定耳郭，刺手持手术刀片或手术刀进行轻微的切割，以局部出血为度，最后用消毒干棉球压迫割治部位片刻；一般割治 2 ~ 3 穴，3 ~ 5 次为 1 个疗程。

注意事项：同三棱针刺法。

9. 穴位注射法

针具选择：1ml 注射器和 4 号半注射针头。

操作方法：在所选耳穴处常规消毒后，押手固定耳郭，刺手持注射器将按照病情所选用的药物缓慢推入耳穴皮内或皮下 0.1 ~ 0.3ml，耳郭可有红、热、胀、痛等反应；注射完毕用消毒干棉球压迫局部片刻，一般注射 2 ~ 3 穴，3 ~ 5 次为 1 个疗程。

注意事项：同穴位注射法。

三、耳针临床应用

（一）辅助诊断

人体疾病的发生，往往会在耳郭的相应部位出现不同的病理反应（阳性反应），如皮肤色泽、形态改变（变形、变色、脱屑、丘疹），局部痛阈降低，耳穴电阻下降等。以上改变可以借助下列检查法加以判定，结合临床症状、体征，从而起到辅助诊断的作用。

1. 常用耳穴检查方法

（1）望诊观察法：在自然光线下，肉眼或借助放大镜观察耳郭皮肤有无变色、变形等征象，如脱屑、丘疹、硬结、充血，以及血管形状、颜色的改变等，以确定所在区域与脏腑的关系。

（2）压痛点测定法：围绕全耳或在与疾病相关耳穴的周围，用弹簧探棒等工具以均匀的压力触压耳穴，当触压某穴区时患者出现呼痛或躲闪、皱眉、眨眼等反应，即可确定为压痛敏感。

（3）皮肤电阻测定法：用特制仪器如耳穴探测仪等，依照使用方法测定皮肤电阻、电位、电容等变化；仪器会以蜂鸣或指针等形式显示其异常，提示某穴区有电阻降低、导电增加等异常改变。

2. 注意事项

其一，多穴区敏感时，注意其间的联系与区别。任何疾病的发生都是多因素共同作用的结果，相关脏腑、组织、器官之间必然会产生内在的关联与影响，均可能在耳穴上有所表现。因此，要注意敏感穴区之间的主次关系和关联度。

其二，痛敏以及变形变色与正常反应的区别。点压刺激健康人耳郭也可有不同程度的反应，可采用看压结合的方法综合判定痛敏点之性质，以避免假阳性。此外，如耳郭上的色素沉着、疣痣、冻疮、瘢痕等也要与疾病相关的变形、变色相区分。

其三，在观察中要做到全面望诊、有顺序、无遗漏；点压力度均匀一致，点压位置以穴区中心点为宜，注意不同程度痛敏点之间的差异。

（二）临床应用

1. 适应范围

（1）各种疼痛性病症：如偏头痛、三叉神经痛、肋间神经痛等神经性疼痛；扭伤、挫伤、落枕等外伤性疼痛；各种外科手术所产生的伤口痛；胆绞痛、肾绞痛、心绞痛、胃痛等内脏痛证。

（2）各种炎症性病症：如急性结膜炎、牙周炎、咽喉炎、扁桃体炎、胆囊炎、腮腺炎、支气管炎、风湿性关节炎、面神经炎等。

（3）功能紊乱性病症：如心脏神经官能症、心律不齐、高血压、多汗症、眩晕症、胃肠神经官能症、月经不调、遗尿、神经衰弱、癔症等。

（4）过敏与变态反应性疾病：如过敏性鼻炎、支气管哮喘、过敏性结肠炎、荨麻疹、过敏性紫癜等。

（5）内分泌代谢性疾病：如单纯性肥胖症、糖尿病、甲状腺功能亢进或低下、绝经期综合征等。

（6）其他：如用于手术麻醉，预防感冒、晕车、晕船，戒烟、戒毒，美容、延缓衰老、防病保健等。

2. 选穴原则

（1）辨证取穴：根据中医的脏腑、经络学说辨证选用相关耳穴。如皮肤病，按“肺主皮毛”的理论，选用肺穴；目赤肿痛，按“肝开窍于目”的理论，选用肝穴；骨折的患者，按照“肾主骨”的理论选取肾穴。

（2）对症取穴：即可根据中医理论对症取穴，如耳中与膈肌相应，可以治疗呃逆，又可凉血清热，用于治疗血证和皮肤病；也可根据西医学的生理病理知识对症选用有关耳穴，如月经不调选内分泌，神经衰弱选皮质下等。

（3）对应取穴：直接选取发病脏腑器官对应的耳穴。如眼病选眼穴及屏间前、屏间后穴；胃病取胃穴；妇女经带疾病取内分泌穴。

（4）经验取穴：临床医师结合自身经验灵活选穴。如外生殖器穴可以治疗腰腿痛。

3. 处方示例

（1）胃痛：主穴：胃、脾、交感、神门；配穴：胰胆、肝。

（2）头痛：主穴：枕、颞、额、皮质下；配穴：神门、交感。

（3）痛经：主穴：内生殖器、内分泌、神门；配穴：肝、肾、皮质下、交感。

（4）失眠：主穴：神门、内分泌、心、皮质下；配穴：胃、脾、肝、肾、胰胆。

（5）哮喘：主穴：肺、肾上腺、交感；配穴：神门、内分泌、气管、肾、大肠。

（6）荨麻疹：主穴：肺、肾上腺、风溪、耳中；配穴：神门、脾、肝。

（7）痤疮：主穴：耳尖、内分泌、肺、脾、肾上腺、面颊；配穴：心、大肠、神门。

（8）内耳眩晕症：主穴：内耳、外耳、肾、脑干；配穴：枕、皮质下、神门、三焦。

（9）近视眼：主穴：眼、肝、脾、肾；配穴：屏间前、屏间后。

（10）戒烟；主穴：神门、肺、胃、口；配穴：皮质下、内分泌。

4. 注意事项

（1）严格消毒，防止感染；埋针法不宜留置过久。

（2）耳穴多左右两侧交替使用。

（3）耳针治疗亦可发生晕针，应注意预防并及时处理。

（4）有习惯性流产史的孕妇应禁针。

（5）患有严重器质性病变和伴有高度贫血者不宜针刺，对年老体弱的高血压患者不宜行强刺激。

（6）凝血机制障碍患者禁用耳穴刺血法。

（7）脓肿、溃破、冻疮局部的耳穴禁用耳针。

（8）耳穴压丸、耳穴埋针留置期间应防止胶布过敏、脱落或污染等情况的发生。

（9）对运动障碍性疾病，结合运动针法有助于提高疗效。

（10）耳穴放血割治时，医师应尽量避免接触患者血液。

四、耳针作用原理

（一）耳与经脉脏腑的关系

耳与经脉有着密切的关系。马王堆帛书《阴阳十一脉灸经》提及与上肢、眼、颊、咽喉相联系的“耳脉”。《黄帝内经》时期，不仅将“耳脉”发展成了手少阳三焦经，而且对耳与经脉、经别、经筋的关系均有详细的记载。在十二经脉循行中，有的经脉直接入耳中，有的分布在耳郭周围。如手太阳小肠经、手少阳三焦经、足少阳胆经等经脉、经筋分别入耳中，或循耳之前、后；足阳明胃经、足太阳膀胱经则分别上耳前，至耳上角；手阳明大肠经之别络入耳合于宗脉。六条阴经虽不直接联系耳郭，但均可借助经别与阳经相合而达于耳。因此十二经脉均直接或间接上行到达于耳。故《灵枢·口问》曰：“耳者，宗脉之所聚也。”《灵枢·邪气脏腑病形》亦云：“十二经脉，三百六十五络，其血气皆上于面而走空窍。其精阳气上走于目而为睛，共别气走于耳而为听。”所以刺激耳郭上的穴位，就具有疏通经络、行气和血、调和百脉的作用。

耳与五脏六腑的关系十分密切，其论述散见于历代医典。最早的记载始见于《黄帝内经》

和《难经》，如《素问·金匮真言论》所载："南方赤色，入通于心，开窍于耳，藏精于心。"《灵枢·脉度》所载："肾气通于耳，肾和则耳能闻五音矣。"又如，《素问·玉机真藏论》曰："（脾）不及，则令人九窍不通。"《素问·藏器法时论》载："肝病者……虚则耳无所闻……气逆则头痛，耳聋不聪。"《难经·四十难》云："肺主声，故令耳闻声。"此后历代医著对于耳与脏腑的关系论述更为详细，如《备急千金要方》所载："……神者，心之脏……心气通于舌，非窍也，其通于窍者，寄见于耳，荣华于耳。"《证治准绳》所载："肾为耳窍之主，心为耳窍之客。"《厘正按摩要术》中进一步将耳背分为心、肝、脾、肺、肾五部，其云："耳珠属肾，耳轮属脾，耳上轮属心，耳皮肉属肺，耳背玉楼属肝。"说明耳与脏腑在生理方面相互联系，在病理方面相互影响，关系密切。

（二）耳与神经体液的关系

解剖学表明，耳郭内富含神经组织。与耳相关的神经主要有来自脊神经颈丛的耳大神经和枕小神经；来自脑神经的耳颞神经、面神经、舌咽神经、迷走神经的分支；以及伴随颈外动脉的交感神经。这些分布在耳郭上的四对脑神经和两对脊神经均和中枢神经系统联系紧密，如延髓发出的迷走神经和舌咽神经对呼吸中枢、心脏调节中枢、血管运动中枢、唾液分泌中枢（呕吐、咳嗽中枢）等都有明显的调节作用；由脑、脊髓部发出的副交感神经和脊髓胸、腰部发出的交感神经所组成的内脏神经，对全身的脏器几乎都有双重支配作用，两者相互抵抗，又相互协调，共同维持全身脏腑和躯干四肢的正常运功。

解剖学还表明，耳郭表皮至软骨膜中均含有各种神经感受器，如游离丛状感觉神经末梢、毛囊神经感觉末梢及环层小体；耳部肌腱和耳肌上含有单纯型和复杂型丛状感觉神经末梢、高尔基型腱器官、鲁菲尼神经末梢及肌梭。这些不同类型的感受器正是刺激耳穴产生综合调节作用的前提和基础。

此外，实验结果表明，耳与体液有一定的关系，即使将耳郭的全部神经切除，耳穴的电阻点也没有完全消除，因此考虑体液也参与了耳穴与内脏联系的作用过程。

（三）耳与全息理论的关系

全息理论认为，每个生物个体中的具有生命功能又相对独立的局部（又称全息元），均包含了整体的全部信息，全息元在一定程度上即是整体的缩影。

耳郭就是一个相对独立的全息元，从形式上成为人体整体的缩影，并包含了人体各部分的主要信息。根据生物全息律，耳郭与脑内全息联系的神经元（反射中枢）、躯体（内脏）形成了全息反射路，并通过脑内神经元的全息联系起作用。脑内神经元的全息联系，是指机体的任一相对独立部分的每一位区在中枢内的投影，都与其相应的整体部分在中枢内的投射存在着双向突触联系。故每个耳穴在中枢内的投射也必然存在着这种联系。

从某种意义上说，这种"躯体（内脏）- 中枢 - 耳郭"间的双向反射径路是耳穴刺激疗法的生理学基础。全身各部位的异常，通过全息反射路会在耳部引起相应的改变，从而为耳穴诊断疾病提供了生理学的依据。对耳穴实施的各种刺激，也会通过全息反射路传达给身体相应的器官，从而调节相应组织器官的状态，使其恢复正常状态，从而达到治疗疾病的目的。

第二节　头皮针法

头皮针法又称头针法，是指利用毫针或其他针具刺激头部特定区线，以治疗疾病的一种方法。

刺激头部腧穴防治疾病的针法历史悠久，对头部腧穴的名称、定位、功能、主治作用，以及数目等方面，历代医籍中均有较明确的记载并有所发展，而由穴点刺激发展成区线刺激的头皮针法则始于20世纪50年代初，70年代后，相继出现了多种头皮针法，学术流派纷呈，在国际针灸界颇有影响。

为了促进头皮针法的理论研究与临床应用，便于国际间的学术交流，1984年世界卫生组织西太区会议通过了中国针灸学会依照"分区定经，经上选穴，结合传统穴位透刺方法"的原则拟定的《头皮针穴名标准化国际方案》，2008年国家质量监督检验检疫总局和国家标准化管理委员会再次颁布和实施了《针灸技术操作规范-头针》，以及头针穴名国际标准化方案。

一、头皮针刺激区线

（1）额区4线：见表6-10，图6-7。

表6-10　额区

穴线名	定位	与经脉的关系	主治
额中线	在额部正中，前发际上下各0.5寸，即自神庭穴向下1寸	分布于督脉	头痛、失眠、健忘、多梦、癫狂痫、痴呆、鼻病等
额旁1线	在额部，额中线外侧直对目内眦角，发际上下各0.5寸，即自眉冲穴起，沿经向下1寸	分布于足太阳经	冠心病、心绞痛、失眠、支气管哮喘、支气管炎等上焦病症
额旁2线	在额部，额旁1线的外侧，直对瞳孔，发际上下各0.5寸，即自头临泣穴起，向下1寸	分布于足少阳经	急慢性胃炎、胃和十二指肠溃疡、肝胆疾病等中焦病症
额旁3线	在额部，额旁2线的外侧，自头维穴内侧0.75寸处，发际上下各0.5寸，共1寸	位于足少阳经、足阳明经之间	功能性子宫出血、阳痿、遗精、子宫脱垂、尿频、尿急等下焦病症

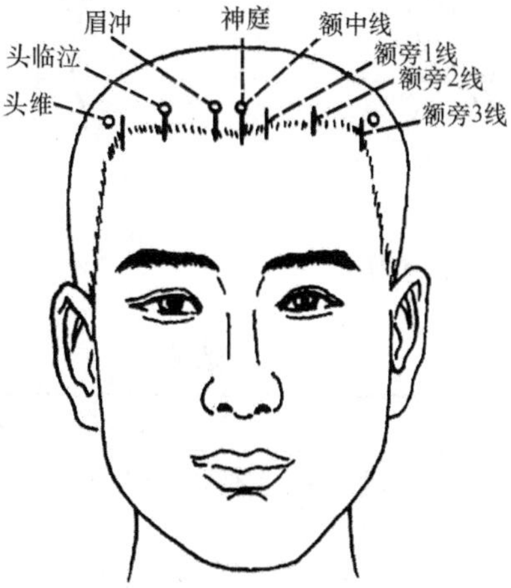

图6-7　额区

（2）顶区5线：见表6-11，图6-8，图6-9。

表6-11　顶区

穴线名	定位	与经脉的关系	主治
顶中线	在头顶正中线上，自百会穴向前1.5寸至前顶穴	分布于督脉	腰腿足病症如瘫痪、麻木、疼痛，皮质性多尿，小儿夜尿，脱肛，胃下垂，子宫脱垂，高血压，头顶痛等
顶颞前斜线	在头部侧面，从前顶穴至悬厘穴的连线	斜穿督脉、足太阳经、足少阳经	对侧肢体中枢性运动功能障碍。将全线分5等份，上1/5治疗对侧下肢中枢性瘫痪，中2/5治疗对侧上肢中枢性瘫痪，下2/5治疗对侧中枢性面瘫、运动性失语、流涎等
顶颞后斜线	在头部侧面，从百会穴至曲鬓穴的连线	斜穿督脉、足太阳经和足少阳经	对侧肢体中枢性感觉障碍。将全线分为5等份，上1/5治疗对侧下肢感觉异常，中2/5治疗对侧上肢感觉异常，下2/5治疗对侧头面部感觉异常
顶旁1线	在头顶部，顶中线左、右各旁开1.5寸的两条平行线，自承光穴起向后针1.5寸	分布于足太阳经	腰腿足病症，如瘫痪、麻木、疼痛等下肢病症
顶旁2线	在头顶部，顶旁1线的外侧，两线相距0.75寸，距正中线2.25寸，自正营穴起沿经线向后针1.5寸	分布于足少阳经	肩、臂、手病症，如瘫痪、麻木、疼痛等上肢病症

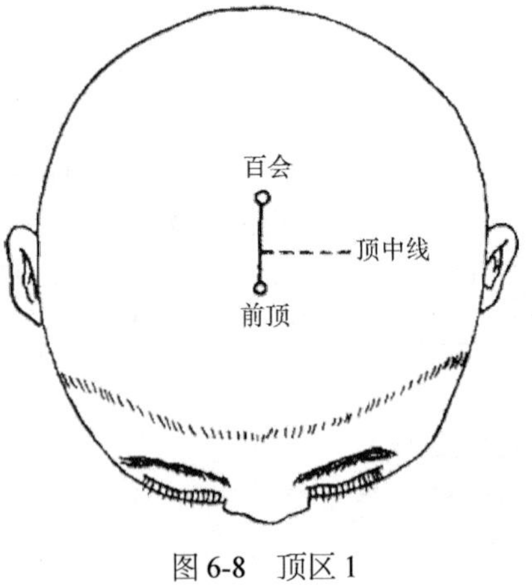

图6-8　顶区1

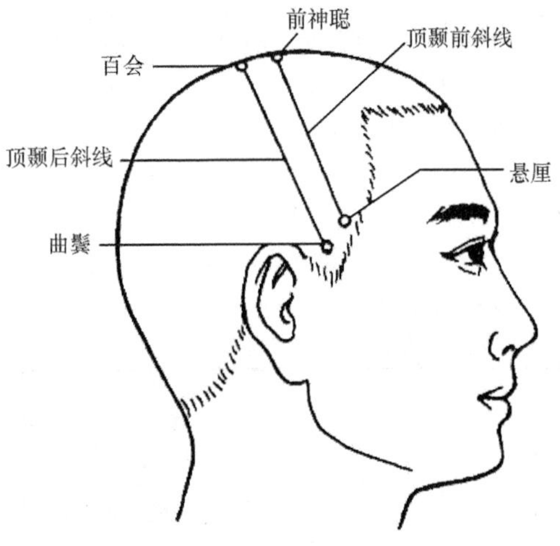

图6-9　顶区2

（3）颞区2线：见表6-12，图6-10。

表6-12　颞区

穴线名	定位	与经脉的关系	主治
颞前线	在头部侧面，颞部两鬓内，从额角下部向前发际处，颔厌穴至悬厘穴	分布于足少阳经	偏头痛、运动性失语、周围性面神经麻痹及口腔疾病等
颞后线	在头部侧面，颞部耳上方，耳尖直上率谷穴至曲鬓穴	分布于足少阳经	偏头痛、眩晕、耳聋、耳鸣等

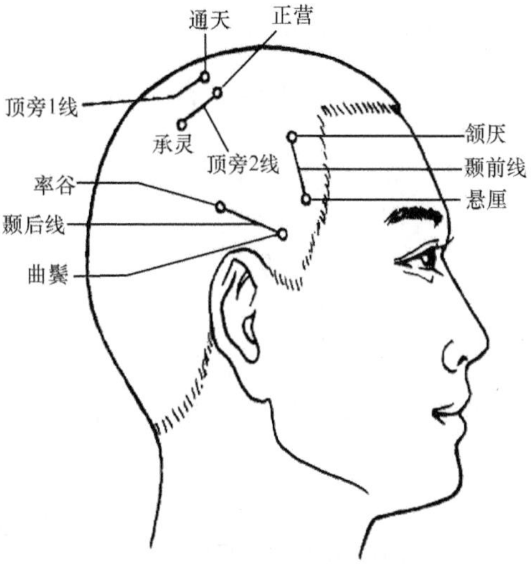

图 6-10　顶区及颞区

（4）枕区 3 线：见表 6-13，图 6-11。

表 6-13　枕区

穴线名	定位	与经脉的关系	主治
枕上正中线	在枕部，枕外粗隆上方正中的垂直线，自强间穴至脑户穴	分布于督脉	眼病
枕上旁线	在枕部，枕上正中线平行向外 0.5 寸	分布于足太阳经	皮质性视力障碍、白内障、近视眼、目赤肿痛等眼病
枕下旁线	在枕部，从膀胱经玉枕穴，向下引一直线，长 2 寸	分布于足太阳经	小脑疾病引起的平衡障碍、后头痛、腰背两侧痛

二、头皮针操作技术

（一）针前准备

应根据病情和治疗区线选择不同型号的一次性无菌毫针。一般选用较细的针具以减轻刺痛。选择患者舒适、医师便于操作的治疗体位为宜，一般选用坐位，但初诊患者以卧位为宜。医师拨开头发，用酒精棉球或棉签在施术部位擦拭消毒。

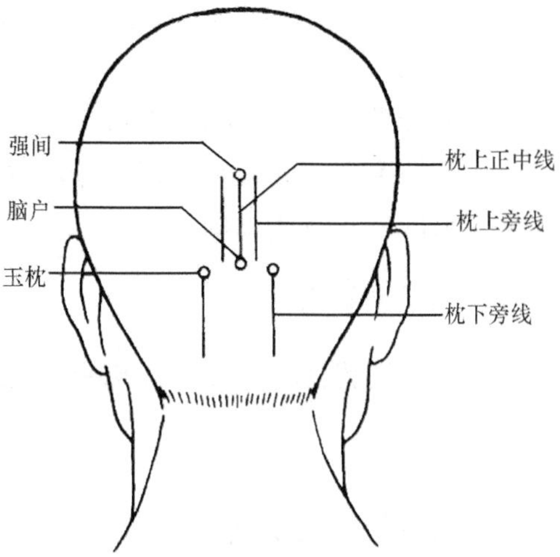

图 6-11　枕区

（二）进针方法

一般采用快速进针，将针迅速刺入皮下，针体与皮肤成 15° ～ 30° 角进针，当针尖达到帽状腱膜或颞筋膜下层时，指下感到阻力减小，然后使针体平卧进入穴线内。一般情况下，进针 3cm 左右为宜，具体临床根据不同穴线长度刺入贯穿，有时 1 针难以实现时可使用 2 ～ 3 支毫针（图 6-12）。

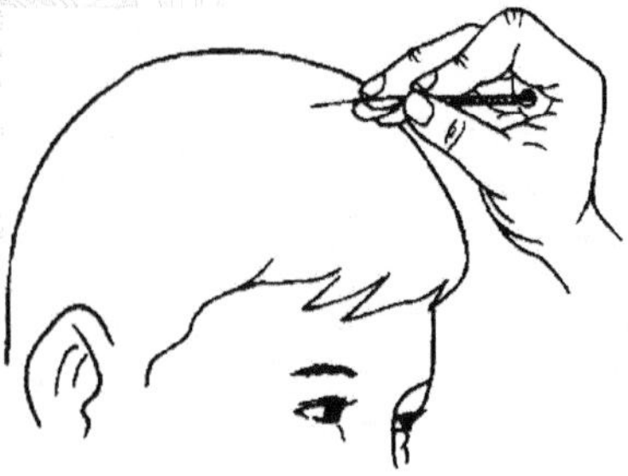

图 6-12　进针方法

（三）行针方法

行针方法一般分为捻转、提插、震颤和弹拨针柄四种（图 6-13）。

1. 捻转

当针体进入所需深度时，医者刺手的食指第 1、2 节呈半屈曲状，用食指第 1 节的桡侧面与拇指第 1 节的掌侧面持住针柄，然后食指掌指关节做伸屈运动，使针体快速左右转动，捻转频率每分钟可达 200 次左右，持续 2 ～ 3 分钟。

2. 提插

当针体进入所需深度时，医者刺手拇食指握持针柄，将针向内推插、向外抽提，指力均匀一致，幅度不宜过大，如此反复操作，持续 3 ～ 5 分钟。提插的幅度与频率视患者的病情而定，可 1 插 3 提或 1 提 3 插，增强刺激。

3. 震颤

当针体进入所需深度时，医者刺手拇食指握持针柄，作小幅度快速震颤，持续 1 ～ 2 分钟。

4. 弹拨

在头皮针留针期间，可用手指弹拨针柄，用力适宜，速度适度，一般用于不宜过强刺激的患者。

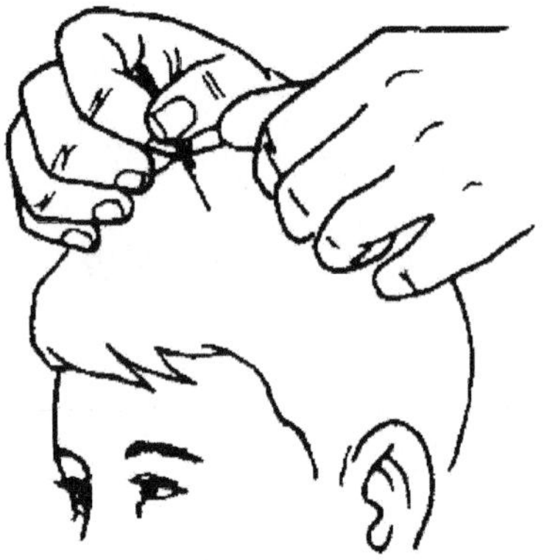

图 6-13　行针方法

（四）留针方法

1. 静留针

静留针是在留针期间不再施行任何针刺手法，直至达到留针时间后出针。

2. 动留针

动留针是在留针期间间歇施行针刺手法 2 ～ 3 次，以增加针感，每次 2 分钟左右。

一般情况下，持续留针 15 ～ 30 分钟。如病情复杂、病程较长、病症顽固者，可适当延长留针时间至数小时以上。

（五）出针方法

到达所需留针时间后，先缓慢出针至皮下，然后迅速拔出，拔针后必须用消毒干棉球按压针孔片刻，以防出血。出针后需清点针数，以免遗留针在体内。

三、头皮针临床应用

（一）适应范围

采用头皮针治疗的病种已达百余种，涉及内、外、妇、儿等临床各科，但对脑源性疾病疗效较为显著，具体如下：

（1）中枢神经系统疾患：如脑血管疾病所致的偏瘫、失语、假性延髓性麻痹，小儿神经发育不全和脑性瘫痪，颅脑外伤后遗症，脑炎后遗症，以及癫痫、舞蹈病和震颤麻痹等。

（2）精神疾患：如精神分裂症、癔症、考场综合征、抑郁症等。也可用于老年性痴呆和小儿先天痴呆者。

（3）疼痛和感觉异常：如头痛、三叉神经痛、颈项痛、肩痛、腰背痛、坐骨神经痛、胆绞痛、胃痛、痛经等各种急慢性疼痛病症，以及肢体远端麻木、皮肤瘙痒症等病症。

（4）皮层内脏功能失调所致疾患：如高血压、冠心病、溃疡、性功能障碍和月经不调，以及神经性呕吐、功能性腹泻等。

（二）处方选穴原则

（1）交叉选穴法：单侧肢体病，一般选用健侧刺激区；双侧肢体病，同时选用双侧刺激区；内脏病症，选用双侧刺激区。

（2）对应选穴法：针对不同疾病在大脑皮层的定位，选用定位对应的刺激区线为主；根据兼证选用其他有关刺激区线配合治疗。

（三）处方示例

（1）偏头痛：颞前线、颞后线（同侧）。

（2）三叉神经痛：顶颞后斜线下 2/5（同侧）。

（3）腰痛、坐骨神经痛：顶旁 1 线、顶中线（对侧）。

（4）中风偏瘫：顶颞前斜线、顶颞后斜线、顶中线、顶旁 1 线（对侧）。

（5）面瘫：顶中线、顶颞前斜线下 2/5、顶颞后斜线下 2/5、颞前线（对侧）。

（6）眩晕、耳鸣：颞后线（同侧）。

（7）高血压：顶中线、顶颞前斜线、顶颞后斜线（双侧）。

（8）冠心病、咳喘：额旁 1 线（双侧）。

（9）阳痿、阴挺：额旁 3 线、顶中线（双侧）。

（10）皮层性视力障碍：枕上正中线、枕上旁线（对侧）。

（四）注意事项

（1）婴儿囟门尚未闭合的、颅骨缺损或开放性脑损、孕妇患者不宜用头皮针治疗。

（2）头颅手术部位，头皮严重感染、溃疡和创伤处不宜使用头皮针，如必要时，可在其对侧区线头皮针治疗。

（3）头皮针刺激较强，预防晕针发生。留针时避免碰撞针柄，以免发生弯针和疼痛。

（4）对部分感觉、运动异常病症，头皮针常配合适当运动，可提高临床疗效。

（5）严重心脏病、重度糖尿病、重度贫血、急性炎症和脑血管意外急性期患者或血压、病情不稳定者不宜使用。对精神紧张、过饱、过饥者应慎用。

四、头皮针作用原理

临床应用头部针刺治疗疾病，在我国已有数千年历史。经络布散头部，头皮针治疗全身疾病的基础，其中，手足六阳经循行皆上至头面，故《素问·脉要精微论》曰：“头为诸阳之会。”六阴经经别相合于其相表里的阳经经脉而上达头面；督脉至项入脑上巅；督脉别络，从长强分出后，散布于头部；阳维脉项后与督脉会合；阳跷脉至项后合足少阳经并在项中两筋间入脑。手三阳经筋循外上行结于角（头部），足三阳经筋循股外上行结于頄（面部）。此由经脉、奇经、经别、经筋汇聚于头面部所形成的“头之气街”，为头与人体脏腑组织器官在生理上提供了营养通道，故《素问·脉要精微论》曰：“头者，精明之府。”明代张介宾更曰：“五脏六腑之精气皆上注于面而走空窍。”这也就是头皮针临床应用的中医理论基础。

经现代研究证实，大脑皮层功能与头皮相应部位存在一定的折射关系，刺激相应的头皮区线，可影响相应的大脑皮层功能，对皮层功能具有调节作用，如改善脑血流图、舒缩血管、改善血管弹性等方面。

附：焦氏头针

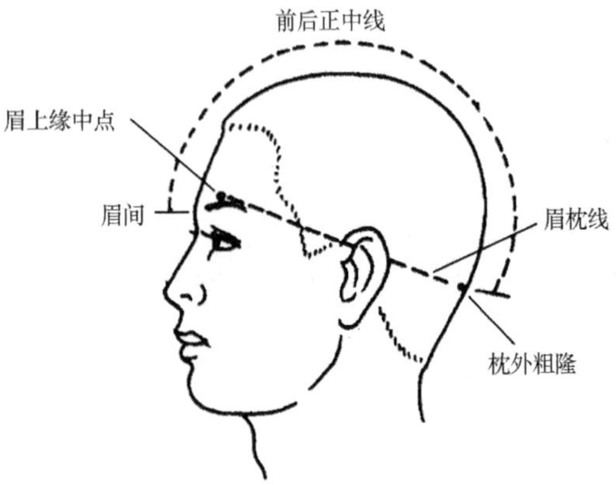

图 6-14 头针定位标准线

焦氏头针是1971年山西运城头针研究所焦顺发首先提出，其理论基础为大脑皮层功能定位，通过针刺头皮相应区域来治疗脑源性疾病的头针疗法，是目前临床常用的头针疗法之一。

一、头针定位及主治

头针定位标准线。

前后正中线：从两眉之间至枕外粗隆下缘的头部正中连线。

眉枕线：从眉毛上缘中点至枕外粗隆尖端的侧头部的水平连线（图6-14～图6-18，表6-14）。

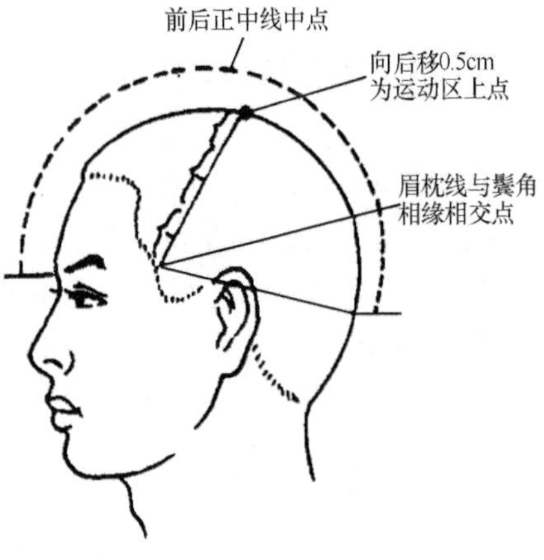

图 6-15 运动区定位

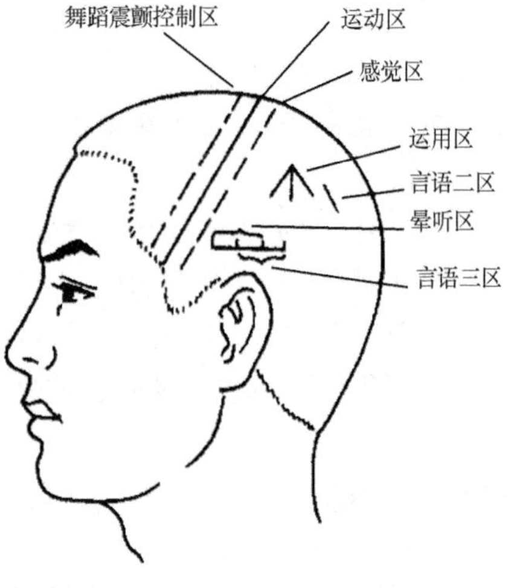

图 6-16 头针侧面刺激区定位

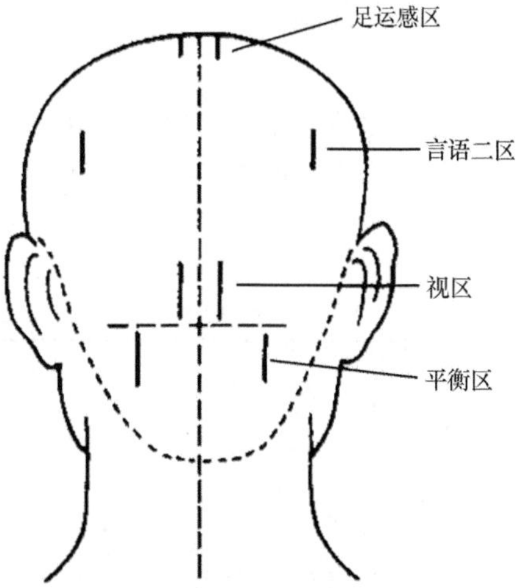

图 6-17　头针后面刺激区定位

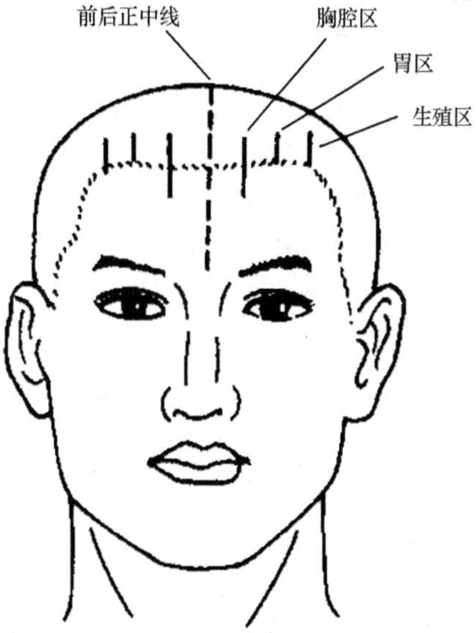

图 6-18　头针前面刺激区定位

表 6-14　头针刺激区定位

刺激区	部位	主要适应证
上 1/5　运动区	上点在前后正中线中点后 0.5cm 处，下点在眉枕线和鬓角前缘相交处，两点连线即是。根据临床使用又把运动区分为 5 等份	对侧下肢瘫痪
中 2/5		对侧上肢瘫痪
下 2/5		对侧面神经麻痹、运动性失语、流口水、发音障碍
上 1/5　感觉区		对侧腰腿痛、麻木、感觉异常、后头痛及头鸣
中 2/5	运动区平行后移 1.5cm	对侧上肢疼痛、麻木、感觉异常
下 2/5		对侧面部麻木、疼痛、偏头痛、颞颌关节炎等
舞蹈震颤控制区	运动区平行前移 1.5cm	对侧肢体不自主地运动和震颤
血管舒缩控制区	舞蹈震颤控制区平行前移 1.5cm	原发性高血压及皮层性浮肿
晕听区	从耳尖直上 1.5cm 处，向前后各引 2cm 的水平线	同侧头晕、耳鸣、内耳性眩晕、皮层性听力障碍、幻听等
言语二区	从顶骨结节引一与前后正中线之平行线，从顶骨结节沿该线向后 2cm 处往下引 3cm	命名性失语
言语三区	晕听区中点向后引 4cm 长的水平线	感觉性失语
运用区	从顶骨结节向乳突中部引一直线和与该直线夹角为 40° 的前后两线，其长各 3cm，此三线即是	对侧失用症
足运感区	在感觉区上点后 1cm 处旁开前后正中线 1cm，向前引 3cm 长的平行线	对侧腰腿痛、麻木、瘫痪。针刺双侧治疗小儿夜尿、皮层性尿频、皮层性排尿困难、皮层性尿失禁、脱肛
视区	从旁开前后正中线 1cm 的平行线与枕外粗隆水平线的交点开始，向上引 4cm	皮层性视力障碍、白内障等
平衡区	沿枕外粗隆水平线，旁开前后正中线 3.5cm，向下引垂直线 4cm	小脑损害引起的平衡障碍

续表

刺激区	部位	主要适应证
胃区	由瞳孔中央向上引平行线于前后正中线的直线，从发际向上取 2cm 即是	急慢性胃炎，胃、十二指肠溃疡引起的疼痛
胸腔区	从胃区与前后正中线间发际的中点取一平行线，上下各 2cm	过敏性哮喘、支气管炎、心绞痛、胸部不适、阵发性室上性心动过速、气促
生殖区	从额角向上引平行于前后正中线的 2cm 直线即是	功能性子宫出血等，配双侧足运感区治疗急性膀胱炎引起的尿频、尿急，糖尿病引起的烦渴、多饮、多尿、阳痿、遗精、子宫脱垂等

二、头针操作技术

（一）进针

用一手拇、食指尖部捏住针体距针尖 2cm 的部位，沿刺激区的方向，针尖对准进针点，手指尖距头皮 3 ～ 5cm，手腕背屈使针尖距进针点 8 ～ 10cm。然后手腕突然往腹侧屈曲，使针尖刺入头皮下或肌层，然后沿刺激区，不捻转，快速将针推至一定深度。具体方法是：将针刺入头皮下或肌层后，一手拇、食指尖部捏住针柄下半部；或在另一手拇指、食指尖部轻轻捏住针体近头皮处的配合下，沿刺激区方向往前推进。

（二）运针

1. 捻转法

固定肩、肘、腕关节和拇指稳定针体前提下，食指呈半屈曲状，用食指第一节的桡侧面与拇指第一节的掌侧面捏住针柄，然后以食指指掌关节快速屈伸，使针体旋转。一般频率 200 次 / 分钟以上，持续 30 秒左右。捻针后能较好出现针感者，病症多在 5 ～ 10 分钟内减轻或消失。此法要求不提插，快速捻转。

2. 留针法

捻转取得疗效后，或少数患者当针刺入后，症状和体征即有明显减轻或消失者，可不捻转，将针留置 30 分钟左右。

（三）起针

拇指和食指捏住针柄稍捻转外提，待针下松软时快速将针拔出，然后用消毒干棉球迅速压迫针孔片刻，以防出血。

三、头针适应证

头针主要适用于脑源性疾病，如中风后遗症、失语、皮质性多尿、舞蹈病、脑瘫、小儿弱智、癫痫、假性球麻痹等，也可治疗头痛、眩晕、耳鸣、鼻病、眼病、精神病、高血压、肢体关节痛等。

第三节 腕踝针法

腕踝针法是在手腕或足踝部的相应进针点，用毫针进行皮下针刺以治疗疾病的方法。其基本内容有体表分区、进针点、操作方法及临床应用等。

标本、根结理论是腕踝针法的理论基础。标本、根结理论是经络学说的重要内容，对针灸临床有指导意义。该理论认为，四肢为十二经脉之本，其部位在下，是经气始生始发之处。在临床上，针刺这些部位的腧穴易于激发经气、调节脏腑经络的功能，所以四肢肘膝以下的腧穴主治病症的范围较广较远，不仅能治局部病，而且能治远离腧穴部位的脏腑病、头面五官病。腕踝针法的十二个刺激点均位于四肢肘膝以下的腕踝关节附近，相当于十二经脉的本部、根部，表明腕踝针的应用，恰恰体现了标本、根结理论。腕踝针法针尖所达部位为皮下，此处正是络脉之气散布之所在，结合腕踝针与十二皮部的关系，刺之可调整相应经脉之气及与之相联属脏腑的功能，起到祛邪扶正的治疗作用。

一、腕踝针法与十二皮部的关系

腕踝针法把人体的胸腹侧和背腰侧分为阴阳两个面，属阴的胸腹侧划为 1、2、3 区，属阳的背腰侧划为 4、5、6 区。并以横膈为界，将人体分为上、下两部分，符合十二经脉及皮部的分布规律。如手少阴经分布于上肢内侧后缘，足少阴经分布于下肢内侧后缘及胸腹部第 1 侧线，与腕踝针的 1 区相合。由此绕躯体从前向后，依次为厥阴、太阴、阳明、少阳、太阳，大体相当于从 1 区至 6 区的划分。上 1、2、3 区在上肢内侧，相当于手三阴经的皮部；上 4、5、6 区在上肢外侧，相当于手三阳经皮部。下 1 ~ 6 区也相当于足三阴和足三阳经的皮部。

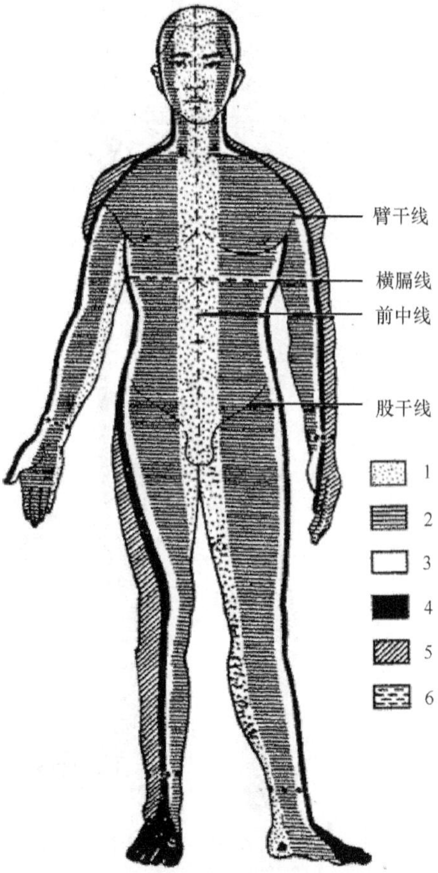

图 6-19　躯干定位分区正面

二、腕踝针与标本根结理论的关系

（一）腕踝针刺激部位

将人体体表划分为 6 个纵行区和上下两段（图 6-19 ~图 6-21）。

（1）纵行六区：包括头、颈和躯干六区和四肢六区两部分。

1）头、颈和躯干六区：以前后正中线为标线，将身体两侧面由前向后划分为 6 个纵行区。

1 区：从前正中线开始，向左、向右各旁开 1.5 同身寸所形成的体表区域，分别称之为左 1 区、右 1 区。临床常把左 1 区与右 1 区合称为 1 区，以下各区亦同。

2 区：从 1 区边线到腋前线之间所形成的体表区域，左右对称。

3 区：从腋前线至腋中线之间所形成的体表区域，左右对称。

4 区：腋中线至腋后线之间所形成的体表区域，左右对称。

5 区：腋后线至 6 区边线之间所形成的体表区域，左右对称。

6 区：后正中线向左、向右各旁开 1.5 寸所形成的体表区域，分别称之为左 6 区、右 6 区。

2）四肢六区：以臂干线和股干线为四肢和躯干的分界。臂干线（环绕肩部三角肌附着缘至腋窝）作为上肢与躯干的分界，股干线（腹股沟至髂嵴）为下肢与躯干的分界。当两侧的上下肢处于内侧面向前的外旋位置，也就是使四肢的阴阳面和躯干的阴阳面处在同一方向并互相靠拢时，以靠拢处出现的缘为分界，在前面的相当于前中线，在后面的相当于后中线，这样四肢的分区就可按躯干的分区类推。

上肢六区：将上肢的体表区域纵向 6 等份，从上肢内侧尺骨缘开始，右侧顺时针、左侧逆时针，依次为 1 区、2 区、3 区、4 区、5 区、6 区，左右对称。

下肢六区：将下肢的体表区域纵向 6 等份，从下肢内侧跟腱缘开始，右侧顺时针、左侧逆时针，依次为 1 区、2 区、3 区、4 区、5 区、6 区，左右对称。

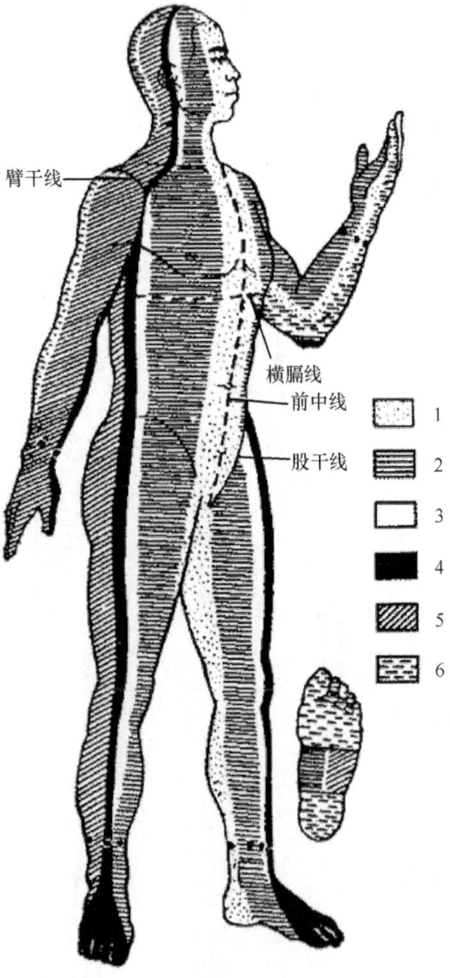

图 6-20　躯干定位分区侧面

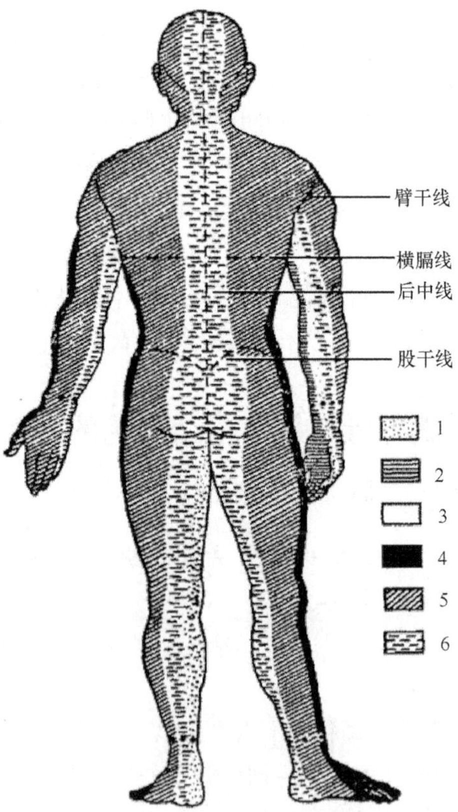

图 6-21　躯干定位分区背面

（2）上下两段：以胸骨末端和两侧肋弓的交接处为中心，划一条环绕身体的水平线称横膈线。横膈线将身体两侧的六个区分成上下两段。横膈线以上各区分别称作上 1 区、上 2 区、上 3 区、上 4 区、上 5 区、上 6 区；横膈线以下的各区称作下 1 区、下 2 区、下 3 区、下 4 区、下 5 区、下 6 区。如需标明症状在左侧还是右侧，在上还是在下，又可记作右上 2 区或左下 2 区等。

（二）腕踝针进针点

1. 腕部进针点、定位及主治

左右两侧共 6 对，约在腕横纹上 2 寸（相当于内关穴与外关穴）位置上，环前臂做一水平线，从前臂内侧尺骨缘开始，沿前臂内侧中央，前臂内侧桡骨缘，前臂外侧桡骨缘，前臂外侧中央，前臂外侧尺骨缘顺序 6 等份，每一等份的中点为进针点，并分别称之为上 1、上 2、上 3、上 4、上 5、上 6（图 6-22，表 6-15）。

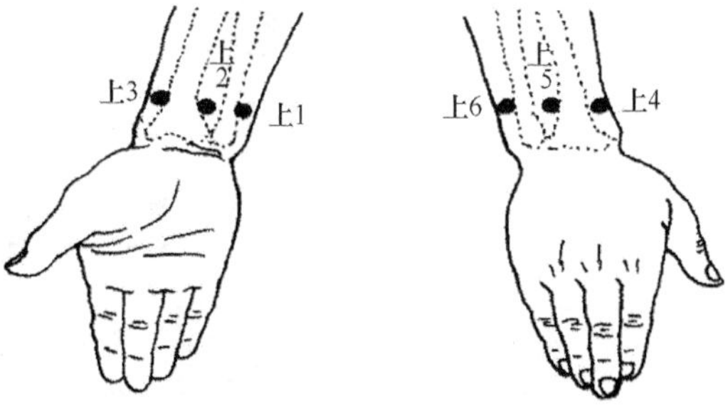

图 6-22　腕部进针点

表 6-15　腕部进针点定位及主治

穴名	定位	适应病症
上 1	在小指侧的尺骨缘与尺侧腕屈肌腱之间	前额、眼、鼻、口、门齿、舌、咽喉、胸骨、气管、食管及左上肢、右上肢 1 区内的病症，如前额痛、近视、鼻炎、牙痛、腕关节痛、小指疼痛麻木、荨麻疹、高血压、失眠、更年期综合征、糖尿病等
上 2	在腕掌侧面中央，掌长肌腱与桡侧腕屈肌腱之间，相当于内关穴处	额角、眼、后齿、肺、乳房、心（左上 2 区）及左上肢、右上肢 2 区内的病症，如眼睑下垂、目赤肿痛、眶下疼痛、副鼻窦炎、牙痛、颈痛、胸痛、胁痛、乳腺增生、乳房胀痛、缺乳、回乳、心悸、心律不齐、腕关节屈伸不利、腕关节扭挫伤、中指和无名指扭挫伤等
上 3	在桡动脉与桡骨缘之间	面颊、侧胸及左上肢、右上肢 3 区内的病症，如偏头痛、急性腮腺炎、牙痛、耳鸣、中耳炎、侧胸痛、腋臭、腋窝多汗症、肩关节疼痛、桡骨茎突炎、拇指和食指扭挫伤等
上 4	在拇指侧的桡骨内外缘之间	颞、耳、侧胸及左上肢、右上肢 4 区内的病症，如耳后痛、胸锁乳头肌炎、耳鸣、中耳炎、侧胸痛、腋窝多汗症、肩关节疼痛、腕关节疼痛、桡骨茎突炎、拇指和食指扭挫伤等
上 5	在腕背中央，即外关穴处	后头部、后背部、心、肺及左上肢、右上肢 5 区内的病症，如后头痛、颈椎病、落枕、眩晕、肩背痛、腕关节屈伸不利、腕关节肿痛、手背疼痛、中指和无名指疼痛等

2. 踝部进针点、定位及主治

左右两侧共 6 对，约在内踝高点与外踝高点上 3 寸（相当于悬钟穴与三阴交穴）位置上，环小腿做一水平线，并从小腿内侧跟腱缘开始，沿小腿内侧中央，小腿内侧胫骨缘、小腿外侧腓骨缘、小腿外侧中央、小腿外侧跟腱缘的顺序 6 等份，每一等份的中点为进针点，并分别称之为下 1、下 2、下 3、下 4、下 5、下 6（图 6-23，表 6-16）。

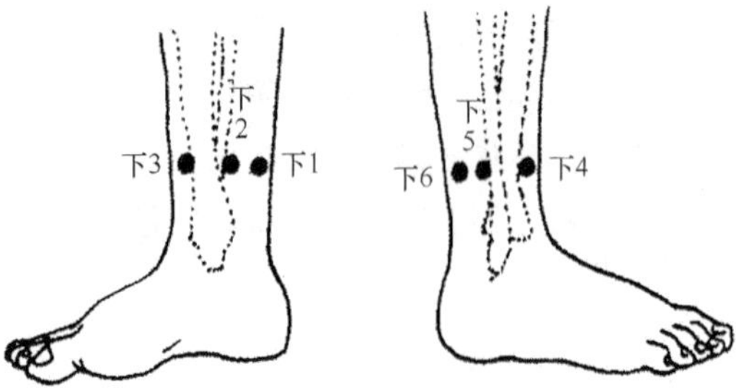

图 6-23　踝部进针点

表 6-16　踝部进针点定位及主治

穴名	定位	适应病症
下 1	靠跟腱内缘	胃、膀胱、子宫、前阴及左下肢、右下肢 1 区内的病症，如胃痛、恶心呕吐、脐周痛、淋证、月经不调、痛经、盆腔炎、阴道炎、阳痿、遗尿、遗精、早泄、睾丸肿胀、膝关节肿痛、跟腱疼痛、足跟疼痛
下 2	在内侧面中央，靠胫骨后缘	胃、脾、肝、大小肠及左下肢、右下肢 2 区内的病症，如胸胁胀满、腹痛、腹泻、便秘、膝关节炎、内踝扭挫伤
下 3	在胫骨前嵴向内 1 分处	肝、胆、脾、胁部及左下肢、右下肢 3 区内的病症，如胁痛、髋关节屈伸不利、膝关节炎、踝关节扭挫伤
下 4	在胫骨前嵴与腓骨前缘的胫骨前缘中点	胁部、肝、脾及左下肢、右下肢 4 区内的病症，如侧腰痛、股外侧皮神经炎、膝关节炎、踝关节扭挫伤、坐骨神经痛
下 5	在外侧面中央，靠腓骨后缘	腰部、肾、输尿管、臀及左下肢、右下肢 5 区内病症，如肾绞痛、腰痛、臀上皮神经炎、股外侧皮神经炎、坐骨神经痛、膝关节屈伸不利或疼痛、外踝扭挫伤
下 6	靠跟腱外缘	脊柱腰骶部、肛门及左下肢、右下肢 6 区内的病症，如腰痛、急性腰扭伤、痔疮、肛门周围湿疹、尾骨疼痛、坐骨神经痛

三、腕踝针操作技术

（1）针前准备：患者可采用坐位或卧位，或针腕用坐位，针踝时取卧位。针刺时肢体位置非常重要，肌肉尽量放松，以免针刺时针体方向发生偏斜；穴位皮肤常规消毒；一般常选用（0.38 ～ 0.32）mm×（25 ～ 40）mm 毫针。

（2）进针方法：选定进针点后，以押手固定在进针点的下部，并且拉紧皮肤，刺手拇指在下，食指、中指在上夹持针柄，针与皮肤呈 15° ～ 30° ，快速刺入皮下，然后将针平放，使针身呈水平位沿真皮下刺入，刺入长度以露出针身 2mm 为宜（图 6-24）。

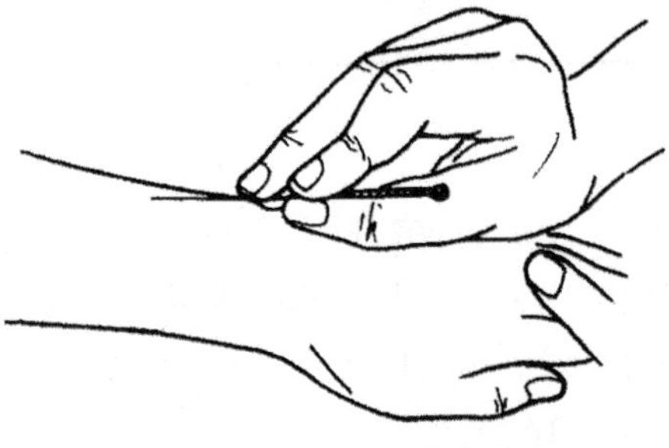
图 6-24　腕踝针进针法

（3）行针方法及得气表现：以针下有松软感为宜，不捻针；患者针下无任何感觉，但患者的主要症状可得到改善或消失。如患者有酸、麻、胀、重等感觉时，说明针刺入到筋膜下层，进针过深，须将针退至皮下，重新沿真皮下刺入。

（4）留针方法：一般情况下留针 20 ～ 30 分钟。若病情较重或病程较长者，可适当延长留针时间 1 小时至数小时，但最长不超过 48 小时；留针期间不行针。

（5）出针方法：与毫针出针法基本相同。

四、腕踝针临床应用

（一）适应范围

腕踝针疗法中，每个区所治疗的病症大致包括两方面：其一是同名区域内所属脏腑、组织、器官等所引起的各种病症；其二，主要症状能反映在同名区域内的各种病症。总的来说，本法适应范围广、见效快。

（二）处方选穴原则

（1）上病取上、下病取下：此原则针对上、下不同分区而言。如前额的体表区域属上部，故前额部疼痛选上1点治疗为主。

（2）左病取左、右病取右：此原则针对左、右对称的6个体表区域而言。如左侧乳房位于左上2区，故左侧乳痈选取左上2点治疗为主。

（3）区域不明、选双上1：部分疾病无法确定其所属体表区域的，如失眠、高血压、全身瘙痒症、更年期综合征、小儿舞蹈症、小儿多动症等，以及病因复杂难以明确判断其所属体表区域的疾病，均可取双上1点进行治疗。

（4）上下同取：患者主要症状表现位置靠近横膈线时，不仅要取上部的进针点，还要取与之相对应的下部进针点。如按体表区域的划分，胃脘部大致属于双下1区和右下2区，故治疗胃脘痛不仅取双下1点、右下2点，还应根据其病症表现靠近横膈线而加取双上1点和右上2点。

（5）左右共针：如患者的主要症状，表现在躯干部的1区，临床治疗时应取双上1或双下1。又如患者的主要症状表现在躯干部的6区，临床治疗时应取双上6或双下6。

（三）处方示例

（1）头痛：取上1，上2。
（2）偏头痛：取上2，上5。
（3）胃痛：取下1，上2。
（4）肝区痛：取下2。
（5）痛经：取下2。
（6）肩痛：取上4，上5，上6。
（7）坐骨神经痛：取下5。
（8）颞颌关节炎：取上4。
（9）肠炎：取下1，下2。
（10）皮肤瘙痒、荨麻疹：取上1。

（四）注意事项

（1）腕踝针法进针后一般不痛、不胀、不麻等，如出现上述症状，说明进针过深，须调至不痛不胀等为宜。

（2）把握准确的针刺方向。即病症表现在进针点上部者，针尖须向心而刺；反之，病症表现在进针点下部者，针尖须离心而刺。

（3）进针点位置有时要根据针刺局部情况及针刺方向进行调整。如针要刺过的皮下有较粗静脉、瘢痕、伤口，针柄下端有骨粗隆不便针刺，针刺方向要朝向离心端等情况时，进针点位置要朝向心端适当移位，但点的定位方法不变，要处于区的中央。

（4）有几种症状同时存在时，要分析症状的主次，如症状中有痛的感觉，首先按痛所在区选点。

（5）如出现晕针、滞针、血肿等现象者，按毫针刺法中的异常情况的处理方法进行处理。

（6）对如疼痛、麻木、瘙痒等感觉及与痛有关联的一些运动症状，在一次针刺治疗中常能立即获得疗效，达到疼痛等症状完全消失或显效。若针刺入后疼痛等症状未能改变或改变不全，除疾病本身原因外，往往与针刺时体位不正、针刺点位置在区内不够居中、针刺进皮下不够表浅、方向不够正直、刺入长度不当等因素有关，有时即使差别甚微都会影响疗效，因此，要注意针刺的各个步骤。如属针刺方法问题，要在针尖退至皮下，酌情纠正后再进针。

第四节　眼　针　法

眼针法又称眼针疗法，是指采用毫针或其他针具刺激眼区特定部位，以诊断和治疗全身疾病的一种方法。该法主要建立在中医脏腑经络学说、五轮八廓学说、后汉华佗“看眼识病”及西医学生物全息论的基础上。

眼针法不但可通过观察眼球结膜脉络形色变化以诊断疾病，还可通过针刺特定的眼周八区十三穴治疗疾病，具有操作简便、无痛苦、疗效高、见效快等特点。迄今为止，眼针法的临床适应证已达四十余种，其中对中风偏瘫和各种急慢性疼痛疗效较为显著。2009 年国家颁布了眼针针灸技术操作规范（GB/T 21709.15-2009），为该疗法的发展提供了良好契机。

一、眼针刺激部位

眼针法的刺激部位共分为 8 区，共 13 个穴位。具体划分方法是双眼平视，经瞳孔中心画“十”字交叉线并分别延伸过内、外眦及上、下眼眶，将眼廓分为 4 个象限；再将每一个象限划为两等份，成 8 个象限，该 8 条线称为分区定位线，配以八卦定位，每条方位线各代表一个卦位；以左眼为标准，按上北下南左西右东划分，首起乾卦于西北方，依次为正北方为坎，东北为艮，正东为震，东南为巽，正南为离，西南为坤，正西为兑；还可将乾、坎、艮、震、巽、离、坤、兑改用 1 ～ 8 八个阿拉伯数字代表。右眼的眼区划分，是以鼻为中心，将左眼的穴区水平对折而确定的。即左眼经穴区顺时针排列，右眼经穴区逆时针排列，体现“阳气左行，阴气右行”的原则。最后将上述 8 个象限等分为 16 个象限，以分区定位线为中心，其相邻的两个象限即为一个眼穴区，共计 8 个眼穴区。每区对应一脏一腑，中心线前象限为脏区，后象限为腑区。按照八卦、脏腑的五行配属，以及五行相生关系排列；乾属金，对应肺与大肠；坎为水，对应肾、膀胱；震属木，对应肝、胆；离属火，对应心、小肠；坤属土，对应脾、胃。艮为山，对应上焦；巽为风，对应中焦，兑为泽，对应下焦，总计 8 区 13 穴（图 6-25 ~ 图 6-27，表 6-17）。

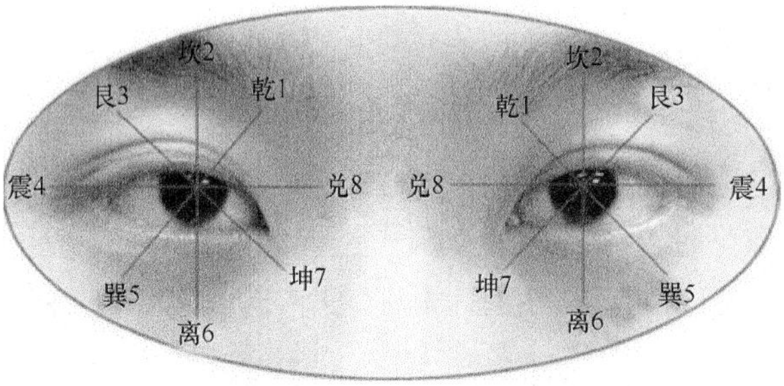

图 6-25　眼针分区定位线

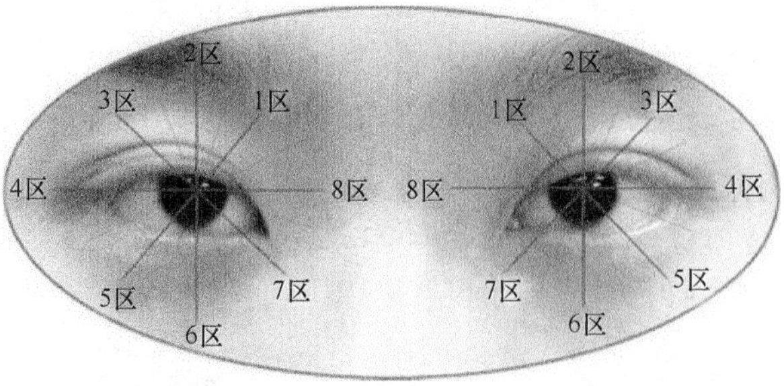

图 6-26　眼针 8 个分区图

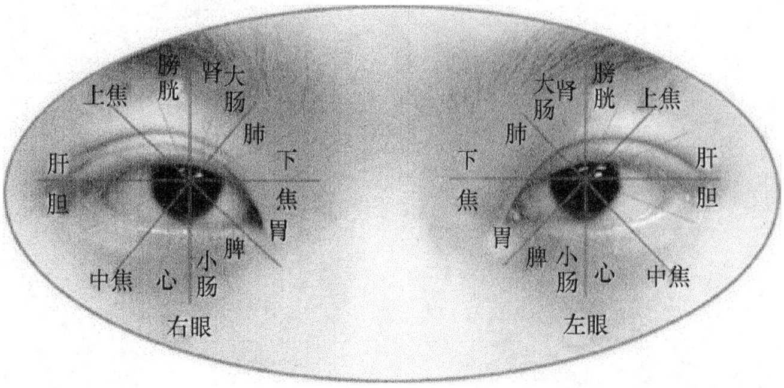

图 6-27　眼针 13 个分区穴图

表 6-17　眼针分区表

分区	方向	五行属性	所属脏腑	所属卦象
1 区	西北	金	肺与大肠	乾
2 区	正北	水	肾与膀胱	坎
3 区	东北	（山）	上焦	艮
4 区	正东	木	肝与胆	震
5 区	东南	（风）	中焦	巽
6 区	正南	火	心与小肠	离
7 区	西南	土	脾与胃	坤
8 区	正西	（泽）	下焦	兑

眼针穴位的具体定位：距眼眶内缘外侧 2mm 的眶缘上，长度为 1/16 弧长；或对应位置的眼眶内缘中心点上。

二、眼针操作技术

（一）操作前准备

患者多取坐位或仰卧位，闭目，根据眼穴选穴原则进行选穴处方；以规格为（0.28 ~ 0.34）mm×（15 ~ 25）mm 的一次性毫针为宜，穴位应进行常规消毒。

（二）操作方法

1. 进针方法

进针方法主要分为眶内直刺法和眶外平刺法两种。

（1）眶内直刺法：以押手推开并固定眼球，持针在紧贴眼眶内缘的穴区，垂直进针 0.5 寸（图 6-28）。

（2）眶外平刺法：持针在距眼眶内缘 2mm 的穴区部位，进行平刺操作，刺入真皮，达至皮下组织，进针 0.5 寸，保持针体处于该穴区内（图 6-29）。

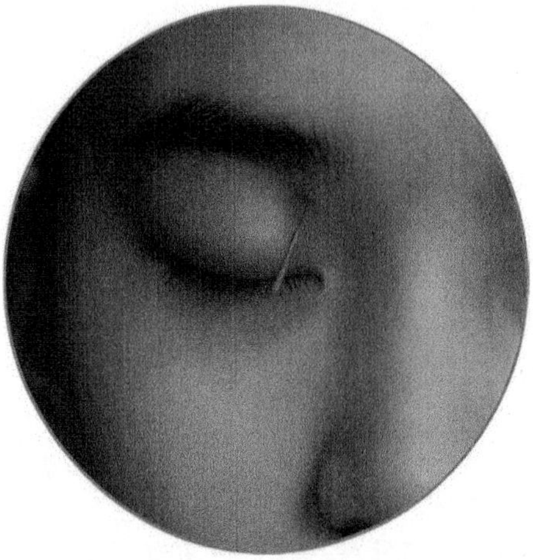

图 6-28　眶内直刺法

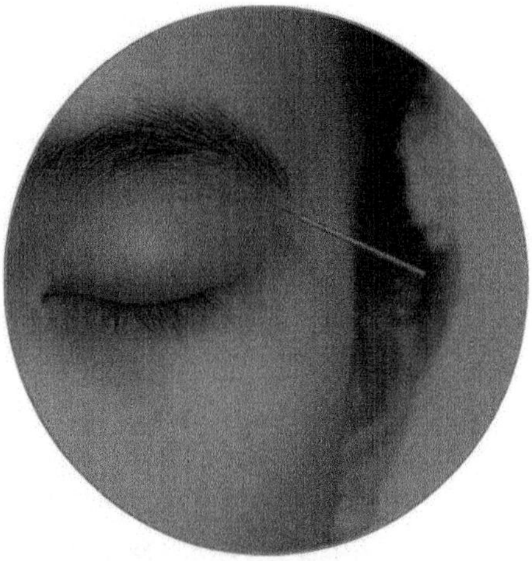

图 6-29　眶外平刺法

2. 行针方法

刺入以后，不施行提插、捻转等手法；如未得气，可将针退出 1/3 稍改换方向再刺入；或用手刮针柄，或用双刺法。得气以局部酸、麻、胀、重或温热、清凉等感觉为宜，或针感直达病所。

3. 留针方法

一般采用静留针法，时间宜在 15 ~ 30 分钟。留针期间内，如果局部得气感不明显，则可间歇重复施行刮柄法，以加强刺激。一般情况下，在 15 ~ 30 分钟内，宜间歇行针 1 ~ 2 次，每次 0.5 ~ 1 分钟。

4. 出针方法

以刺手的拇、食二指捏持针柄，轻轻转动后缓慢出针 1/2，然后慢慢拔出，拔针后即刻用干棉球按压针孔，宜按压 1 ~ 3 分钟。

（三）注意事项

（1）穴位及针具严格消毒。

（2）多采用眶外平刺法。

（3）不宜施行提插捻转等手法，出针时宜缓慢并防止出血。

（4）眼睑过于肥厚者不宜用眼针。

（5）留针时间不宜过久。

三、眼针临床应用

（一）辅助诊断作用

常人的白睛上可见隐约纵横交错的脉络，尤其是儿童的白睛，如无大病重病，白睛青白洁净，无异常脉络。若有疾病发生，可从眼白睛上显露，且一经出现，其残痕难消除。主要是白睛中与相关脏腑对应区域中的脉络发生形、色改变，如脉络怒张、延伸、离断；颜色鲜红、紫红或红中带黑等。

检查主要借助望诊观察法。医师双手常规消毒后，嘱患者放松，用拇、食两指分开眼睑，露出白睛，令患者眼球转向鼻侧，则可由 2 区看到 6 区，患者眼球转向外眦侧，可由 6 区转看到 2 区。先观察左眼，后观察右眼。

（二）治疗作用

1. 适应范围

眼针具有调和阴阳、扶正祛邪、止痛消肿、安神定志、理气和血、通经活络和治未病等作用，临床应用较为广泛。

（1）各种脑血管疾病，如中风偏瘫等。

（2）各种疼痛性病症，如偏头痛、腰腿痛、三叉神经痛、坐骨神经痛、急性扭伤、胆囊炎、痛经等。

（3）各种炎症性病症，如面神经炎等。

（4）功能紊乱性病症，如高血压、心律不齐、胃肠功能紊乱、月经不调、神经衰弱等。

（5）其他，如面肌痉挛、阳痿及遗精等。

2. 处方选穴原则

（1）循经取穴：是根据“经络所过，主治所在”的原则，病属于哪一经，或病在哪一条经络上，就取哪一经区穴。

（2）脏腑取穴：是指病属哪一脏腑，就取哪一脏腑区穴。

（3）病位取穴：按上、中、下三焦划分的界限，病在哪里即针所属上、中、下哪个区穴。

（4）观眼取穴：即观察患者的白睛，哪个经区络脉的形状、颜色最明显即取哪一经区穴。

3. 处方示例

（1）中风偏瘫：上焦区，下焦区。

（2）高血压：肝区（双）。

（3）心律不齐：心区（双）。

（4）胸痛：上焦区，心区。

（5）膈肌痉挛：中焦区。

（6）头痛：上焦区。

（7）三叉神经痛：上焦区。

（8）胃痉挛：中焦区。

（9）面肌痉挛：上焦区，脾区。

（10）面神经麻痹：上焦区。

四、眼针作用原理

（一）眼与脏腑经络的关系

1. 眼与脏腑的关系

《灵枢·大惑论》云："目者，心之使也。"《素问·金匮真言论》曰："肝开窍于目。"《素问·五藏生成论》曰："肝气通于目，肝和则目能辨五色矣。"《灵枢·海论》云："髓海不足……目无所见。"《灵枢·决气》云："气脱者，目不明。"肺朝百脉，主人身之气。肺气旺盛，全身气机通调，则脏腑之气上注于目而眼目精明。六腑主受纳，司腐熟，分清浊，传糟粕，将消化之精微传送与周身，作为供给各器官营养的源泉。所以六腑功能失调，也可导致目疾。这些论述说明眼与脏腑关系密切，受五脏六腑精气之濡养。

《证治准绳》载："五轮，金之精腾，结而为气轮，木之精腾，结而为风轮，火之精腾，结而为血轮，土之精腾，结而为肉轮，水之精腾，结而为水轮。"这是基于眼与脏腑关系的理论，将眼球从外至内分为五个部分，即肉轮、血轮、气轮、风轮、水轮，并将五轮分属于五脏，用以说明眼之生理、病理及脏腑的关系，五轮学说实质上是脏腑关系在眼部的分属，对于指导临床观眼识病、治疗具有一定的指导意义。

2. 眼与经络的关系

《灵枢·口问》云："目者宗脉之所聚也。"《灵枢·邪气脏腑病形》又云："十二经脉，三百六十五络，其血气皆上注于面而走空窍，其精阳气上走于目而为睛。"《素问·五藏生成论》也指出"诸脉皆属于目"，由此可见，十二经脉，直接或间接均与眼有密切关系。

十二经脉之足厥阴肝经、手少阴心经、足三阳经以本经或支脉或别出之正经直接连于目系；手三阳经皆有 1 ～ 2 条支脉终止于眼或眼附近；足三阳经之本经均起于眼或眼附近。奇经八脉之任、督二脉系于两目下之中央；阴跷脉、阳跷脉相交于目内眦之睛明穴；阳维脉经过眉上。此外在十二经筋中，足太阳之筋为目上纲，足阳明之筋为目下纲，足少阳之筋为目之外维，手太阳之筋、手少阳之筋都联属目外眦。可见眼和经络存在密切的联系，眼需要经络不断地输送气血，才能维持其视觉功能。

（二）现代医学对眼针理论的认识

现代医学对目诊原理主要是从虹膜诊断理论、微循环学、生物全息论等方面进行探讨。

1. 虹膜诊断理论

虹膜诊断是美国、法国、西班牙等国家在 19 世纪 70 ～ 80 年代逐步形成的一种诊断方法。

虹膜诊断理论认为整个人体可以弯曲或者圆状投影在虹膜上。脏腑器官的代表区在离虹膜很近的虹膜中心部，外在的皮肤等代表区在虹膜的周围。从瞳孔的边缘开始向睫状体的方向将虹膜分为七个区带：第一区带代表胃，第二区带代表大小肠，第三区带代表心胰肾，第四区带代表肺，第五区带代表脑和性器官，第六区带代表肝脾和甲状腺，第七区带代表皮肤肌肉肢体和神经。人体器官或部位在虹膜上都有对应位置，人体器官或部位变化影响虹膜变化，因此疾病及疾病的严重程度可以在虹膜上反映出来。

2. 微循环理论

眼睛的微循环非常丰富，球结膜、巩膜、睑结膜上均分布有微细血管，并且眼部的循环浅显易见，可以肉眼观察到一部分。目前研究表明白睛上的微循环与疾病具有一定的联系，例如，白睛呈淡白色者系微循环的充盈不足，赤色系微循环的充血扩张，青紧色系微循环的瘀滞状态。络脉呈暗灰色，属于体内有陈旧性病灶。虽然其临床症状已经消失，但显现于白睛上的络脉的颜色则不会完全消失。若络脉颜色由暗灰转为淡红，则为旧病复发之征兆。

3. 生物全息论

生物全息论认为，生物体每一相对独立的部分在化学组成的结构上与整体是相同的，是整体成比例的缩小，故某些局部具有反映全身状态的信息作用。在生物全息论中，可将眼睛作为一个全息胚，人体的某些病变信息能够投射在眼睛的某个定位点，反之，眼睛上的某些点也能对整个人体上的对应部位产生相互作用。因此，眼与人体的脏腑经络构成了一个相互影响、相互制约的系统。例如，肉轮主要反映脾胃病变，水轮主要反映肾脏功能，风轮则主要表现肝脏机能，气轮主要反映肺脏病变，而血轮则主要反映心脏病变；但是，其中气轮（巩膜）又可以反映全身病变。

总之，眼针疗法认为，通过经络的内属外络作用，将眼与脏腑密切联系，构成一个统一的整体，五脏信息通过经络反映于目，通过目诊可获取整体信息，观眼诊病可见微知著以指导临床治疗。

第五节 腹针疗法

腹针疗法是以神阙调控系统理论为核心，脏腑学说、 经络学说和中医基础理论为底蕴，通过刺激腹部穴位调节脏腑失衡来治疗全身疾病的一种微针疗法。该疗法是由薄智云先生在传统针法的基础上，经过多年的临床实践总结归纳出来的。腹针疗法具有“处方标准化，操作规范化，辨证条理化”的处方特点，临床具有“安全、无痛、高效、快捷”等优点，临床起效快，可重复性强。

腹针疗法以中医理论为基础，神阙（肚脐）调控系统为核心。薄氏指出：人之先天从无形的精气到胚胎的形成，完全依赖于神阙系统，因此，神阙系统是形成于胚胎期的人体调控系统，是人体最早的调控系统和经络系统的母系统，具有向全身输布气血与对机体宏观调控的作用。由于腹壁解剖结构上的特点，神阙系统在形成的过程中逐渐地分解为两个截然不同的调节系统，一个位于腹壁的浅层对全身的功能起着调控作用，通常把它称为外周系统。一个位于腹壁的深层对内脏的功能起着调节作用，称为内脏系统。这两个系统互相影响，对全身起着调控作用。

一、腹针刺激部位

（一）概述

腹针的穴位分布在腹部，具体范围是上至中脘、下至关元，左右以大横为界。常用的腹针穴位包括中脘、下脘、气海、关元、阴都、商曲、气旁、气穴、滑肉门、外陵、天枢、大横、上风湿点、上风湿外点、下风湿点、下风湿下点等，不超过 20 个。

腹针理论指出，腹针穴位具备一定空间层次，一个穴位，针刺的深浅不同，所发挥的作用也大不相同。

（二）取穴方法

1. 取穴定线、定寸

腹部取穴时，以任脉为纵轴坐标，首先对任脉的经穴定位，从解剖来看，任脉应当在腹白线的下边，是否能够准确地对任脉的位置进行判断是影响正确取穴的主要因素，分辨任脉的定位有两种方法：①观察毛孔的走向；②分辨任脉的色素沉着。然后再确定两侧足阳明胃经的平行线，并以此为基础对其他的腹穴进行度量，这样才能使腹部的取穴较为精确。

以胸骨柄、肚脐、耻骨联合上缘为标志点进行取穴，腹部分寸的标定按照比例寸取穴法来进行。

（1）上腹部分寸的标定：中庭穴至神阙穴确定为 8 寸，或从神阙到胸骨柄属尾（鸠尾）分为 7 寸。

（2）下腹部分寸的标定：神阙穴至曲骨穴确定为 5 寸。

（3）侧腹部分寸的标定：从神阙经天枢穴至侧腹部确定为 6 寸。

由于腹部肥瘦差异较大，而且腹部又不是一个平面，为腹穴的取穴带来一定的困难，为了腹穴的取穴规范特采取以下方法进行度量。让患者平卧后，在腹部上述标记点作垂线向上延伸，然后于两条垂线上找水平，在水平线上等分，排除因凹凸造成的视线错觉，以达到取穴准确的目的。例如，从神阙做一横坐标经天枢、大横到腹侧缘，可从腹侧用一直尺贴腹壁外缘与床成 90° 角垂直向上方伸出，用另一刻度与前尺的平面成 90° 角相交向神阙穴处度量，所得的直线距离为 6 寸，其 2 寸处即为天枢穴的定位点。腹上段与腹下段的定位方法与上述相同。

2. 穴位的立体层次

腹针疗法的特色之一，即是强调穴位的不同层次。腹针理论认为，同一个穴位，根据针刺的深浅，分为天、地、人三部，浅刺（“神龟图”取穴）调筋骨、中刺（经脉分布取穴）调经脉、深刺（“八廓”辨证取穴）调脏腑。

（1）“神龟图”取穴：根据腹针理论，在腹针中调节外周的经络系统是形象酷似神龟的全息影像，中心部位是神阙穴，神龟的头在中脘穴，颈在商曲穴，肩在滑肉门穴，上肢沿着上风湿点、上风湿外点由肘而掌地展开，髋在外陵，下肢沿着下风湿点、下风湿下点展开，“神龟”的尾部从气海延伸至关元，临床取穴时，就根据“神龟”的对应部位来组合取穴。“神龟”的头部，对应人的头部，“神龟”的颈部对应人体的颈部，“神龟”的上、下肢则对应人体的上、下肢，“神龟”的尾部对应人体的腰骶部。因此，如果患者罹患头痛，就重点取“神龟”头所在的中脘穴；患者罹患肩周炎，就重点取“神龟”肩所在的滑肉门穴，如此类推（图 6-30）。

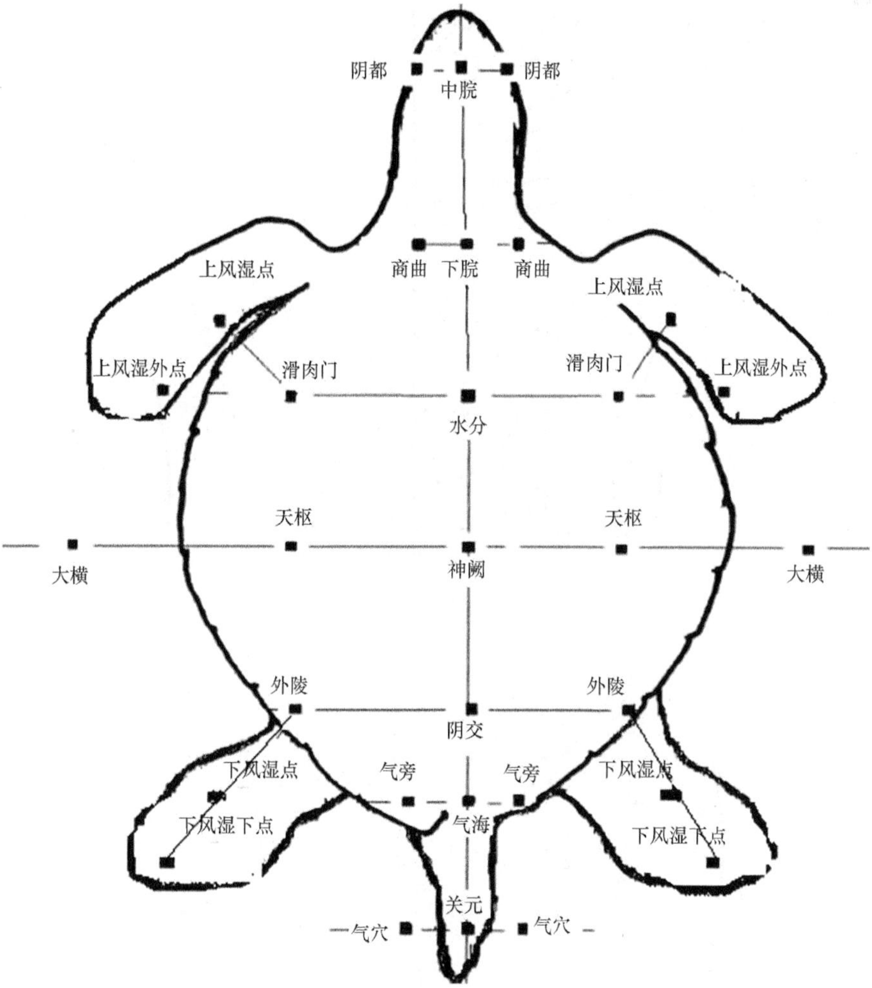

图 6-30　腹部“神龟”图

（2）循经取穴：就是按照传统的十四经脉分布取穴。腹针的取穴区域包括任脉、足少阴肾经、足阳明胃经、足太阴脾经（图 6-31）。任脉是阴脉之海，总任手足三阴；肾为先天之本、脾为后天之本，脾与胃互为表里。通过调理这些经脉，能够起到平衡阴阳、调理脏腑的作用。根据腹针理论，要穴位发挥调节经脉的作用，则针刺深度应该是中等深度。

（3）“八廓”辨证取穴：“八廓”也是腹针取穴、用穴的一个特色，其理论源于腹部八卦的分布。

长期的临床实践发现，腹部的脏腑分布与调节是有规律可循的，这一规律与后天八卦相吻合，其天阳下降于地，地阴上升于天，天地交泰而生万物。基于此，腹针的“八廓”，是这样分布的：神阙为中心，离火在上，对应中脘穴，主心与小肠；坎水在下，对应关元穴，主肾与膀胱；坤地在左上，对应左上风湿点，主脾和胃；兑泽在左，对应左大横穴，主下焦；乾天在左下，对应左下风湿点，主肺与大肠；巽风在右上，对应右上风湿点，主肝与中焦；震雷在右，对应右大横穴，主肝与胆；艮山在右下，对应右下风湿点，主上焦（图 6-32）。“八廓”中的每一廓穴位都对所主的脏腑有特别的指向性治疗作用。

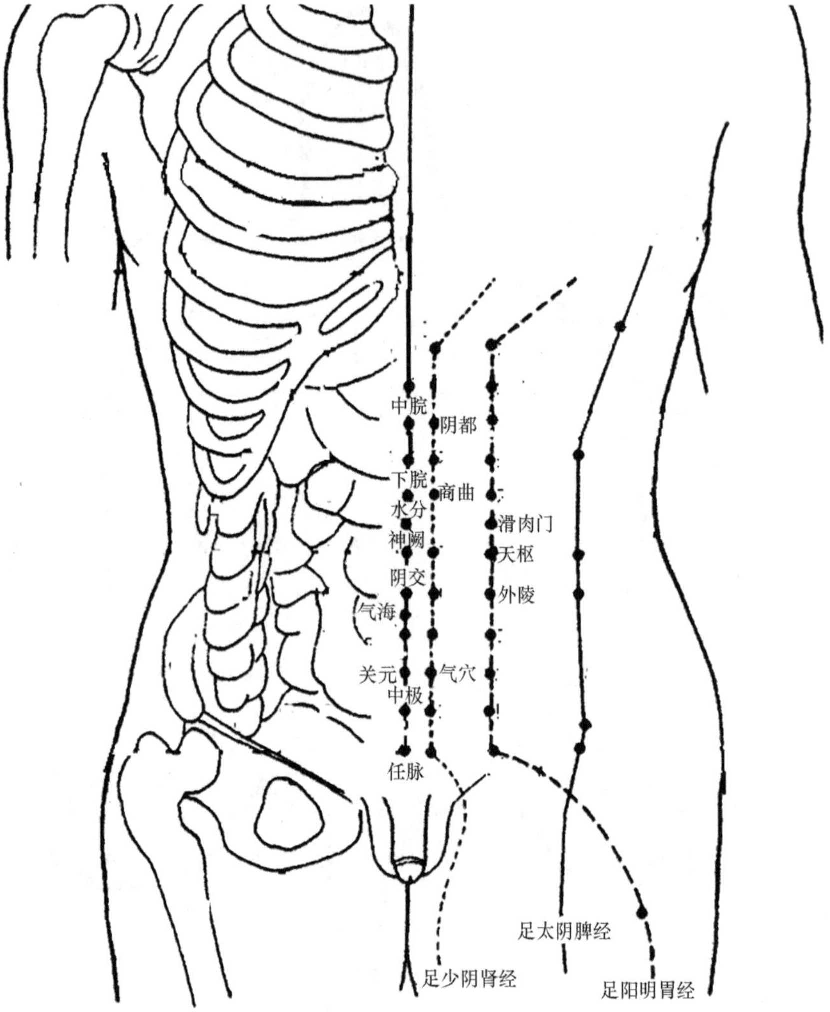

图 6-31　腹部经脉图

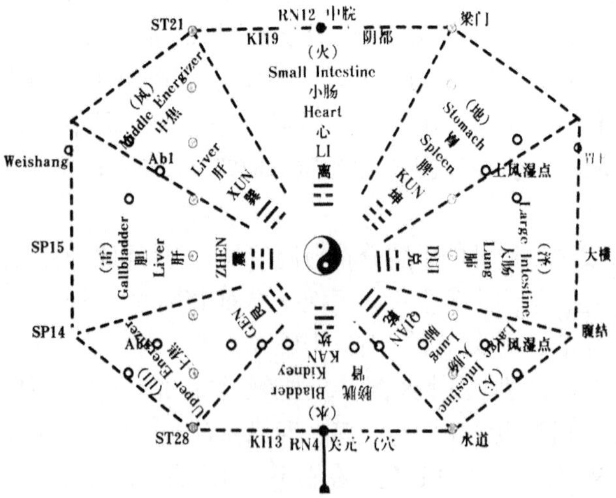

图 6-32　腹部“八廓”图

此外，针刺每个穴位除了深浅的不同，还有上、下、左、右区域的不同。为了便于大家学习记忆，现将腹针取穴歌诀介绍如下：腹针取穴要认真，反复度量莫走神；上八下五旁开六，起止摸准尺端平。中庭曲骨需祥辨，更查任脉何处行；色素沉着毛孔定，毫厘不差要记清。

（三）常用穴位

1. 中脘

定位 脐上4寸。

主治 浅刺：对应于人体口部，治疗口、鼻、牙、头面部的疾病；中刺：胃痛，呕吐，吞酸，腹胀，消化不良，泄泻，黄疸，便秘，痢疾，吐血，咳喘痰多等疾病；深刺：主治心、小肠的疾病。

2. 阴都

定位 中脘旁5分，左右各一。

主治 浅刺：治疗头面部疾病；中刺：心悸，便秘，腹胀，腹痛，不孕等。

3. 下脘

定位 脐上2寸。

主治 浅刺：对应人体的颈椎，治疗颈椎的疾病，如颈椎病、落枕、颈肩痛等；中刺：消化不良，胃痛，胃下垂，呕吐，泄泻，腹膜炎，虚肿、消瘦等。

4. 商曲

定位 下脘旁开5分，左右各一。

主治 浅刺：对应人体的颈肩结合部，治疗颈肩部的疾病；中刺：厌食，腹痛，腹胀，泄泻、便秘等。

5. 滑肉门

定位 水分旁开2寸，左右各一。

主治 浅刺：对应人体的肩部，治疗肩关节周围疾病；中刺：癫痫，吐舌，呕吐，吐血，胃痛等。

6. 上风湿点

定位 滑肉门上5分旁开5分，左右各一。

主治 浅刺：对应人体的肘部，治疗肘关节周围疾病；中刺：肘关节疼痛，肘臂麻木，屈伸不利，网球肘等症；深刺：左上风湿点主治脾和胃，右上风湿点主治肝与中焦。

7. 上风湿外点

定位 滑肉门旁开1寸，左右各一。

主治 浅刺：对应人体的腕部，治疗腕关节炎、手关节活动不利、麻木等腕关节周围疾病。

8. 水分

定位 脐上1寸。

主治 浅刺：对应体的后背部，治疗后背部的疾病；中刺：腹痛，泄泻，呕吐，水肿，腹胀，小便不利等。

9. 天枢

定位 脐正中旁开2寸，左右各一。

主治 浅刺：对应人体的侧腰部，治疗各种腰肌的疾病；中刺：腹胀肠鸣，绕脐腹痛，便秘，泄泻，痢疾，消化不良，水肿腹胀，赤白带下，月经不调，痛经，不孕等。

10. 大横

定位 脐正中旁开 4 寸，左右各一。

主治 中刺：痢疾，腹泻，便秘，腹痛，四肢无力，惊悸，心悸乏力，焦虑不安等；深刺：左大横主治下焦病症，右大横主治肝与胆的病症。

11. 气海

定位 脐下 1.5 寸，在脐与关元中点处。

主治 浅刺：对应人体的后腰部偏上的部位，治疗相应部位的疾病；中刺：虚脱，形体羸瘦，气虚乏力，消化不良，呕吐，腹胀，腹痛，痢疾，便秘，失眠，心悸不安，四肢厥冷，遗尿，尿频，尿潴留，遗精，阳痿，疝气，赤白带下，月经不调，痛经，不孕，产后恶露不止等。

12. 气旁

定位 气海旁开 5 分，左右各一。

主治 浅刺：对应人体的两侧后腰部偏上的部位，治疗相应部位的疾病；中刺：下肢的疼痛、下肢无力等症。

13. 关元

定位 脐下 3 寸。

主治 浅刺：对应人体后腰部偏下的部位，可以治疗相应部位的疾病；中刺：中风脱证，消瘦无力，腹痛，疝气，腹泻，痢疾，脱肛，便血，早泄，月经不调，经闭，带下，痛经，盆腔炎，血崩，子宫脱垂，闭经，带下，不孕，产后恶露不止等；深刺：主治肾、膀胱的疾病。

14. 气穴

定位 关元穴旁开 5 分，左右各一。

治疗 浅刺：对应人体的两侧后腰部偏下的部位，治疗相应部位的疾病；中刺：小便不利，泻痢，月经不调，带下，不孕症，腹胀，腹泻等。

15. 外陵

定位 阴交旁开 2 寸，左右各一。

治疗 浅刺：对应人体的髋关节，治疗髋关节及股骨头周围的疾病；中刺：腹痛，腹胀，脐周痛，疝气，痛经等。

16. 下风湿点

定位 气海旁开 2.5 寸，左右各一。

治疗 浅刺：对应人体的膝关节，治疗膝关节及其周围的疾病，如膝关节疼痛，鹤膝风，膝关节活动困难等。深刺：左下风湿点主治肺、大肠的疾病，右下风湿点主治上焦的疾病。

17. 下风湿下点

定位 石门（在前正中线，脐下 2 寸处）旁开 3 寸，左右各一。

治疗 浅刺：对应人体的踝关节，治疗踝关节及其周围的各种疾病，还可治疗小腿外侧疼痛、活动不利、麻木等症。

（四）常用的穴位组合

1. 天地针

天地针是一组腹针的常用方，由中脘、关元组成。腹针以神阙为中，中脘为天，关元为地。

中脘是胃之募穴，胃与脾相表里，有水谷之海之称；关元是小肠的募穴，别名丹田，有培肾固本、补气回阳之功，故两穴合用具有补脾肾之功能。

2. 引气归元

引气归元由中脘、下脘、气海、关元四穴组成。方中中脘、下脘均属胃脘，两穴含有理中焦，调升降的作用；且手太阴肺经起于中焦，故兼有主肺气肃降的功能。气海为气之海，关元培肾固本；肾又主先天之元气，因此，四穴含有“以后天养先天”之意，故名“引气归元”。

3. 腹四关

腹四关由滑肉门、外陵左右共四穴位组成。滑肉门位于神阙之上，治疗躯干上段及上肢的疾患；外陵位于神阙之下，治疗下腹及下肢的疾患。该四穴具有通调气血、疏理经气使之上输下达肢体末端的作用，是引脏腑之气向全身布散的妙穴，故称“腹四关”。临床用于治疗全身性疾病，与引气归元或天地针合用时，兼有通腑之妙。

4. 调脾气

调脾气由左右两个大横穴组成。大横是足太阴脾经的经穴，大横具有调整脾脏功能、祛湿、健脾、滑利关节的作用，故常与腹四关合用治疗腰部疾患和坐骨神经痛，与风湿点合用治疗全身关节炎或肩周炎等。

5. 风湿点

风湿点由上风湿点和下风湿点组成。风湿点有消肿、止痛的作用与大横合用可祛风滑利关节、消肿痛开瘀血。治疗肩、肘疾病时可仅用上风湿点，治疗下肢疾病时，也可仅配下风湿点。

二、腹针操作技术

腹针施术时，应根据患者的胖瘦、脂肪的厚薄、病程的长短、病气的深浅、疾病的虚实等几个方面来选择针具的长短、进针的深度。

（一）针具的选择

为避免针刺意外的发生，便于控制进针的深度，腹针时通常采用每一位患者使用统一长度的针具来进行治疗。一般而言，体型较高大或胖短体型的人，腹壁脂肪较厚，太短的针有时达不到施治的深度，一般选用 60mm 长度的针具。而中度肥胖及普通体型的人，腹壁的脂肪层适中，一般采用 50mm 长度的针具。消瘦体型的人，腹壁脂肪很薄，较易刺穿腹壁层，一般采用更短一些的如 40mm 的针具。这样，不仅可施术时针具得心应手，且可在进针时减少患者的痛苦并能使进针的深度得到很好的控制。由于腹壁较肢体柔软，临床上通常选用 32 号 1 寸及 1.5 寸针进行治疗。

（二）针刺前的准备

在进行腹针操作前首先应检查肝、脾的大小及是否触及，然后对准施治的部位从上而下地进行触压，对每一个部位的肌紧张、压痛、痞块、积结都应进行仔细的甄别，了解上述症状的出现与治疗疾病的相关，然后进行治疗。

（三）针刺的深度

腹壁层较厚，针刺时不仅疼痛程度较轻而且便于施术。由于腹壁的分层局部解剖结构各不相同，因此，影响的外周系统亦有明显的不同，往往同样一组穴位可以依据进针的深浅不同而来治疗多种疾病。故腹针时进针深度分为天、地、人三部。一般病程较短或其邪在表的疾病，针刺天部（即浅刺）；病程虽长，未及脏腑或其邪在腠理的病，针刺人部（即中部）；病程较长，累及脏腑或其邪在里的疾病，针刺地部（即深刺）。但是，在运用时也有例外，如腰部疼痛，虽病程短而往往采用针刺地部较易收到立竿见影的效果。因此，在临床应用时亦应灵活多变。

（四）针刺的手法

腹部进针时首先应避开毛孔、血管，然后施术要轻、缓。如针尖抵达预计的深度时，一般采用只捻转不提插或轻捻转慢提插的手法，使腹腔内的大网膜有足够的时间游离，避开针体，以避免刺伤内脏。施术时一般采用三步法，即候气、行气、催气手法。进针后，停留 3 ~ 5 分钟，谓之候气；3 ~ 5 分钟后再捻转使局部产生针感，谓之行气；再隔 5 分钟行针 1 次加强针感使之向四周或远处扩散，谓之催气；留针 30 分钟起针。

腹针的补泻手法依刺激的强弱而定，弱刺激为补，强刺激为泻。因腹针的适应证以慢性病为多，而慢性病又久病则虚，故腹针时补多泻少。施补法时除采用手法外，多施以灸法，灸时可由上而下地对每个针刺穴位温灸，也可以将艾灸架置于神阙穴，以壮元阳、温经络，使腹针的疗效得以提高。

（五）常用的针刺法

腹针时，常可在针刺后使疾病的症状很快缓解，且症状的缓解与某一主穴有确凿的相关性时可在该穴的基础上拓展施用三角针、三星法、梅花刺等不同的针刺法，以加强主穴的治疗作用，这样，不仅可使腹部的穴位大大增加而又便于记忆，以取得更佳的临床效果。

（1）三角针：是以主穴为顶点向上或向下各距 3 ~ 5 分，分别再刺两针使三针形成等腰或等边三角形的针刺方法。这种针法适宜于症状比较局限的疾病。如膝关节痛、局部关节疼痛等。针与针之间的距离则由患病部位的大小以定远近。

（2）三星法：是以主穴为基础向上下、左右或与神阙呈放射性排列，各距主穴 3 ~ 5 分，分别各刺 1 针，形成并行排列的针刺方法。这种针法适宜于症状呈带状或条状的疾病，如坐骨神经痛等。针与针之间的距离由患病部位的长短而定。

（3）梅花刺：是以主穴为中心，上下左右各距 3 ~ 5 分各刺一针，共 5 针使针体形成梅花的图案的针刺方法。这种针法适宜于病情较重且病程较长的患者，也可在三星法疗效不佳时采用，使治疗的强度得到增加。

综上所述，可以看出：针刺法的使用前提是以能改善临床症状的主穴为核心进行运用，因此，处方中相对特效穴的筛选正确与否直接影响到疗效，而选用哪一种针刺法则依据病位的大小、疾病的程度与病程的长短。同时，针刺的方法亦可变通，如加一针可取得良好的临床效果便无需再刺，如三角针后尚不满意亦可再刺一针以观后效。总之，既不可已建功而凑其数又不可功未成而草收兵，应以临床的治疗需要而适当掌握。

三、腹针临床应用

（一）适应范围

腹针的适应证广泛，尤其内伤性疾病或久病及里的疑难病、慢性病是其主要的适应证，如脑血管病后遗症、心血管病、高血压、痹证、癔病等；另外各种原因引起的疼痛性疾病如腰腿痛、肩周炎、头痛、落枕、坐骨神经痛等病变均可用腹针治疗。

（二）处方示例

（1）头痛：中脘、阴都或中脘梅花刺，阴都三星刺。

（2）落枕：中脘、商曲（患）、滑肉门（患）。

（3）肩凝症：中脘、商曲（健）、滑肉门、三角（患）。

（4）肘、腕痛：中脘、滑肉门（患）、上风湿点（患）、商曲（健）。

（5）颈椎病：天地针（中脘、关元）、商曲（双）、滑肉门（双）。

（6）腰背痛：中脘、气海、关元、大横（双）。

（7）腰椎间盘突出症：水分、气海、关元。

（8）膝关节痛：滑肉门（患）、外陵（患）、气旁（健）、下风湿点（患）。

（9）眩晕：引气归元（中脘、下脘、气海、关元）、商曲（双）、气穴（双）。

（10）中风：引气归元（中脘、下脘、气海、关元）、滑肉门（患）、上风湿点（患）、外陵（患）、下风湿点（患）。

（三）注意事项

（1）注意防止发生晕针或晕血。若出现应立即停止针刺，使患者呈头低脚高卧位，必要时给予温开水或糖开水、掐水沟穴等处理。严重时按晕厥处理。

（2）在针到腹部微细血管时，可引起出血，出针时应注意用消毒的干棉球局部按压 1 ~ 2 分钟。

（3）有自发性出血或损伤后出血不止的患者，不宜针刺。患者在过于饥饿、疲劳，精神过度紧张时，不宜立即进行针刺。对身体瘦弱，气虚血弱的患者，进行针刺时手法不宜过强。腹针的针刺部位是腹部，因此，一切原因不明的急腹症、急性腹膜炎、肝脾肿大引起的脐静脉曲张、腹腔内部肿瘤并广泛转移、孕妇大月份孕期均为禁忌证。对于长期慢性病而致体质衰弱的患者，在施术时亦需谨慎处之。如肝脾肿大则需注意针刺两胁时不宜太深，以免损伤实质性脏器。

（4）严重心脏病患者慎用本法。

（5）操作部位应注意防止感染。

四、腹针作用原理

（一）腹针的藏象理论基础

腹部是人体的一个重要部位，在腹腔内集中了人体许多重要的内脏器官，许多生理功能均是在这些重要器官的正常活动下得以运转。腹与脏腑经络有密切的联系。心位于胸中，但得养于脾胃，与小肠相表里，因此，通过络脉络于小肠；肺虽位于胸中，但肺的经脉却起于中焦，下络大肠。其他脏腑俱在腹中，因此，五脏六腑与腹部有密切的联系。由于脏腑与腹部体表有对应关系，根据《内经》“有诸内，必形诸外”的原理，脏腑病变常在其对应部位出现异常征象。因此临床根据腹部出现的异常征象即可诊断相应脏腑的疾病，同理刺激脏腑对应于腹部体表的穴区也可治疗脏腑疾病。

（二）腹针的经络腧穴理论基础

腹部与经络有密切联系，手三阳经分别属于大肠、小肠、三焦，足三阳经分别属于胃、胆、膀胱，足三阴经分别属于肝、脾、肾，这些脏腑均位于腹部。此外，足阳明经别“入于腹里”；足阳明之筋“上腹而布”；足太阴经“入腹”；足厥阴经“抵小腹”；任脉“循腹里”；任脉络“下鸠尾，散于腹”。因此腹部为全身经脉走循最多的部分。经脉有规律地沿一定路线循行，分布于特定的区域，通过经脉与不同脏腑的络属关系，使不同脏腑与一定区域构成特异性生理联系。脏腑有病，相应区域每见异常变化，故诊察腹部可了解脏腑经脉的病变情况。同样针刺腹部穴位，可以治疗全身多种疾患。

另外，每一个脏腑都有一个募穴。募穴是脏腑之气结聚的地方，因脏腑的募穴大多集中在腹部，故又称“腹募”。由于募穴与脏腑的部位更为接近，所以脏腑有邪多反应于募穴。滑伯仁曾说“阴阳经络，气相交贯，脏腑腹背，气相通应”（《难经》注），指脏腑与背俞、募穴相通，病邪侵袭脏腑，俞募则出现各种病症，并以俞募为审查证候、诊断、治疗疾病的重要部位。

（三）神阙布气说与腹针的关系

神阙位于脐窝中央，脐窝是由新生儿时脐带残端变干后，脐带腹壁表皮相连处出现裂口，逐渐与腹壁脱落，遗留创面愈合后形成。因人体在母体内是通过脐带获得营养逐渐形成，所以脐是禀受先天的最早形式，因此神阙具有向四周及全身输布气血的功能。以神阙为轴心的大腹部不仅有一个已知的与全身气血运行相关的循环系统，而且还拥有一个被人们所忽略的全身高级调控系统。这个系统形成于胚胎期，虽然目前我们尚无解读其密码的能力，但也可以从中医的临床应用中略见端倪。

腹诊是中医临床诊断中的重要组成部分，其具有审病因，析病机，断病位，辨病性，定病症，立治法，测预后的作用，在诊治疾病中有着极其重要的意义。因脐位于大腹中央，又名神阙，系血脉之蒂，生命之蒂，故腹诊多与脐诊、与脐周相关。而针刺经络时又与神阙具有一定的相关性，使腹部形成了一个以神阙为核心的诊治体系。

（四）机体稳态与腹针的关系

维持机体的稳态是医学界的共识。中医认为人体是有机的整体，在结构上不可分割，在生理上相互协调，在病理上相互影响，外病及里，里病显外。内脏系统的失衡和在体表的反应相关，这是中医的基本概念，即“有诸内必形诸外”。而疾病对机体的稳态影响，较大程度地表现在对腹部内脏内外环境的影响，亦即“腹者有生之本，百病根于此”，因此通过调整脏腑功能就可以治疗全身慢性病。外病及里，且伤之不深，当治以标，若病已久，则当标本同治。里病外显，其病在本则腹针治其本而标症悉除。

另外，从腹部的解剖实体来看，腹腔内大量的重要器官与前腹壁丰富的深动脉、浅动脉、静脉、淋巴管、肋间神经、腰神经等，为人体内脏的正常生理和向全身运行气血提供了丰富的物质基础，同时也为腹针对全身的调节提供了多层次的空间结构。在运用腹针施治时采用不同的深度去影响与刺激不同的外周系统，从而达到调节局部或整体的作用，以达到机体稳态。

（五）腹针的全息理论基础

生物全息医学理论认为，腹部作为一个全息元，其不同的特定部位之所以能诊断和治疗全身各主要经络和器官的病变，原理即是腹部特定区域与相应内脏组织具有生物学特性相似度较大的细胞群。从神经生理角度，以体壁内脏反射来解释体表特定部位对相应内脏器官病变的反应，一般认为，来自内脏的刺激冲动，影响到同一脊髓节段出入的躯体神经，引起相关体表部位的知觉过敏和痛觉过敏，据此腹部体表反映相应内脏器官的病变；当刺激腹部体表全息穴位时，神经冲动影响到同一脊髓节段出入的内脏神经，调节内脏器官的功能，从而起到治疗作用。

思考题

（1）耳穴的分布规律是什么?

（2）耳穴有哪些基本标志线和标志点?

（3）耳郭各部是如何分区的?

（4）重点耳穴的定位和主治如何?

（5）穴的刺激方法有哪几种?

（6）耳穴的选穴原则有哪几种?

（7）耳穴的作用原理是什么?

（8）头针的刺激部位共分为哪几个区？共有哪些穴线，其治疗作用分别有哪些?

（9）头针的手法操作有哪些特点?

（10）头针在临床中的适宜病种有哪些?

（11）眼针的分区有哪些，如何定位?

（12）眼针的操作有哪些?

（13）腕踝针的分区有哪些，治疗作用分别是什么?

（14）腕踝针的操作有哪些要求?

（15）腕踝针在临床中适用于哪些病种?

（16）腹针常用的穴位组合有哪些?

附 其 他

第一节 浮 针 法

浮针法是用一次性的浮针在局限性病痛周围的皮下疏松结缔组织进行扫散手法的针刺疗法，具有痛苦极小、无不良反应、见效快、适应证广等特点，是传统针灸学和现代医学相结合的产物。其优点在于疗效显著，每次只需要一两个进针点，治疗的次数大为减少，一般慢性病变 3 ～ 4 次即可。

一、针具

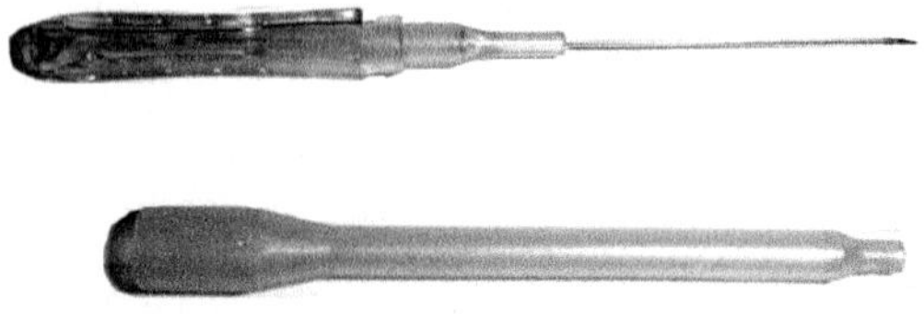

附图 1　浮针

浮针由不锈钢针芯、软套管及针座和保护套管构成。不锈钢针芯为 $OCr_{18}Ni_9$（或其他奥氏体不锈钢）材料制成，针尖呈斜坡形，可使浮针有足够的刚性以快速进入人体。其针座为聚丙烯，软套管材料为 Teflon 或 Vialon 等专门医用材料，此两者是浮针的主要结构，使浮针具有足够的柔软度以利于长时间留针。保护套管为聚丙烯，作用是保持无菌状态。

浮针的规格主要指针芯的粗细和长短。长短的规格主要有 24mm、32mm、40mm，而粗细的规格主要有 0.9mm、0.6mm、0.3mm。因留置体内的时间长，所有浮针都是一次性使用（附图 1）。

二、操作方法

1．体位选择

如体位选择不当，在施术过程中患者紧张，医生进针、行针不便，给患者造成痛苦。因此，治疗时必须根据治疗所选进针点的具体部位，选择适当的体位，以便患者放松，同时便于施术操作。

2．明确病痛点（MTrP）

MTrP：Myofascial trigger point，为肌筋膜触发点（简称激痛点）。

MTrP 特点：①软组织存在结节或条索，或仅仅是局部紧张；②在结节、条索或者局部紧张的部位上有定位明确的病痛点；③按压病痛点时可产生远离部位的疼痛；④通过病痛点按摩或注射等方法可减缓疼痛；⑤受累肌肉伸直受限或无力。

MTrP 类型：潜在性 MTrP 和活动性 MTrP，两者皆有疼痛，区别在于：在没有受压时，前者没有疼痛，而后者伴有疼痛。

明确 MTrP 是浮针疗法不可或缺的重要方面，初学者要用心体会，认真把握规律。

3. 进针点的选择

（1）小范围病痛进针点近，大范围、多痛点的则远。

（2）多数情况下，进针点选择在病痛部位上、下、左、右处，特殊的部位如在肋间，不必拘泥上下左右，可以斜取进针点。

（3）避开皮肤上的瘢痕、结节、破损、凹陷、突起等处，尽量避开浅表血管，以免针刺时出血。

（4）进针点与病痛处之间不要有关节。

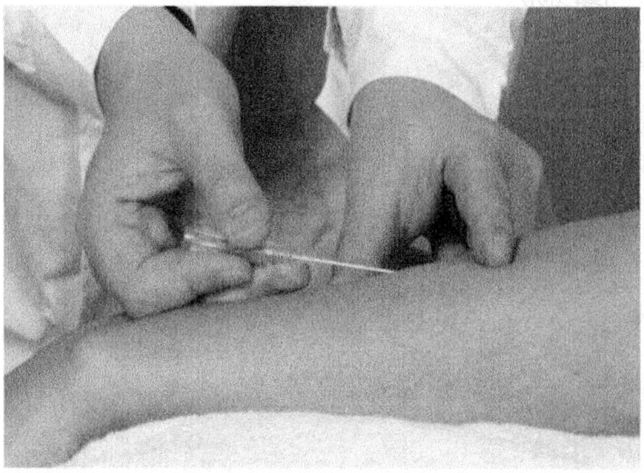

附图 2　浮针进针

4. 进针步骤

（1）消毒：用安尔碘消毒以进针点为中心，直径 10 ～ 15cm 范围内的皮肤。

（2）进针：右手持针操作，主要是以拇、食、中三指夹持针柄，状如斜持毛笔，食、中两指分别紧贴针芯座和软套管后座，针尖搁置在皮肤上，针体与皮肤夹角 15° ～ 25°，快速透皮，略达肌层（附图 2）。

（3）运针、扫散：进针后，将针退于皮下，再放倒针身，右手持针沿皮下向前推进。推进时稍稍提起，使针尖勿向下深入。针体完全平置进于皮下后，皮肤呈线状隆起。持针座使针尖作扇形运动，角度控制在 25° ～ 30°。扫散时以拇指为支点；动作要稳、匀、柔；每个进针点扫散时间一般为 2 分钟，次数为 200 次。

5. 留管

扫散后，抽出针芯，以胶布贴附于管座，固定留于皮下的软套管。留管时间为 5 ～ 8 小时，期间针刺局部保持干洁，防止感染；并嘱患者勿剧烈运动，若因针体移动，引起局部刺痛，可自行起管，告知患者起管时可能出血。

6. 起管

由患者自行起管。起管时按压进针点前方 1 ～ 2cm 的部位，防止出血；出管即刻按压进针点 3 秒（头部浮针按压时间要稍长）。

三、临床应用

浮针主要用于各种疼痛性疾患，也可用于内脏病症，如慢性头痛、颈椎病、肩周炎、网球肘、腱鞘炎、腕管综合征、腰椎间盘突出症、腰肌劳损、膝关节炎、踝关节陈旧性损伤、带状疱疹后遗痛、胆囊炎胆石症、慢性胃痛、泌尿道结石、附件炎、宫颈炎、痛经等。

四、注意事项

（1）患者过于饥饿、疲劳、精神紧张时，不宜立即针刺；常有自发性出血或损伤后出血不止者，或皮肤有感染、溃疡、瘢痕或肿瘤的部位，均不宜针刺；妇女怀孕 3 个月或 3 个月以上者腹部、腰骶部不宜针刺；小儿囟门未闭，头顶部勿针刺。

（2）针刺的部位一般应选在对日常生活影响较小的部位；对于腹部皮肤松弛的部位，要嘱患者少活动；且进针点与疼痛的部位之间不能有关节，否则效果较差。

（3）浮针器具只能一次性使用，同时要注意消毒。留针期间，应注意针口密封和针体固定，嘱患者避免剧烈活动和洗澡，以免汗液和水进入机体引起感染。

第二节 脐 针

脐针技术是在脐部周围针刺以治疗全身疾病的一种针灸技术。

脐，俗称肚脐，名神阙穴，又名气舍、维会、命蒂、前命门等，是奇经八脉之一的“任脉”上的一个重要穴位，位于腹中线脐窝正中，同时也是结构最特殊、定位最明确的腧穴，其特殊性及与机体联系的广泛性是其他任何体穴所无法比拟的。“神阙”被比喻为“元神之阙庭”。脐，又为五脏六腑之根，神元归藏之本，通五脏六腑并联系全身经络。“脐中”古代丹家谓之为“玄关一窍”，即“气舍”，是气会聚之所。人生后剪去脐带，则一点真元之气聚于脐下，为生命之根本。脐周分布九宫，以脐为中心的“太极图”阴阳相感，气血升降，生机周流不息，故气功家视为重地。神阙属任脉，而任脉又为阴脉之海，任、督、冲为“一源三歧”，故三脉经气亦相通，奇经八脉对十二经气血有蓄积渗灌等调节作用，因此“治脐”可影响五脏六腑、四肢百骸、五官九窍、皮肉筋骨。此外，从现代解剖来看，脐是腹壁最后闭合处，表皮角质层最薄，屏障功能最弱，且脐下无脂肪组织，皮肤筋脉直接相连，故敏感度高、渗透力强、通透性好，因而治疗功效显著。

神阙穴自古以来只灸不针，从晋代皇甫谧提出 13 个禁针穴到清代吴谦提出 34 个禁针穴，神阙穴都列其中。脐中禁针是因脐中深陷，皮皱多易隐藏污垢，古代无菌观念差，无法控制污染，且针具粗大，又不明解剖层次，致使脐中针刺后出现意外。现代针具精细，消毒严格，针刺深浅适当，脐环内无重要血管组织。只要严格操作规程，脐针是安全可靠的。

一、针具

选取一次性（0.30 ～ 0.45）mm×（15 ～ 25）mm 无菌针灸针。

二、穴位定位及主治

（一）脐的解剖标志

（1）脐芯：脐中央朝外凸出的瘢痕组织为脐芯。

（2）脐壁：脐孔周缘壁称为脐壁。

（3）脐谷：脐壁与脐芯相连的皮肤凹陷处称为脐谷。

脐针技术进针区主要在脐壁。

（二）定位

以脐中心引一水平线横过左右，再经脐中心引一垂直线延伸过上下任脉，即将脐分为 4 个象限。然后再将每个象限划分为 6 个时点，分别用“0、1、2、3、4、5、6、7、8、9、

10、11、12”的阿拉伯数字代表。0代表脐上、脐下，1～11分别代表头面、颈肩、上肢、胸肺心、肝胆、脾胃、肾、腰、下腹、下肢、足（附图3）。

（1）头面反射区：在脐上反射区两侧，主治头面部各种疾病。

（2）颈肩反射区：在脐时钟11：00～1：00脐壁处，主治相应部位疾病。

（3）上肢反射区：在颈肩反射区下方，主治相应部位疾病。

（4）胸肺心反射区：在10：00与2：00脐壁处，主治相应部位疾病。

（5）肝胆反射区：在（1～4）下方，主治相应部位疾病。

（6）脾胃反射区：在脐时钟9：00与3：00脐环处，主治相应部位疾病。

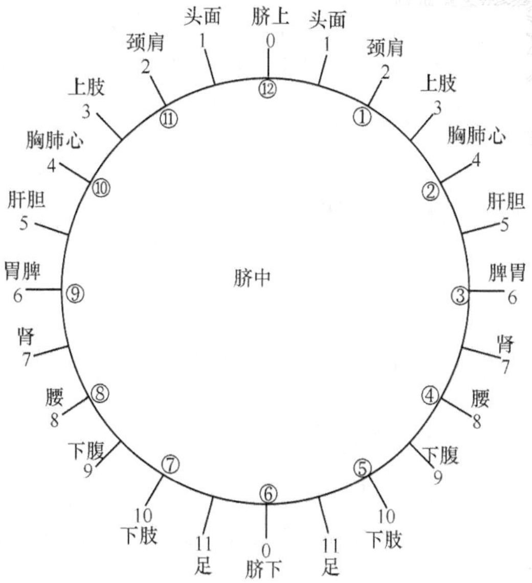

附图3　脐针穴位图

（7）肾反射区：在（1～6）下方，主治肾绞痛、肾输尿管结石、急性腰扭伤、慢性腰腿痛、大小肠疾病。

（8）腰反射区：在脐时钟8：00～4：00处，主治同肾反射区。

（9）下腹反射区：在腰反射区下方脐环内，主治相应部位疾病。

（10）下肢反射区：在脐时钟7：00与5：00脐环处，主治腿、下肢、膝部疾病。

（11）足反射区：在脐时钟6：00两侧脐环处，主治足、踝部疾患。

（12）脐上反射区：在脐环时钟12：00脐壁敏感压痛点处，主治上焦区疾病。

（13）脐中反射区：在脐正中，主治中焦区疾病。脐为先天中枢神经系统，属任脉，通督脉、冲脉、带脉。

（14）脐下反射区：在脐环时钟6：00处，主治下焦区疾病。

（15）脐上下五分：在脐中穴上下各5分，主治小儿囟门不合、肠鸣下利、水肿疝痛、妇科病、腹直肌痉挛等。

（16）脐上下左右各五分：在脐中上下左右各5分共4穴，主治各种神志病。

（17）脐中四边：脐中及其上下左右各1寸处，共5穴，主治一切小儿痉挛、急慢性肠炎、急腹痛、胃痉挛、水肿、消化不良。

三、操作步骤

（1）消毒：酒精严格消毒，尤其注意对脐窝消毒。对于脐孔较深、污垢较多患者，可用松节油去除污垢，再进行常规消毒。

（2）体位：一般采用仰卧位。

（3）进针法：一手固定脐周，一手持针快速刺入穴位，以脐芯为中心，放射性向外斜刺0.5寸左右，不要求行针手法和得气，一般留针10～20分钟出针。

（4）治疗顺序：脐针在临床治疗中，其顺序是先取症状、次取系统、再取疾病。即在治疗中脐针的定位进针首先针对患者最感痛苦的症状，比如急性腰扭伤，应先予以止痛。许多疾病往往因症状解除，疾病也随之消失。其次寻找疾病所属的系统，根据该系统在脐八卦全息律的对应关系，进行定位进针。

四、注意事项

（一）适应证

脐针疗法主要治疗痛症和相应解剖部位的病症。

（二）禁忌证

（1）小儿及妊娠妇女。

（2）休克、多脏器衰竭、脑卒中、急性传染性疾病、癌症晚期、恶病质、低蛋白水肿者。

（三）操作注意

（1）在一般治疗中不主张强刺激，因为脐部特别敏感，只要进针就能起到作用。但对于急性疼痛性疾病，可采用间断性强刺激。

（2）脐部术前常规皮肤消毒，对脐孔较深、污垢较多的患者，可用松节油去除污垢，再行常规消毒。冬季操作时应注意保暖。

（3）注意针刺方向和深度，避免伤及内脏。

第三节　筋针疗法

筋针疗法是刘农虞研习《灵枢·经筋》等有关经典理论，结合30多年针灸临床经验而研发的。它是在经筋理论指导下，遵循《灵枢·经筋》“治在燔针劫刺，以知为数，以痛为腧”的治则，采用“以痛为腧”为主法选取筋穴，应用筋针，浅刺皮下，无感得气，导气布津，舒经柔筋，适用于治疗经筋病（筋性痹病、筋性腔病、筋性窍病）的一种特殊针刺方法。该法具有取穴简捷、微痛无感、速效安全、简便易学的特点。

筋针遵循《灵枢·经筋》燔针劫刺之意，由古代九针之一的毫针改良而成。毫针，在古代应用最广，主要用于治疗寒热痛痹。《灵枢·九针十二原》曰：“毫针者，尖如蚊虻喙，静以徐往，微以久留。正气因之，真邪俱往，出之而养，以取痛痹。”古人对针刺痛痹针法非常重视，《灵枢·官针》中根据病位、病情提出了治疗五体（皮、肉、筋、骨、脉）痹等的刺法，如治疗皮痹的“半刺”、“毛刺”；治疗肉痹的“分刺”、“合谷刺”、“浮刺”；治疗筋痹的“恢刺”、“关刺”；治疗脉痹的“络刺”、“赞刺”、“豹文刺”；治疗骨痹的“短刺”、“输刺”；以及根据不同病情的“偶刺”、“报刺”、“齐刺”、“扬刺”、“直针刺”、“傍针刺”等法。《灵枢·经筋》还进一步阐明了针刺治疗筋痹的方法，即“燔针劫刺，以知为数，以痛为腧”。筋针疗法综合了“恢刺者，直刺傍之，举之前后，恢筋急，以治筋痹也”与“浮刺者，傍入而浮之，以治肌急而寒者也”等刺法的特点而成，是古为今用的一种特殊针法。

一、针具

筋针一般用不锈钢制成，为环柄短柄（20mm，便于活动），针尖较一般毫针钝些（避免刺伤皮下血管），规格有 0.30mm × 30mm、0.40mm × 30mm 两种最为常用，包装为单支带针管的筋针（附图 4）。

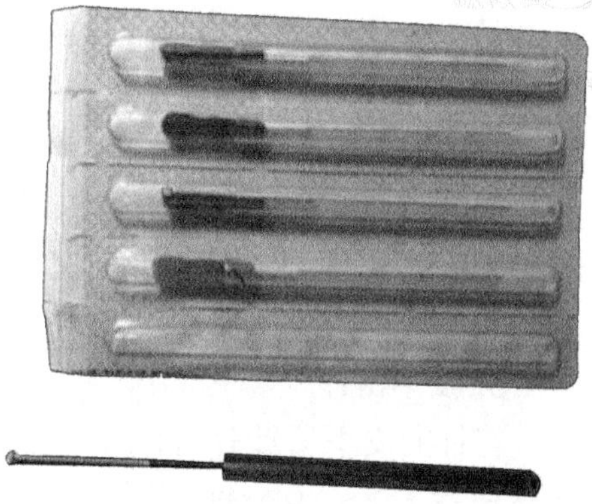
附图 4　筋针

二、操作方法

（一）操作前准备

针具多选择一次性消毒、并在有效期内的筋针。

穴区消毒与常规针刺稍有不同。筋针为皮下浅刺操作，操作时针身贴近皮肤平刺，故有时针身会接触皮肤，故筋针操作时，除所刺穴位处消毒以外，可能接触的皮肤部位也要消毒，如向左平刺时，穴位右侧的皮肤也需消毒。其他参照毫针消毒要求（针具器械、医者手指、诊室消毒等）。

（二）管针进针法

使用带针管的一次性筋针，操作时从包装中取出筋针，拿下固定栓，刺手拇食指捏持针管与针柄，固定筋针在管内而不滑落，然后将针管置于所刺穴位皮肤表面，押手持管固定，用刺手食指叩击或中指弹击针尾而使筋针进入皮下，取出针管即可。

进针后，将针稍退，有明显脱落感（针尖离开肌层或筋膜中的感觉），筋针平卧或斜卧于皮肤之上，根据病情需要，向病所沿皮下平刺 10 ～ 25mm。

（三）操作方法

1. 针刺方法

针刺方法一般分为纵刺法、横刺法两种（附图 5）。

纵刺法（顺逆平刺）：一般治疗筋病，针刺方向对准病所，即针尖指向病所，可循经筋走向纵行浅刺或顺肌肉纤维方向平刺。其适用于大多数筋病的治疗。

横刺法（垂直平刺）：筋病大多发生于关节部位，筋针的其中一个特点，留针时需配合活动，但有时纵刺法妨碍肢体运动，故将针向改为垂直于经筋循行方向或肌肉纤维走行方向沿皮平刺。这主要适用于关节部位病变之筋病的治疗。

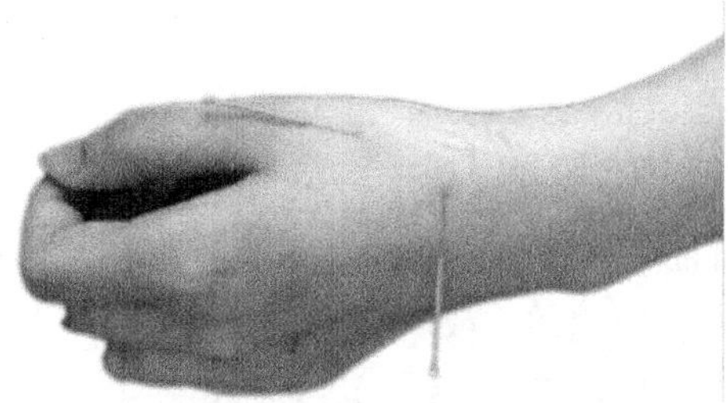
附图 5　筋针操作方法

2. 动静结合

经筋在生理上发挥“主束骨而利机关”的功能，病理上表现为疼痛、关节运动障碍，诊断时让肢体关节运动，可显露病位有助诊断，并可协助定取筋穴；而当治疗时，更需配合适当的肢体关节运动，可增进疗效，还可检验筋针疗效。

筋针治疗时，根据病情、病变部位，选择相宜的运动方式，一般筋病大多表现为运动受限，可根据患者病情，留针期间采用主动运动，如四肢关节、颈椎、腰椎病变等，根据关节的生理活动范围，进行相应的俯仰转侧、屈伸旋转等活动，动则有助调气舒筋，增强疗效。如神经损伤不能主动运动者，可适当配合被动运动；如胸腔、腹腔脏器病变时，可配合呼吸运动，激发经气。一般当沿皮浅刺达到要求时，活动可判断筋针效果，如疼痛减轻 50% 以上者，即可留针，嘱患者每隔 5 ～ 8 分钟作相应活动，如疼痛加重，可再行调整针刺方向，达到疼痛或牵扯痛减轻 50% 以上者，再留针；如无加重，则留针 10 ～ 20 分钟后出针。

3. 皮下留针

筋针的皮下留针有两种：一是在诊室治疗期间的留针，留针期间配合活动，增强效果，一般留针 15 ～ 20 分钟，每隔 5 ～ 8 分钟活动关节，并检验筋针效果；二是对顽固性筋病、反复发作无定时、针后难以维持疗效者，可延长留针时间，皮下留针 8 ～ 24 小时，患者可带针离开诊室，至规定时间自行起针，或待下次针刺时起针。留针前必须与患者解释清楚，并得到患者同意，留针时用适当大小的胶布固定，并嘱患者活动，确认留针不影响肢体活动，并无任何不适，方可允许患者离开诊室。留针期间，患部不可着水，以免感染。对胶布过敏者，不可使用本法。留针期间，如有任何不适，及时与医生联系，以便及时处理。

（四）出针

留针达到规定时间即可出针，出针时首先轻捻或轻提针柄，无紧涩感则向外慢慢退出，用消毒干棉球按压针孔片刻即可。如针下紧涩，可能因患者变动体位或体位不适，肌肉紧张所致，前者回复原来体位，后者用轻微循按拍打手法，放松肌肉，待针下出现空松感时即可退针。出针后要清点针数，避免筋针遗留体内发生意外。

筋针治疗一般隔 1 ～ 2 天 1 次，5 次为 1 个疗程。

三、临床应用

筋针具有宣导卫气、舒经柔筋等作用。主要适用于治疗经筋病证，兼治其他痹证。临床上主要应用于：筋性痹证（如颈项痛、肩臂痛、肘腕痛、背腰痛、膝踝痛等肌肉关节病症）、筋性腔病（如胸闷心悸、咳嗽气喘、胃痛便秘、小便异常、不孕不育等）、筋性窍病（如头痛眩晕、眼花喑哑、嗅觉失常、耳鸣耳聋等），以及筋病影响脉、骨、皮等病症。

四、注意事项

（1）筋针皮下浅刺时要避开血管，有时误伤血管而致皮下出血，可用消毒干棉球按压片刻止血。如出现皮下瘀斑者，一般不必处理，1 周左右自行消散，或用热毛巾热敷消瘀。

（2）筋针浅刺皮下，常被衣服或毛发遮盖，故出针时需清点针数，以免遗留。

（3）筋针留针期间带针活动，有时易致脱落，注意避免刺伤机体。

（4）有自发出血倾向或损伤后出血不止的患者，不宜使用筋针。

（5）年老虚证、初次筋针者，注意避免晕针。

第四节　反映点针灸

反映点针灸（acu-reflex point acupuncture，ARPA）是指以体表反映点为刺激靶点（穴位），根据“体表－内脏相关”、“体表－体表相关”、“体表－中枢相关”等交互反射为主要机制的针灸。它是在中医有关“内外交互反映”的经典理念及现代控制论、系统论的指导下发展起来的。《黄帝内经》等中医古籍的“有诸内者，必形诸外”的整体观，“内属脏腑，外联肢节”的经络体系，以及“以痛为输”或“阿是穴”的取穴法，都是反映点针灸的经典基础。但它又通过对自古至今临床上广泛应用的经穴、奇穴与各种新穴主治功能的收集、分析、整理、归类，对传统经络体系进行了去粗取精、去伪存真、化复杂为简单的重构，并且运用现代科学的知识，提出一个全新的针灸反射学理论，制作了反映点分布规律的彩色图谱。

回顾反映点针灸的发展史，它是金观源教授1972年最早提出来的。他通过大量的临床实践，总结出“刺准反映点中心，为穴位针刺之要”的理念。其实，应用反映点治疗疾病疗效肯定，也一直是现代针灸大师们的临床共识。1926年起，日本名医代田文志就采取压痛点艾灸。1962年，江西中医学院魏稼发表《“阿是”初探》。近、现代针灸大师焦勉斋、郑魁山等都十分注重针刺前的揣穴反应，而不拘泥于穴位的固定尺寸，他们在临床中常用的许多经验穴，其实都是反映点。1976年，金观源应用控制论阐释经络实质，在其著作《针灸与控制论》一书中首次提出反映点针灸的临床应用。1988年，中国卫生部的《医学信息报》曾就临床应用反映点针灸的卓著疗效作了专门报道。1990年，金观源受邀在旧金山第五届世界中医暨第一届国际气功大会上以“穴位分布规律的新理论”为专题，全面介绍了作为反映点针灸的基础理论——信息带理论（现称针灸反射区理论）。2004年，金观源在其著作《临床针灸反射学》中，提出“反映第一诀”（经、穴皆可失，反映不可无）。反映点针灸的真理性在国内外已经历了数十万人次针灸实践的检验。

一、反映点的概念

在近代以来的针灸临床中，经常出现用以描述穴位或刺激靶点性质的许多代名词，如反映点、反应点、敏感点、压痛点、良导点、有效点，还有触发点、激痛点及奇穴、新穴、阿是穴等，它们经常出现在各类文献报道或教科书中，但定义含糊，经常使读者难以区别使用。

严格说来，体表因为反射机制出现某种可以察觉反应的部位称为“反映点”或“反射点（reflex points）”。反映点也经常被称为“反应点（reaction points）”，但反应点的名称偏重于局部出现的反应现象，没有强调出现该反应的机理是反射，故不如反映点来得准确。当局部反应的性质主要是压痛时，则又称“压痛点（tenderness points）”。反应也可以是其他一些形式，如皮肤电阻降低，则又称为良导点。具有各种反应形式或对刺激过敏的部位，也经常统称为“敏感点（sensitive points）”。西方则应用“trigger point（激痛点、触发点或扳

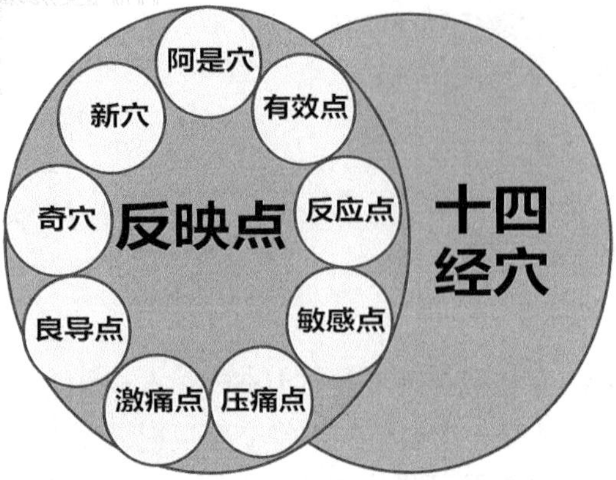

附图 6　多样化名称的反映点与十四经穴的关系

机点）”的名称。按激痛点的定义，它们是位于软组织主要是肌肉内的高敏感的区域，有局部压痛或刺痛、麻木、烧灼或痒的牵涉感觉。然而，在穴位的这些名称（附图 6）中，大多表述的都是穴位的某方面特性，如压痛点（敏感性）、良导点（低电阻）、激痛点或触发点（按压时可触发某处的牵涉痛或疼痛缓解），只有反映点或反射点最能确切地表述穴位的形成机制与受刺激时的治病机制，即体表特定部位与其所联系的内部器官或其他组织的双向反射性联系。

由于英语 reflex 一词既可以翻译为中文的“反射”，也可以翻译为“反映”，故反射点即是反映点；由密集成区、成片的反射点或反映点组成的所谓的反射区也可以翻译为反映区（reflex zone）。针灸中应用的反映点与反射点，其英文翻译也常用 acu-reflex point（ARP），复数为 acu-reflex points（ARPs）。针灸反射区或反映区则翻译为 acu-reflex zone（ARZ），复数为 acu-reflex zones（ARZs）。以反映点为刺激靶点的针灸，我们以反映点针灸称之，其英文为 acu-reflex point acupuncture（ARPA）。

最为重要的是，反映点揭示了穴位的本质，揽括了所有针灸刺激靶点（穴位）的特征，可以用于“收编”（解释与归纳）在传统针灸与现代针灸中应用的所有新、老穴位、有效点或激痛点。反映点的形成机制同时也揭示了针灸治病的主要机制。

二、反映点的识别与辩证

以下是对于识别反映点特别重要的四方面体表信息：

（一）皮肤温度

身体局部皮温升高还是降低，通常分别反映局部有炎症或血液循环差，这是临床诊治躯体病或确定反映点常见且最容易获取的体表反射信息。例如，关节炎急性期肤温明显升高，而血液循环较差的肢体摸上去发凉。然而，要充分利用肤温变化的信息，针灸医师对正常人体的肤温特点应有相当的认识。例如，自肌肉丰满的腰背部至腰骶部关节，通常皮温从上往下逐渐降低，若在腰骶部察觉有皮温的异常升高，也能确定局部有炎症的存在。为了确定患者体表局部皮温的变化，一个简便方法是针灸师以自己手掌的皮温作为参照系，对患者不同体表部位尤其是对称部位进行比较。由于身体两侧对应的关节或部位，经常不会同时患病，故针灸师可用自己的手掌覆盖患部，去比较患者两侧局部皮温的差异，来得出结论，也可以用手去比较局部与周围区域皮温的差异。

（二）局部软组织的外观与张力

另一个容易获取的体表反射信息是局部软组织的外观改变，如局部软组织的隆起或内陷，局部皮肤的颜色变化或脱屑等。它们既常见于躯体病变时，也见于内脏疾病。用肉眼可看出，原来下陷的部位可呈饱满感，而麻痹的肢体或病久的局部则有肌肉萎缩导致的内陷表现。当肉眼不易看出局部外观异常时，操作者可辅以指腹触摸检查，探测的范围可以不限于腧穴。因此，患者局部组织应完全放松，同时要选择适当的体位。当用手指触摸患者身体表面时，也可以察觉局部软组织张力的异常，如皮下的硬性结节或触摸时的空虚感等。常见的是存在于皮下组织或肌肉中的圆形或条形结节，如耳鸣、耳聋患者可以在翳风穴发现大而圆硬结，手掌腱鞘炎时局部发生的细小圆硬结等。某些肩痛患者虽然其上臂外侧局部外观无明显改变的高低变化，但触摸时仍能发现局部肌肉张力的增加，尤其当用指腹轻轻地沿着肌肉走向抚摩时可以察觉条形结节。这种条形结节很可能就是增粗或粘连的肌肉纤维。大量临床实践证明，患者局部软组织外观或张力有明显异常的部位，通常是针灸治疗优选的刺激部位，而且刺激时往往有较强的针感，疗效也较好。

（三）压痛或其他压觉

除上述两种反应外，在身体的一定部位出现压痛点或局部痛阈的降低，是针灸临床上最常见的体表反射信号。它可以单独出现，也可以与上述两种反应或者其一合并出现。其实，大多数上述反映点同时也是压痛点。

由于人体体表不仅能反映人体内部疾病状态的信息，也能反映人体内部正常机能状态的信息，故对于出现体表的各种反应，既有可能是病理性的，也有可能是生理性的，要仔细加以鉴别。这对于体表压痛点来说尤其重要，因为它们十分普遍地出现在身体体表，很难设定一定的标准，容易混淆。

当人体机能在正常范围内波动时，如在空腹或饭后、排便等情况下，足三里、地机等与消化系统有较密切关系的穴位的压痛程度也会稍有增加。另一方面，当躯体、内脏或中枢患病时，体表也会出现压痛点，即所谓的病理压痛点、病理敏感点或病理反映点。它们出现在体表的位置与上述生理压痛点的位置一般没有不同，如慢性消化系统疾病患者也可在足三里、地机处有压痛。但病理压痛点具有以下一些可以用来鉴别的特点：轻触即得；不具有两侧的对称性；经常与其他体表反应合并出现；按压时可诱发或缓解相关的病痛；压痛程度可以随疾病的变化而变化。

揣摸反映点时不仅可以出现压痛，也可以出现酸胀或其他感觉，包括舒服感觉，此时的反映点也称快感点。

（四）皮肤电阻

人体在正常生理活动时可以在体表皮肤上测出许多电阻较小、容易导电的点（区），即“良导点”。良导点上的痛觉、温度觉、血管的反应通常也特别敏感。大多数穴位都属于这样的点（区）。当在疾病状态时，体表反射区内穴位的皮肤电阻也会发生相应变化，一般是电阻变得更小，同时有痛阈的进一步减低。但是，临床上应用这一体表信息来指导针灸却并不顺利，因为它的获取容易受到患者体内外许多因素（如饮食、排泄、情绪波动、睡眠、运动、出汗等均能影响皮肤电阻。测试环境湿度、测试电极按压的轻重等都可以带来明显的测试误差）的干扰，使人难以辨别真假。一般说来，在体表微小反射区（如耳反射区）测定皮肤电阻的可重复性较高。

以上反映点的识别方法都可用于寻找与确定个体化的疾病反映点。

三、反映点（区）的分布规律

当全身体表作为一个整体来反映身体内外各部的状态时，我们称其为“身体反射区”。它可分为三大类：内脏反射区、躯体反射区和中枢反射区（反射区分布图详见数字化教材）。由于这三大类反射区同时存在于身体表面，在某些部位会出现局部重迭，该图谱既有表示其重叠的部分，也有单独按区图示的部分。

（一）内脏反射区

内脏反射区分为肺反射区，肠反射区，心反射区，泌尿生殖系反射区，胃食管反射区和肝、胆、脾、胰反射区 6 类。

1. 肺反射区

肺反射区可分为躯前区、躯后区和上肢区，主治肺与支气管疾患。

（1）躯前区：基本相当于肺脏在胸部的投影区，但稍扩展到除甲状腺部以外的颈前区。其上界在人迎 - 扶突 - 缺盆 - 云门；下界在巨阙 - 期门 - 大包。该区与分布于该部的心、胃、食管、肝胆脾胰反射区部分重叠。

（2）躯后区：位于上背部正中线及其两侧 3 寸内区域，其上界在大椎 - 定喘 - 肩中俞（平第 7 颈椎棘突下），下界在至阳 - 膈俞（平第 7 胸椎棘突下）。该区与分布于该部的心、胃、肝胆脾胰反射区部分重叠。

（3）上肢区：分布于前臂与上臂的掌侧或内侧，主要沿该部的肺经，但扩散到心包经的部分循行线路。该区与分布于前臂的心、胃反射区部分重叠。

2. 肠反射区

肠反射区可分为躯前区、躯后区和下肢区，主治肠疾。

（1）躯前区：位于中、下腹部，相当于大、小肠在腹部的投影区，其上界在中脘 - 阴都 - 梁门 - 腹哀 - 章门，下界沿关元 - 气穴 - 水道 - 维道 - 五枢。该区与分布于该部的胃、生殖泌尿系反射区部分重叠。

（2）躯后区：有上下两个十分靠近的区域：上区与下区。上区，其上界在中枢 - 胆俞 - 阳纲（平第 10 胸椎棘突下），下界沿命门 - 志室。该区与分布于该部的胃、泌尿生殖系反射区部分重叠。下区，其上界在腰阳关 - 大肠俞（平第 5 腰椎棘突下），下界沿长强 - 会阳 - 秩边。该区与分布于该部的泌尿生殖系反射区部分重叠。

（3）下肢区：可分为下肢前内侧区与腘窝区。下肢前内侧区，主要分布于膝以下至足部分。该区与分布于该部的胃反射区部分重叠，但范围要大得多。腘窝区，主要包括膀胱经的浮郄、委阳、委中、合阳，与上述下肢前内侧区连成一片。该区与分布于该部的泌尿生殖系反射区部分重叠。

3. 心反射区

心反射区分为躯前区、躯后区、上肢区和前额区。主治心脏疾患或胸痛。

（1）躯前区：两侧胸部均有分布，但以左侧心前区为主，其上界在璇玑 - 俞府 - 气户 -

云门一线，下界在鸠尾 - 步廊 - 乳根 - 食窦一线。该区与分布于该部的肺、胃、食道、肝胆脾胰反射区部分重叠。

（2）躯后区：居于上背部正中，为由身柱、厥阴俞、神堂、譩譆、至阳围成的区域，形如扑克牌里的红心状。该区上界在第 3 胸椎棘突下水平，下界在第 7 胸椎棘突下水平。该区与分布于该部的肺、胃、肝胆脾胰反射区部分重叠。

（3）上肢区：分布于前臂与上臂的掌侧或内侧，主要沿心经、心包经循行区域。在前臂及手掌，该区与胃反射区部分重叠。在前臂，该区与肺反射区部分重叠。

（4）前额区：在前额正中部，上界为神庭，下界为印堂 - 攒竹。该区与分布于该部的胃反射区部分重叠。

4. 泌尿生殖系反射区

泌尿生殖系反射区分为躯前区、躯后区和下肢区，主治泌尿生殖系疾患。

（1）躯前区：相当于泌尿生殖器主要是膀胱、子宫在下腹部正中的投影区，其上界在水分 - 天枢，下界沿曲骨 - 横骨 - 气冲。该区与分布于该部的肠反射区部分重叠。

（2）躯后区：包括上下两个区域。一是两侧以脾俞、三焦俞、肾俞、志室、意舍围成的对称区域，上界是脾俞 - 意舍（平第 10 胸椎棘突下），下界在命门 - 肾俞 - 志室（平第 2 腰椎棘突下），该区相当于双侧肾脏在后背的投影区。二是在腰骶部正中，是以腰阳关、腰俞与双侧小肠俞、腰宜、膀胱俞、中髎围成的倒三角区，该区上界在腰阳关 - 大肠俞（平第 4 腰椎棘突下），下界在腰俞 - 会阳 - 白环俞 - 秩边一线。该区与分布于该部的胃、肝胆脾胰反射区部分重叠。

（3）下肢区：又可分为腹股沟区、会阴区、下肢内侧区、腘窝区及下肢外侧区。

1）腹股沟区：该区与下腹部的反射区及会阴部的反射区连成一片。该区与分布于该部的肠反射区部分重叠。

2）会阴区：该区以任脉的会阴穴为中心，可与腹股沟区相连接。

3）下肢内侧区：该区的膝以上部位沿脾经、肝经循行线路分布，膝以下部位沿脾经、肾经、肝经循行线路分布。其中泌尿系反射区以肾经循行部位为主，扩散到脾经、肝经，生殖系反射区沿脾经、肾经为主，扩散到肝经。该区以箕门为上界。该区与分布于该部的胃、肠反射区部分重叠。

4）腘窝区：该区主要包括的穴位有膀胱经的浮郄、委阳、委中、合阳。该区与上述下肢前内侧区连成一片，并且与分布于该部的肠反射区部分重叠。

5）下肢外侧区：位于沿胆经循行的大腿外侧中段。当子宫因生理或病理原因扩大或前列腺肥大刺激腰骶部时，经常可以在该区出现反映。

5. 胃、食管反射区

胃、食管反射区可分为躯前区、躯后区、上肢内侧区、下肢前内侧区和前额区。主治胃疾。食道反射区在上肢、躯后部及前额部与胃反射区完全重叠，躯前部与胃反射区部分重叠，而不分布于下肢。

（1）躯前区：该部的胃反射区以下胸部及上腹部正中为主，其上界在膻中 - 步廊 - 不容 - 期门，下界在神阙 - 肓俞 - 滑肉门 - 腹哀一线。胃反射区向上延伸是食管的反射区，后者以胸骨为中心，相当于食管在胸前壁的投影区。该部的胃、食管反射区有小部分重叠，而且均与分布于该部的心、肺、肠反射区部分重叠。

（2）躯后区：位于背腰部正中线及其两侧旁开 3 ~ 4 寸的区域，其下部较上部较宽，甚至可以旁开正中线4.5寸。上界在神道 - 厥阴俞 - 膏肓（平第 4 胸椎棘突下），下界在命门 - 肾俞 - 志室（平第 2 腰椎棘突下）。该区与分布于该部的心、肺、肠、肝胆脾胰反射区部分重叠。

（3）上肢内侧区：该区与心包经循行线路一致，上界位于曲泽。在前臂，该区与心、肺反射区部分重叠；在手掌，该区与心反射区部分重叠。

（4）下肢前内侧区：分两个区域：一是位于小腿上段；二是位于足背内侧。这两个区域与分布于该部的肠反射区部分重叠，但范围要小得多。

（5）前额区：在前额正中部，是由印堂 - 攒竹 - 阳白 - 额中围成的区域；上界为额中，下界为印堂 - 攒竹。该区与分布于该部的心反射区部分重叠。

6. 肝、胆、脾、胰反射区

肝、胆、脾、胰反射区可分为躯前区、躯后区、下肢区和面区，主治肝、胆疾患。

（1）躯前区：该部的肝、胆反射区主要分布于右上腹，脾反射区主要在左上腹，胰腺反射区则主要在上腹正中剑突下，它们分别相当于各脏器在上腹部的投影区。该区的上界在鸠尾 - 乳根，下界在建里 - 关门 - 章门下方。主治胰腺炎的穴位大致同该部胃反射区内的穴位。该区与分布于该部的胃、食管、肺、肠反射区部分重叠。

（2）躯后区：可分成背部正中及其两旁区与肩胛区两个区域。背部正中及其两旁区：其上界在神道 - 膈俞，下界在脊中 - 三焦俞 - 肓门 - 痞根。肝、胆反映点多在右侧；脾、胰反映点多在左侧。该区与分布于该部的心、肺、胃反射区部分重叠。肩胛区：沿该部的小肠经分布，主要是胆反射区。

下肢区：可分为小腿外侧区、足外侧区、小腿与足内侧区三个区域。

小腿外侧区：该区在小腿上段外侧，主要沿胆经分布。该区主要用治胆囊炎、胆石症，故也可称为胆反射区。

足外侧区：该区沿该部的胆经分布。主要为胆反射区。

小腿与足内侧区：该区沿肝经分布为主，也扩散到脾经与肾经。该区多用于治疗肝炎与黄疸，故该区也可称为肝反射区。该区与分布于该部的胃、肠、泌尿生殖系反射区部分重叠。

面区：由胃经的四白、大肠经的迎香与奇穴鼻交（以指从眉心沿鼻往下按，至鼻骨高处微凹陷中）围成的区域。临床用于治疗胆道蛔虫症、黄疸等。

（二）躯体反射区

躯体反射区可分为躯体前区、躯体侧区和躯体后区。躯体反射区中以居于阳面的侧区与后区最为重要。临床上常见的运动器官疾病或损伤多发生在这些部位或在该两区中出现反映，它们用于治疗躯体性病痛时也往往疗效较佳。

（1）躯体前区：分布于前额、面部、颈前部、前胸、前腹、下肢前内侧、上肢屈侧的体表。在头面与颈部，其与躯体后区的分界线是上星 - 五处 - 目窗，与躯体侧区的分界线是本神 - 头维 - 下关 - 颊车 - 扶突 - 天鼎 - 巨骨；在躯干与下肢，其与躯体侧区的分界线基本沿胆经的前缘；其与躯体前区的分界线在大腿沿肾经的后缘，在小腿是委中 - 合阳的外侧，膝关 - 地机 - 中都 - 漏谷 - 筑宾 - 复溜 - 太溪 - 水泉的后缘。在上肢，其与躯体侧区的分界线是沿大肠经的桡侧；其与躯体后区的分界线在前臂是沿心经的后缘，在上臂是沿三焦经的尺侧。

（2）躯体侧区：分布于整个身体的侧面体表，其与躯体后区的分界线在头、颈后部、肩部及上肢，沿胆经、三焦经后缘，在躯干沿腋后线，在下肢沿胆经后缘。其与躯体前区的分界参见前节中的有关描述。

（3）躯体后区：躯体后区分布于头、颈、躯干、下肢的后侧面，上肢伸侧的尺侧部分体表，其与躯体前、侧区的分界线参见前述两节中的有关描述。

（三）中枢反射区

中枢反射区可分为身体中线区、身体边缘区和头皮区。刺激中枢反射区对于中枢神经系统、下丘脑 - 垂体对自主神经和内分泌系统的控制、全身的免疫系统、体温调节等都有明显的作用。

1. 身体中线区

（1）躯干、头、颈后中线区：躯干、头及颈部后正中线及其旁开 0.5 ～ 1 寸处。

（2）躯干、头、颈前中线区：躯干、头面及颈部前正中线及其旁开 0.5 ～ 1 寸处。

2. 身体边缘区

身体边缘区多用于治疗中枢神经或精神性疾患。

（1）头部边缘区：沿前、侧面的发际及耳后区分布。

（2）肩、颈外侧区：沿大肠经与胆经分布。该区与头部边缘区相连接。

（3）躯干边缘区：大致沿腋中线与腋前线之间分布。

（4）上肢边缘区

1）上臂、前臂外侧区：主要沿大肠经分布，该区与躯干边缘区及手边缘区相连接。

2）上臂、前臂内侧区：主要分布于该部小肠经与心经之间的区域，该区与躯干边缘区及手边缘区相连接。

3）手边缘区：位于手掌与手背交界面及全部手指、指蹼处。

（5）下肢边缘区

1）大小腿外侧边缘区：在大腿沿胆经分布，在小腿沿胆经及其与膀胱经之间区域分布。该区与躯干边缘区及足边缘区相连接。

2）大小腿内侧边缘区：在大腿沿肾经后缘分布，在小腿与足分布于脾经与肾经之间区。该区与足边缘区相连接。

3）足边缘区：位于足底与足背的交界面及全部足趾、趾蹼处，在足部外侧沿膀胱经分布，在足部内侧则沿肾经分布。

3. 头皮区

头皮区，即头皮针或头针疗法所应用的刺激部位。它分布于头发覆盖区，其分区大致与大脑皮层的功能定位相应，其详细分区参见有关头针疗法的专著。

四、反映点的寻找

因为反映点的出现可以因人而异、因病而异，所以反映点针灸是一种完全个体化取穴的针灸模式。

首先要熟悉反映点最容易出现的身体部位。一般来说，身体最为敏感与灵活的部位，应该是反映点最容易出现的地方，如四指末梢、感觉器官与灵活关节部位。临床最常用与重要的穴位大都聚集在腕、踝、膝、肘，还有掌（跖）指（趾）关节附近，就是与此原则相一致的。

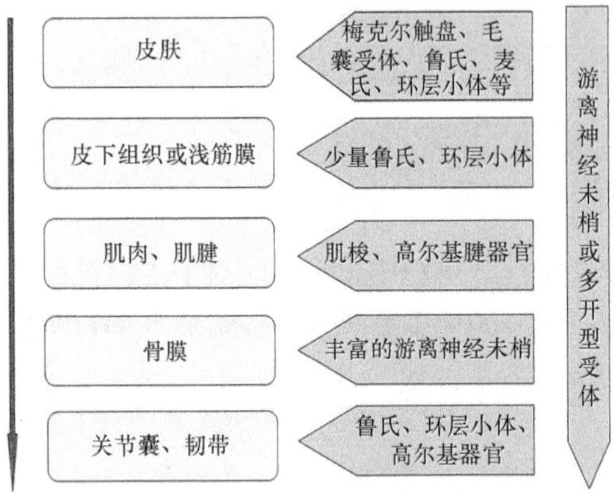

附图7　反映点出现的组织层次及其感受器

其次，当在体表某一部位发现反映点时，还必须进一步确定它出现的组织结构，或者说它出现在体表组织结构的哪一个层次：是在皮肤、皮下组织、筋膜、肌肉、骨膜或关节腔（附图7），其显示了反映点可能由浅入深出现在体表组织的五个层次及其分布的相应感受器。例如，针灸的刺激靶点激痛点，就属于位于肌肉或肌筋膜层次的局部躯体反映点（附图7）。

再次，不同表现的反映点也经常有自己的特点。如以压痛为主的反映点容易在紧张性较高的组织结构上检测出来，而以肿胀或硬结为主的反映点容易在松弛组织结构部位检测出来。

寻找反映点思路大致有如下五种：

（一）按经脉的体表线路寻找

临床上寻找反映点，最简单的方法就是在传统穴位及其附近仔细触摸，发现“反映”而定之。此时看起来是取传统穴位，但其实是在取反映点。在这种情况下，反映点就在传统穴的位置，传统穴位的位置变成了该反映点的坐标。但强调了一个新的理念，必须以确定是否有反映来决定是否用这个穴位，或以穴位附近的反映位置来代替传统位置。此外，还有许多反映点不在传统的或已知位置的情况，那就是新穴了。“经、穴皆可失，反映不可无”的“反映第一诀”，就是强调在传统穴位上寻找反映点的重要性。

（二）在相应身体反射区内寻找

身体的三大类反射区分布规则，一目了然，且与西医解剖名称相应，易学易记，临床应用极为方便，可帮助快速寻找反映点。由于身体反射区包含了经典的十四经穴、所有的经外奇穴、至今为止在身体上发现的大多数新穴，因此在相应身体反射区内寻找反映点，实际上已经包括了传统的循经取穴法。

（三）在患病局部或邻近组织寻找

患部局部体表组织是最常见反映点的部位。内脏疾病可以在胸腹与腰背出现反映点，躯体关节或软组织病变在局部出现反映点那就更明显了，经常就是其症状的一部分。中枢性疾病的反映点可以经常出现在头皮区或脊柱附近。对于肌筋膜疼痛性疾病，可以在同一肌肉邻近部位出现阿是穴（激痛点）。以查找位于受累肌肉或邻近相关肌肉上的激痛点为目标，也是寻取反映点的途径之一。

（四）在同节段神经支配区寻找

躯体或内脏性疾病受累器官的同节段神经支配区是反映点常见的部位。附表1总结了主要内脏牵涉痛投射至体表的部位，可供寻找反映点时参考。

附表1　常见内脏牵涉痛的部位和压痛区

内脏	受涉原因	体表疼痛部位
心脏	心绞痛	心前区、左肩前、左上肢尺侧
胃	胃炎、胃溃疡	左上腹、肩胛间区
胃贲门	炎症或扩张性刺激	肩部
食管	食管炎	胸骨部与左肩前区
横膈	持续痉挛或压迫性刺激	肩部
胰腺	胰腺炎、胰腺癌	左上腹、肩胛间区或后背腰带环绕部
肝、胆囊	肝癌、胆囊炎、胆结症	右上腹与右肩胛部
肾	肾结石	下腹部、腹股沟区、腰部
输尿管	输尿管绞痛或扩张性刺激	腹股沟区、睾丸部
阑尾	阑尾炎	上腹部或脐区
结肠	结肠炎	下腹部
小肠	肠炎	上腹部或脐区
子宫颈、膀胱、前列腺、尿道、睾丸、精囊	相应病变或妊娠使其体积增大或受扩张性刺激	自一侧骶部至大腿内侧或大腿前外侧下方

（五）在躯体对称区或对应区内寻找

在身体体表左右对称或上下对应部位之间存在相互反射。从身体上下部位的对应来看，肩关节对应髋关节，膝关节对应肘关节，腕关节对应踝关节，掌指关节对应跖趾关节，肩胛部对应臀部，上臂对应大腿，前臂对应小腿，手对应足等（附图8）。这些解剖部位的对应，经常可以用上下肢的一些穴位相应来表述，如天宗相应于环跳，肩井相应于居髎，曲池相应于阳陵泉，手三里相应于足三里、合谷相应于太冲等。

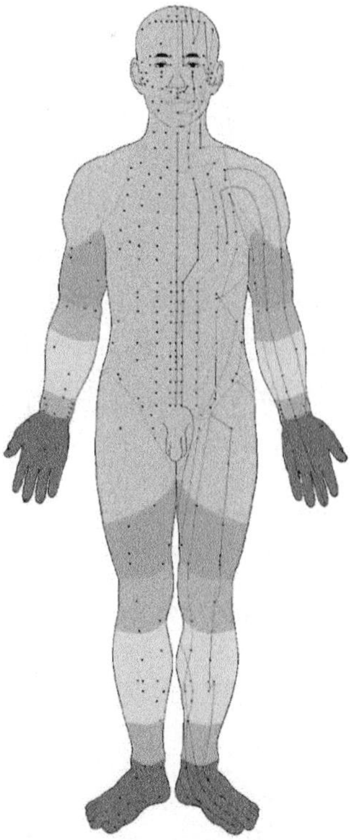
附图8　躯体对称区和对应区

通过以上途径寻找反映点时，最简便的方法，是医者通过自己的手在这些部位仔细触摸与按压，并且通过仔细观察，或与对侧相应部位或周围部位作比较。这既可以帮助区别反映点与非反映点，也可以帮助区别病理反映点与生理反映点。当然，有条件时也可以用仪器来“延长”自己的手或“放大”自己的触觉或视觉。如一些经络探测仪（主要是测电阻），压痛计（检测压痛程度）或红外成像仪（检测体表温度的变化）。

在发现可疑的反映点之后，还须鉴别该反映点究竟是病理反映点还是生理反映点（参见前文）。但很多情况下，还要通过观察其刺激时的反应或刺激后的效果才能最后得出结论。

五、反映点的刺激方法

传统穴位上应用的各种类型物理刺激（包括针灸、电刺激等）均可以用于反映点。针刺方法也与一般的穴位刺激相同，但要注重四点：一是刺激的结构层次要与出现反映信息的层次相同，而且要尽量刺准反映点的反映中心，许多躯体性疼痛患者，患部“阿是穴”的反映中心被刺准时，经常会告诉你“痛就在这儿”，这种患者针后多能立即见效。二是可以选择不同的针具或手段来刺激位于不同组织层次的反映点。如应用七星针（加或不加火罐）刺激位于皮肤层次的反映点；应用较长的毫针刺激位于皮下组织的反映点；应用不同长度的毫针刺激位于深浅不一的肌肉或肌筋膜上的反映点（如激痛点）等。三是因为反映点的敏感性高，一般无需过强的针刺手法，即不过度做捻针或提插手法，就会有较强的针刺反应与较显著的治疗效果。四是反映点的位置及其表现会随着治疗而变动。刺激后原先的位置会发生移动或其阳性表现逐渐随着疾病的好转而消失，因此每次治疗前要重新确定刺激靶点，并且以消除反映点上的各种阳性表现为观察指标之一。治疗上可以采取追踪刺激法，治疗至多数反映点转变至正常为止。

由于针刺反映点时经常会有较为强烈的得气现象或针刺感觉，一定要根据患者体表的敏感性调节针刺强度，对于敏感性高（如年轻患者或女性患者）或体力虚弱者或非疼痛性疾病患者，刺激宜轻，而对于敏感性低（如老年或男性）或体力强壮及疼痛性疾病患者，刺激可适当增强。

六、反映点针灸的作用特点

一般来说，不论是病理性或生理性反映点，都具有较为敏感的特性。即使较轻微的刺激或不用特殊的手法就有较强烈的“得气”（局部肌搐动）、针感（针刺时）或热感（艾灸时）及其感传。当刺激到病理性反映点时，针灸感传很容易“气至病所”，这称为“针感的趋病灶性”。大量实践证明，以动态出现在体表的反映点为靶点实施针灸，其瞬时疗效或长期疗效均要比针灸刺激非反映点的其他部位（不论是否经穴）效果显著。附表 2 列举了临床针刺反映点与非反映点时各方面（针感强度、得气或局部肌搐动反应、气至病所、所需的刺激强度或特殊手法，瞬时疗效与长期疗效，还有针刺效应的特异性等）的比较。

传统针灸的所有适应证都是反映点针灸的适应证。

附表 2　反映点与非反映点作用的比较

刺激部位	针感程度	得气或肌搐动反应	气至病所	所需刺激强度	所需特殊手法	瞬时疗效	长期疗效	特异效应
反映点不论是否是经穴	+++	+++	+++	+	-	+++	+++	+++
非反映点但是经穴或奇穴	++	++	+	++	+	+	++	++
非反映点、非经穴、非奇穴	+	-	-	+++	+++	-	+	-

下篇 实训部分

针灸技能实训指导

实训一　针刺基本功训练

一、实训目的

（1）掌握练针法的基本操作技术。

（2）熟悉毫针的基本结构和规格；熟悉练针法的基本知识。

二、实训器材

各种规格的毫针、消毒棉球、酒精、针盘、镊子等，学生自备棉团、纸垫、纸板。

三、实训内容与步骤

（1）纸垫练针法：一手持纸垫，另一手拇、食、中三指持针柄，针尖垂直抵于纸垫后，三指交替均匀、快速地捻转针柄（150 次 / 分），同时手指向下施加一定的压力，待针尖刺透纸垫后，边捻转边退针，拔针后另换一处再练习。

操作流程：

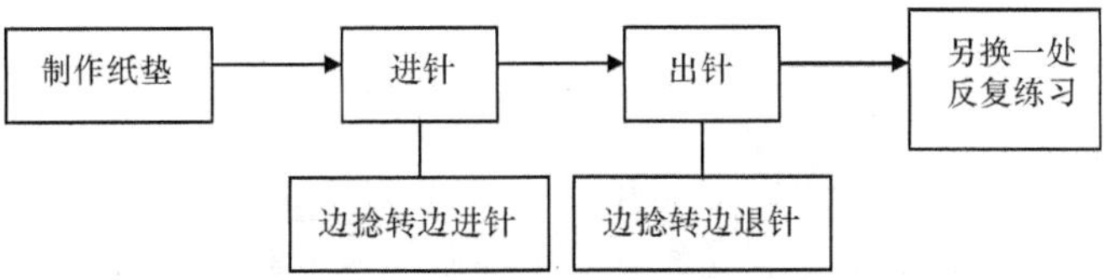

技术要领：持针稳固，手臂悬空；针身垂直，不摇不弯；进退轻巧，灵活自如。

（2）棉团练针法：一手拇指与其余四指张开捏持棉团下部，另一手拇、食、中三指持针柄，将针垂直刺入棉团一定深度后，在原处沿纵轴作上提下插动作（80 ～ 120 次 / 分），或作提插与捻转的配合练习。

操作流程：

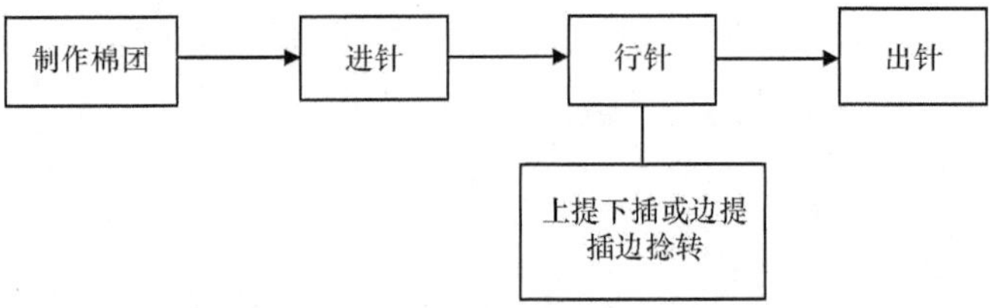

技术要领：针身垂直，不摇不弯；动作协调，灵活自如。

四、注意事项

（1）提插、捻转时，用力均匀一致。

（2）提插幅度保持一致（5 ～ 10mm），提插频率快慢适中。

（3）初学者可先用 1.0 ～ 1.5 寸毫针练习；当指力达到一定程度后，可改用 2.0 ～ 3.0 寸毫针练习。

五、实训记录

按下表将实验内容如实地加以记录。

练针法	针具规格	行针手法	操作记录
纸垫练针法			
棉团练针法			

六、实训考评

项目	项目总分（分）	操作要求	得分
纸垫练针法	40	持针姿势正确（5 分）	
		捻转手法正确（15 分）	
		捻转手法熟练（20 分）	
棉团练针法	60	持针姿势正确（5 分）	
		提插、捻转手法正确（15 分）	
		提插手法熟练（20 分）	
		提插、捻转配合熟练（20 分）	
总分	100		

实训二　毫针进针法训练

一、实训目的

（1）掌握持针法、进针法、针刺角度、留针法、出针法的基本操作技术。

（2）熟悉持针法、进针法、针刺角度、留针法、出针法的基本知识。

二、实训器材

各种规格的无菌毫针、消毒棉球、酒精、针盘、镊子等，学生自备纸垫、棉团。

三、实训内容与步骤

（一）持针法

持针法，是术者操持毫针，保持其端直坚挺的方法。持针的方法常用的有二指、三指、四指持针法、持针身法和两手持针法 5 种。临床上无论采用哪一种持针方法，都必须保持针体端直坚挺，防止针身弯曲。

（1）二指持针法：刺手拇指、食指末节指腹挟持针柄，针身与拇指呈 90° 角。

（2）三指持针法：刺手拇、食、中三指末节指腹挟持针柄，拇指在内，食、中指在外，三指协同持针。

（3）四指持针法：刺手的拇、食、中三指末节指腹挟持针柄，无名指指腹抵住针身，保持针身垂直。

（4）持针身法：刺手拇、食指末节指腹捏一消毒干棉球，裹住针身下段，针尖露出 1～2 分。

（5）两手持针法：刺手拇、食、中三指末节指腹持针柄，押手拇、食指捏一消毒干棉球挟持针身下段，针尖露出 1～2 分。

（二）进针法

进针法是将毫针透过皮肤，刺入腧穴皮下的方法。进针是毫针刺法的重要环节，进针顺利不痛，可以增强患者对针刺治疗的信心；进针困难疼痛，将增加患者的畏针情绪，影响针刺疗效。进针的方法很多，以单手、双手区分，有单手进针法和双手进针法；根据进针速度的快慢区分，有快速进针法和压针缓刺法；此外，还有借助针管进针的管针进针法。

1. 单手进针法

（1）夹持针柄进针法：选用合谷穴，使用 1～1.5 寸毫针。

操作流程：

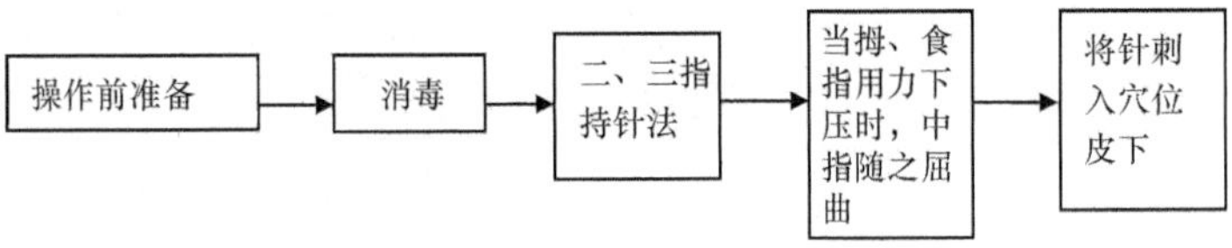

技术要领：食指用力下压时，中指随之屈曲。

（2）夹持针身进针法：选用曲池穴，使用 1.5 寸毫针。

操作流程：

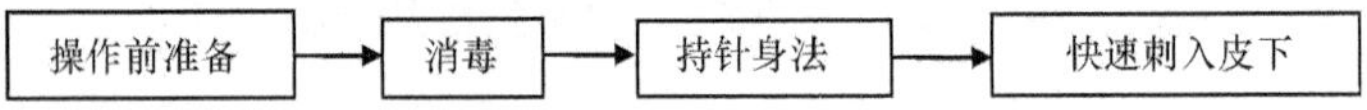

技术要领：运用指力、腕力将针快速刺入。

2. 双手进针法

（1）爪切进针法：选用合谷、曲池、足三里、阳陵泉等穴，使用 1～1.5 寸毫针。

操作流程：

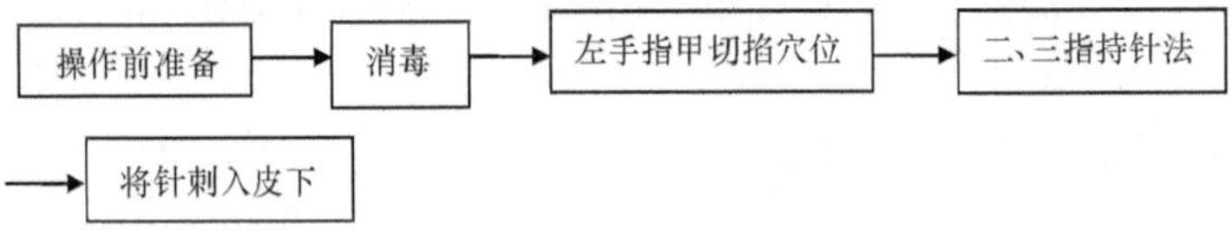

技术要领：左手切掐宜重，右手顺左手指甲缘施力压入皮下。

（2）夹持进针法：选用环跳穴，使用 3 寸以上长针。

操作流程：

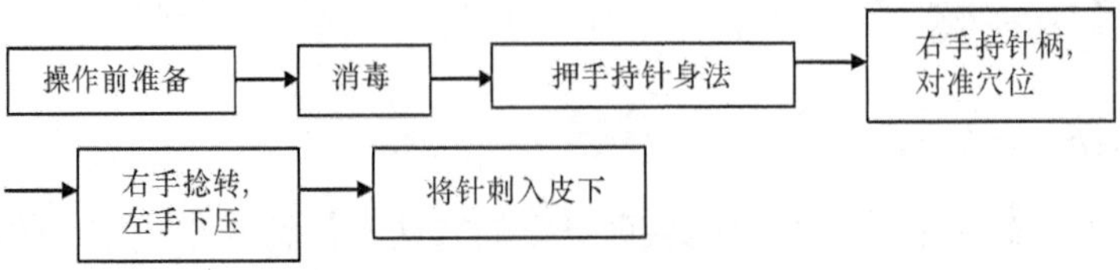

技术要领：右手捻转，左手紧捏针身下压，两手同时用力。

（3）舒张进针法：选用天枢穴，使用 1.5 ～ 2 寸毫针。

操作流程：

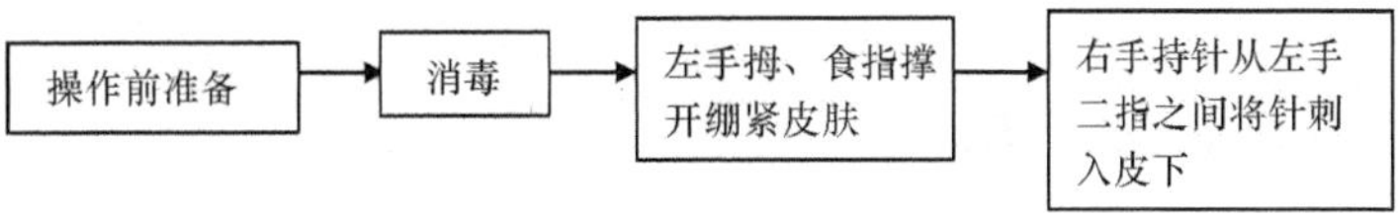

技术要领：左手绷紧皮肤，右手持针刺入。

（4）提捏进针法：选用印堂穴，使用 1 ～ 1.5 寸毫针。

操作流程：

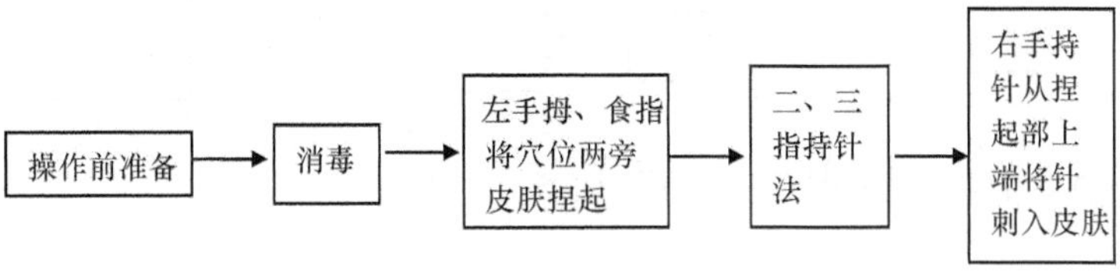

技术要领：左手捏起皮肤，右手平刺或斜刺（15° ～ 30°）进针。

3. 管针进针法

选用手三里穴，使用 1.5 寸管针。

操作流程：

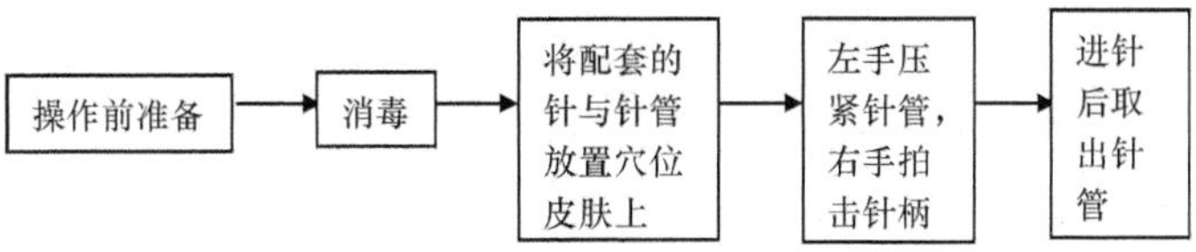

技术要领：左手压紧针管，右手食指准确拍击针柄。

4. 快速进针法

选用外关穴，使用 1 ～ 1.5 寸毫针。

操作流程：

技术要领：快速刺入。

5. 压针缓刺法

选用天突穴，使用 1 寸毫针。

操作流程：

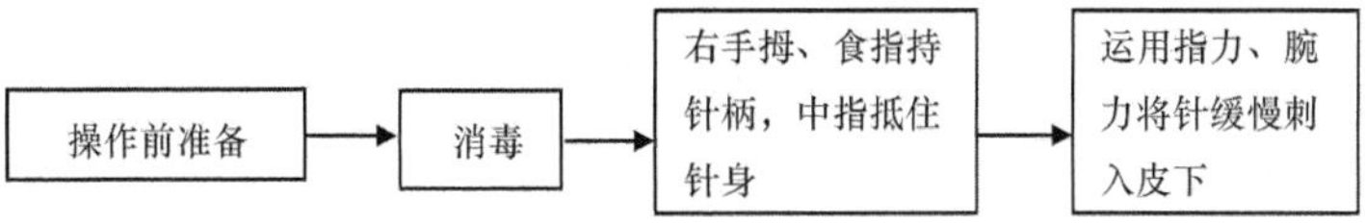

技术要领：运用右手拇、食指指力和腕力缓慢将针刺入皮下。

（三）针刺角度

1. 直刺

取合谷穴，用爪切进针法，将针体垂直刺入皮肤，针体与皮肤呈 90° 角。

操作流程：

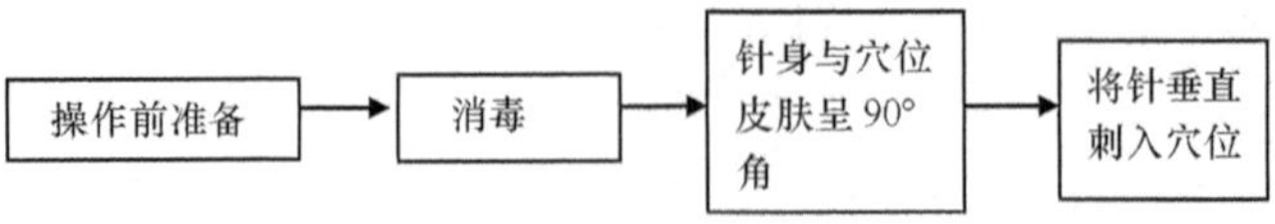

技术要领：针身保持垂直不弯。

2. 斜刺

取风门穴，用单手进针法，将针体与皮肤呈 45° 角，倾斜刺入皮下。

操作流程：

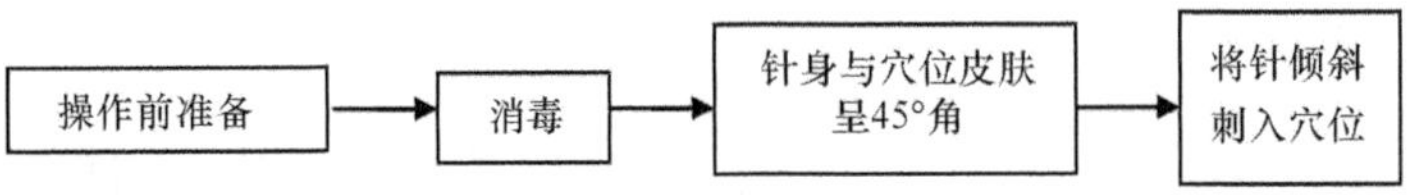

技术要领：针身倾斜角度呈 45°，针体不弯。

3. 平刺

（1）取百会、神庭穴，沿皮下进针，平刺腧穴，使针体与皮肤呈 15° 角。

（2）取印堂穴，用提捏进针法，沿皮下进针，平刺腧穴，使针体与皮肤呈 15° 角。

操作流程：

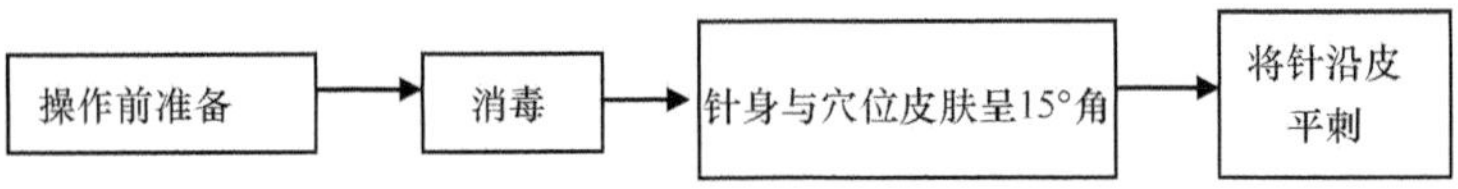

技术要领：针身与腧穴皮肤保持 15° 角，针体尽量贴近皮肤。

（四）留针法

1. 静留针法

操作流程：

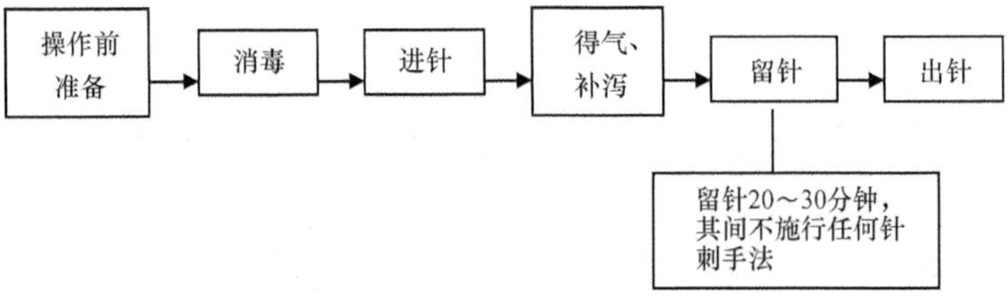

技术要领：在针刺得气、补泻之后留针，留针期间不施行任何针刺手法。

本法在临床应用时，对特殊病症可留针几小时甚至更长时间，或采用皮内、皮下埋针。

2. 动留针法

操作流程：

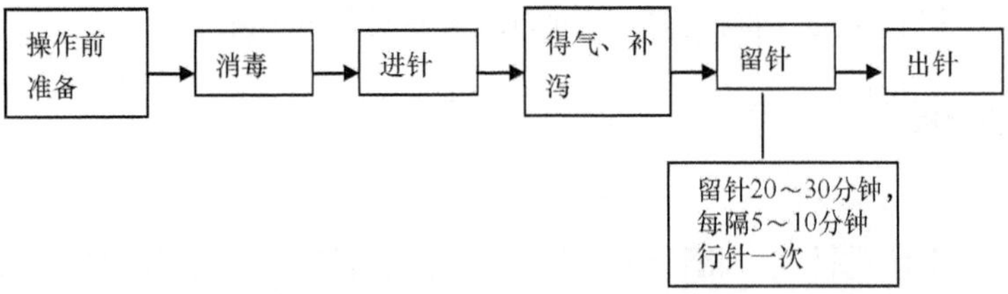

技术要领：在针刺得气、补泻之后留针，其间每隔 5 ～ 10 分钟行针一次。

（五）出针法

操作流程：

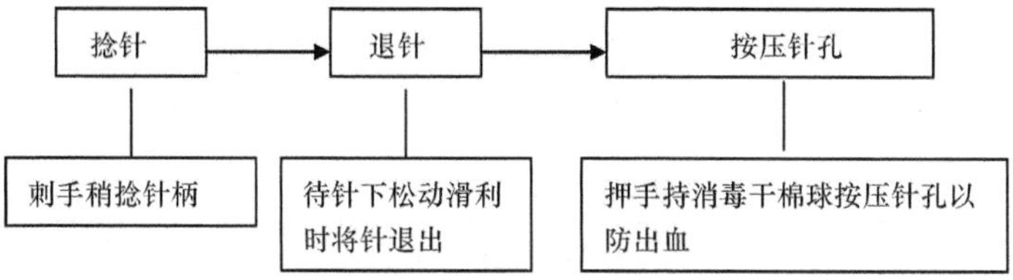

技术要领：双手配合，刺手捻针退出，押手随即持消毒干棉球按压针孔。

四、注意事项

1. 进针法

（1）练习进针法时，可先用较粗的长针，待指力提高后，再改用较细的长针练习。

（2）根据施术部位不同，选择合适的进针法。睛明穴用爪切进针法；腹部腧穴用舒张进针法；皮肉浅薄部位的腧穴用提捏进针法。

2. 留针法

（1）留针期间务必保持环境安静，温度适宜，体位舒适，不得随意移动体位。医者必须密切观察患者，如发生针刺异常情况需及时处理。

（2）对特殊病症可留针几小时甚至更长时间。

3. 出针法

（1）一般而言，出针顺序为“先上后下、先内后外”。也就是说，先取上部的针，后取下部的针；先取靠近医者一侧的针，再取另一侧的针。

（2）出针后注意核对针数，防止患者带针离开而出现意外情况。尤其是头部，易因毛发掩盖而遗漏。

（3）出针前应注意针下感觉，针下松动滑利时方可出针；若针下仍然沉紧，为邪气未退，真气未至，不宜出针，待针下空虚后方可出针。出针时用力宜轻巧，即缓慢捻动针柄后再将针取出。出针后应注意止血，尤其是对头皮、眼眶等容易出血的部位，出针后要用消毒干棉球按压针孔较长时间，必要时冷敷止血。

五、实训记录

按下表将实验内容如实地加以记录。

项目	针刺部位	实训感受
持针法		
进针法		
针刺角度		
留针法		
出针法		

六、实训考评

项目	项目总分（分）	操作要求	得分
持针法	10	根据实际需要选择合适的持针方法（10分）	
进针法	60	根据实际需要选择合适的进针方法（10分）	
		持针正确（10分）	
		进针手法熟练（20分）	
		受术者感觉（20分）	
针刺角度	10	根据实际需要选择合适的针刺角度（10分）	
留针法	10	熟练掌握动留针法（10分）	
出针法	10	熟练掌握出针法（10分）	
总分	100		

实训三　毫针行针基本手法与辅助手法训练

一、实训目的

（1）掌握基本手法、辅助手法和针刺得气的操作方法。
（2）熟悉提插法、捻转法和针刺得气的基本知识。

二、实训器材

各种规格的无菌毫针、消毒棉球、酒精、针盘、镊子等。

三、实训内容与步骤

（一）基本手法

（1）提插法：选取曲池穴。
操作流程：

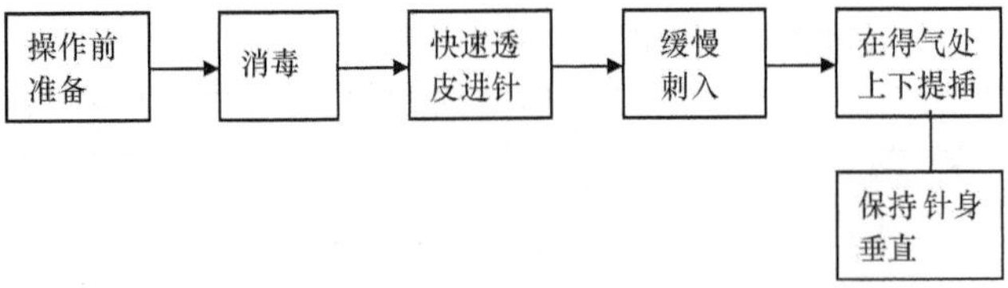

技术要领：提插幅度大（3～5分），频率快（120～160次/分），用力重，操作时间长，则刺激量大；提插幅度小（1～2分），频率慢（60～80次/分），用力轻，操作时间短，

则刺激量小。刺激量大小一般根据患者的体质与年龄、腧穴部位深浅、病情轻重缓急及对针刺敏感度等情况酌情选择。

（2）捻转法：选取手三里。

操作流程：

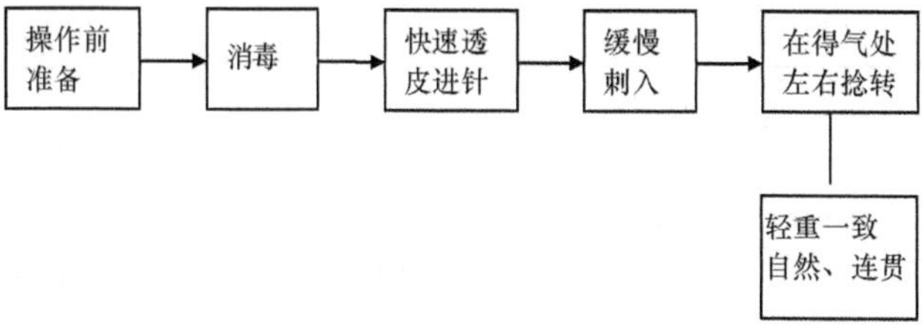

技术要领：捻转角度大（360°），频率快（120 ～ 160 次 / 分），用力重，操作时间长，则刺激量较大；捻转角度小（180°），频率慢（60 ～ 80 次 / 分），用力轻，操作时间短，则刺激量较小。刺激量大小一般根据患者的体质、年龄、病情及对针刺的敏感度等情况酌情选择。

（二）辅助手法

取坐位，端坐桌前，手臂微曲，肌肉放松；操作者针刺曲池穴等，依照下列具体要求练习。

（1）循法：是用手指循按经脉，以激发经气使气血往来的方法。

操作流程：

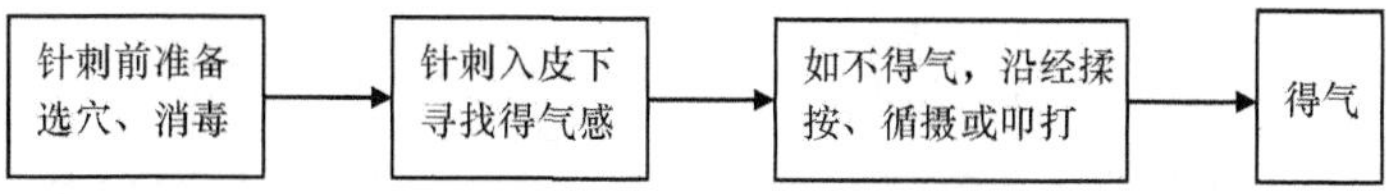

技术要领：沿针刺穴位所属经脉的循行路线均匀地揉按、循摄或叩打，以结束后仍有沿按压或叩打方向的传导感存在为度。

（2）弹柄法：以手指轻轻弹叩针尾或针柄，使经络气血随弹叩而充实的方法。

操作流程：

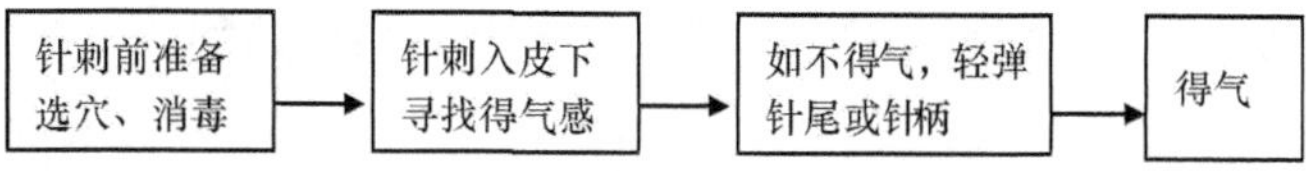

技术要领：若针刺入一定深度而未得气，用手指轻弹针尾或针柄，以患者感觉针尖微微振动为度。一般 7 ～ 10 次即可。

（3）刮法：医者以拇指或食指的指腹抵住针尾，用拇指、食指或中指指甲，由下而上或由上而下频频刮动针柄，或者用拇指、中指固定针柄，以食指指尖由上至下刮动针柄的方法。

操作流程：

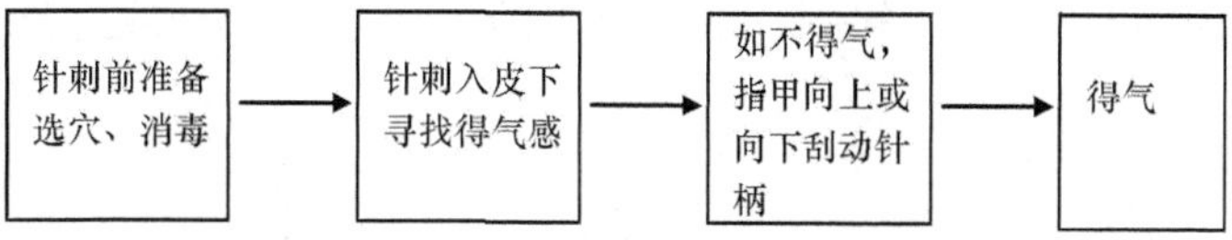

技术要领：用拇指指腹抵住针尾，食指或中指指甲向上或向下刮动针柄；或用食指指腹抵住针尾，拇指指甲向上或向下刮动针柄。手指灵活，用力均匀，力度适中。以患者感觉针体微微振动为度。

（4）摇法：是摇动针柄以行气或出针泻实的方法。

操作流程：

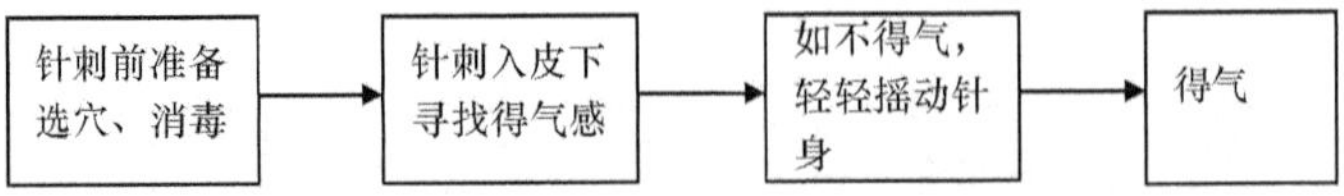

技术要领：用拇、食、中三指持针柄，上下、左右轻轻摇动针柄。可直立针身而摇，也可卧倒针身而摇。以患者感觉针尖微微摇动为度。

（5）飞法：用拇、食指在针柄搓捻，一搓一放，一合一张，反复数次，状如飞鸟展翅的方法。

操作流程：

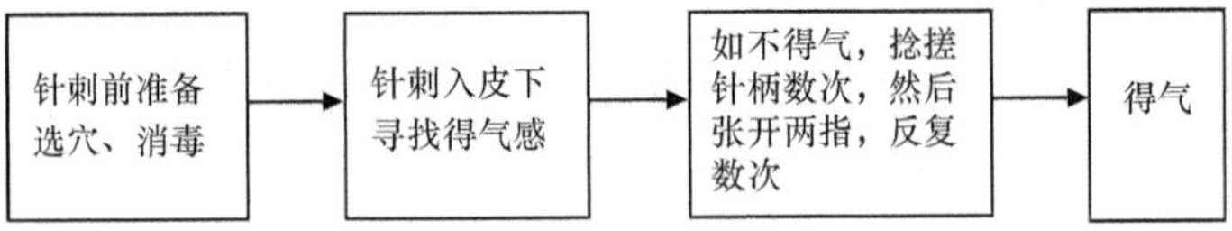

技术要领：用力缓而匀。

（6）震颤法：是进针后使针在穴内小幅度上下颤动的一种辅助手法。颤动的速度快，振幅小，力度均匀，是一种微弱温和的刺激。

操作流程：

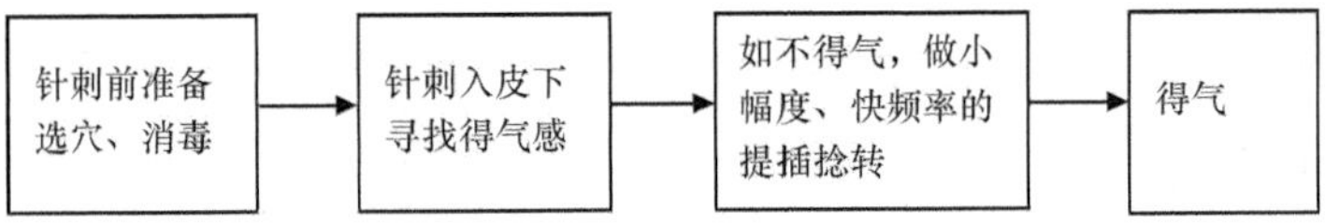

技术要领：用力轻柔。

（三）针刺得气方法

1. 候气法

候气法是指针刺入穴后，留针等待经气来至的方法，可分为静留针法和动留针法。

操作流程：

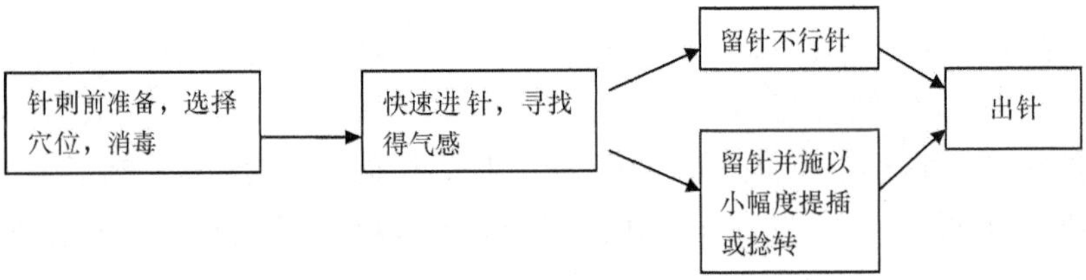

技术要领：留针不行针，为静留针法；留针时施以小幅度提插或捻转手法，直到气至，为动留针法。

2. 催气法

催气法指针刺入穴后，通过一些手法，催促经气速至针下的方法。

（1）搜气法：针入所需深度后，尚不得气或气至不明显，可将针退至浅层，改变针刺方向，再行针刺。若仍不得气，再向前后或左右有目的地反复进退搜索，以催其气至。

操作流程：

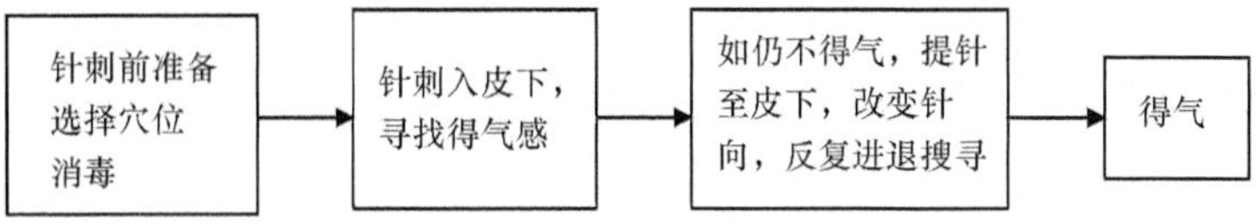

技术要领：进针须缓慢，细心寻找得气感。

（2）循摄法：针后气至不畅，或得气后瞬即消失，可用手指于所针腧穴附近向上下或左右循按、爪摄或叩击，以催引其气至。

操作流程：

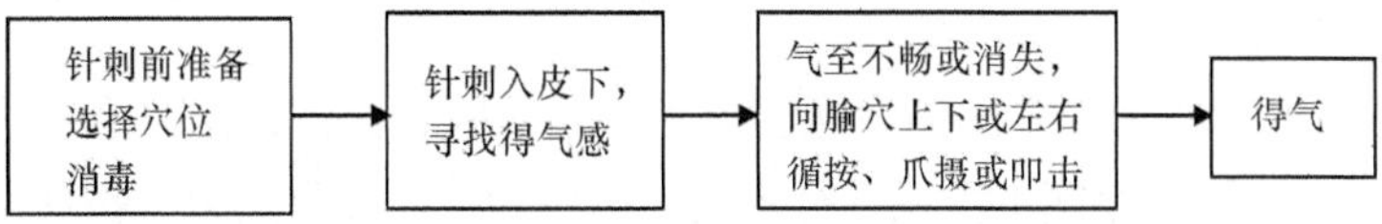

技术要领：沿针刺穴位所属经脉循行路线循按、爪摄或叩击。

（3）弹震法：弹是用手指弹动针柄，促其气至，使针下沉紧；震是一手半握拳状，并将中指突出，敲震穴位周围，或用手指弹震，以激发经气促使气至。

操作流程：

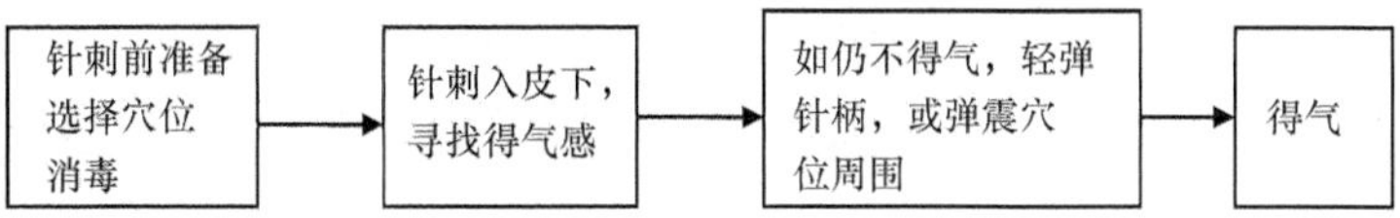

技术要领：弹震不可用力过猛，以免将针弹出；亦不可过频，以免产生相反作用而使经气速去。

3. 守气法

守气法指针下得气之后使气留守勿去的方法，可使已经出现的得气感保持一定的强度和时间。

（1）推弩法：将针尖顶住有感应的部位，推弩针柄，或用拇指向前或向后捻住针柄，不使针尖脱离经气感应处。

操作流程：

技术要领：应在得气的基础上施术，以保持针感。

（2）搬垫法：在针下得气后，患者有舒适感觉时，医者刺手将针柄搬向一方，用手指垫在针体与被针穴位之间，顶住有感觉的部位。

操作流程：

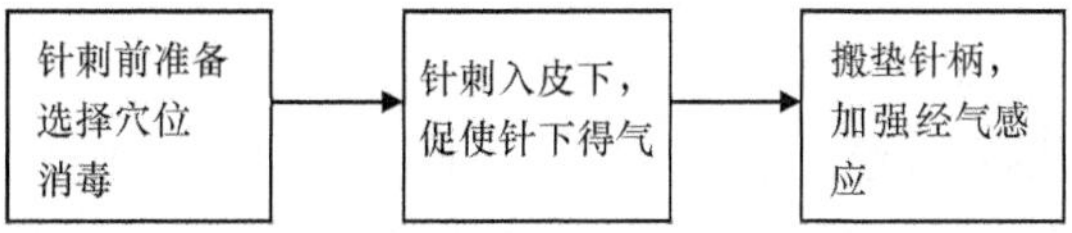

技术要领：在得气的基础上，行搬垫法，以加强经气感应。若配合补泻者，用于补法时，

针尖要往里按，搬垫角度要小；用于泻法时，针尖要往外提，搬垫角度要大。

4. 行气法

行气法为针刺得气后，进一步使气循经而行，乃至达到病所的方法，又称运气法、气至病所法。

（1）循摄法：用左手食、中、无名指平按在所针穴位的经脉通路上，顺着经脉循行的方向，上下往来轻柔循摄，以使气行加速，气至病所。

操作流程：

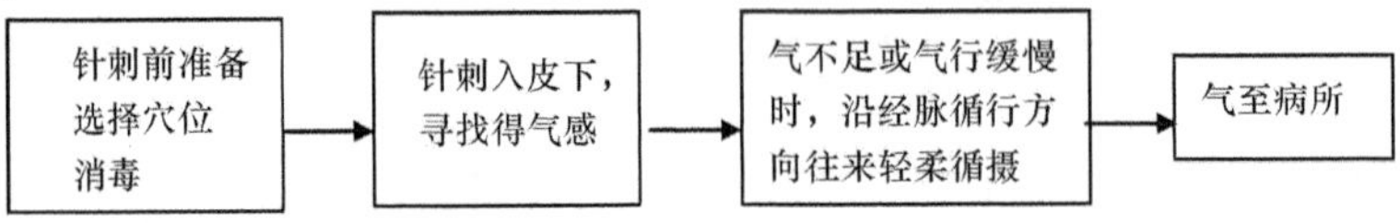

技术要领：手指按在针刺穴位的经脉通路上，顺着经脉循行方向，上下往来循摄。

（2）逼针法：得气后如气不行或气行不远，可将针尖于得气之处，按住不动，欲气上行，针尖略朝向上方，欲气下行，针尖略朝向下方。

操作流程：

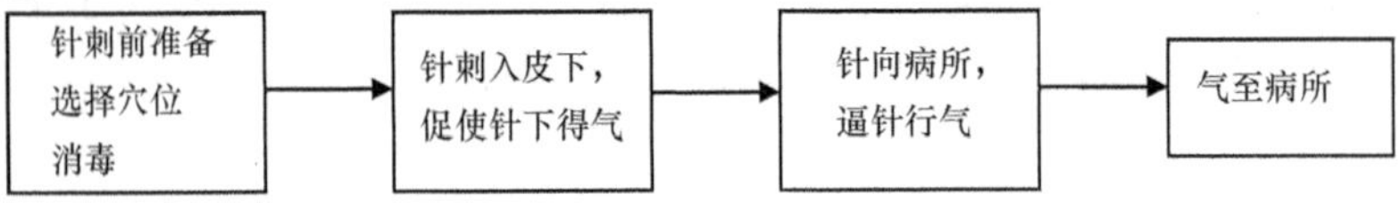

技术要领：得气后施此法，针尖朝向意欲行气的方向。

（3）推气法：得气后，若气行不远时，可用拇食指将针由得气处轻轻提起，使针尖朝向意欲行气的方向，拇指向前均匀而有力地推捻针柄，当拇指推至指腹后横纹时，即轻轻退后，然后再用力向前推第二次。如此反复，直至气至病所。

操作流程：

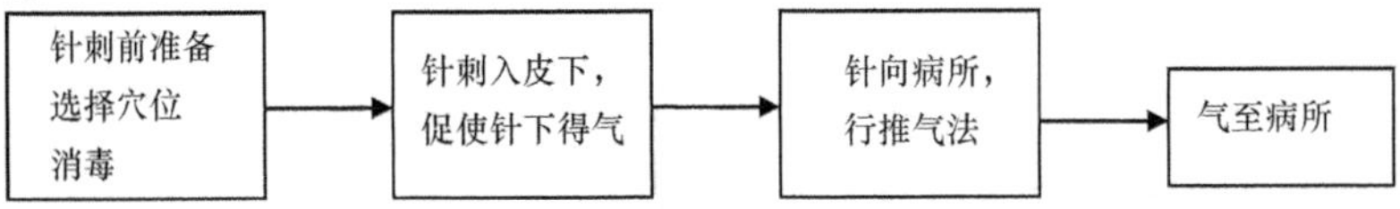

技术要领：得气后施此法，针尖朝向意欲行气的方向，并推捻针柄，反复施行。

（4）按截法：针刺得气后，右手握住针柄，左手按压针穴的上方，然后施以捻转、提插等手法，可使经气下行；反之，按压针穴下方，可使经气上行。

操作流程：

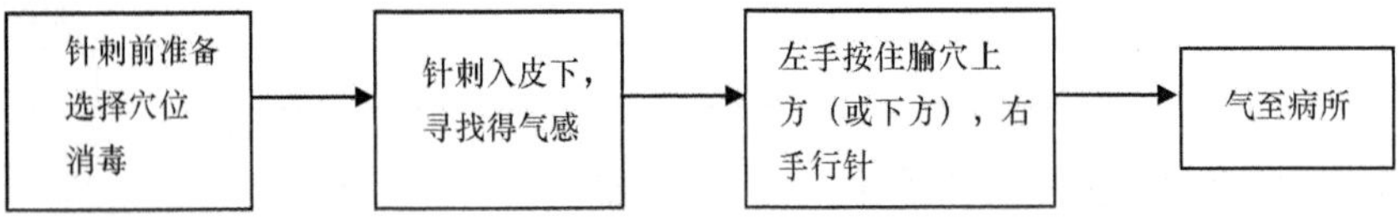

技术要领：欲使针感下传，则一手按住腧穴上方，同时另一手捻针；反之亦然。

四、注意事项

（1）提插法：上提时不要超出腧穴皮肤，下插时不要刺伤脏器与筋骨。用于催气时，亦可与捻转法结合，以促使得气。用于行气时，提插幅度宜小（1分左右），以利于针感的扩散传导。肌肉浅薄部位一般不用提插法，需行针时，可用捻转法代替或采用小幅度的提插（1

分之内）。

（2）捻转法：采用中等刺激量，训练时注意保持来回双向捻转，中途不要停顿，切忌单向捻转。用于催气时，可结合提插法，即小幅度捻转提插，以促使针下得气。用于行气时，可将针尖朝向病所，连续捻转，使气至病所。欲使针感保留，可在出针前单向捻转后迅速出针；若针感过强，可轻微均匀地反复捻转针体以减弱针感。

五、实训记录

按下表将实验内容如实地加以记录。

行针手法		针刺部位	操作要点	患者感受
基本手法	提插法			
	捻转法			
辅助手法	循法			
	弹柄法			
	刮法			
	摇法			
	飞法			
	震颤法			
针刺得气法	候气法			
	催气法			
	行气法			
	守气法			

六、实训考评

项目		项目总分（分）	操作要求	得分
基本手法	提插法	30	持针姿势正确（10分）	
			手法正确（10分）	
			无菌操作（5分）	
			手法熟练（5分）	
	捻转法	30	持针姿势正确（10分）	
			手法正确（10分）	
			无菌操作（5分）	
			手法熟练（5分）	
辅助手法	循法	4	手法正确（2分）	
			无菌操作（1分）	
			手法熟练（1分）	
	弹柄法	4	手法正确（2分）	
			无菌操作（1分）	
			手法熟练（1分）	

续表

项目		项目总分（分）	操作要求	得分
辅助手法	刮法	4	手法正确（2分）	
			无菌操作（1分）	
			手法熟练（1分）	
	摇法	4	手法正确（2分）	
			无菌操作（1分）	
			手法熟练（1分）	
	飞法	4	手法正确（2分）	
			无菌操作（1分）	
			手法熟练（1分）	
针刺得气法	候气法	5	手法正确（2分）	
			无菌操作（1分）	
			手法熟练（2分）	
	催气法	5	手法正确（2分）	
			无菌操作（1分）	
			手法熟练（2分）	
	行气法	5	手法正确（2分）	
			无菌操作（1分）	
			手法熟练（2分）	
	守气法	5	手法正确（2分）	
			无菌操作（1分）	
			手法熟练（2分）	
总分	100			

实训四　单式补泻手法训练

一、实训目的

（1）掌握毫针单式补泻手法的基本操作技术。

（2）熟悉毫针单式补泻手法的基本知识。

二、实训器材

各种规格的无菌毫针、酒精棉球、消毒干棉球、镊子、棉纱球、针盘等。

三、实训内容与步骤

1. 徐疾补泻法

徐疾补泻法是指按进针、出针过程的快（疾）慢（徐）为基础来区分补泻的手法。

（1）补法：在浅层得气，随之将针缓慢地向内推入到一定深度，再急速退针至皮下；出针时，快速出针并疾按针孔。

（2）泻法：快进针，一次就进入应刺的深度候气，气至后，引气向外，将针缓慢退至皮下；出针时，缓缓出针并且不按针孔或缓按针孔。

操作流程：

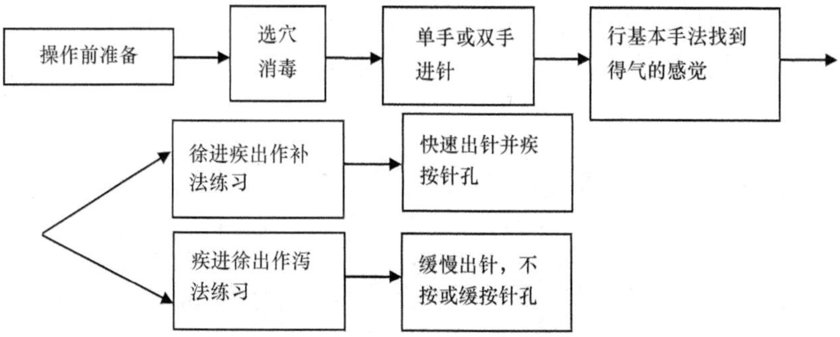

技术要领：本法的补法重在徐入，即慢慢地向下推针；本法的泻法重在徐出，即缓慢地向上提针。

2. 提插补泻法

提插补泻法指针刺得气后，根据针体在穴内上提、下插手法的轻重来区分补泻的手法。

（1）补法：在得气处，进行重插轻提的行针手法，即紧按慢提，针下插时用力宜重，针上提时用力宜轻。

（2）泻法：在得气处，进行轻插重提的行针手法，即紧提慢按，针下插时用力宜轻，针上提时用力宜重。

操作流程：

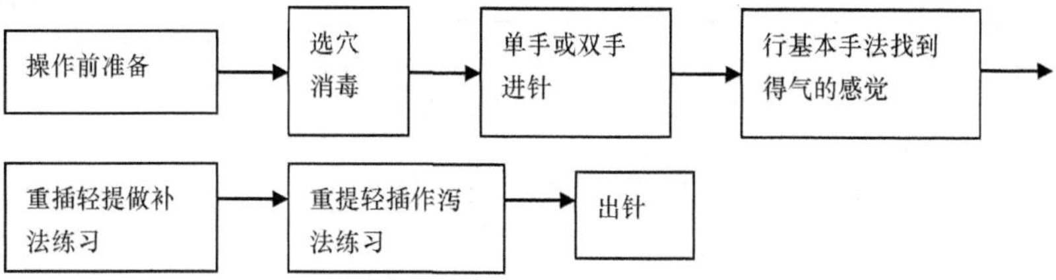

技术要领：重插轻提为补，轻插重提为泻。

3. 捻转补泻法

捻转补泻法指针刺得气后，根据针体在穴位内捻转的方向、用力的轻重来区分补泻的手法。

（1）补法：得气后小幅度捻转，拇指向前左转时用力重，指力沉落向下；拇指向后右转还原时用力较轻。

（2）泻法：得气后处小幅度捻转，拇指向后右转时用力重，指力浮起向上；拇指向前左转还原时用力较轻。

操作流程：

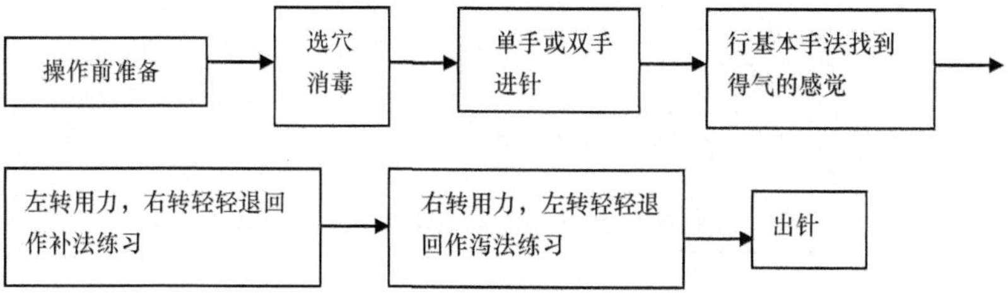

技术要领：左转为主为补，右转为主为泻。注意与捻转手法的区别，从用力和速度两方面体现捻转补泻力度的轻重，并注意捻转过程中针体的还原，切勿单向连续转针，以免针体缠绕肌纤维，引起滞针或疼痛。

4. 迎随补泻法

迎随补泻法是以针向顺经而刺、逆经而刺来区分补泻的手法。

（1）补法：进针时针尖随着经脉循行去的方向刺入，即顺经而刺。

（2）泻法：进针时针尖迎着经脉循行来的方向刺入，即逆经而刺。

操作流程：

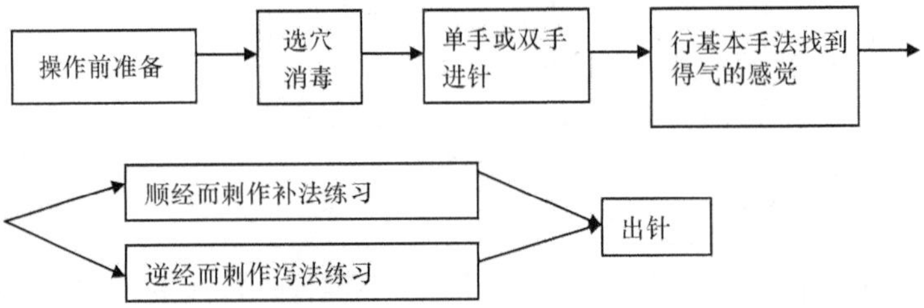

技术要领：顺经而刺为补，逆经而刺为泻。

5. 呼吸补泻法

呼吸补泻法是以进针、出针时，结合患者的呼吸来区分补泻的手法。

（1）补法：患者呼气时将针刺入腧穴，得气后，当患者呼气时插针，吸气时提针，最后吸气时出针。

（2）泻法：患者吸气时将针刺入腧穴，得气后，当患者吸气时插针，呼气时提针，最后呼气时出针。

操作流程：

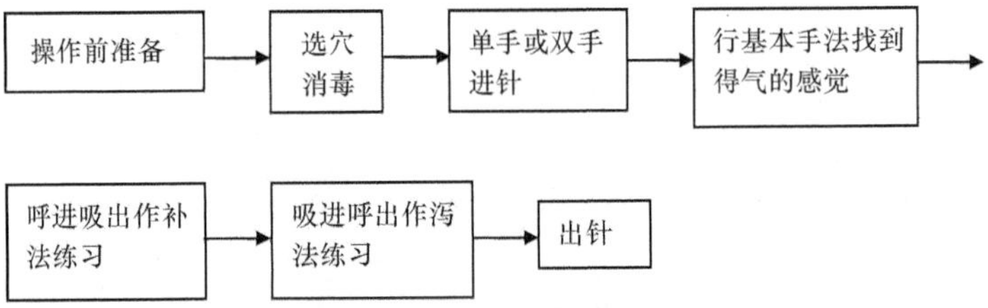

技术要领：呼进吸出为补；吸进呼出为泻。若观察患者呼吸不明显时，术者可引导患者进行呼气和吸气，再随患者的呼吸进行操作。

6. 开阖补泻法

开阖补泻法指针刺过程中，出针时是否按闭针孔以区分补泻的手法。

（1）补法：缓慢（轻轻）出针，疾（快速）按闭针孔，用押手揉按针孔片刻。

（2）泻法：疾速出针，出针时摇大针孔，出针后不按压针孔，或缓按针孔。

操作流程：

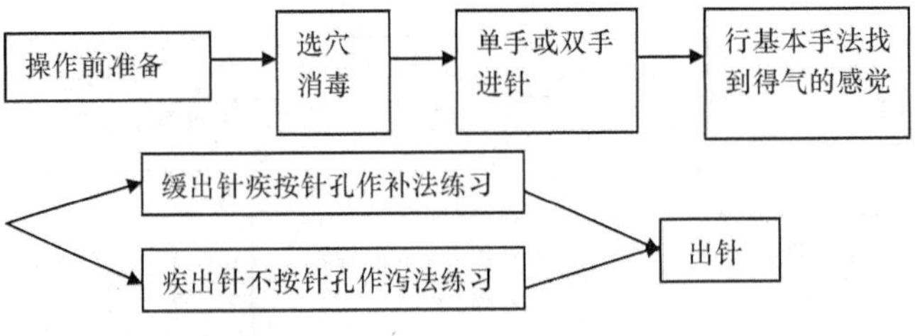

技术要领：补法缓出针，疾按针孔；泻法则疾出针，不按针孔。

7. 平补平泻法

平补平泻法是指进针得气后，均匀地提插、捻转即可出针的手法。

操作流程：

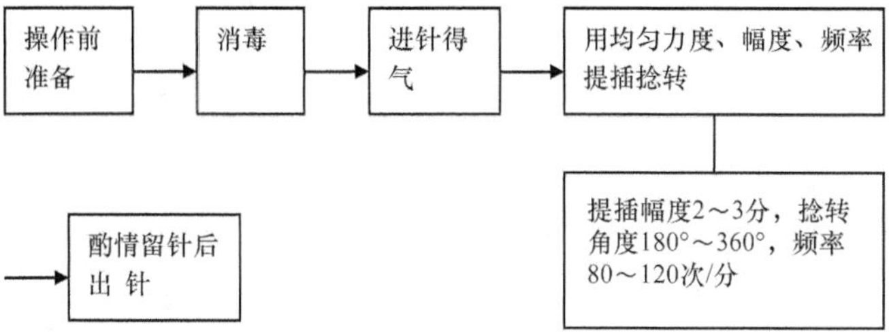

技术要领：得气后用均匀力度、中等幅度与速度提插捻转。

四、注意事项

（1）注意徐疾补泻法与提插补泻法的区别，徐疾补泻法是以进针、退针的速度为标准，指导思想是纳气入内与引气外出；提插补泻法则在针下得气处小幅度上下提插，以提或插手法的轻重为标准，指导思想是调理阴阳之气增强针刺感应，为热补凉泻打下坚固的基础。

（2）提插补泻法先在四肢部肌肉较丰厚处的腧穴上练习，不要在胸背部选择腧穴练习，以免因手法不熟练针刺过深而导致气胸。

（3）施行捻转补泻法时，须注意针体的还原，不要向一个方向捻针；捻转的角度不宜过大，频率不宜过快。

（4）施行迎随补泻法时，应熟记经脉的循行方向。

（5）施行呼吸补泻法时，应令患者作深而徐的呼吸调息，术者最好也同时进行呼吸调息，与患者的呼吸保持一致。

五、实训记录

按下表将实验内容如实地加以记录。

补泻手法	针刺穴位	操作要点	局部感觉
徐疾补泻法			
提插补泻法			
捻转补泻法			
迎随补泻法			
呼吸补泻法			
开阖补泻法			
平补平泻法			

六、实训考评

项目	项目总分（分）	操作要求	得分
提插补泻法	14	持针姿势正确（2分）	
		无菌操作（2分）	
		手法正确（7分）	
		手法熟练（3分）	
捻转补泻法	14	持针姿势正确（2分）	
		无菌操作（2分）	
		手法正确（7分）	
		手法熟练（3分）	
徐疾补泻法	14	持针姿势正确（2分）	
		无菌操作（2分）	
		手法正确（7分）	
		手法熟练（3分）	
呼吸补泻法	14	持针姿势正确（2分）	
		无菌操作（2分）	
		手法正确（7分）	
		手法熟练（3分）	
开阖补泻法	14	持针姿势正确（2分）	
		无菌操作（2分）	
		手法正确（7分）	
		手法熟练（3分）	
迎随补泻法	14	持针姿势正确（2分）	
		无菌操作（2分）	
		手法正确（7分）	
		手法熟练（3分）	
平补平泻法	16	持针姿势正确（2分）	
		无菌操作（2分）	
		手法正确（7分）	
		手法熟练（5分）	
总分	100		

实训五　复式补泻手法训练

一、实训目的

（1）掌握飞经走气四法和烧山火、透天凉二法的基本操作技术。

（2）熟悉飞经走气四法和烧山火、透天凉二法的基本知识。

二、实训器材

各种规格的无菌毫针、酒精棉球、消毒干棉球、镊子、棉纱球、针盘等。

三、实训内容与步骤

（一）飞经走气四法

（1）青龙摆尾法：是在腧穴浅层以针向行气，并摇摆针柄（在45°角以内）而组成的手法。《金针赋》云：“青龙摆尾，如扶船舵，不进不退，一左一右，慢慢拨动”。

操作流程：

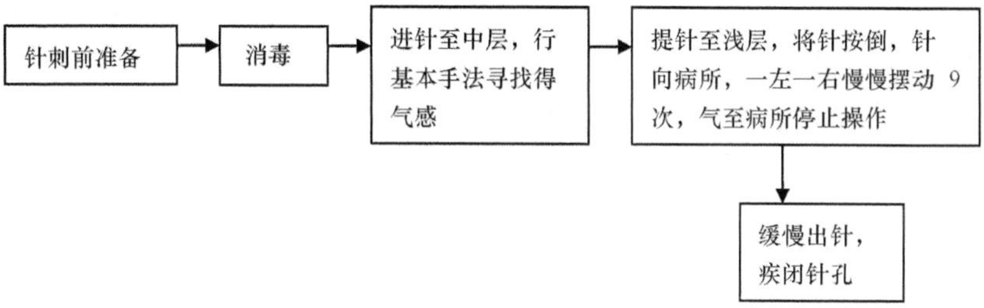

技术要领：先直刺得气，再提针至浅层，针向病所，一左一右，慢慢摆动。

（2）白虎摇头法：在深层得气后向外退针时，结合直立针身左右摇针的方法。《金针赋》云：“白虎摇头，似手摇铃，退方进圆，兼之左右，摇而振之”。

操作流程：

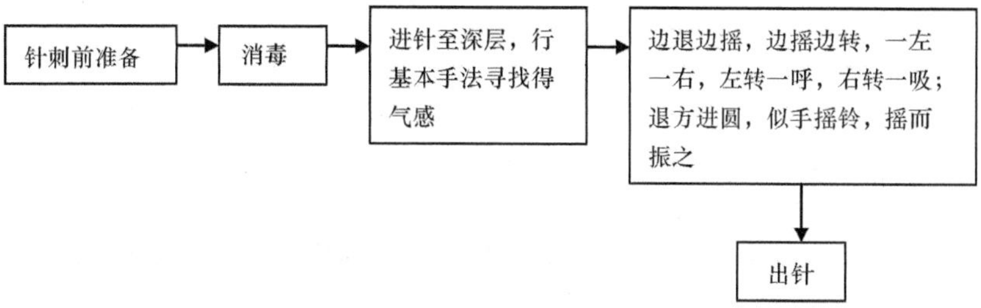

技术要领：深层得气，边退边摇，边摇边转，一左一右，配合呼吸，左转一呼，右转一吸，退方进圆，似手摇铃，摇而振之。

（3）苍龟探穴法：是直刺得气后再向上下左右一退三进以搜气的针刺手法。《金针赋》云：“苍龟探穴，如入土之象，一退三进，钻剔四方”。

操作流程：

技术要领：先深后浅，一退三进，上下左右依次而行，浅中深三部，徐徐而进，深部得气而止。

（4）赤凤迎源：是以飞法为主要特征的针刺手法。《金针赋》云：“赤凤迎源，展翅之仪，入针至地，提针至天，候针自摇，复进其原，上下左右，四周飞旋”。

操作流程：

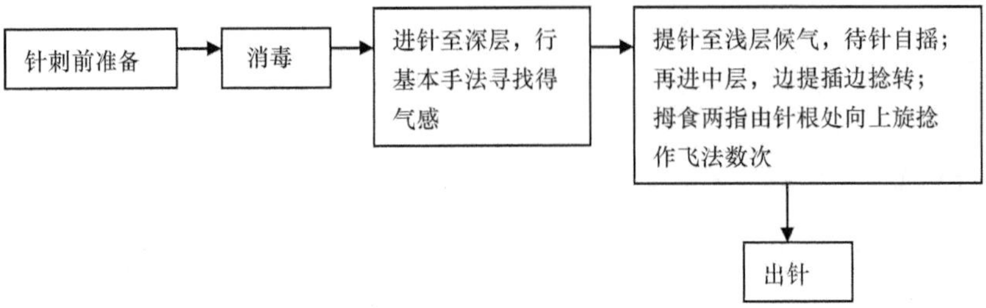

技术要领：先深后浅再进中层，拇食二指一搓一放，使针颤抖。

（二）烧山火、透天凉

（1）烧山火：是一种热补法，由几种单式补法如呼吸、徐疾、提插、开阖等组成，以针下产生热感为效应指标。

操作流程：

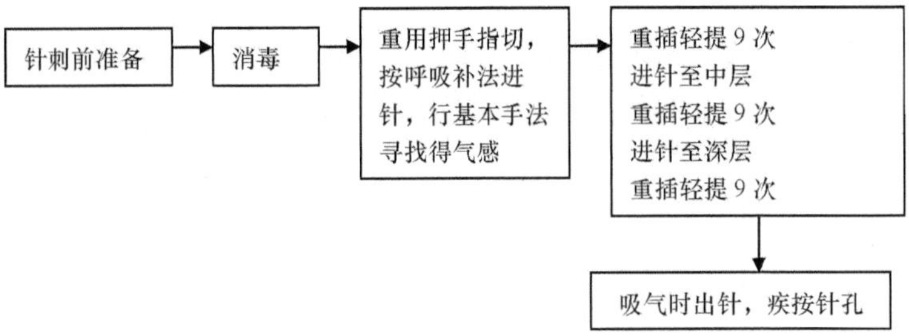

技术要领：分三层操作，先浅后深，三进一退，每层均在得气后用提插补法。进针和出针配合呼吸补法，出针用开阖补法。

（2）透天凉：是一种凉泻法，由几种单式泻法如呼吸、徐疾、提插、开阖等组成，以针下产生凉感为效应指标。

操作流程：

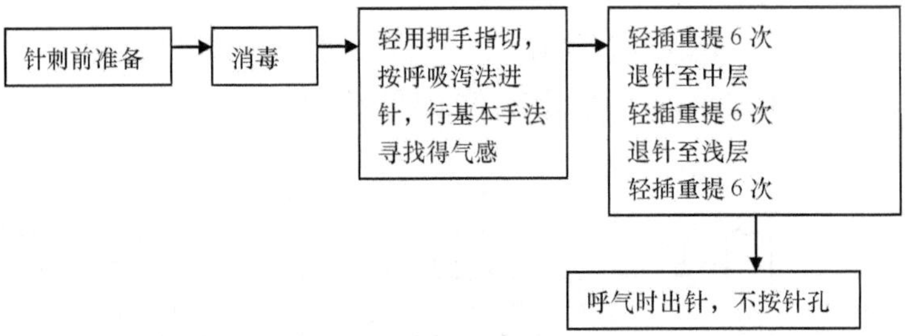

技术要领：分三层操作，先深后浅，一进三退，每层均在得气后用提插泻法。进针和出针配合呼吸泻法，出针用开阖泻法。

四、注意事项

1. 飞经走气四法施术时应注意

（1）青龙摆尾：必须在浅层操作，动作均匀自然，左右对称，幅度不可忽大忽小，速度宜慢不宜快。

（2）白虎摇头：动作均匀自然，幅度、速度适中。

（3）苍龟探穴：适宜选用四肢肌肉丰厚处的穴位。肌肉浅薄处不宜用，胸腹和背部禁用，以免刺伤脏器。

（4）赤凤迎源：力度均匀一致，使指感犹如转针。手法宜缓，过猛易引起滞针或疼痛。

2. 复式针刺补泻手法施术时应注意

（1）一般选用肌肉丰厚处的穴位。四肢末端、肌肉浅薄处，或有重要脏器、血管、肌腱部位的穴位则不宜采用此法。

（2）分层要清晰，可通过留在体外针体的长度来判断刺入的深度和层次。

（3）分层手法操作，可用捻转补泻法代替提插补泻法。

（4）当凉感或热感在天部或人部出现时（患者自觉皮肤发凉或发热、全身凉爽或出汗），即不必做完全程，应结束操作。施术适可而止，不可强求凉热感，一般操作三度即可停止。

（5）施术时，术者和患者均应保持安静，注意力集中，细心体会针感。

五、实训记录

按下表将实验内容如实地加以记录。

手法名称	针刺穴位	施术过程	针刺感受
青龙摆尾			
白虎摇头			
苍龟探穴			
赤凤迎源			
烧山火			
透天凉			

六、实训考评

项目	项目总分（分）	操作要求	得分
青龙摆尾	15	针具、体位选取正确（1分）	
		无菌操作（1分）	
		针刺操作正确（8分）	
		手法熟练（5分）	

续表

项目	项目总分（分）	操作要求	得分
白虎摇头	15	针具、体位选取正确（1分）	
		无菌操作（1分）	
		针刺操作正确（8分）	
		手法熟练（5分）	
苍龟探穴	15	针具、体位选取正确（1分）	
		无菌操作（1分）	
		针刺操作正确（8分）	
		手法熟练（5分）	
赤凤迎源	15	针具、体位选取正确（1分）	
		无菌操作（1分）	
		针刺操作正确（8分）	
		手法熟练（5分）	
烧山火	20	针具、体位选取正确（2分）	
		无菌操作（2分）	
		针刺操作正确（10分）	
		手法熟练（6分）	
透天凉	20	针具、体位选取正确（2分）	
		无菌操作（2分）	
		针刺操作正确（10分）	
		手法熟练（6分）	
总分	100		

实训六　临床常用刺法训练

一、实训目的

（1）掌握毫针常用刺法的基本操作技术。

（2）熟悉毫针常用刺法的基本知识。

二、实训器材

各种规格的无菌毫针、消毒棉球、酒精、针盘、镊子等。

三、实训内容与步骤

（一）透穴刺法

（1）直透法：用直刺法进针，由一侧腧穴向其对侧相应腧穴透刺，针刺得气后，可施行相应手法。

（2）斜透法：用斜刺法进针，从一穴向相邻经脉（或同一经脉）的另一腧穴透刺，针刺得气后，可施行相应手法。

（3）平透法：用平刺法进针，紧贴皮表，由一穴向另一腧穴透刺，在得气基础上，施行相应手法。

操作流程：

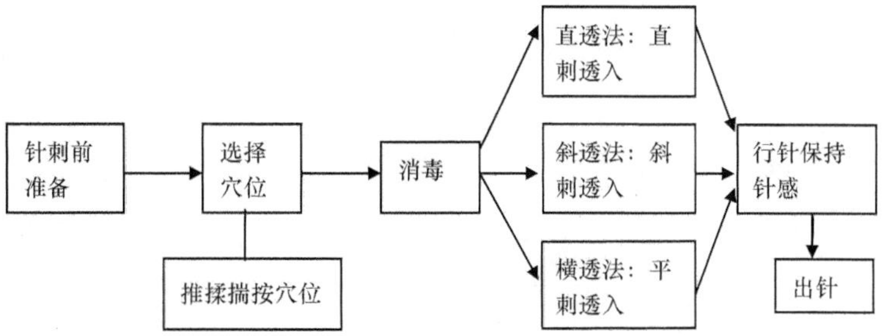

技术要领：

（1）直透法：针向垂直，快刺慢入，得气则止。

（2）斜透法：针向倾斜 45° 角左右，手法柔和，得气则止。

（3）横透法：针向横卧 15° 角左右，手法柔和，运用指力，得气则止。

直透法主要用于病变涉及表里阴阳两经的病变。斜透法主要用于病变涉及相邻经脉穴位的病变。横透法主要用于头面、四肢、胸背皮肉浅薄处及临近血管、重要脏器的部位，亦可用于病位表浅的疾患。

（二）局部多针刺法

（1）傍针刺法：在病变局部或腧穴上，先直刺一针，再在其旁斜刺一针的针刺方法。

操作流程：

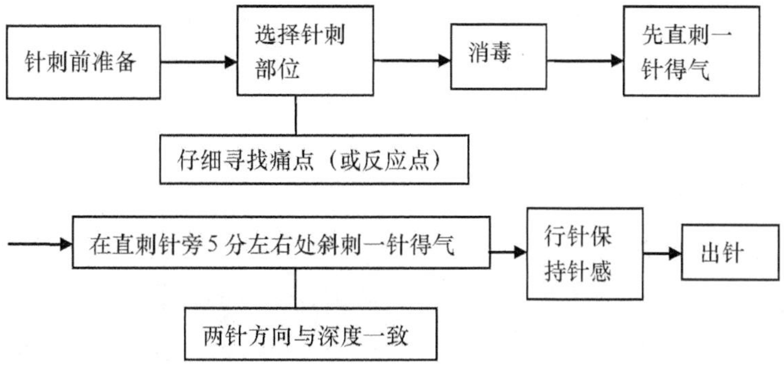

技术要领：选准部位，先直后斜，针向一致，气至病所。

（2）齐刺法：先在病变局部中心直刺一针，再在其左右或上下各斜刺一针的针刺方法。

操作流程：

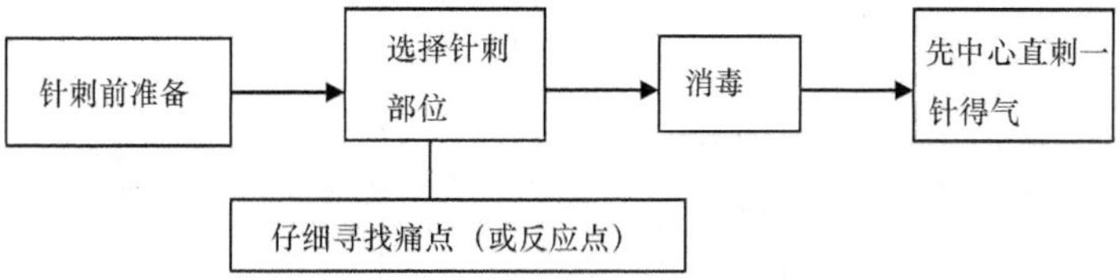

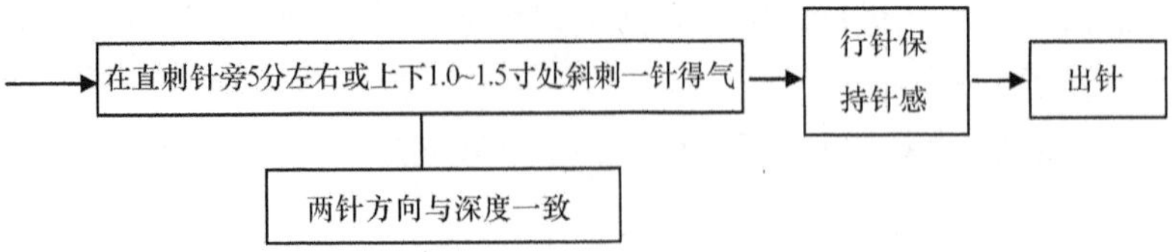

技术要领：选准部位，中心直刺，两旁斜刺，扩散针感。

（3）扬刺法：在病变局部中心先直刺一针，再在其上下左右各刺一针的针刺方法。

操作流程：

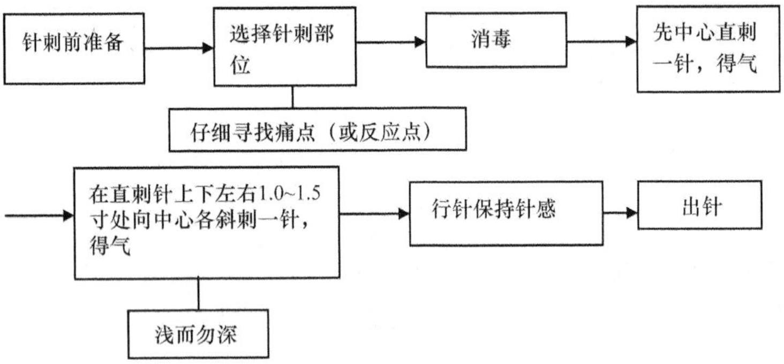

技术要领：选定部位，中心直刺，四周斜刺，浅而勿深。

（4）围刺法：是多针向病变中心刺入，似围剿敌寇之状的针刺方法。

操作流程：

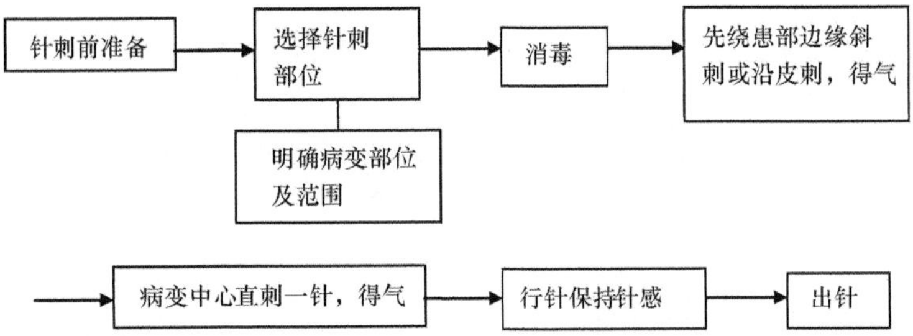

技术要领：选准部位，四周先围，中心后刺，注意深度。

（三）病位深浅刺法

1．直针刺法和半刺法

（1）直针刺法：先捏起穴位两旁皮肤，使其隆起，然后持针沿皮刺入，在皮下组织内深入。

（2）半刺法：用短毫针迅速浅刺透皮，不得损伤血络、肌肉，迅速出针而不留针。

操作流程：

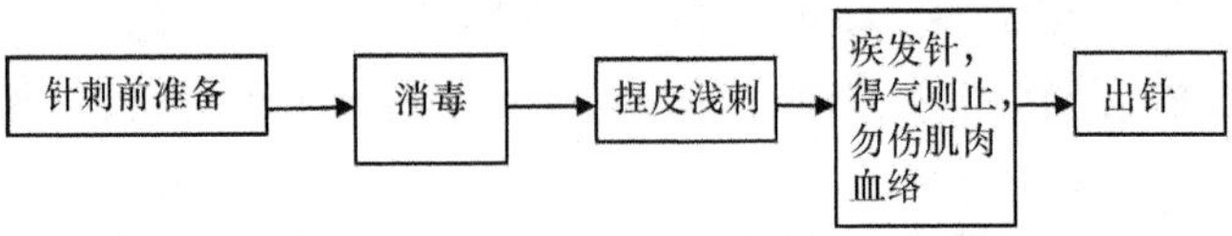

直刺针法

半刺法

技术要领：选准部位，浅刺疾出，勿伤血肉。

2. 分刺法、合谷刺法及浮刺法

（1）分刺法：毫针刺入深层肌肉，在肌间隙内行针以治疗肌肉病变的刺法。

（2）合谷刺法：毫针直刺入肌肉深处，依次向左右两旁行针斜刺如鸡足样。

（3）浮刺法：毫针沿皮刺入浅层肌肉以治疗肌肉病变的刺法。

操作流程：

分刺法

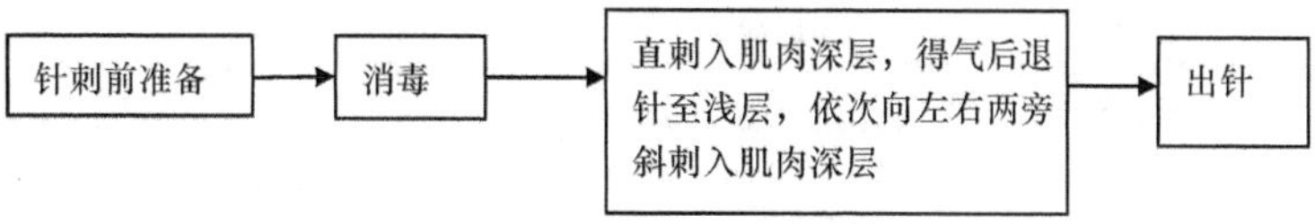

合谷刺法

浮刺法

技术要领：明确病性病位，针刺肌肉，勿伤血络。

3. 恢刺法和关刺法

（1）恢刺法：毫针从受损肌腱旁斜刺进针，提插捻转行针得气后，提针至皮下，配合关节的屈伸运动。

（2）关刺法：毫针直刺进针，刺入肌肉附着于关节处的压痛点。

操作流程：

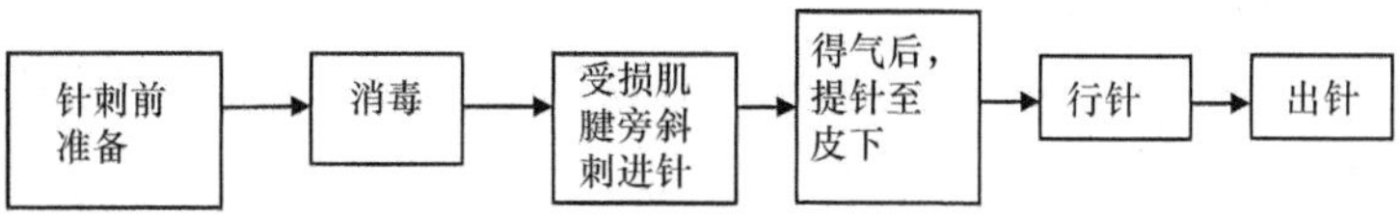

恢刺法

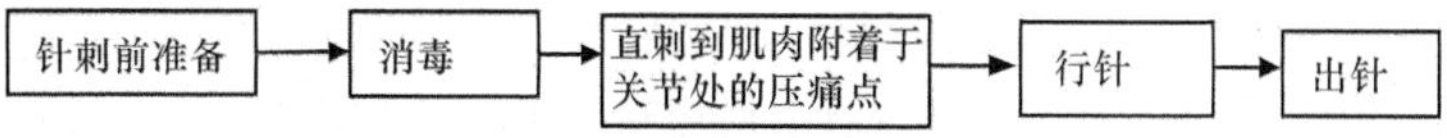

关刺法

技术要领：确定受损部位，刺筋勿伤血络。

4. 短刺法和输刺法

（1）短刺法：毫针进针由浅入深时，边摇动针柄、边逐步深入，深刺至骨部，在骨膜处做上下捣动，如摩刮骨状。

（2）输刺法：毫针直刺进针，深入至骨，在病变处捻转提插，得气后逐步退针。

操作流程：

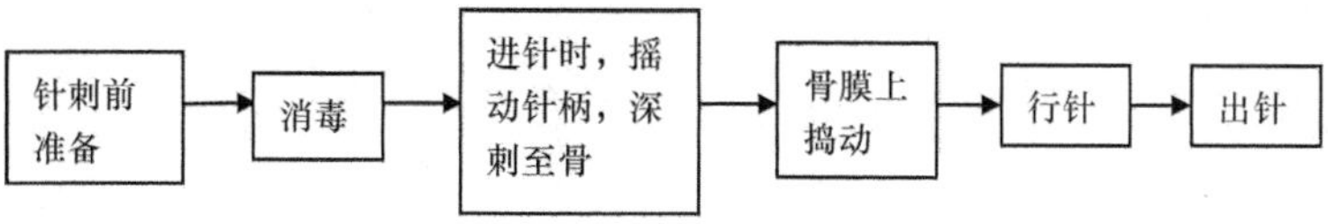

短刺法

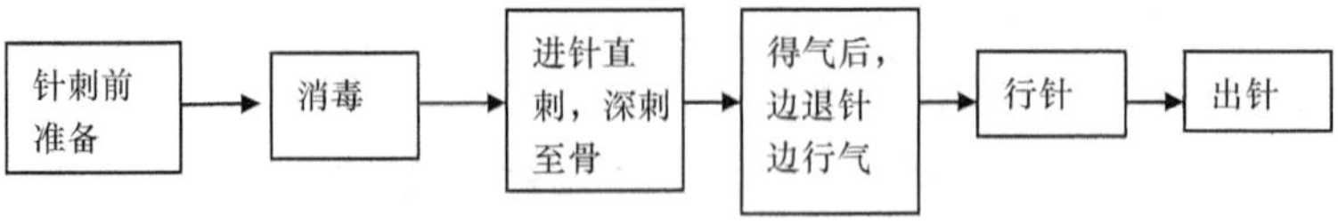

输刺法

技术要领：针刺深至骨，刺骨而勿伤筋肉、血络。

（四）运动针刺法

操作流程：

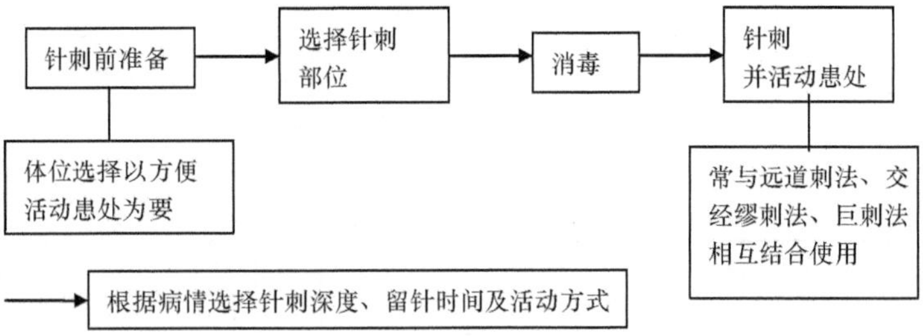

技术要领：体位的选择要与患处的活动相适应，运动时一定要保持针刺部位的相对恒定，并且活动幅度宜小不宜大，避免滞针、弯针甚至断针。

选穴方法：一般而言，上病下取，下病上取，左病取右，右病取左，病在中则取之处。

四、注意事项

1. 施术时应注意

（1）针刺前首先明确病位病性，以选择适当的针刺方法。

（2）透穴刺法手法以轻柔为主，注意避开相关脏器、血管，不得在溃疡及瘢痕组织处透穴，以得气为度。透刺穴位的选取不宜太多。

（3）局部多针刺法应在针刺前仔细寻找阳性反应点或阳性反应结节，以及附近有明显压痛的腧穴或压痛点。确定部位后，用手捏按以宣散气血，引经气速至并有助于定位。

（4）直刺法与半刺法进针时注意深浅，宁浅勿深。疾发针，少留针或不留针。小儿患者或病位浅者宜浅疾进针和快速出针，难治病症应多穴而浅刺并适当留针，以保持针感。急性期或实证者宜少穴或独穴浅刺，缓解期或虚证者宜多穴浅刺并留针。

（5）恢刺法进针时注意深浅及针刺方向。由于韧带和肌腱常附着于四肢关节处，而此处的解剖特点是血管丰富、有滑囊和关节软骨等组织，针刺时稍有不慎即会刺伤这些组织引起出血、疼痛，甚至会导致关节活动障碍。故一定要将针退至浅层以后再活动关节，以避免弯针、滞针甚至断针。

2. 施术禁忌

（1）透穴刺法施术应当因人而异，体弱或针感强者慎用，孕妇及婴幼儿忌用。

（2）齐刺法切忌重手法长时间刺激，以免给患者带来痛苦。

五、实训记录

按下表将实验内容如实地加以记录。

刺法		施术部位	疑难点记录	针刺后反应
透穴刺法	直透法			
	斜透法			
	横透法			
局部多针刺法	傍针刺法			
	齐刺法			
	扬刺法			
	围刺法			
部位深浅刺法	直针刺法			
	半刺法			
	分刺法			
	合谷刺			
	浮刺法			
	恢刺法			
	关刺法			
	短刺法			
	输刺法			
运动针刺法				

六、实训考评

项目		项目总分（分）	操作要求	得分
透穴刺法	直透法	40	部位选择适当（8分）	
			无菌操作（8分）	
			持针姿势（8分）	
			手法正确（8分）	
			手法熟练（8分）	
	斜透法	30	部位选择适当（6分）	
			无菌操作（6分）	
			持针姿势（6分）	
			手法正确（6分）	
			手法熟练（6分）	
	横透法	30	部位选择适当（6分）	
			无菌操作（6分）	
			持针姿势（6分）	
			手法正确（6分）	
			手法熟练（6分）	
总分		100		

续表

项目		项目总分（分）	操作要求	得分
局部多针刺法	傍针刺法	25	手法正确（15 分）	
			手法熟练（10 分）	
	齐刺法	25	手法正确（15 分）	
			手法熟练（10 分）	
	扬刺法	25	手法正确（15 分）	
			手法熟练（10 分）	
	围刺法	25	手法正确（15 分）	
			手法熟练（10 分）	
总分		100		

项目	项目总分（分）	操作要求	得分
直针刺法	20	部位选择适当（4 分）	
		无菌操作（4 分）	
		持针姿势（4 分）	
		手法正确（4 分）	
		手法熟练（4 分）	
半刺法	10	部位选择适当（2 分）	
		无菌操作（2 分）	
		持针姿势（2 分）	
		手法正确（2 分）	
		手法熟练（2 分）	
分刺法	10	部位选择适当（2 分）	
		无菌操作（2 分）	
		持针姿势（2 分）	
		手法正确（2 分）	
		手法熟练（2 分）	
合谷刺	10	部位选择适当（2 分）	
		无菌操作（2 分）	
		持针姿势（2 分）	
		手法正确（2 分）	
		手法熟练（2 分）	
浮刺法	10	部位选择适当（2 分）	
		无菌操作（2 分）	
		持针姿势（2 分）	
		手法正确（2 分）	
		手法熟练（2 分）	

续表

项目	项目总分（分）	操作要求	得分
恢刺法		部位选择适当（2分）	
		无菌操作（2分）	
		持针姿势（2分）	
		手法正确（2分）	
		手法熟练（2分）	
关刺法	10	部位选择适当（2分）	
		无菌操作（2分）	
		持针姿势（2分）	
		手法正确（2分）	
		手法熟练（2分）	
短刺法	10	部位选择适当（2分）	
		无菌操作（2分）	
		持针姿势（2分）	
		手法正确（2分）	
		手法熟练（2分）	
输刺法	10	部位选择适当（2分）	
		无菌操作（2分）	
		持针姿势（2分）	
		手法正确（2分）	
		手法熟练（2分）	
总分	100		

项目	项目总分（分）	操作要求	得分
运动针法	100	部位选择适当（20分）	
		无菌操作（20分）	
		持针姿势（20分）	
		手法正确（20分）	
		手法熟练（20分）	

实训七　分部腧穴刺法训练

一、实训目的

（1）掌握眼耳、颈项、胸背、腰腹部常用腧穴的针刺操作方法。

（2）熟悉分部腧穴毫针刺法的注意事项。

二、实训器材

各种规格的无菌毫针、消毒棉球、酒精、针盘、镊子等。

三、实训内容与步骤

1. 眼球周围腧穴

眼球周围腧穴如承泣、睛明、球后等，因位于眼球周围，针刺时应严格遵循操作规范，以防损伤眼球或引起皮下出血。

如针刺睛明穴，进针前，嘱患者闭目，左手将眼球轻轻推开并固定，以充分暴露针刺部位；进针时，将针沿眶缘缓缓刺入 0.3 ～ 0.7 寸，最深不可超过 1.5 寸；进针后，一般不提插捻转；出针时，动作要轻柔，缓慢地出针；出针后，用消毒干棉球压迫针孔 2 ～ 3 分钟，防止出血。

2. 耳部腧穴

（1）耳门、听宫、听会三穴，针刺时均须张口，针尖由前外向后内刺入 0.5 ～ 1.0 寸，留针时再将口慢慢闭上。

（2）耳后的完骨穴，斜刺 0.5 ～ 0.8 寸；翳风穴直刺 0.8 ～ 1.0 寸，此穴深部正当面神经穿出处，故进针不宜过深，以免损伤面神经。针刺手法不宜过强。

3. 项部腧穴

（1）哑门、风府两穴，应向下颌方向缓慢刺入 0.5 ～ 1.0 寸，千万不能向上方深刺，以免误入枕骨大孔，损伤延髓。

（2）风池穴的针刺深度不宜超过 1.2 寸。为安全考虑，进针方向应向鼻尖方向缓慢刺入 0.5 ～ 1.0 寸。

4. 颈部腧穴

天突穴，针刺时应先直刺 0.2 ～ 0.3 寸，再将针尖转向下方，沿胸骨柄后缘、气管前缘缓慢刺入 0.5 ～ 1.0 寸。

5. 胸胁部腧穴

膻中穴一般向下平刺 0.5 ～ 0.8 寸，治疗乳疾时则向外平刺。胸胁部腧穴针刺时针身与皮肤的夹角小于 25° 较为安全，一般沿肋骨间隙向外斜刺或平刺。

6. 腹部腧穴

腹部腧穴大多可直刺 0.5 ～ 1.5 寸。

（1）上腹部腧穴：中脘穴可直刺 0.5 ～ 1.5 寸，不宜深刺。

（2）下腹部腧穴：针刺曲骨、中极、横骨、关元等下腹部腧穴时，应先排空膀胱，以防刺伤膀胱，可直刺或向下斜刺 0.5 ～ 1.5 寸。

7. 背部腧穴

（1）督脉腧穴：位于胸椎棘突下的督脉腧穴，如大椎穴，应向上斜刺，针刺深度均为 0.5 ～ 1.0 寸。针刺时，针尖通过皮肤后，针下阻力较小，到达棘间韧带后，针下阻力增大；针尖穿过黄韧带进入椎管后，阻力突然消失而出现明显的落空感，此时应立即停止进针，否则会伤及脊髓。

（2）膀胱经腧穴：胸背部两侧深部有肺脏，故不可直刺、深刺，一般向内侧斜刺或平刺 0.5 ～ 0.8 寸，针刺的角度以针体与皮肤夹角小于 25° 较为安全。

8. 腰部腧穴

腰部腧穴一般直刺 0.5 ～ 1.5 寸。腰椎棘突呈垂直板状，故位于腰椎棘突下的督脉腧穴直刺即可。命门穴不可向上斜刺过深，以免刺伤脊髓。第 12 胸椎至第 2 腰椎脊柱两侧的腧穴，如胃俞、三焦俞、肾俞、志室等，不可深刺或向外侧深刺，以防刺穿腹腔后壁而损伤肾脏。

四、注意事项

（1）针刺眼周穴位的时候，若因皮下出血而出现局部青紫或肿胀者，应先冷敷以止血，24 小时以后改热敷以促进局部瘀血的吸收；若刺伤眼球或刺中视神经，应立即退针，对症处理；若针刺过深，针尖穿过眶上裂至海绵窦，引起颅内出血者，应立即采取相应措施进行抢救。

（2）若刺中延髓，针下会出现松软感，患者全身有触电感，并伴有惊慌惊叫、精神异常，应立即出针，及时采取相应措施进行抢救。

（3）若刺中气管、大血管及迷走神经时，应立即退针，并送往医院进行相关治疗或抢救。

（4）刺伤周围神经，应立即出针，在损伤后 24 小时内采取康复治疗，并嘱咐患者加强功能锻炼。

（5）若刺中肺脏造成气胸，应立即出针，采取半卧位休息。轻者可以自行吸收，严重者需要组织抢救。

（6）若刺伤内脏器官时，应立即出针，嘱咐患者卧床休息。轻者一般可以自愈；严重者，应立即进行抢救，密切注意病情变化。

五、实训记录

按下表将实验内容如实地加以记录。

针刺部位	针刺穴位	针刺角度和深度	针刺感受
眼区			
耳部			
项部			
颈部			
胸肋部			
腹部			
背部			
腰部			

六、实训考评

项目	项目总分（分）	操作要求	得分
眼区针刺	10	针具、体位选取正确（1 分）	
		无菌操作（1 分）	
		针刺操作正确（6 分）	
		手法熟练（2 分）	

续表

项目	项目总分（分）	操作要求	得分
耳部针刺	10	针具、体位选取正确（1分）	
		无菌操作（1分）	
		针刺操作正确（6分）	
		手法熟练（2分）	
项部针刺	15	针具、体位选取正确（2分）	
		无菌操作（2分）	
		针刺操作正确（6分）	
		手法熟练（5分）	
颈部针刺	15	针具、体位选取正确（2分）	
		无菌操作（2分）	
		针刺操作正确（6分）	
		手法熟练（5分）	
胸胁部针刺	10	针具、体位选取正确（1分）	
		无菌操作（1分）	
		针刺操作正确（6分）	
		手法熟练（2分）	
腹部针刺	15	针具、体位选取正确（2分）	
		无菌操作（2分）	
		针刺操作正确（6分）	
		手法熟练（5分）	
背部针刺	10	针具、体位选取正确（1分）	
		无菌操作（1分）	
		针刺操作正确（5分）	
		手法熟练（3分）	
腰部针刺	15	针具、体位选取正确（2分）	
		无菌操作（2分）	
		针刺操作正确（6分）	
		手法熟练（5分）	
总分	100		

实训八　灸法训练

一、实训目的

（1）掌握艾炷的制作技术，非化脓灸、隔物灸、悬灸、温针灸的操作技术。

（2）熟悉化脓灸、温灸器灸的操作技术。

二、实训器材

艾绒、艾炷器、艾条、温灸器、毫针、2% 碘酒或碘伏、酒精、安尔碘、消毒干棉球、消毒棉签、棉球缸、胶布、镊子或止血钳、手术剪、凡士林膏、火柴、线香、生姜、细盐、龙胆紫、酒精灯等。

三、实训内容与步骤

（一）艾炷灸

1. 制作艾炷

（1）手工制作法操作流程：

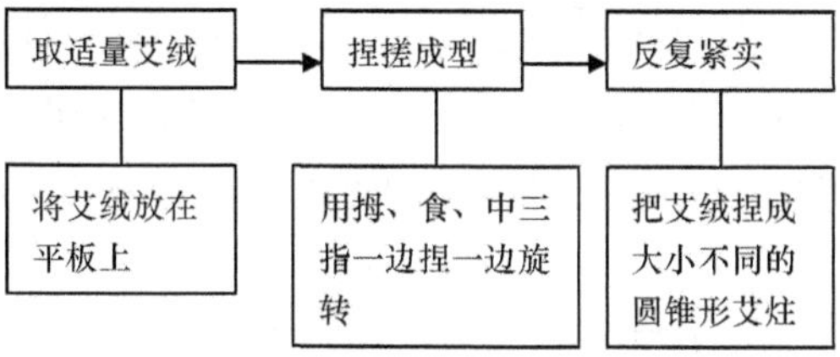

技术要领：艾炷要紧实而不松散，底面平整，易于安放。大艾炷如蚕豆大，中艾炷如黄豆大，小艾炷如麦粒大。

（2）艾炷器制作法操作流程：

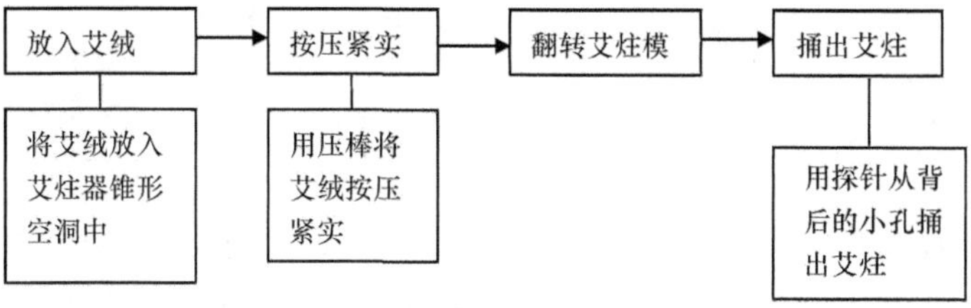

技术要领：艾绒紧实，艾炷大小一致。

2. 操作方法

（1）直接灸法

1）化脓灸（瘢痕灸）法：是将中或大艾炷直接放在腧穴上施灸，使其产生无菌性化脓现象的灸法。

操作流程：

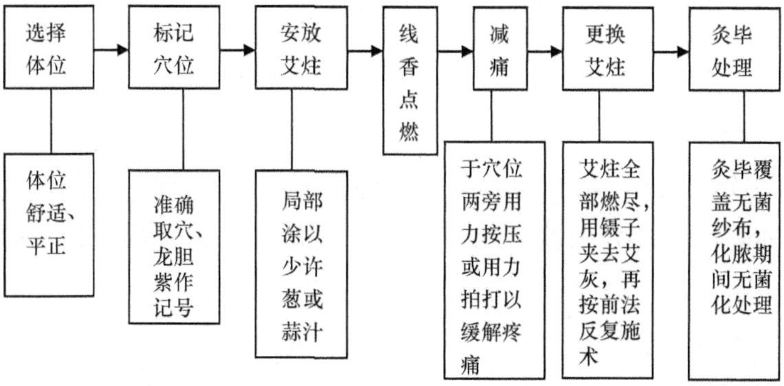

技术要领：每炷务必燃尽，化脓后每天无菌化处理灸疮至结痂脱落。

2）非化脓灸（无瘢痕灸）法：是将小或中艾炷直接放置于腧穴上进行施灸，以达到温热为主，不致透发成灸疮的灸法。

操作流程：

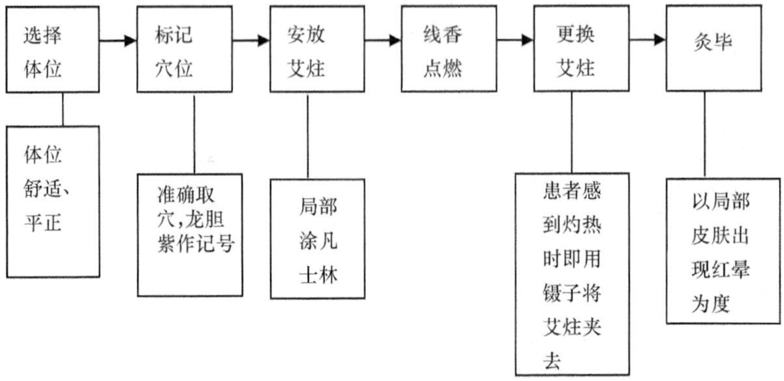

技术要领：选用小或中艾炷，勿待艾炷燃尽，患者有灼痛感即可更换艾炷。

（2）间接灸法：在艾炷与皮肤之间垫隔适当的中药材后施灸的一种方法。

1）隔姜灸操作流程：

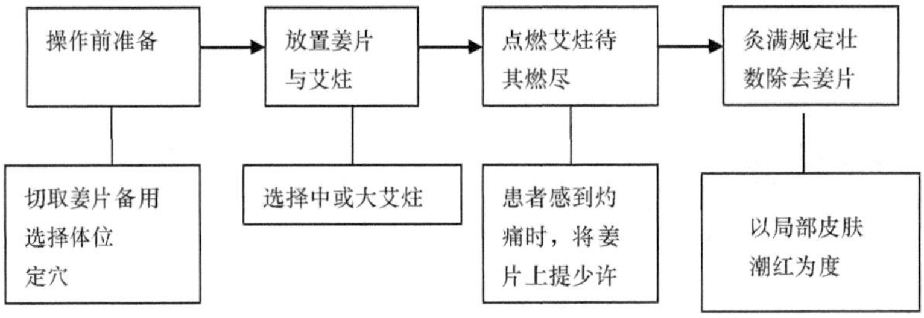

技术要领：姜片厚薄均匀，直径为 2 ～ 3cm、厚 0.4 ～ 0.6cm，用针在姜片上穿刺数孔，以利于热力渗透。当患者感到灼痛时，可用镊子将姜片上提少许，使其离开皮肤片刻，旋即放下，灸至局部皮肤潮红为度，一般每穴灸 5 ～ 7 壮。

2）隔蒜灸操作流程：

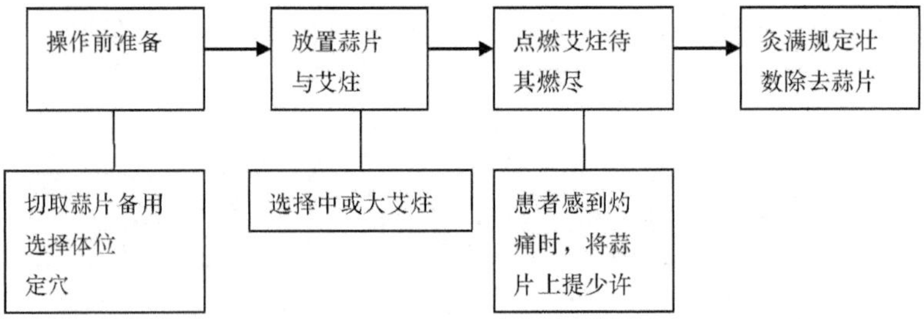

技术要领：新鲜独头大蒜切成厚 0.3 ～ 0.5cm 的薄片，中间用针刺数孔。每穴灸 4 ～ 5 壮后，更换新的蒜片，每穴每次宜灸足 7 壮。大蒜对皮肤有刺激，灸后容易起泡，应注意防护。

3）隔盐灸操作流程：

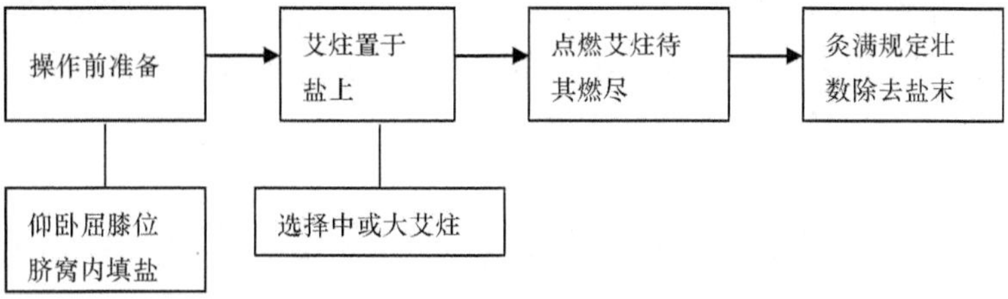

技术要领：用干燥食盐将脐孔填平（食盐可炒热，以增强透热之力）。如患者肚脐凸出，可用湿棉条围脐如井口，填盐于其中，与口齐平。食盐遇火会起爆，烫伤腹部，可用姜片间而隔之，生姜辛辣之性还能增强透热作用，一般灸 5 ～ 7 壮。

4）隔附子灸操作流程：

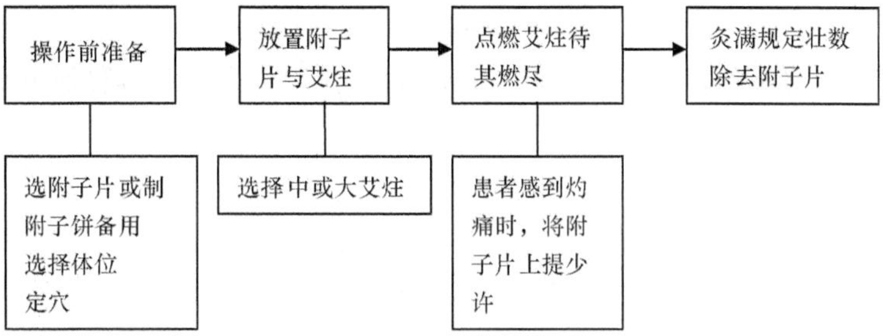

技术要领：选择中或大艾炷，灸时可于附子饼下垫以纱布，以防止烫伤。

（二）艾条灸

（1）温和灸：将艾条燃着端悬于施灸部位上距皮肤 2 ～ 3cm 处，灸至患者有温热感而无灼痛的感觉，皮肤潮红为度的施灸方法。

操作流程：

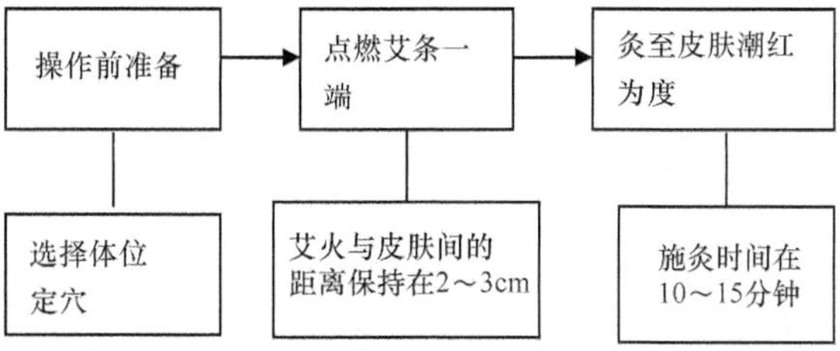

技术要领：艾条悬垂于施灸腧穴的上方 2 ～ 3cm 灸之，以患者自觉温热而无灼痛为宜。对于小儿或昏迷患者，医者可将自己的食指和中指置于施灸部位两侧，感知患者局部的受热程度，以便随时调节距离，防止烫伤。

（2）雀啄灸：将艾条燃着端悬于施灸部位上距皮肤 2 ～ 3cm 处，对准穴位，上下移动，使之像鸟雀啄食样，一起一落，忽近忽远的施灸方法。

操作流程：

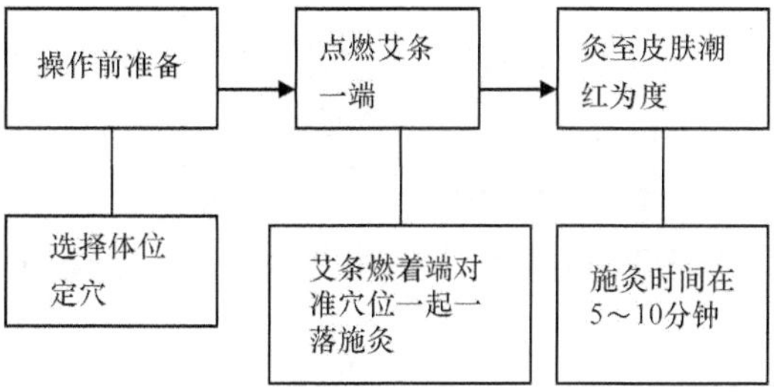

技术要领：艾条燃着端对准腧穴，一起一落状如鸟雀啄食，如此反复，起落幅度均匀一致。

（3）回旋灸：将艾条燃着端悬于施灸部位上距皮肤 2 ～ 3cm 处，平行往复回旋熏灸，使皮肤有温热感而不至于灼痛的施灸方法。

操作流程：

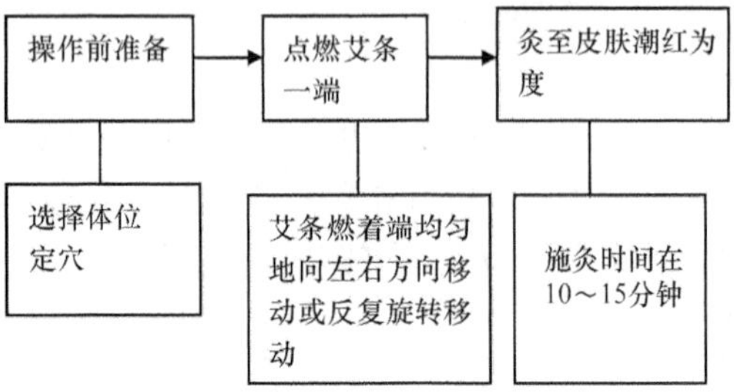

技术要领：艾条燃着端距离皮肤 2 ～ 3cm，回旋速度均匀一致，使腧穴周围较大范围内产生温热效应。

（三）温针灸

温针灸即毫针留针时在针柄上置以艾绒（艾团或艾条段）施灸，是针刺与艾灸结合应用的方法。

操作流程：

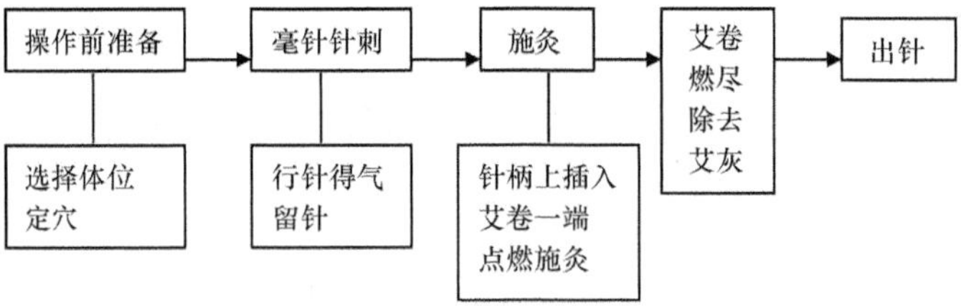

技术要领：将针留在适当的深度，套置于针柄上的艾条长约 1.5cm，亦可将艾绒紧捏于针柄上。操作时可于施灸部位下方垫放硬纸片一块，以防止艾火脱落，烧伤皮肤或衣物。

（四）温灸器灸

温灸器灸即用特制的温筒、温盒、温灸架等器具，内置艾绒或艾卷进行施灸。

操作流程：

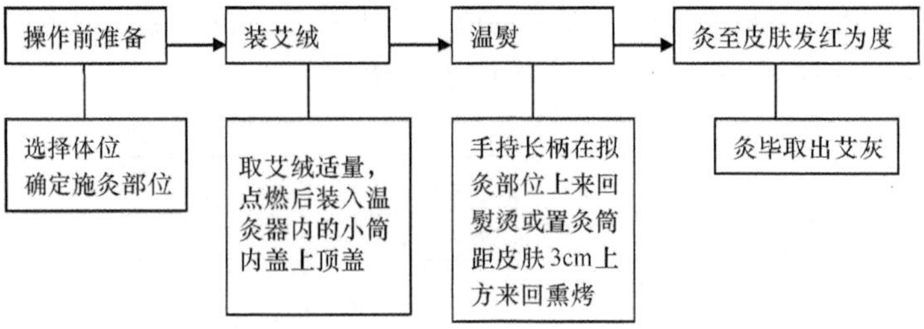

技术要领：根据施灸的程度和时间装入适量艾绒，为防止烫伤，可在施灸部位衬垫几层纱布或毛巾。

四、实训记录

按下表将实验内容如实地加以记录。

施灸穴位	灸法名称	艾炷大小、壮数（或时间）	灸感

五、实训考评

项目	项目总分（分）	操作要求	得分	备注
艾炷制法	20	大小适宜（8分）		分别制作大、中、小不同的艾炷
		搓捻紧实（8分）		
		技术熟练（4分）		
直接灸	20	艾炷大小选用正确（5分）		选用非化脓灸
		方法正确（10分）		
		动作熟练（5分）		
间接灸	20	艾炷大小选用正确（2分）		选用隔姜灸
		姜片厚度适当（3分）		
		方法正确（10分）		
		动作熟练（5分）		
艾条灸	15	温和灸方法正确、动作熟练（5分）		
		雀啄灸方法正确、动作熟练（5分）		
		回旋灸方法正确、动作熟练（5分）		
温针灸	15	方法正确（10分）		
		动作熟练（5分）		
温灸器灸	10	方法正确（7分）		
		动作熟练（3分）		
总分	100			

实训九　拔罐法训练

一、实训目的

（1）掌握各种基本拔罐方法的操作要领和注意事项。

（2）熟悉罐的种类、各种罐的吸附方法及优缺点。

（3）掌握常用拔罐法运用的操作技术。

二、实训器材

各种规格的竹罐、玻璃罐，酒精灯，酒精，毫针，三棱针，一次性注射针头，皮肤针，镊子，卵圆钳，龙甲紫，毛巾，消毒棉球，小纸片，凡士林，火柴，润滑剂等。

三、实训内容与步骤

（一）拔罐法操作

1. 火罐法

火罐法是借助燃烧火力以排出罐内空气形成相对负压，将罐吸附于体表的吸拔法。临床最常用的是闪火法。

（1）施罐方法

1）闪火法操作流程：

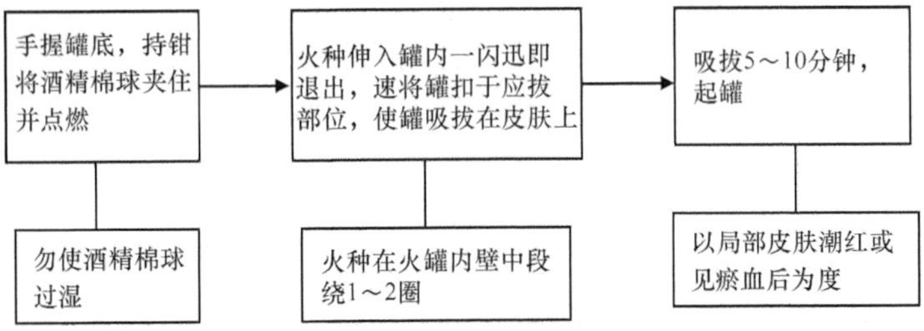

技术要领：吸拔动作迅速连贯，一气呵成。闪火时不可使火种燃烧罐口，以免罐口过热烫伤皮肤。

2）投火法操作流程：

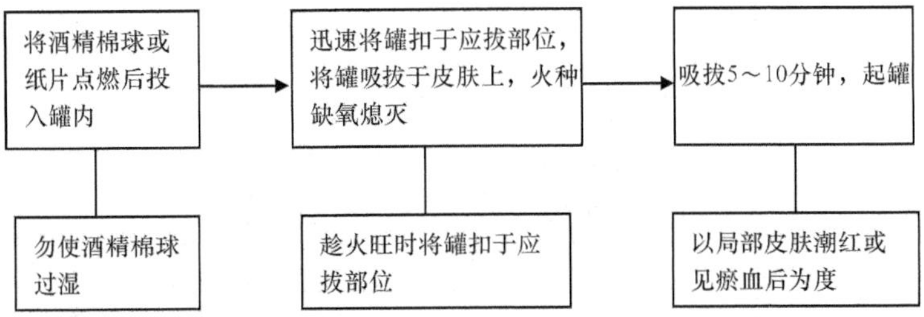

技术要领：酒精棉球或纸片点燃后投入罐内，趁火旺时迅速将罐扣于应拔部位，吸拔动作迅速。

3）贴棉法操作流程：

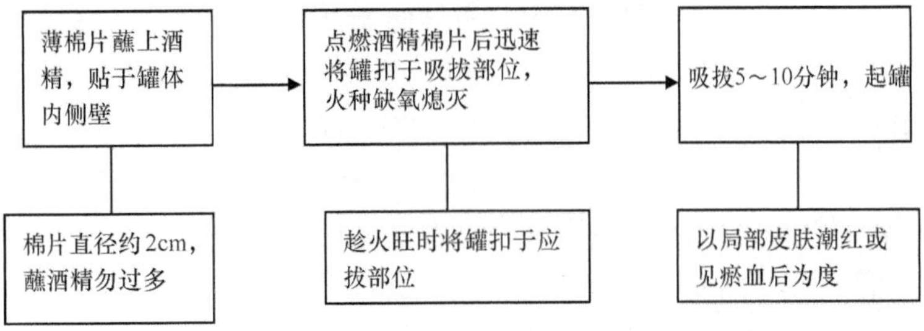

技术要领：酒精蘸取适量，吸拔动作迅速。

（2）起罐方法操作流程：

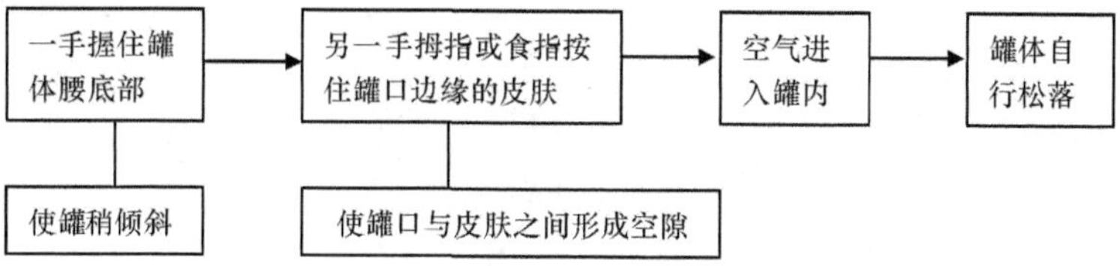

技术要领：若吸力较大，切忌生拉硬拽或旋转罐口，以免损伤皮肤。

2. 水罐法

水罐法是利用空气热膨胀原理，冷却后形成相对负压，使罐吸拔在皮肤上的方法。此法一般选用竹罐。

（1）施罐方法操作流程：

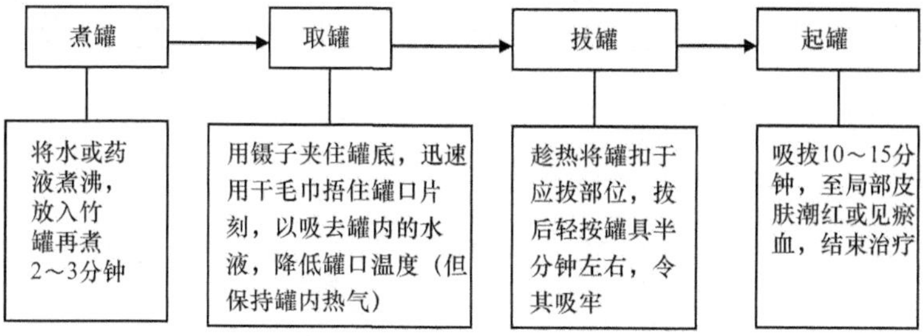

技术要领：操作适时，动作迅速，防止烫伤。

（2）起罐方法：同"火罐法"起罐方法。

3. 抽气罐法

抽气罐法是先将备好的抽气罐紧扣在需拔罐的部位上，用抽气筒将罐内的空气抽出，产生负压，使罐吸拔在应拔部位上的方法。

操作流程：

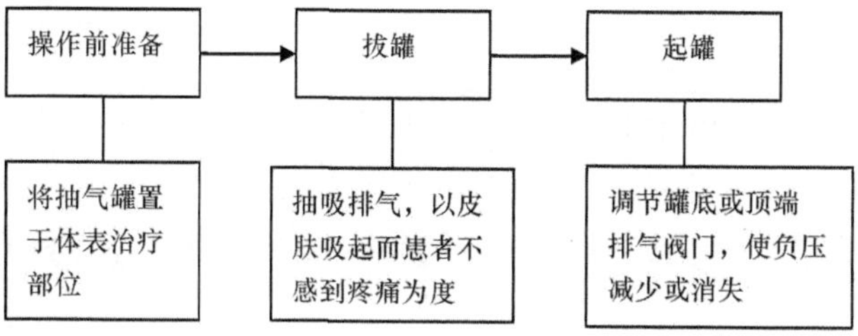

技术要领：抽吸排气，罐内压力适度。

（二）拔罐法运用

1. 留罐法

留罐法：又称坐罐法，是将吸拔在皮肤上的罐具留置一定时间，使局部皮肤潮红，甚或皮下瘀血呈紫黑色后再将罐具取下的一种方法。此法在临床上最为常用。

操作流程：

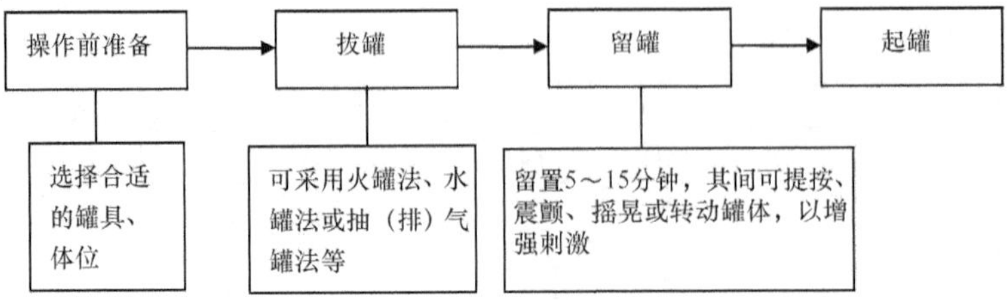

技术要领：同火罐法、水罐法、抽气罐法的技术要领操作。

2. 闪罐法

闪罐法：是用闪火法将罐吸拔于应拔部位，随即取下，再吸拔、再取下，反复吸拔至局部皮肤潮红或罐底发热的一种方法。

操作流程：

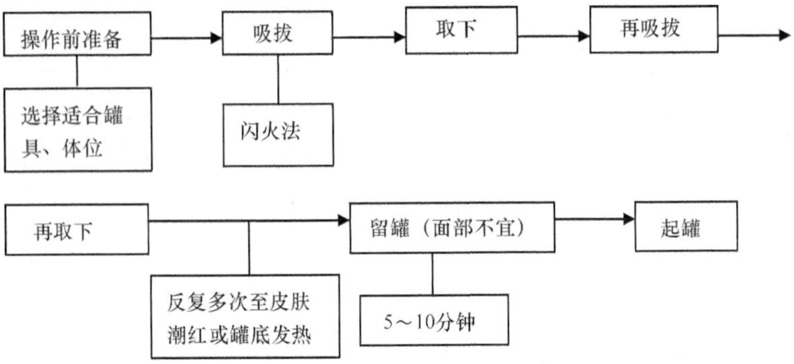

技术要领：动作要快而准确，并按闪火法操作。操作时，温热度以患者舒适为度。

3. 走罐法

走罐法：亦称推罐法、拉罐法，是用闪火法将玻璃罐吸拔后，将罐沿一定路线反复推拉至皮肤紫红的一种方法。

操作流程：

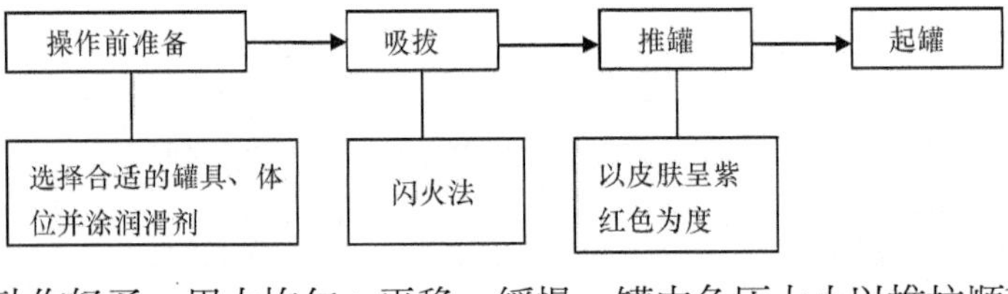

技术要领：动作轻柔，用力均匀、平稳、缓慢，罐内负压大小以推拉顺利为宜。

4. 针罐法

针罐法：是指针刺与拔罐相结合的治疗方法。常用的针罐法包括留针拔罐法和刺络拔罐法两种。

（1）留针拔罐法：是在治疗部位针刺得气后留针，再以针灸针为中心拔罐并留罐的方法。本法适用于需要同时针刺和留罐的疾病。

操作流程：

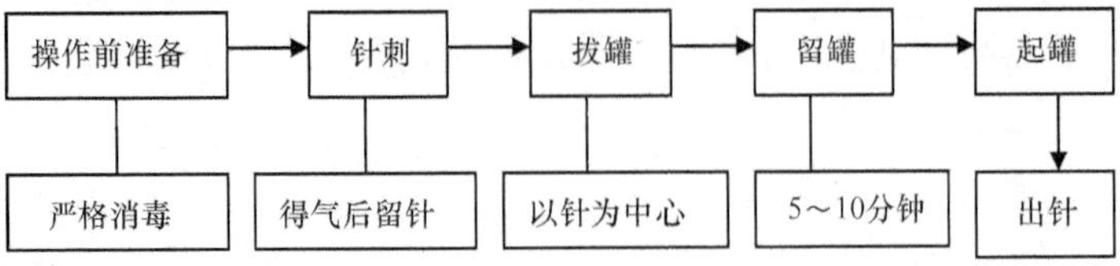

技术要领：毫针必须直刺，选择大小适宜的玻璃罐，罐的高度需长于露在皮肤外的针身和针柄的长度。

（2）刺络拔罐法：是将拔罐与刺血疗法相配合应用的一种方法。本法旨在利用拔罐所产生的负压增加放血疗法的出血量。

操作流程：

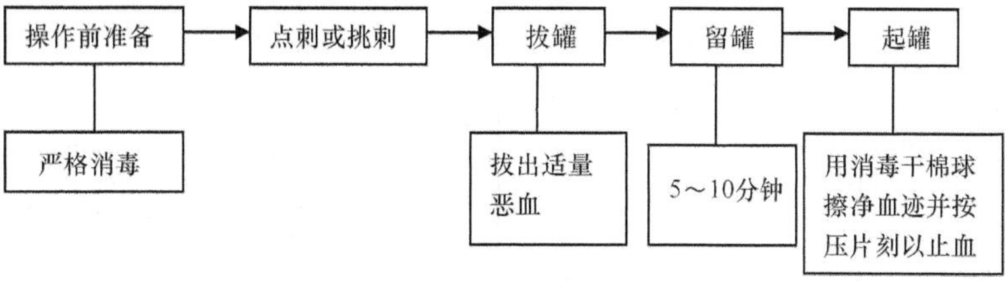

技术要领：点刺或挑刺后迅即拔罐，动作快速，皮肤出血面积应略小于火罐口径。

四、实训记录

按下表将实验内容如实地加以记录。

拔罐法	拔罐部位	疑难点记录	拔罐后局部皮肤状况
闪火法			
投火法			
贴棉法			
抽气罐			

拔罐法应用	施术部位（拔罐、针刺、刺络部位）	疑难点记录	拔罐后反应（局部皮肤状况、出血量、个体反应等）
留罐法（坐罐法）			
闪罐法			
走罐法（推罐法、拉罐法）			
刺络拔罐法			
留针拔罐法			

五、实训考评

项目	项目总分（分）	操作要求	得分
闪火法	40	体位选择正确（5分）	
		部位选择正确（5分）	
		手法正确（15分）	
		手法熟练（15分）	

续表

项目	项目总分（分）	操作要求	得分
投火法	20	体位选择正确（5分）	
		部位选择正确（5分）	
		手法正确（5分）	
		手法熟练（5分）	
贴棉法	20	体位选择正确（5分）	
		部位选择正确（5分）	
		手法正确（5分）	
		手法熟练（5分）	
抽气罐	20	体位选择正确（5分）	
		部位选择正确（5分）	
		手法正确（5分）	
		手法熟练（5分）	
总分	100		

项目	项目总分（分）	操作要求	得分
留罐法（坐罐法）	20	体位选择正确（5分）	
		部位选择正确（5分）	
		手法正确（5分）	
		手法熟练（5分）	
闪罐法	20	体位选择正确（5分）	
		部位选择正确（5分）	
		手法正确（5分）	
		手法熟练（5分）	
走罐法（推罐法、拉罐法）	20	体位选择正确（5分）	
		部位选择正确（5分）	
		手法正确（5分）	
		手法熟练（5分）	
刺络拔罐法	20	体位选择正确（4分）	
		部位选择正确（4分）	
		无菌操作（4分）	
		手法正确（4分）	
		手法熟练（4分）	
留针拔罐法	20	体位选择正确（4分）	
		部位选择正确（4分）	
		无菌操作（4分）	
		手法正确（4分）	
		手法熟练（4分）	
总分	100		

实训十　刮痧法训练

一、实训目的

掌握刮痧的适应证、禁忌证及注意事项。掌握刮痧的具体操作步骤与方法。

二、实训器材

水牛角刮痧板，植物油，清水，红花油，纸巾等。

三、实训内容与步骤

（1）根据病情选择适当的体位，暴露患者的刮治部位。

（2）常规消毒后，在刮治部位上涂抹润滑剂，使皮肤表面光滑滋润，将刮痧板的平面朝下或朝外，以 45° 角沿一定的方向刮拭，用力要均匀、适中，以患者耐受为度。

（3）刮拭顺序，一般是先刮头颈部、背部，再刮胸腹部，最后刮四肢和关节。刮拭时多自上而下、由内及外地依次反复顺刮。在刮拭过程中，由点到线到面，或是由面到线到点，刮拭面尽量拉长拉大，直至皮肤出现紫红色瘀点、瘀斑。应刮完一处之后，再刮另一处。特殊部位可采取其他刮法，如在骨骼、关节处可用角刮法。刮痧时间一般为 20 分钟左右，或以患者耐受为度。

（4）刮完后，擦净水渍或油渍。让患者饮一杯温开水（最好为姜汁糖水或淡糖盐水），休息 15 分钟后，即可离开诊室。

操作流程：

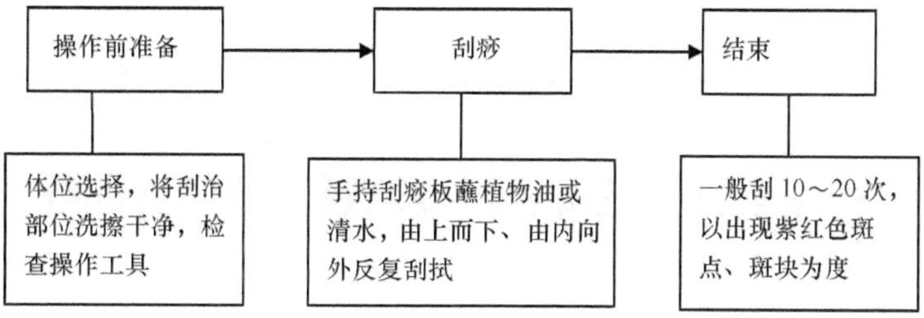

技术要领：沿同一方向刮，使用腕力，力量要均匀，逐渐加重。一般要求从上到下，从中间到两边，先左后右，每个部位 3 ～ 5 分钟。刮痧疗法的操作手法有平刮、竖刮、斜刮、角刮。

平刮：就是用刮板的平边，着力于施术部位，按一定方向进行较大面积的平行刮拭。

竖刮：就是用刮板的平边，着力于施刮的部位上，方向为竖直上下而进行大面积的刮拭。

斜刮：就是用刮板的平边，着力于施术部位上，进行斜向刮拭。该法适用于人体某些不能进行平、竖刮的部位所采用的操作手法。

角刮：用刮板的棱角和边角，着力于施术的部位上，进行较小面积或沟、窝、凹陷地方的刮拭，如鼻沟、耳屏、神阙、听宫、听会、肘窝、关节等处。

四、实训记录

按下表将实验内容如实地加以记录。

部位	操作方法	体会

五、实训考评

项目	项目总分（分）	操作要求	得分	备注
部位选择	40	定位正确（40 分）		主试者任意选择 1 个常用部位
刮痧方向	30	方法正确（20 分）		主试者任意选择 1 个常用部位
		动作熟练（10 分）		
刮痧操作	30	方法正确（20 分）		主试者任意选择 1 个常用部位
		动作熟练（10 分）		
总分	100			

实训十一　三棱针、皮肤针、皮内针训练

三棱针法

一、实训目的

（1）掌握三棱针法的基本操作技术：点刺法、刺络法、散刺法和挑治法。

（2）熟悉三棱针具的结构。

二、实训器材

大、小号三棱针，2% 碘酒，酒精，消毒棉球，镊子，血管钳，针盘，棉球缸，橡皮管等。

三、实训内容与步骤

（一）持针姿势

以右手持针，用拇食两指捏持针柄，中指指腹紧靠针身的侧面，露出针尖 3 ～ 5mm。

（二）操作方法

三棱针施术前：先根据病情选择施术部位；再依据施术部位和出血量大小选择适当的体位；施术部位严格消毒，医生戴一次性手套进行操作。

施术后处理：施术后，宜用消毒干棉球或棉签擦拭按压施术部位。中等量或大量出血时，可用敞口器皿盛接。所出血液、被污染的棉球及器皿等均须作无害化处理。

三棱针法出血量计量：微量，出血量在 1.0ml 以下（含 1.0ml）；少量，出血量在 1.1 ～ 5.0ml（含 5.0ml）；中等量，出血量在 5.1 ～ 10.0ml（含 10.0ml）；大量，出血量在 10.0ml 以上。

（1）点刺法：是用三棱针快速刺入人体特定浅表部位后快速出针的方法。

点刺前，可在被刺部位或其周围用推、揉、挤、捋等方法，使局部充血。

点刺时，用一手固定被刺部位，另一手持针，露出针尖 3 ～ 5mm，对准所刺部位快速刺入并迅速出针，进出针时针体应保持在同一轴线上。

点刺后可放出适量血液或黏液，也可辅以推挤方法增加出血量或出液量。

操作流程：

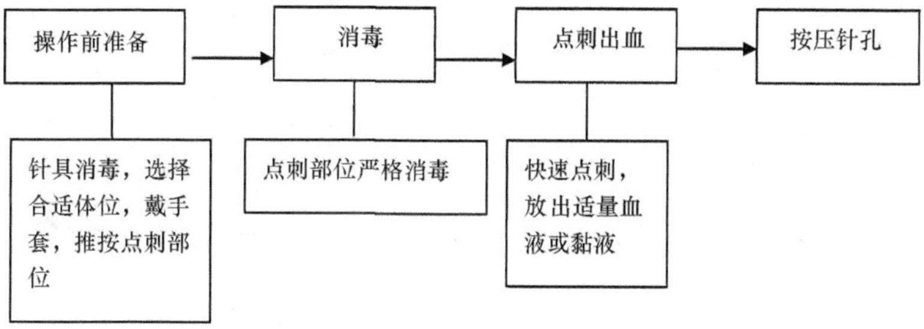

技术要领：固定点刺部位，快进快出；做到稳、准、快，一针见血。

（2）刺络法：用三棱针刺破人体特定部位的血络，放出适量血液的方法。

刺络前，可在被刺部位或其周围用推、揉、挤、捋等方法，四肢部位深刺血络时可在被刺部位的近心端以止血带结扎，使局部充血。

刺络时，用一手固定被刺部位，另一手持针，露出针尖 3 ～ 5mm，对准所刺部位快进快出，放出适量血液，松开止血带。

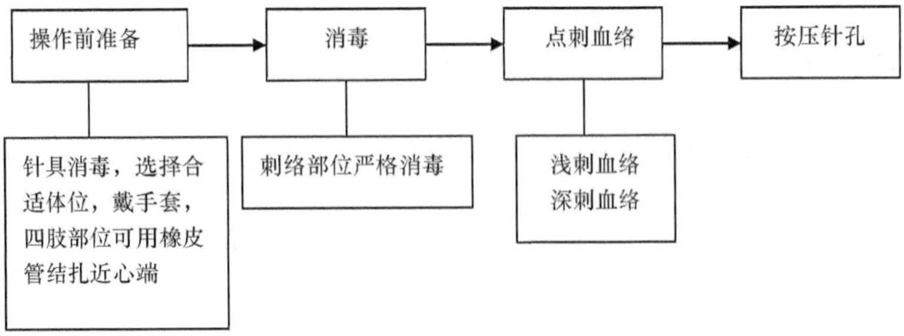

操作流程：

技术要领：针尖朝上，针体与静脉的角度成 45° 左右；动作要稳、准、快。针尖以刺中血管前壁，血液顺利流出为度，切忌同时刺破血管后壁，以防血肿。

（3）散刺法：用三棱针在人体特定部位施行多点点刺的方法。

操作流程：

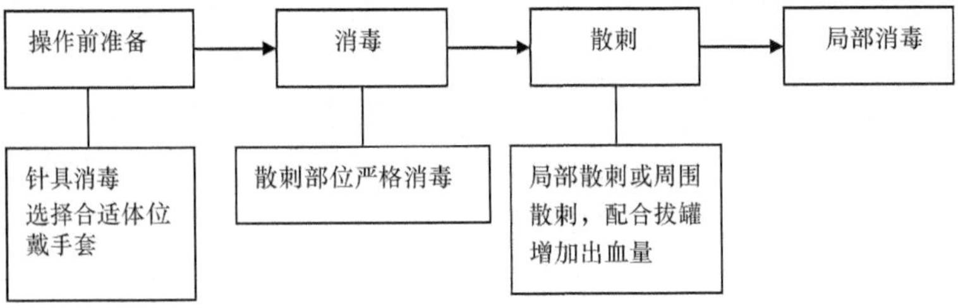

技术要领：多针垂直点刺，快进快出。

（4）挑刺法：用三棱针刺入人体特定部位，挑破皮肤或皮下组织的方法。

用一手固定被刺部位，另一手持针以 15° ～ 30° 刺入一定深度后，上挑针尖，挑破皮肤或皮下组织。

操作流程：

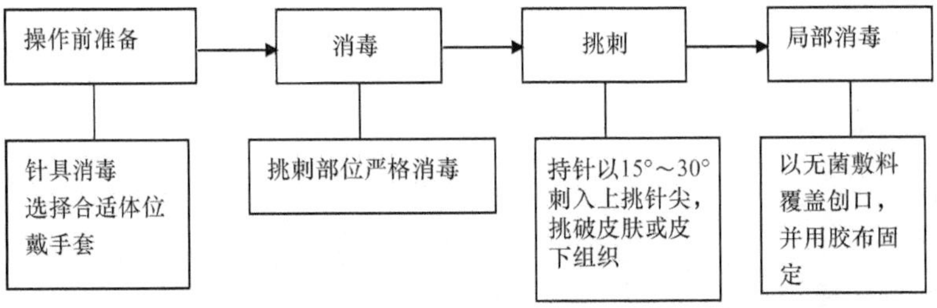

技术要领：皮下组织应挑尽为止，并可通过牵拉摆动加强刺激；畏痛者可在挑刺部位进行局部麻醉后再行操作。

四、实训记录

按下表将实验内容如实地加以记录。

三棱针法	针刺部位	出血量（滴或毫升）
点刺法		
刺络法		
散刺法		
挑治法		

五、实训考评

项目	项目总分（分）	操作要求	得分
点刺法	30	持针姿势正确（3 分）	
		无菌操作（3 分）	
		手法正确（15 分）	
		手法熟练（9 分）	
刺络法	20	持针姿势正确（2 分）	
		无菌操作（2 分）	
		手法正确（10 分）	
		手法熟练（6 分）	
散刺法	30	持针姿势正确（3 分）	
		无菌操作（3 分）	
		手法正确（15 分）	
		手法熟练（9 分）	
挑治法	20	持针姿势正确（2 分）	
		无菌操作（2 分）	
		手法正确（10 分）	
		手法熟练（6 分）	
总分	100		

皮肤针法

一、实训目的

（1）掌握皮肤针法的基本操作技术。
（2）熟悉皮肤针法的基本知识。

二、实训器材

2% 碘酒，酒精，消毒棉球，镊子，大、中、小号玻璃罐，软柄皮肤针，硬柄皮肤针等。

三、实训内容与步骤

（一）持针姿势

（1）硬柄持针式：用拇指和中指夹持针柄两侧，食指置于针柄中段的上面，无名指和小指将针柄末端固定于大小鱼际之间。

（2）软柄持针式：将针柄末端置于掌心，拇指居上，食指在下，其余手指呈握拳状固定针柄末端。

（二）叩刺方法

皮肤针叩刺时要运用腕力弹刺，针尖垂直叩打在皮肤上，并立即弹起，如此反复操作进行。根据不同刺激强度，将叩刺方法分为轻、中、重三种。

（1）轻叩刺法操作流程：

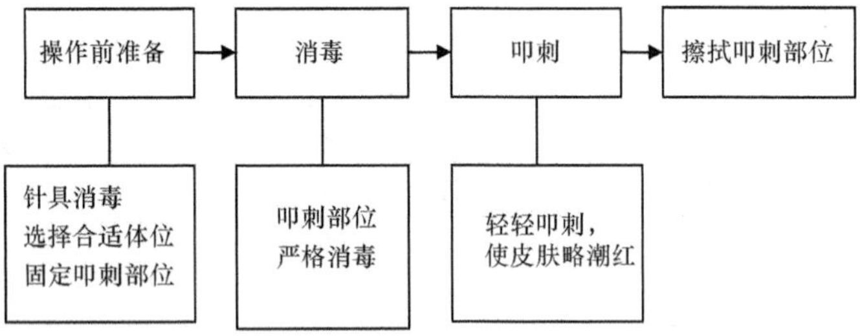

技术要领：运用较轻的腕力叩刺，叩刺时落针要轻、稳、准，以局部皮肤略见潮红，患者稍有疼痛感为度。

（2）中叩刺法操作流程：

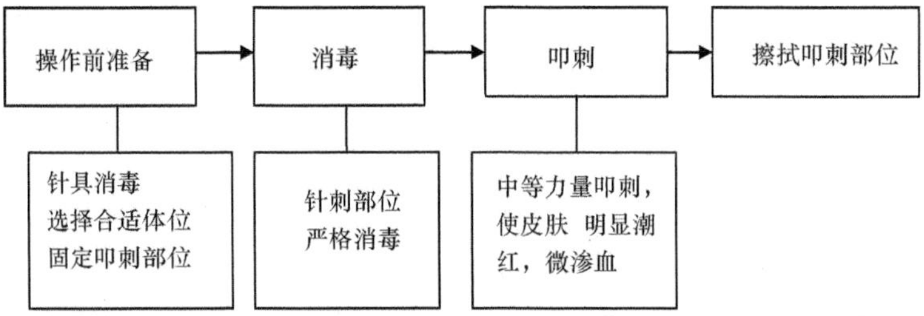

技术要领：用中等腕力进行叩刺，落针要稳、准，针尖接触皮肤时间稍长。以局部皮肤明显潮红，微渗血，患者有疼痛感为度。

（3）重叩刺法操作流程：

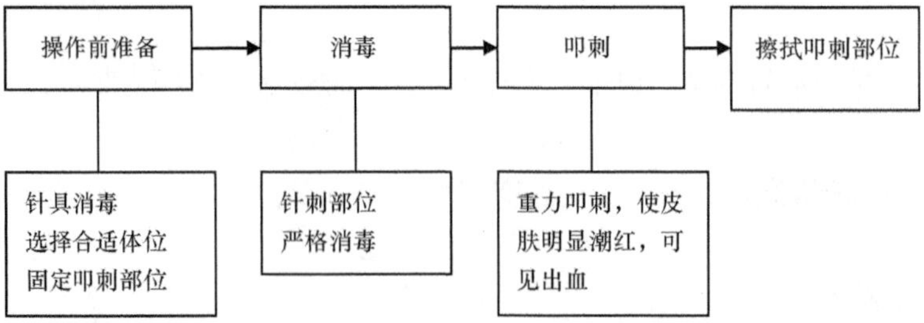

技术要领：用较重的腕力进行叩刺，落针要稳、准、重。以局部皮肤明显潮红，可见出血，患者有明显疼痛感且能耐受为度。

（三）叩刺部位

（1）循经叩刺操作流程：

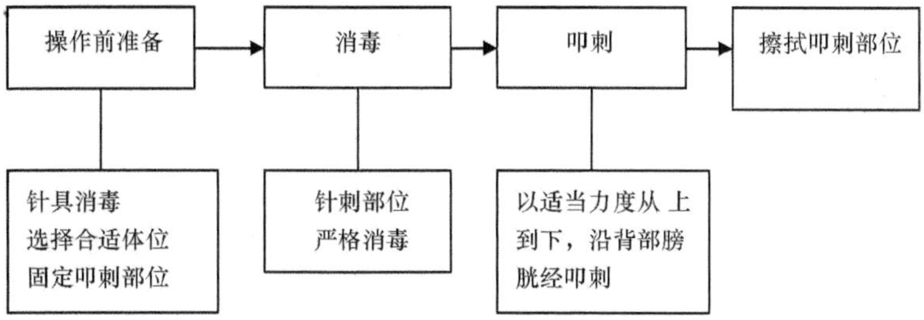

要领：取俯卧位，以适当的力度从上到下，沿背部膀胱经叩刺。落针要稳、准、重。以局部皮肤潮红、出血，患者有疼痛感且能耐受为度。

（2）穴位叩刺操作流程：

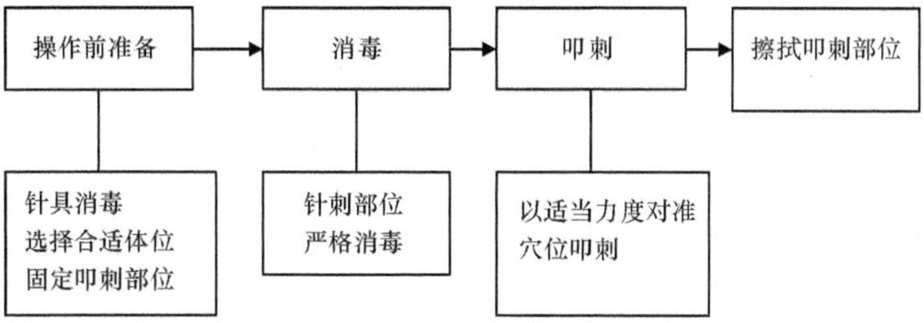

技术要领：以适当的力度对准穴位叩刺。落针要稳、准。以局部皮肤潮红或出血，患者有疼痛感且能耐受为度。

（3）局部叩刺操作流程：

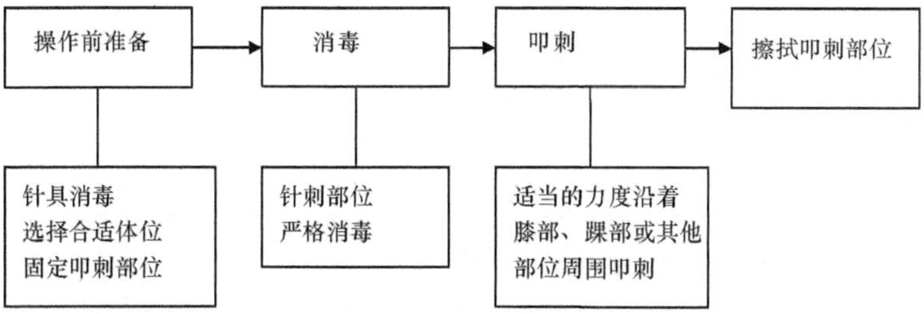

技术要领：以适当的力度沿着膝部、踝部或其他部位周围叩刺。落针要稳、准，针尖接触皮肤时间稍长。以叩至局部皮肤潮红或出血，患者有疼痛感且能耐受为度。

四、实训记录

按下表将实验内容如实地加以记录。

皮肤针法	施术部位	疑难点记录	叩刺后反应（局部皮肤状况、出血量、个体反应等）
循经叩刺			

续表

皮肤针法	施术部位	疑难点记录	叩刺后反应（局部皮肤状况、出血量、个体反应等）
穴位叩刺			
局部叩刺			

五、实训考评

项目	项目总分（分）	操作要求	得分
循经叩刺	40	体位选择正确（7分）	
		部位选择正确（7分）	
		无菌操作（7分）	
		持针姿势正确（7分）	
		手法正确（7分）	
		手法熟练（5分）	
穴位叩刺	30	体位选择正确（5分）	
		部位选择正确（5分）	
		无菌操作（5分）	
		持针姿势正确（5分）	
		手法正确（5分）	
		手法熟练（5分）	
局部叩刺	30	体位选择正确（5分）	
		部位选择正确（5分）	
		无菌操作（5分）	
		持针姿势正确（5分）	
		手法正确（5分）	
		手法熟练（5分）	
总分	100		

皮内针法

一、实训目的

（1）掌握皮内针的基本操作技术。

（2）熟悉皮内针的基本知识。

二、实训器材

撳钉型和颗粒型皮内针、2%碘酒或碘伏、酒精、安尔碘、消毒干棉球、消毒棉签、镊子或止血钳、棉球缸、胶布等。

三、实训内容与步骤

（一）持针姿势

右手持镊子或针钳夹住针柄。

（二）皮内针操作

（1）揿钉型操作流程：

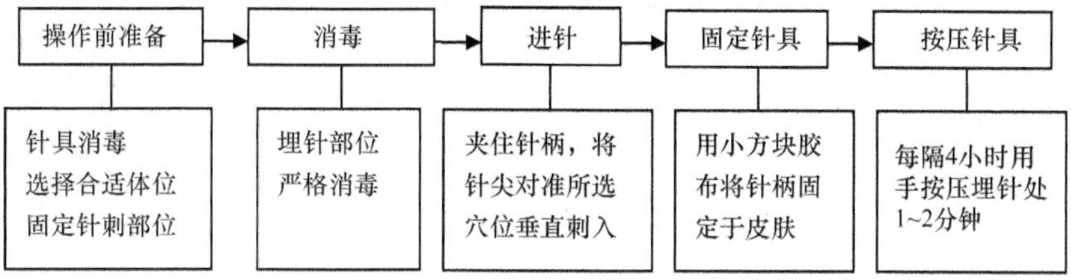

技术要领：垂直刺入，固定按压。

（2）颗粒型操作流程：

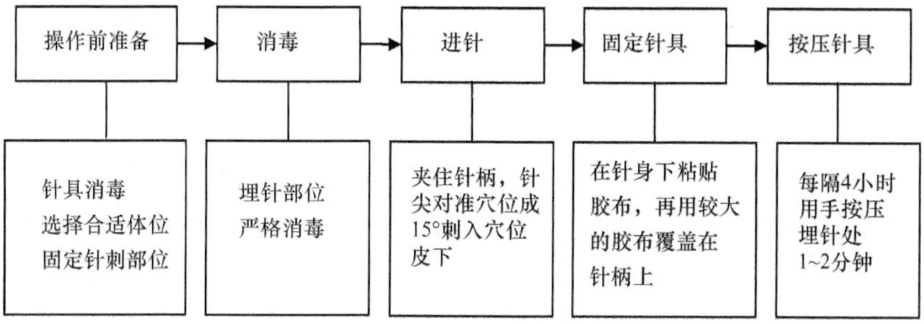

技术要领：与经脉循行方向成 90° 垂直，平刺入穴位皮下，固定按压。

三、实训记录

按下表将实验内容如实地加以记录。

皮内针法	针刺穴位	操作要点	局部反应
揿钉型			
颗粒型			

四、实训考评

项目	项目总分（分）	操作要求	得分
揿钉型	50	持针姿势正确（5 分）	
		无菌操作（5 分）	
		操作手法正确（25 分）	
		手法熟练（15 分）	

续表

项目	项目总分（分）	操作要求	得分
颗粒型	50	持针姿势正确（5分）	
		无菌操作（5分）	
		操作手法正确（25分）	
		手法熟练（15分）	
总分	100		

实训十二　火针和芒针训练

火　针　法

一、实训目的

（1）掌握火针法的基本操作技术。
（2）熟悉火针法的基本知识。

二、实训器材

粗火针、细火针、三头火针，针盘，酒精，剪刀，2%碘酒，酒精灯，打火机，消毒敷料，医用胶布，猪皮等。

三、实训内容与步骤

（一）持针姿势

右手持针柄，左手拿点燃的酒精灯。

（二）火针操作

火针操作流程：

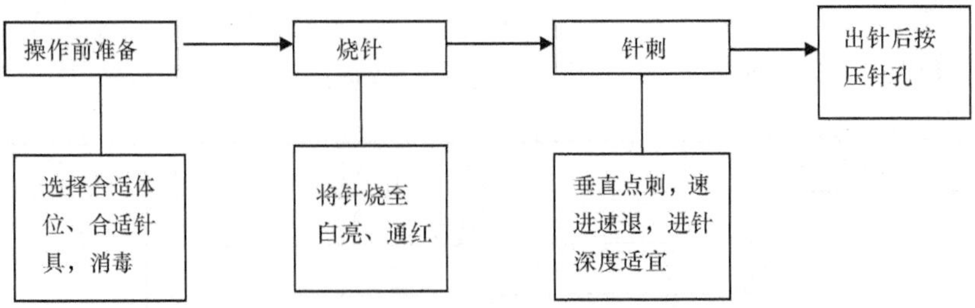

技术要领：左手持灯，右手持针；先烧针身，后烧针尖；对准穴位，速进速退。

四、实训记录

按下表将实验内容如实地加以记录。

火针法	针刺穴位	操作要点	局部反应
细火针浅刺			
细火针深刺			
粗火针浅刺			
粗火针深刺			
三头火针浅刺			

五、实训考评

项目	项目总分（分）	操作要求	得分
火针法	100	持针姿势正确（30 分）	
		手法正确（30 分）	
		无菌操作（20 分）	
		手法熟练（20 分）	

芒 针 法

一、实训目的

（1）掌握芒针法的基本操作技术。
（2）熟悉芒针法的基本知识。

二、实训器材

4.5 寸芒针、2% 碘酒或碘伏、酒精棉球、安尔碘、消毒干棉球、消毒棉签、镊子或止血钳、针盘、棉球缸等。

三、实训内容与步骤

（一）持针姿势

以右手持针柄的下段，左手拇食两指用消毒干棉球捏住针体下段，露出针尖，并将针尖对准穴位。

（二）芒针操作

操作流程：

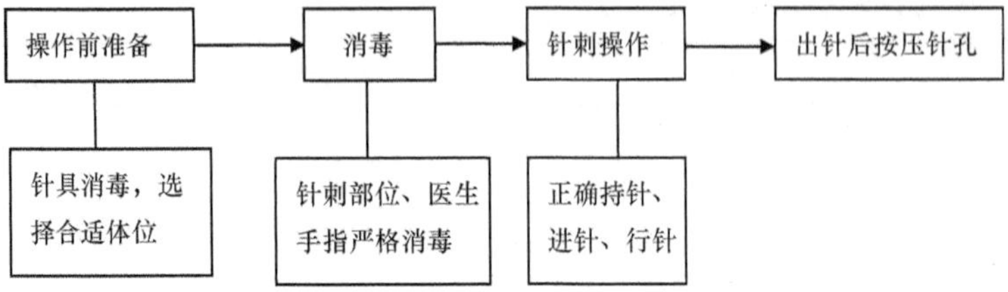

技术要领：夹持进针，轻捻缓进；捻转行针，角度为 180° ～ 360°，提捻出针。整个操作过程缓慢轻柔，灵活自然，针体始终处于旋转状态。

四、实训记录

按下表将实验内容如实地加以记录。

	针刺穴位	局部反应
芒针法		

五、实训考评

项目	项目总分（分）	操作要求	得分
芒针法	100	持针姿势正确（30 分）	
		手法正确（30 分）	
		无菌操作（20 分）	
		手法熟练（20 分）	

实训十三　电针训练

一、实训目的

（1）掌握各种波型的选择方法及适应范围。掌握电针仪的基本操作技术。
（2）熟悉电针仪面板各部位的功能。

二、实训器材

G6805- Ⅱ型电针治疗仪、各种规格毫针（或一次性毫针）、针盘、镊子、2% 碘酒、酒精、生理盐水、消毒棉球（或棉签）、纱布等。

三、实训内容与步骤

（1）输出电位器调零：检查电针仪器输出电位器的所有输出调节旋钮，均应调在零位（即无电流输出）。

（2）选同侧上肢曲池、外关两穴，或同侧下肢足三里、梁丘两穴，针刺得气。

（3）将电针机输出的两个电极导线分别接在两根毫针的针柄上，一般将同一组导线的两个电极连接在身体的同一侧。

（4）打开电源开关，选择适当的刺激波型。

（5）调节刺激强度：缓慢调高至所需的电流量，使患者出现酸、胀、麻等感觉或局部肌肉见节律性收缩。

（6）通电时间一般 15 ～ 30 分钟，如在通电过程中感觉减弱，可适当加大输出电流量，或暂时断电 1 ～ 2 分钟后再行通电。

（7）治疗结束时，先将输出电位器调节旋钮缓慢调回“0”位，然后关闭电源，取下导线，最后按常规出针方法将针取出。

（8）单穴电针：选取一个主要的穴位，将毫针常规刺入得气后留针，将用水浸湿的纱布块固定在同侧的皮肤上作无关电极，然后将电针仪器上一组输出的两个电极分别连接在毫针和无关电极上。

操作流程：

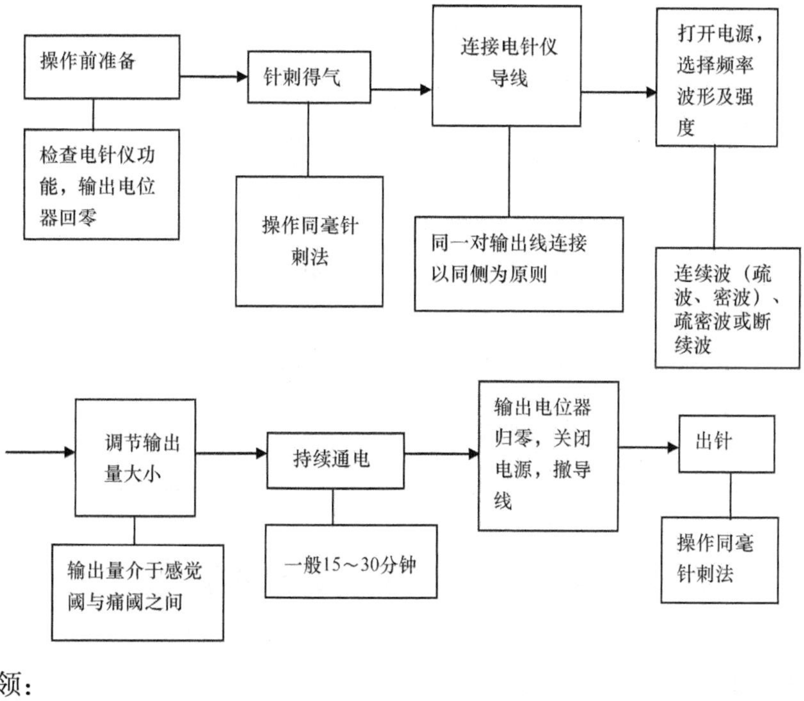

技术要领：

（1）严格按照电针仪操作规范进行电针治疗，输出电位的归零，电针仪导线的连接要规范，根据病情及疾病性质选择电针仪的波型。

（2）缓慢调节强度旋钮，逐渐加大电流输出，以免突然的强刺激使患者肌肉强烈收缩，引起滞针或弯针等意外。

四、实训记录

按下表将实验内容如实地加以记录。

电针法针刺穴位	选用的电针仪	波形	频率	输出量	针刺感觉

五、实训考评

项目	项目总分（分）	评分标准	得分
选择穴位	5	恰当选择穴位（5分）	
体位选择	5	体位选择合适（5分）	
消毒	5	正确消毒（5分）	
毫针刺法	5	正确完成毫针刺法（5分）	
输出电位器调零	10	正确调零（10分）	
电极连接	15	正确连接电极与毫针（15分）	
波型选择	15	选择恰当的波型（15分）	
开机、大小调节	15	正确开机并调节刺激量（15分）	
治疗结束	15	正确操作电针仪、去掉电极和出针（15分）	
考察是否熟悉注意事项	10	熟悉注意事项（10分）	
合计	100		

实训十四　穴位注射训练

一、实训目的

（1）掌握穴位注射法的基本操作技术。
（2）熟悉穴位注射法的基本知识。

二、实训器材

酒精，2% 碘酒，2 ～ 10ml 注射器，5 ～ 7 号注射针头，镊子，剪刀，消毒棉球，维 D_2 果糖酸钙注射液，维生素 B_{12} 注射液。

三、实训内容与步骤

（1）选取 5ml 一次性注射器（带注射针头）1 支，抽取维生素 B_{12} 注射液 1ml、维 D_2 果糖酸钙注射液 1ml 备用。

（2）取坐位或卧位，暴露注射部位（曲池、足三里等），腧穴局部皮肤常规消毒。

（3）快速进针，将针刺入皮下，缓慢推进到一定深度或上提下插，探得酸、胀等“得气”感。回抽针芯，无回血、无回液时，即可注入药物。

操作流程：

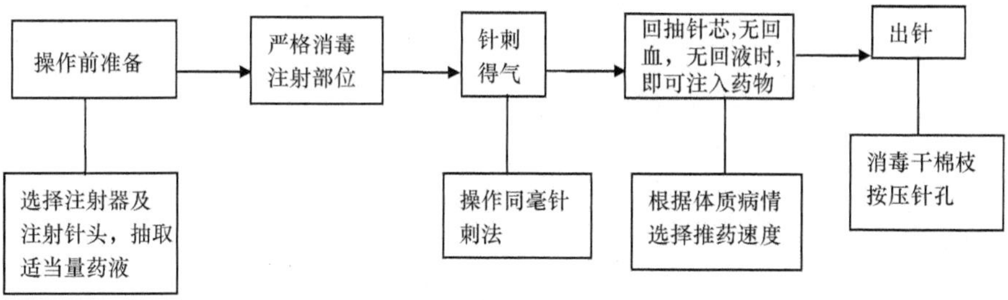

技术要领：针下必须得气；回抽针芯，如无回血、无回液，才可注入药物，药物不可注入血管腔。

四、实训记录

按下表将实验内容如实地加以记录。

注射穴位	注射的角度	注射的深度	注射药物	剂量（ml）	穴位感觉及感觉持续时间

五、实训考评

项目	项目总分（分）	评分标准	得分
用品用具的准备	10	较全面地准备所需用品用具（10 分）	
药物选择及剂量	10	恰当选择药物及剂量（10 分）	

续表

项目	项目总分（分）	评分标准	得分
施术穴位的选择	20	正确选择穴位（20分）	
体位选择	10	选择恰当的体位（10分）	
消毒	10	正确消毒（10分）	
注射操作	30	正确完成注射操作（30分）	
注意事项	10	熟悉注意事项（10分）	
合计	100		

实训十五　穴位埋线训练

一、实训目的

（1）掌握穴位埋线法的基本操作技术。
（2）熟悉穴位埋线法的基本知识。

二、实训器材

注射埋线针，穿刺针，7、8号注射针头，28号1.5、2.0寸毫针，3-0可吸收性外科缝线，2%碘酒或碘伏，安尔碘，消毒干棉球，棉球缸，消毒棉签，医用橡皮手套，敷料，洞巾，胶布等。

三、实训内容与步骤

（1）简易穴位埋线法1：临床上常用一次性成品注射埋线针、穿刺针或以7、8号注射针头作套管，配合28号1.5、2.0寸毫针作针芯。

操作流程：

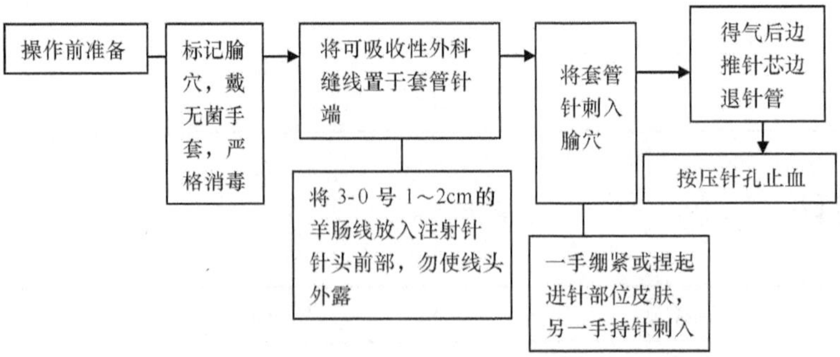

技术要领：边推针芯，边退针管，推抽结合可将吸收性外科缝线推进腧穴。

（2）简易穴位埋线法2

操作流程：

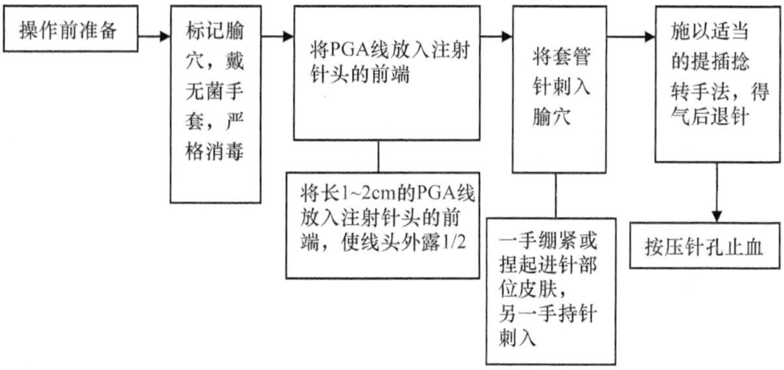

技术要领：埋线最好埋在皮下组织与肌肉之间，肌肉丰满的地方可埋入肌层，线不可暴露在皮肤外面。

四、实训记录

按下表将实验内容如实地加以记录。

实训项目	实训感受	操作结果

五、实训考评

项目	项目总分（分）	操作要求	得分
简易埋线法 1	50	持针姿势正确（10 分）	
		无菌操作（10 分）	
		手法正确（20 分）	
		手法熟练（10 分）	
简易埋线法 2	50	持针姿势正确（10 分）	
		无菌操作（10 分）	
		手法正确（20 分）	
		手法熟练（10 分）	

实训十六　穴位贴敷与穴位磁疗训练

穴位贴敷

一、实训目的

（1）掌握穴位贴敷法的基本操作技术。

（2）熟悉穴位贴敷法的基本知识。

二、实训器材

酒精，醋，蜂蜜，白芥子末，甘遂末，斑蝥末，雄黄末，吴茱萸，药钵，2%碘酒，消毒敷料，消毒毫针，医用胶布，龙胆紫，消炎膏等。

三、实训内容与步骤

（一）穴位贴敷药物

1. 药物的选择

凡是临床上有效的汤、丸剂，一般都可以熬膏或研末用作腧穴贴敷。但与内服药物相比，贴敷用药又有以下特点：

（1）应用通经走窜、开窍活络之品。常用的药物有冰片、花椒、麝香、丁香、姜、葱、蒜、白芥子、肉桂、细辛、白芷、皂角、穿山甲等。

（2）多选气味俱厚之品，有时甚至选用力猛有毒的药物，如生南星、生半夏、川乌、草乌、巴豆、附子、斑蝥、大戟等。

（3）选择适当溶剂调和贴敷药物或熬膏，以达药力专、吸收快、收效速的目的。醋调贴敷药，有解毒、化瘀、敛疮等作用，虽用药猛，可缓其性；酒调贴敷药，则有行气、通络、消肿、止痛作用，虽用药缓，可激其性；油调贴敷药，又可润肤生肌。常用溶剂有水、白酒或黄酒、醋、姜汁、蜂蜜、蛋清、凡士林等。此外，还可针对病情应用药物的浸剂作溶剂。

2. 药物的制作

（1）丸剂：将药物（如细辛）研成细末，用水或蜜或药汁等拌和均匀，制成圆形大小不一的药丸，储存备用。

（2）散剂：将药物（如甘遂）研成细末，填放脐部进行治疗。

（3）糊剂：将药物（如吴茱萸）研成细末，酌情使用水、醋、酒、鸡蛋清或姜汁等，调成糊状，摊敷腧穴，外盖纱布，胶布固定。

（4）膏剂：将所选药物（如斑蝥末与雄黄末）加适量基质，煎熬浓缩成膏状制成外贴膏药或软膏。

（5）饼剂：将药物（如白芥子末）研成细末，加适量的水调拌均匀，制成大小不等的药饼，贴敷病变局部或腧穴，外用纱布覆盖，胶布固定。或将新鲜的植物的根茎、茎叶等捣碎，制成药饼，烘热后贴敷腧穴。

（6）鲜药剂：将新鲜药物（如鲜大蒜头）捣烂成泥，直接贴敷腧穴。

（二）穴位贴敷

1. 施术穴位的选择

腧穴贴敷法是以脏腑经络学说为基础，通过辨证选取贴敷的腧穴。选穴力求少而精。此外，还应结合以下选穴特点：

（1）选择病变局部的腧穴贴敷药物。

（2）选用阿是穴贴敷药物。

（3）选用经验穴贴敷药物，如吴茱萸敷贴涌泉穴治疗小儿流涎，威灵仙贴敷身柱穴治疗百日咳等。

（4）神阙穴和涌泉穴为常用腧穴。

2. 贴敷操作

（1）所选穴位用酒精常规皮肤消毒，选取适当体位，使药物能贴敷稳妥。敷药时，要认真覆盖，用消毒纱布或清洁布带覆在敷药之上，外加胶布贴紧固定，或用绷带束紧固定，以防药物流失或药物脱落而灼伤附近组织。

（2）一般情况下，刺激性小的药物，每隔 1 ～ 3 天换药 1 次；不需溶剂调和的药物，还可适当延长到 5 ～ 7 天换药 1 次；刺激性大的药物，应视患者的反应和发泡程度确定贴敷时间，（数分钟至数小时不等）。如需再贴敷，应待局部皮肤基本恢复正常后再敷药。

（3）如需换药，可用消毒干棉球或棉签蘸温水、植物油或石蜡油轻轻揩去粘在皮肤上的药物，擦干并消毒后再敷药。

四、实训记录

按下表将实验内容如实地加以记录。

贴敷穴位	贴敷的药物	药物剂型	贴敷的时间	穴位局部皮肤情况	穴位感觉

五、实训考评

项目	项目总分（分）	评分标准	得分
用品用具的准备	10	较全面地准备所需用品用具（10 分）	
药物选择	15	恰当选择药物（15 分）	
药物的制作	15	对常用的药物进行加工制作（15 分）	
施术穴位的选择	20	正确选择穴位（20 分）	
体位选择	10	选择恰当的体位（10 分）	

续表

项目	项目总分（分）	评分标准	得分
消毒	10	正确消毒（10分）	
贴敷操作	10	正确完成敷贴操作（10分）	
注意事项	10	熟悉注意事项（10分）	
合计	100		

穴位磁疗法

一、实训目的

（1）掌握穴位磁疗法的基本操作技术。

（2）熟悉穴位磁疗法的基本知识。

二、实训器材

磁片、磁珠、胶布、一次性1.0寸毫针、一次性或消毒图钉型皮内针、磁鍉针、磁极针、酒精、消毒干棉球。

三、实训内容与步骤

1. 直接贴敷法

用胶布或无纺胶布将直径5～20mm、厚3～4mm的磁铁片，直接贴敷于穴位或痛点上，磁铁片表面的磁场强度约为数百至0.2T，或用磁珠贴敷于耳穴。根据治疗部位不同，贴敷时可采用单置法、对置法或并置法。

（1）单置法：取曲池穴。将一块磁片放置在曲池穴上，用胶布固定。这种方法局限于浅部病变。

（2）对置法：取内关、外关穴。将两块磁片的异名极面，以相对的方向放置在内关和外关穴上，用胶布固定。此法可使磁力线充分穿过治疗部位。

（3）并置法：取外关穴、支沟穴。将两块磁片同名极并置于外关穴、支沟穴上，用胶布固定。此法可使磁力线深达内部组织和器官；若病变浅且范围较大时，可在病变范围两端贴敷异名极磁片，这种方法可使更多的磁力线穿过病变部位。

2. 间接贴敷法

将磁铁片放到衣服口袋中，或缝到内衣、衬裤、鞋、帽内，或根据磁铁的大小和穴位所在部位，缝制专用口袋，将磁铁装进口袋，然后穿戴到身上，使穴位接受磁场的作用的贴敷方法。

3. 磁针法

将皮内针或短毫针刺入腧穴或痛点上，针的尾部伏在皮肤外面，其上再放一块磁片，然后用胶布固定，这样可使磁场通过针尖集中进入深层组织。

皮内针或短毫针埋针时针刺方向一般与经脉呈十字交叉，刺入深度为真皮。选择易于固定针具且不影响活动的腧穴。

操作流程：

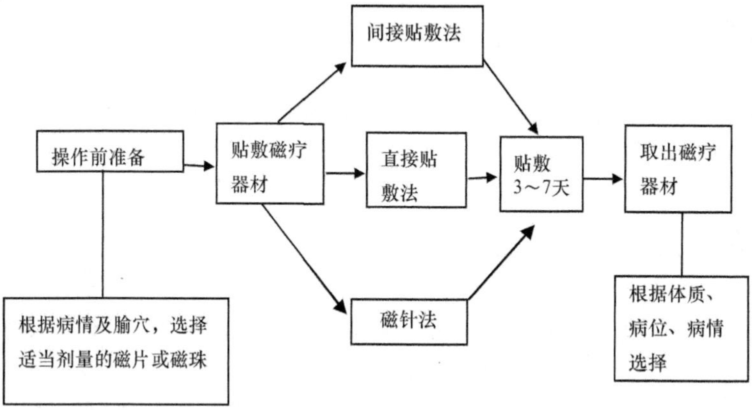

技术要领：准确定位，适度固定。

四、实训记录

按下表将实验内容如实地加以记录。

实训项目	实训感受	操作结果
直接贴敷法		
间接贴敷法		
磁针法		

五、实训考评

项目	项目总分（分）	操作要求	得分
直接贴敷法	40	选穴准确（4分）	
		无菌操作（4分）	
		手法正确（20分）	
		手法熟练（12分）	
间接贴敷法	30	选穴准确（3分）	
		无菌操作（3分）	
		手法正确（15分）	
		手法熟练（9分）	
磁针法	30	选穴准确（3分）	
		无菌操作（3分）	
		手法正确（15分）	
		手法熟练（9分）	
总分	100		

实训十七 耳针疗法

一、实训目的

（1）掌握常用耳穴的准确定位，耳穴毫针刺法和压丸法的操作技术。

（2）熟悉耳针的基本知识。

二、实训器材

（1）针具：28～30号、0.5～1.0寸的毫针，三棱针，4号半注射针头等。

（2）其他用具：2%碘酒或碘伏、酒精、安尔碘、耳穴模型、耳穴探测仪、消毒干棉球、棉球缸、磁珠、维生素B_1或维生素B_{12}注射液、王不留行籽、胶布、耳压板、镊子或止血钳、注射器、剪刀、针盘、G6805-Ⅱ电针治疗仪等。

三、实训内容与步骤

（一）耳穴探查

当机体患病时，往往在相应的耳穴区域内出现阳性反应点，一般认为刺激这些反应点，治疗效果较好。因为每个人的耳郭形状、大小及耳穴体表分布不尽相同，所以耳郭上“阳性反应点”的出现就可能因人而异，故临床使用耳穴时，不能只限于耳穴图、耳穴模型等所标志的位置，还应进行仔细探察后再确定。临床常用的耳穴探察方法，主要有望诊法、压痛法和电测法。

操作流程：

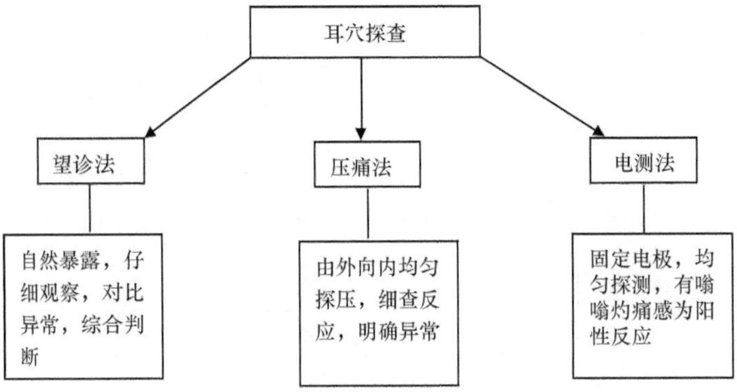

技术要领：望诊法要双耳对比，排除色素沉着、痣、冻疮及随生理变化而出现的反应等征象。压痛法是在疾病相应的部位由周围向中心，以均匀的压力仔细探查。电测法是患者握紧一端电极或固定在患者内关穴上，术者手握探极在耳部上均匀、缓慢地探测。

（二）刺激方法

（1）毫针法：即用毫针刺激耳穴以治疗疾病的一种方法。

操作流程：

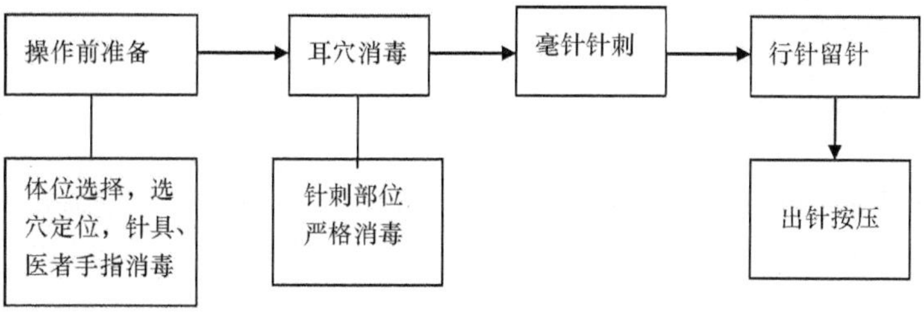

技术要领：医者一手固定耳郭，另一手拇、食、中指持针刺入耳穴，针刺深度宜 0.1 ～ 0.3cm，以不穿透对侧皮肤为度。

（2）压籽法：使用一定丸状物贴压耳穴以防治疾病的一种方法。

操作流程：

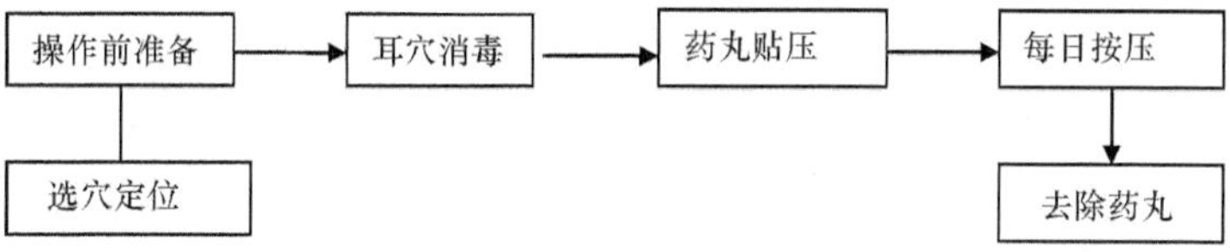

技术要领：选穴定位要准确，按压刺激强度以使耳部有发热胀痛感为度。一般每次只贴压一侧耳穴，两耳轮流，2 ～ 4 天更换一次。

（3）电针法：是将传统的毫针法与脉冲电流刺激相结合的一种方法。

操作流程：

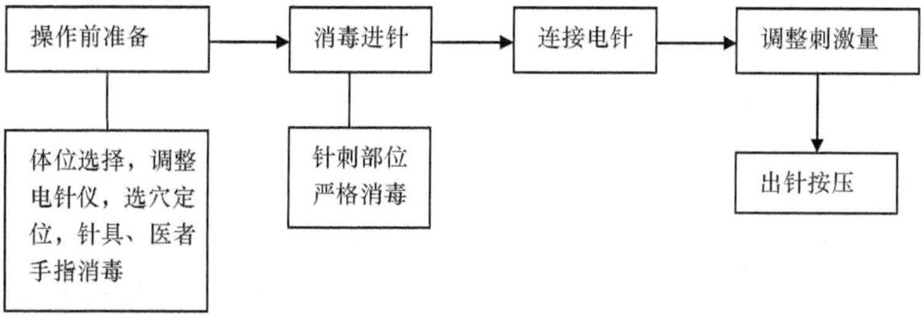

技术要领：针对不同病症，选择相应的波形和频率，并适当调整刺激强度。

（4）穴位注射法操作流程：

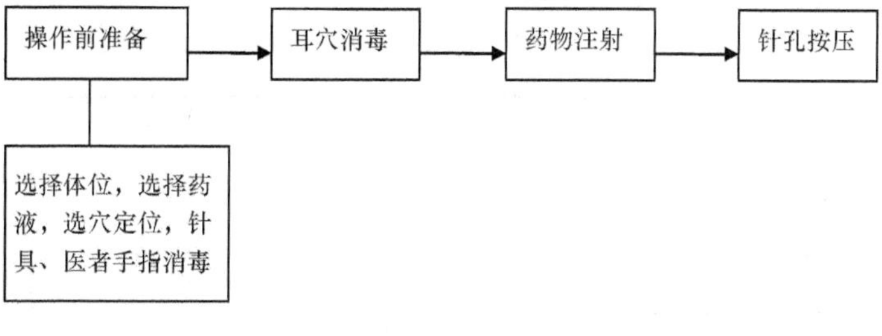

技术要领：选用 1ml 注射器和 4 号半注射针头。严格消毒后，用快速进针法刺入，回抽无血后，将药液缓慢地注入耳穴皮下，每穴注入 0.1 ～ 0.3ml。出针时按压针孔。

（5）三棱针法：使用一定针具点刺耳穴出血以防治疾病的一种方法。

操作流程：

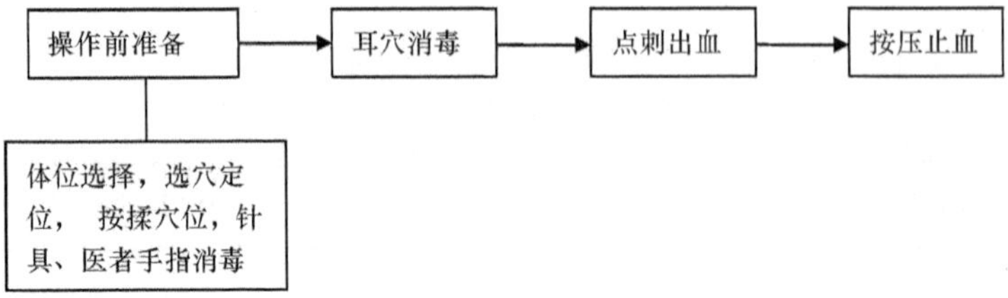

技术要领：刺血前宜按摩耳郭使其充血，固定点刺部位，快进快出，在耳穴处放血3～5滴。

四、实训记录

按下表将实验内容如实地加以记录。

耳穴探察记录表

探察方法	阳性反应	耳穴	初步诊断和分析
望诊法			
压痛法			
电测法			

耳针操作记录

操作方法	耳穴	体会
毫针法		
压丸法		
电针法		
水针法		
三棱针法		

五、实训考评

项目	项目总分（分）	操作要求	得分	备注
耳穴定位	40	定位正确（40分）		主试者任意选择10个常用耳穴
耳穴探察	30	方法正确（20分）		主试者任意选择10个常用耳穴
		动作熟练（10分）		
耳穴操作	30	方法正确（20分）		主试者任意选择10个常用耳穴
		动作熟练（10分）		

实训十八 头针疗法

一、实训目的

（1）掌握头皮针法的基本操作技术。

（2）熟悉头皮针法的基本知识。

二、实训器材

头皮针模型，皮尺，1 ～ 1.5 寸、28 号毫针，2% 碘酒、酒精，消毒棉球，镊子，针盘等。

三、实训内容与步骤

（一）进针法

（1）快速进针法：右手持针，将针尖与头皮成 15° ～ 30° 夹角快速刺入头皮下。亦可用飞入法快速进针，即右手持针，针尖对准进针点，手指尖距头皮 5 ～ 10cm，手腕背屈后，再突然手腕掌屈，使针尖飞冲进头皮下或帽状腱膜下层。

（2）快速推针法：右手持针，拇、食指尖部捏住针柄下半部，中指紧贴针体末端，沿皮将针体快速推进至帽状腱膜下层。当针体在该层时，指下阻力减小，无阻力与疼痛感。如此则可将针推入，针身露出 2 ～ 3 分。

（二）行针法

1. 快速捻转手法

针体进入帽状腱膜下层后，在一定深度时固定针体，不能上下移动。要求术者肩、肘、腕关节和拇指不动，食指呈半屈曲状态，用食指第一节桡侧面和拇指指腹捏住针柄，利用食指掌指关节的伸屈动作，使针体快速旋转。如此动作达熟练程度时，频率可达每分钟 200 次左右。持续捻转 2 ～ 3 分钟，留针 5 ～ 10 分钟，重复 2 ～ 3 次，再出针。

2. 抽添手法（小幅度提插）

（1）抽提法：针体进入帽状腱膜下层后，将针体平卧，用右手拇、食指紧捏针柄，左手按压进针点以固定头皮，用爆发力将针迅速向外抽提 3 次，然后再缓慢地向内退回原处（插至 1 寸处），以紧提慢插为主。如此反复行针 1 ～ 2 分钟。

（2）进插法：针体进入帽状腱膜下层后，将针体平卧，用右手拇、食指紧捏针柄，左手按压进针点以固定头皮，用爆发力将针迅速向内进插 3 次，然后再缓慢地向外退回原处（提至 1 寸处），以紧插慢提为主。如此反复行针 1 ～ 2 分钟。

（三）留针

（1）静留针：在留针期间不再施行任何针刺手法，让针体安静而自然地留置在头皮内。

一般情况下，头针留针时间宜在 15 ～ 30 分钟。如症状严重、病情复杂、病程较长者，可留针 2 小时以上。

（2）动留针：在留针期间，间歇重复施行相应手法，以加强刺激，在较短时间内获得即时疗效，称动留针。一般情况下，在 15 ～ 30 分钟内，宜间歇行针 2 ～ 3 次，每次 2 分钟左右。

按病情需要也可适当延长留针时间。偏瘫患者留针期间嘱其活动肢体（重症患者可作被动活动），有助于提高疗效。一般经 3 ～ 5 分钟刺激后，部分患者病变部位（患肢或内脏）可出现热、麻、胀、凉、抽动等感觉，这种患者疗效较好。

（四）出针

押手固定穴区周围头发，刺手夹持针柄轻轻转动针身，如针下无滞涩感，可快速出针，也可缓慢出针至皮下，然后迅速拔出。出针后需用消毒干棉球按压针孔片刻，以防出血。

操作流程：

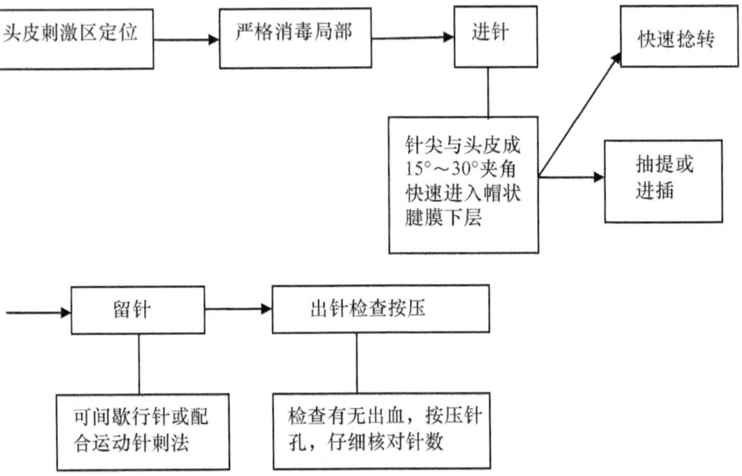

技术要领：

（1）进针要求无痛或少痛，避开发囊、瘢痕处。进针时针体与头皮一定要保持 15° ～ 30° 夹角，针体必须在帽状腱膜或颞筋膜下层。如有疼痛或指下阻力，应停止推进，稍退出后改变角度方向再行推进。

（2）快速捻转时要求速度快，频率高，易激发远端病所针感，局部轻微胀痛。针体保持原位，上下不移动。

（3）针体抽提或进插幅度小，0.1 寸左右。要用全身力量带动肩、肘、腕，运气于指，行抽提或进插。瞬间速度快，不一定要求频率。针体上下提插，不左右转动。用肩、肘、腕力带动持针之手，如此可运气于指，达到效果。

四、实训记录

按下表将实验内容如实地加以记录。

头针刺激线	进针方法	行针方法	针刺体会

五、实训考评

项目	项目总分（分）	操作要求	得分	备注
头针刺激区定位	50	定位正确（50分）		主试者任意选择10个头针刺激区
头针操作	50	无菌操作（10分）		主试者任意选择10个头针刺激区
		方法正确（20分）		
		动作熟练（20分）		
总分	100			

实训十九　眼针、腕踝针疗法

一、实训目的

通过训练，熟悉眼针、腕踝针经区划分，掌握眼针13个穴区、腕踝针12个刺激点的命名和定位，掌握眼针和腕踝针操作技术。

二、实训器材

皮尺、胶布，各种规格毫针、剪刀、镊子，碘伏、消毒液、消毒干湿棉球，废物缸，人体模型、眼针及腕踝针挂图等。

三、实训内容与步骤

（一）眼针穴区划分训练

眼针模特取坐位，正向面对学生；实习指导教师指导经区划分，标识常用穴区定位；学生2～3人一组进行实体点穴。

（1）经区划分法：两眼向前平视，经瞳孔中心做一水平线并延伸过内外眼角；再从瞳孔中心引此线的垂直线，并延伸过上下眼眶。这样就形成4个象限。再在两侧分别引线，将每一象限分为两个相等区域，即为8个相等区，也就是8个经区。

（2）穴区命名与定位：左眼8区的排列顺序是顺时针的，右眼8区的排列则是逆时针的。8个经区中，1、2、4、6、7等5个经区每区代表1脏1腑，脏腑各占1/2；3、5、8为上、中、下三焦，均占整个经区。8区共计13个穴位，穴位位置均距眶边缘2mm。穴区分别以脏腑命名，各区所代表的脏腑相同。

各穴区名称为：

1区：肺和大肠。

2区：肾和膀胱。

3区：上焦。

4区：肝和胆。

5区：中焦。

6区：心和小肠。

7区：脾和胃。

8区：下焦。

技术要点：眼针穴区的具体针刺点均在每一穴区的中间，距眼眶内缘外侧2mm的眶缘上。

（二）观眼察病方法训练

观眼察病主要观察白睛血络的形态与颜色。医师用拇、食二指将患者眼睑上下分开，使白睛充分暴露，令其眼球转动，由1区开始，逐区观察。

1. 据血络形态变化诊断疾病

根部粗大：顽固性疾病。

曲线或怒张：血瘀或病情较重。

延伸：甚至涉及黑睛或其他区，病症多有传变，或有合病、并病发生。

隆起：六腑病症。

模糊或呈片状：肝胆病症。

垂露：胃区有虫积，出现在其他区多属血瘀。

2. 据血络颜色变化诊断疾病

鲜红：新病。

紫红：热盛。

深绛：重症。

紫黑：新病转热。

红黄相间：病情较轻。

淡黄：胃区有虫积；出现在其他区多属血瘀。

淡红色：虚证、寒证。

暗灰色：病久。

技术要点：患者宜自然放松；先察左眼，继察右眼；仔细观察每区所显现的络脉，但观察时间不宜过长。

（三）眼针操作技术训练

针具选择：通常选用 30 号 1 寸长的毫针。

体位与消毒：常取卧位或坐位，用酒精棉球消毒、定位。

（1）进针法：进针前，先以左手指按压固定眼球，使眶内皮肤绷紧，右手持针，轻轻刺入。可直刺或横刺。直刺时不能过深；横刺为沿皮刺入，由经区边缘进针，不可超越所选的经区，针刺入以 0.5 寸为宜。

（2）行针法：进针后如未得气，可将针退出 1/3 稍改换方向再刺入，或用手刮针柄，或用双刺法，目的是使之得气。得气感通常为触电、酸、麻及凉、热等感觉。

（3）留针：时间一般为 5 ～ 15 分钟，可每隔 5 分钟运针 1 次，方法是以拇指指甲轻刮针柄，或轻微捻转，幅度以不超过 10° 为宜。

技术要点：①眼针进针要稳、准、快；②进针不宜过深，横刺不能超越所刺经区；③针时要避免刺伤眼球；④在针刺左眼第 8 区及右眼第 4 区时，不能过深，以防误伤内眦动脉，造成出血；⑤眼睑肥厚、眼睑静脉明显或局部有病损的，应慎用眼针。

（四）腕踝针操作技术训练

针具选择：一般常选用 28 ～ 30 号的 1 寸毫针。

体位与消毒：可采用坐位或卧位，或针腕部用坐位、针踝部取卧位；穴位皮肤常规消毒。

（1）进针方法：皮肤常规消毒后，医师以押手固定在进针点的下部，右手拇指在下，食、中指在上夹持针柄，针与皮肤成 15° ～ 30° 角，快速进入皮下；然后将针体贴近皮肤表面，针体沿皮下表层刺入，刺入长度以露出针身 2mm 为宜。

（2）行针方法：以针下有松软感为宜，不捻针。如患者有酸、麻、胀、重等感觉时，说明针刺入筋膜下层，进针过深，须将针退至皮下，重新沿真皮下刺入。

（3）留针方法：一般情况下留针 20 ～ 30 分钟。若病情较重或病程较长者，可适当延长留针时间，但最长不超过 48 小时。留针期间不行针。

（4）出针方法：与毫针出针法基本相同。

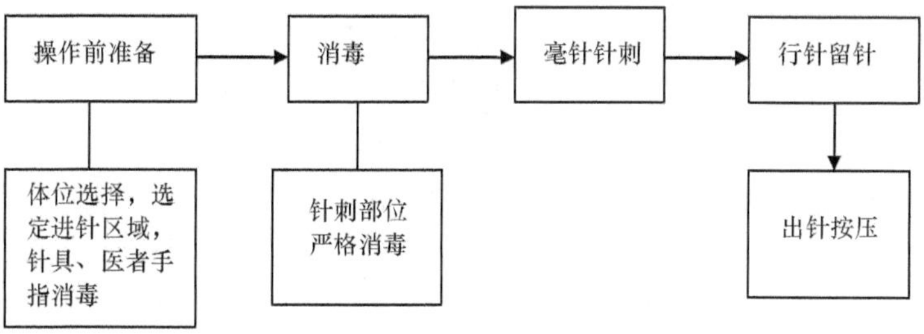

技术要点：①针前准备患者针刺时嘱患者放松肌肉，以免针刺时方向发生偏斜；②腕踝针刺入皮下后若出现酸、麻、胀、痛感，应将针退至皮下表浅部位，再重新进针，调针至无酸、麻、胀、痛感为宜。

四、实训记录

按下表将实验内容如实地加以记录。

眼针刺激区	进针方法	行针方法	针刺体会

腕踝针刺激区	进针方法	行针方法	针刺体会

五、实训考评

<table>
<tr><th>项目</th><th>项目总分(分)</th><th>操作要求</th><th>得分</th><th>备注</th></tr>
<tr><td>眼针刺激区定位</td><td>25</td><td>定位正确(25 分)</td><td></td><td rowspan="4">主试者任意选择 5 个眼针刺激区</td></tr>
<tr><td rowspan="3">眼针操作</td><td rowspan="3">25</td><td>无菌操作(5 分)</td><td rowspan="3"></td></tr>
<tr><td>方法正确(10 分)</td></tr>
<tr><td>动作熟练(10 分)</td></tr>
<tr><td>腕踝针刺激区定位</td><td>25</td><td>定位正确(25 分)</td><td></td><td rowspan="4">主试者任意选择 5 个腕踝针刺激区</td></tr>
<tr><td rowspan="3">腕踝操作</td><td rowspan="3">25</td><td>无菌操作(5 分)</td><td></td></tr>
<tr><td>方法正确(10 分)</td><td></td></tr>
<tr><td>动作熟练(10 分)</td><td></td></tr>
<tr><td>总分</td><td>100</td><td></td><td></td><td></td></tr>
</table>